Erwin Raphael McManus

Eine unaufhaltsame Kraft

Gemeinde, die die Welt verändert

Über den Autor

Erwin Raphael McManus gehört zu einer neuen Generation von Pastoren, die mit innovativen, schöpfungstheologischen Ansätzen auf die gesellschaftlichen Entwicklungen reagiert, um so auch die Vertreter der Postmoderne zu erreichen, die eigentlich keinen Bezug zur Kirche haben. Er ist leitender Pastor von *Mosaic*, einer multikulturellen und künstlerisch hoch engagierten Gemeinde in Los Angeles.

ERWIN RAPHAEL MCMANUS

EINE UNAUFHALTSAME KRAFT

Gemeinde, die die Welt verändert

Titel der Originalausgabe:
An Unstoppable Force. Daring to Become the Church God Had in Mind

© 2001 by Erwin Raphael McManus
Published by Group Publishing, Inc., P. O. Box 481, Loveland, CO 80539, USA

© 2005 der deutschen Ausgabe
by Gerth Medien GmbH, Asslar
1. Auflage 2005

ISBN 3-86591-057-2 (Gerth Medien)
ISBN 3-928093-72-X (C&P Verlag)

Übersetzung: Ernst-Gerhard Fitsch
Überarbeitung: Fabian Vogt
Umschlaggestaltung: Hanni Plato
Umschlagillustration: Carlos F. Salaff
Künstler der abgebildeten Werke: Joy Cha, José Fernandez,
Masako Inoue, Stephen Lo, Ronald Lopez, Anthony Oronoz,
Kevin Osgood, Melvin Rivera, Carlos F. Salaff
Satz: Die Feder GmbH, Wetzlar
Druck und Verarbeitung: Ebner & Spiegel, Ulm

Nachdruck, auch auszugsweise, nur mit Genehmigung des Verlages.

WIDMUNG

Für meine Frau Kim, meinen Sohn Aaron,
meine Tochter Mariah,
meine geistliche Tochter Pati und ihren Mann Steve.

Für meinen Bruder Alex, seine Frau Adriana
und ihre Kinder Michael, Eric und Lucas.

Für *Mosaic*, meine Gemeinde.

*Wir sind auf einer gemeinsamen Reise,
die wir miteinander erleben und an der wir festhalten.
Es ist ein Abenteuer,
das wir durch Gottes Ruf erleben dürfen.
Jeder von uns ist Weggefährte des anderen
in dieser göttlichen Welt,
Erforscher gefährlicher Geheimnisse.*

INHALT

Dank 9
Vorwort von Rick Warren 12
Vorwort von Brad Smith 15

Vorspiel   *Ursprünge* 21

KEINE BEWEGUNG 33
Kapitel Null   *Atrophie* 34

ERSTE BEWEGUNG 53
Kapitel Eins   *Friktionsantrieb* 54
Kapitel Zwei   *Momentum* 87
Kapitel Drei   *Theologie der Veränderung* 110

ZWEITE BEWEGUNG 131
Kapitel Vier   *E-Motion* 132
Kapitel Fünf   *Kultur-Architektur* 153

DRITTE BEWEGUNG 179
Kapitel Sechs   *Der Kultur-Architekt* 180
Kapitel Sieben   *Theorie geistlichen Designs* 198
Kapitel Acht   *Elemente der Seele* 222

IN BEWEGUNG BLEIBEN 247
Kapitel Neun   *Re-Formation* 248

NACHWORT 265
Kapitel Zehn   *Ein radikaler Mindeststandard* 266

DANK

Wenn meine Misserfolge anderen helfen, betrachte ich sie gern als Geschenke, die ich anderen mache. Meine Erfolge aber sind Geschenke anderer an mich. Und sogar in meinen Misserfolgen finden sich schöne Erinnerungen an geschenkte Freundschaft und Gemeinschaft. Darum möchte ich gern einigen von vielen Leuten stellvertretend danken, die mich auf meiner Reise sowohl in Zeiten des Versagens und des Schmerzes als auch in Zeiten des Erfolges und der Freude begleitet haben.

Auf niemanden trifft diese Beschreibung besser zu als auf meine Frau und Lebenspartnerin Kim. Wir haben miteinander eine Einheit gefunden, die allein die Liebe Christi möglich macht. Ich möchte auch meinem Sohn und meiner Tochter danken, Aaron und Mariah, die mich bei dieser Arbeit unterstützt und mich ermutigt haben – und die das neue „Baby", nämlich dieses Buch, gern in unsere Familie mit hineingenommen haben. Euer Dasein inspiriert mich, mit Vision und Mut zu leben.

König David hatte einen inneren Kreis, der bekannt war als „die Drei", Leute, die an seiner Seite gekämpft haben; außerdem noch dreißig Helden. Ich habe solche Menschen auch kennen gelernt. Ich möchte den Gemeindeältesten und ihren Frauen meinen tiefsten Dank aussprechen, die sogar in den gefährlichsten und schwersten Abschnitten der Reise an meiner Seite gestanden haben: Robert und Norma Martinez, Greg und Debbie Soo-Hoo, Enrique und Felipa Vazquez, Rick und Susan Yamamoto und Paul und Cyndi Richardson. Euch gehören mein tiefer Respekt, meine Bewunderung und meine Liebe.

Auch wenn ich den Titel eines „Leitenden Pastors" trage, arbeite ich in Wirklichkeit gemeinsam mit einem großartigen Leitungsteam. Sie bieten mir nicht nur Rückhalt, auch ihre Freundschaft bringt unermessliche Freude in mein Leben. Alle, die mit mir im Stab von *Mosaic* dienen und gedient haben, sollen wissen, wie dankbar ich für ihre Mitarbeit bin. Ein besonderer Dank gilt Janice und Steve Sakuma, Dave und Tami Auda, Gerardo und Laura Marti, David und Carrie Arcos, Eric und Debbie Bryant, Joel und Susan Catalan, Alex und Adriana McManus, Joyce Chao, Norm und Carolyn Sillman, Jaime und Belinda Puente, Robbie und Missy Sortino und Shelly Martin, die zu diesem chaotischen Team nicht nur einen riesigen Beitrag leisten, sondern auch Kraft und Ruhe beisteuern. Ihr alle habt Spuren auf dem Weg hinterlassen. Danke, dass ihr eure Machete mitgebracht habt, um einen Weg durch den Dschungel zu bahnen.

Ich spürte seit Jahren, dass es endlich Zeit ist, die Gedanken, die ich in meinem Herzen und meinem Kopf mit mir herumtrage, zu Papier zu bringen. Aber jedes Mal, wenn ich einen Versuch dazu unternahm, wuchs die Überzeugung, dass sie wohl für alle Zeit dort festsitzen würden. Doch dann schenkte mir Gott eine Reihe von „Wundern". Sie tragen die Namen Cindy Nakamura, Jennifer Cho, Shiho Inoue Johnson, Colin Johnson und Holly Rapp. Ohne Colin und Holly gäbe es dieses Buch gar nicht. Ich stehe in eurer Schuld. Danke, dass ihr glaubt, ich hätte etwas Wichtiges zu sagen.

Ich hätte mir auch nie vorstellen können, dieses Buch allein mit Worten schreiben zu können. Zur Sprache von *Mosaic* gehören Bilder, Bewegungen, Klänge und Erfahrungen. Im Epizentrum dieser kreativen Gemeinschaft stehen Menschen, deren erste Sprache die Kunst ist. Ich möchte daher Melvin Rivera, José Fernandez, Anthony Oronoz, Ronald Lopez, Stephen Lo, Kevin Osgood, Joy Cha, Masako Inoue und Carlos Salaff für die Kunstwerke danken, die sich auf diesen Seiten finden. Euer Beitrag bringt eine Inspiration, die zum Anbeten führt. Ich hoffe, dass eure Arbeit den Geist der Kreativität in uns allen neu entzündet.

Unsere Gemeinde *Mosaic* hieß einmal *The Church on Brady*. Ich war der Nachfolger eines Pastors, der sein ganzes Leben in seine Gemeinde investiert hatte, und es war seine Kombination von Verstand und Leidenschaft, die mich unwiderstehlich anzog und mich motivierte, mit meiner Familie in diese Gemeinschaft des Glaubens zu kommen. Ich möchte Tom Wolf und seiner Frau Linda sowie Carol Davis, ihrer Mitarbeiterin, für ihren fünfundzwanzigjährigen Dienst meine Wertschätzung aussprechen.

So viele einzigartige Leute haben mich auf meiner geistlichen Reise reich gesegnet. Eigentlich sind sie es, die die Seiten dieses Buches füllen. Ich möchte daher auch die Gelegenheit ergreifen, einigen Personen zu danken, die Gott an kritischen Wegkreuzungen meines Lebens genutzt hat, um mir weiter zu helfen. Vielen Dank, Karric und Barbara Price, Gene Kelsey, Gary Goodin, Bob Weatherly, Jose Moseley, Delores Kube, David und Sue Cobb, Roy Fish, Jerry und Fern Sutton, Greg Bourgond und Jim Henry. Ich möchte auch Inez Armstrong nicht vergessen, die immer zu wissen schien, wann sie ein Wort der Ermutigung schicken musste, das mich weiterlaufen ließ. Ich danke auch allen von der *Life Community*, die mit Kim und mir nach Los Angeles gekommen sind, um die Welt zu verändern. Im Mittelpunkt dieses Buches steht eure Geschichte. Ihr wisst, wer ihr seid, und unsere Leben sind für immer miteinander verwoben.

Der Person, die am meisten dafür verantwortlich ist, dass ich gelernt habe, Risiko und Veränderung zu lieben, unternehmerische Herausforderungen anzunehmen und das Leben eines Forschers zu führen, möchte ich für dieses Geschenk an mich besonders danken: Alby Kiphuth. Du bist ein einzigartiger Mensch, Mama! Ich liebe dich.

Danken möchte ich auch den Leuten von *Group Publishing*. Ihr habt mich gleich behandelt, als sei ich ein geschätzter Mitarbeiter des Hauses. Danke, Thom und Joani, dass ihr mir die Gelegenheit gegeben habt, meine Gedanken an die weiterzugeben, die sich den gleichen Herausforderungen gegenübersehen wie wir bei *Mosaic*. Ich danke dir, Paul Allen, dass du uns hier in Los Angeles ein Freund geworden bist und uns angefeuert hast. Ich möchte meine tiefe Dankbarkeit außerdem Paul Woods aussprechen, der nicht nur mein Herausgeber, sondern auch mein Barnabas und Freund geworden ist. Es ist ein echtes Geschenk, mit Menschen zusammenzuarbeiten, die man mag.

Schließlich möchte ich meiner Verblüffung darüber Ausdruck verleihen, dass Gott mir gegenüber so gütig ist. Ich bekenne, dass ich seine Großzügigkeit weit über jedes verständliche Maß hinaus empfangen habe. Danke, Herr Jesus, dass du bereit bist, dein lebendiges Wasser in so brüchige Gefäße zu gießen. Ich bete, dass du dich über die Inhalte dieses Werkes freust.

Und denen von euch, die sich jetzt entschließen, mit mir durch die folgenden Seiten dieses Buches zu reisen: Lasst uns alles überflüssige Gepäck zurücklassen, denn der Weg vor uns erfordert, dass wir gut zu Fuß sind.

Auf dem Weg in das Reich Gottes,
Erwin Raphael McManus

VORWORT

von Rick Warren

Dieses inspirierende Buch hat ein „Überlebenskünstler" geschrieben. Vor acht Jahren wurde mein Freund Erwin McManus als Pastor an eine Gemeinde mit starken Traditionen berufen, die sich mitten in Los Angeles befindet. Die *Church on Brady* war damals besonders für ihren bisherigen kreativen Pastor, für ihre Vielfalt und ihr Herz für Mission bekannt. Die meisten Gemeindeberater hätten nun sicher empfohlen, dass Erwin die Leitung einer solchen Gemeinde lieber nicht annehmen sollte – und zwar aus drei Gründen. Erstens, weil er auf einen prägenden Leitenden Pastor folgte, der fünfundzwanzig Jahre hier gearbeitet und eine einzigartige Kultur geschaffen hatte. Zweitens, weil sich die Gemeinde fünfzehn Jahre lang auf einem sehr hohen Niveau bewegt hatte und nun seit ein paar Jahren schrumpfte. Und drittens, weil die Gemeinde auf einem engen Grundstück in der Häuserfront einer Straße eingeschlossen war. Jeder, der nur etwas Menschenverstand besitzt, hätte gesagt: „Du wärst ein Narr, wenn du versuchen würdest, eine Gemeinde mit so einer Geschichte zu verändern. Sie werden dich lynchen." Eine Gemeinde überhaupt in ein neues, so ganz anderes Jahrhundert zu führen, ist schon schwer und schmerzhaft genug. Aber Erwin ging einfach im Glauben los und nahm die Herausforderung an. Und er hat die Gemeinde durch einen Übergangs- und Erneuerungsprozess geführt, der faszinierend ist. Er hat sogar den Namen der Gemeinde in *Mosaic* geändert (was, nebenbei gesagt, einer der coolsten Namen für eine Gemeinde überhaupt ist). Er hat also nicht nur die Veränderungen überlebt, er ist dabei auch noch gewachsen und geradezu aufgeblüht. Das ist selten.

Wenn Sie von diesem Buch profitieren wollen, dann sollten Sie besonders auf die Bilder und Geschichten achten. Wenn Sie Menschen leiten wollen – egal, ob diese modern oder postmodern sind und ob sie zur Generation der Babyboomer, zur Generation-X oder den Millennials gehören –, dann müssen Sie deren Bilder, Metaphern und Sprache kennen, die richtigen Metaphern gebrauchen und, wenn notwendig, diese Metaphern verändern. Wenn man die Wahrnehmung von Menschen verändert, kann man die Welt verändern! Jesus hat es genauso gemacht. Und darum geht es auch, wenn Erwin von „Kultur-Architekten" spricht; und natürlich bei geistlicher Leitung überhaupt.

Dieses Buch zeigt vorbildlich, wie eine postmoderne Gemeinde aussehen kann, die von Gottes Auftrag bestimmt wird. Jede Gemeinde ist berufen, die fünf zeitlosen Aufträge zu erfüllen, die Jesus im Doppelgebot der Liebe und im Missionsbefehl gegeben hat. Diese Aufträge ändern sich nie. Aber die Stile und Methoden, die wir zur Erfüllung der Aufträge einsetzen, *müssen* sich mit jeder neuen Generation und Zielgruppe ändern. *Wie* man es sagt, das macht den Unterschied aus. *Mosaic* verwendet schöne eigene Metaphern, um die fünf Aufträge des Neuen Testaments darzustellen: Evangelisation ist der „Wind", Gemeinschaft „Wasser", Dienst „Holz", Anbetung „Feuer" und Jüngerschaft „Erde". Diese Bilder sind poetisch und tiefgründig. Sie entsprechen vollkommen dem Ziel der Gemeinde, Künstler, kulturell Kreative und die Bewohner von Los Angeles zu erreichen, die durch Ästhetik und Bilder angezogen werden.

Seit fünfundzwanzig Jahren lehre ich Pastoren, dass „die Kirche ein Leib ist und kein Geschäft; ein Organismus und keine Organisation! Sie ist eine Familie, die geliebt werden will, keine Maschine, die gewartet, und auch keine Firma, die gemanagt werden muss". Das seelsorgerliche Leiten einer Gemeinde ist eine Kunst. Es geht dabei nicht um Führung im Stil eines Wirtschaftsunternehmens. Es geht um Dienstbereitschaft und Authentizität – und um das Eingehen von Risiken im Vertrauen auf Gott. In diesem Buch finden Sie eine Geschichte nach der anderen, die diese zeitlosen Wahrheiten illustrieren.

Ich liebe Erwins Sinn für Humor, weil er sich immer wieder selbstironisch auf den Arm nimmt. Das ist übrigens eine Eigenschaft, die ich bei allen Pastoren gefunden habe, die von Gott gebraucht werden. Zu viele christliche Leiter nehmen sich selbst irgendwie zu ernst und Gott nicht ernst genug. Humor und Demut gehören nicht nur zusammen, sie haben sogar den gleichen Wortstamm.

Am meisten liebe ich dieses Buch aber, weil Erwin die Gemeinde liebt. Ich habe zu viele Bücher und Artikel gelesen, die die Kirche voller Überheblichkeit kritisch angreifen, in denen die Autoren den Text gebrauchen, um persönlichen Frust abzureagieren und die deshalb auch keine wirklich hilfreichen Einsichten liefern, wie sich Kirchen ändern und gesünder werden können. Erwin verschwendet als echter Leiter keine Zeit damit, andere zu kritisieren oder anzugreifen. Stattdessen träumt er davon, was die Kirche sein kann, und konzentriert sich darauf. Dies Buch enthält nicht die Theorien eines Akademikers, Meinungsforschers oder Neunmalklugen. Es wurde von einem real existierenden Pastor geschrieben, der tagein, tagaus in den wirklichen Schützengräben einer Ortsgemeinde dient. Er weiß, wie ein solcher Dienst wirklich aussieht.

Also: Lesen und lernen Sie. Lesen Sie mit offenem Herzen. Denn in dem

Augenblick, in dem Sie meinen, Sie haben das Geheimnis einer gesunden Gemeinde vollständig entschlüsselt, sind Sie am Ende – in ihrem Beruf wie im Leben. Wachsende Gemeinden erfordern wachsende Leiter. Dieses Buch wird Ihnen auf dem Weg behilflich sein.

Rick Warren
Leitender Pastor, *Saddleback Church*
Verfasser von „Kirche mit Vision" und „Leben mit Vision"

VORWORT

von Brad Smith

Wir alle kennen Tage, an denen es uns schwer fällt, aufzuwachen. Manchmal dösen wir schuldbewusst noch vierzig Minuten lang weiter, nur weil wir alle acht Minuten die Schlummertaste des Weckers drücken. Manchmal sitzen wir auch danach noch wie in Trance da und schauen auf die lange Reihe der vorwärts schleichenden Rücklichter vor uns auf der Autobahn. Aber dann gibt es dieses wunderbare Gefühl, das uns nach der zweiten Tasse Kaffee packt oder nach einer Stunde Sport am Morgen. Es ist noch immer derselbe Tag, aber wir haben plötzlich eine ganz andere Einstellung dazu. Wir fühlen uns lebendig, aktiv und völlig wach. Wir merken, wie viel wir aus lauter Trägheit fast verpasst hätten.

„Eine unaufhaltsame Kraft" ist wie ein abruptes Öffnen der Rollläden, das uns zeigt, dass wir alle die Schlummertaste schon seit Jahrzehnten drücken. Darüber hinaus vermittelt dieses Buch einen erweiterten Glaubenshorizont, ein neues Bewusstsein, eine ungekannte Begeisterung – aber auch eine neue Last, weil die Herausforderungen sogar noch größer sind, als wir bislang angenommen haben.

Ich unterhalte mich jedes Jahr mit Hunderten von Gemeindeleitern. In diesen Gesprächen sind mir zwei Entwicklungen aufgefallen, die über alle Grenzen von Konfessionen, Geografie und Gemeindestilen hinaus gültig zu sein scheinen; „Eine unaufhaltsame Kraft" trifft sicherlich bei beiden ins Schwarze. Erstens sehen wir, dass Gemeindeleiter über die Gemeindeerneuerungs-Bewegung der 1980er Jahre hinausgehen, die uns ein neues Bewusstsein für die Kultur in unserem Umfeld vermittelt hat. Sie gehen auch über die Gemeindewachstums-Bewegung der 1990er Jahre hinaus, die die Bedeutung von zielgerichteter Jüngerschaft ganz neu betont hat. Gemeindeleiter sprechen zunehmend von Gemeinde-Entwicklung und meinen damit etwas, was auch stark nach außen wirkt. Wir haben intensiv daran gearbeitet, Menschen in die Kirchen und Gemeinden und auf den Weg einer geistlichen Reife zu bekommen; wie bringen wir sie jetzt wieder aus der Kirche hinaus, zum Dienst auf den öffentlichen Plätzen, in der Gemeinschaft ihrer Städte und der Welt? Gemeindeerneuerung und Gemeindewachstum machen keinen Sinn, wenn die Gemeinde nicht mit der Welt kommuniziert; doch gerade das wird sich als die schwierigste Aufgabe erweisen, die vor uns liegt. Wir alle lieben die Bequemlichkeit. Wir lieben die Sicherheit. Darum ist es eine erschreckend herausfordernde Sache, die Gemeinde von einer Gemeinschaft, die Konsumenten dient, in eine Gemeinschaft zu verwandeln, die Diener hervorbringt. „Eine unaufhaltsame Kraft" geht diese Herausforderung direkt an.

Zweitens verändert sich auch die Rolle von Gemeindeleitern gerade. In den vergangen zwei Jahrzehnten wurde den Pastoren gesagt, sie müssten vor allem gute Prediger sein ... äh, wir meinen natürlich Lehrer ... mmh, genauer gesagt, Leiter ... Na ja, was wir eigentlich meinen, sind Geschäftsführer ... Halt, das ist es auch nicht ... Eigentlich meinen wir Menschen, die ein System aufbauen und andere mit den nötigen Gaben und Mitteln ausstatten. Jetzt erkennen wir, dass sie wirklich geistliche Leiter sein müssen – und was das bedeutet: Gestalter von Kultur und Entwickler der Seele einer Gemeinde. „Eine unaufhaltsame Kraft" zeigt Ihnen anhand vieler praxisnaher Beispiele, wie Sie die Gemeindekultur, beziehungsweise die Einstellung einer Gemeinde, ausbauen und verändern können, ohne sich einer Modewelle zu unterwerfen. In diesem Buch finden Sie zeitlose Weisheiten, die authentisch und realitätsnah sind.

Erwin McManus ist ungewöhnlich qualifiziert dafür, dieses Buch zu schreiben. Ich lernte ihn kennen, als wir beide Pastoren in Gemeinden waren, die sich etwa eine Meile voneinander entfernt im Schatten des Stadtzentrums von Dallas befanden. Jahrelang war er ein vertrauter Freund und Mentor und half mir dabei, Gott, die Gemeinde und den geistlichen Reifungsprozess in der Gesellschaft des Jahrtausendwechsels neu zu verstehen. Jetzt ist er Pastor einer pulsierenden Gemeinde im Herzen von Los Angeles, die auf einer authentischen Reise zu einem ganzheitlichen Gemeindeverständnis ist.

Mosaic ist sicher eine einzigartige Gemeinde. Sie ist multikulturell, multiethnisch, sie trifft sich an verschiedenen Orten und befindet sich auf einem Parforceritt der Veränderung. Es kommt selten vor, dass in einer einzigen Gemeinde so viele stimmige und geistliche Prinzipien gleichzeitig umgesetzt werden, über die andere Gemeinden kaum ein Wort verlieren. Es ist offensichtlich, dass Erwin diesen Juwel gelassen in der Hand hält: Seine Gemeinde ist nicht das Produkt von fünf wie auch immer gearteten, übertragbaren Schritten; und sie wurde auch nicht von einer einzelnen Person geschaffen. Erwin ist ein großartiger Leiter, trotzdem weiß er, dass nicht er es ist, der die Gemeinde trägt oder dafür sorgt, dass sie auf dem richtigen Weg bleibt.

In „Eine unaufhaltsame Kraft" geht es nicht um leichte Schritte. Es ist vielmehr ein Tagebuch dessen, was Gott in einer erstaunlichen Gemeinde getan hat und weiter tut. Und das wird in einer Weise vorgestellt, dass es in den Gemeinden derer, die das Buch lesen, angewandt – aber nicht nachgeahmt – werden kann. Am besten sollten Sie diese vielen Anregungen gemeinsam mit einem Leitungsteam lesen. Es fördert den Dialog zwischen den Einzelnen, versucht aber nicht, künstlich etwas hervorzubringen, was nur organisch und geistlich erreicht werden kann.

Bei *Leadership Network* verbringen wir unsere Tage damit, nach innovativen und von Gott befähigten Gemeinden Ausschau zu halten. *Mosaic* ist ein Pionier unter Pionieren. Wir haben daher viele Leiter zu *Mosaic* geschickt, damit diese mit eigenen Augen entdecken, wie die Zukunft aussehen könnte. Dies Buch ist günstiger als ein Flugticket und vielleicht ein guter Ansporn, nach der Lektüre doch noch hinzufliegen. Aber noch besser wäre es, wenn es mich und hoffentlich auch Sie davon überzeugte, dass wir als Christen oftmals einfach nur vor uns hindösen. Gott scheint mit seinem hellen Morgenlicht in unser Zimmer, aber das veranlasst uns meist nur, uns noch fester in die warme Decke eines selbstzufriedenen Christentums zu kuscheln. Ich bin dankbar, dass Erwin die Rollläden so weit geöffnet hat; dass Gott dieses Buch gebraucht, um mich aufzurütteln und mir zu zeigen, was Gottes Absicht und Ziel mit mir und seiner Kirche sind.

Brad Smith
Präsident von *Leadership Network*

Der gewaltige Ozean des Unbekannten
kann nur mit Hilfe des Kompasses
eines alten Textes durchfahren werden.

> Die Karten, die dich führen,
> erzählen von einer großen
> Vergangenheit,
> die den Kontext der Gegenwart
> entschlüsseln hilft.

> Die Reise, zu der du dich eingeschifft hast,
> bricht nicht zu einer Welt auf,
> die du schon kennst,
> sondern zum Geheimnis der Zukunft.

ALTER TEXT

HEUTIGER KONTEXT

GEHEIMNIS DER ZUKU

DIE ZUKUNFT
LIEGT
IM ANFANG

Eine Bewegung beginnt.

Der Tradition trotzen.
Befremdlich heilig
und doch ein wenig entheiligend.
Ohne Titel oder Privilegien.
Revolutionär.
Aus dem Verborgenen in die Geschichte.

Eine Bewegung beginnt.

Gegen alle Erwartungen.
Ehrfurcht vor dem Bestehenden
mit Relevanz verbinden.
Unaufhaltsam.
Alles hinterfragen
und nur Gott allein verantwortlich.

DIE ZUKUNFT LIEGT IM ANFANG

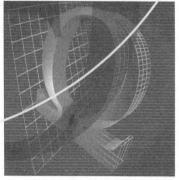

Um zu erforschen,
müssen wir erst ausgraben.

Um zu entdecken,
müssen wir erst wiederentdecken.

Um umzudenken,
müssen wir erst nachdenken.

Um zu träumen,
müssen wir erst prüfen.

Um vorwärts zu gehen,
*müssen wir erst
einen Schritt zurücktreten.*

URSPRUNG

DIE ZUKUNFT LIEGT IM ANFANG

VORSPIEL
Ursprünge

1926 drehte Fritz Lang einen Film, der sehr tiefgründig, aber anfangs nicht besonders erfolgreich war. In diesem scharf geschnittenen Schwarz-Weiß-Stummfilm malt er ein erschreckendes Bild von der Zukunft des Menschen und seiner Beziehung zur Technik. Der Film trägt den Titel „Metropolis" und ist eine Warnung davor, dass die Abhängigkeit des Menschen von der Technik ihn eines Tages zu ihrem Sklaven machen könnte. Lang sprach sich also schon sehr früh gegen unsere nur allzu eifrige Unterwerfung unter die moderne Welt aus. Seine Prophetien sind spätestens dann in Erfüllung gegangen, als man anfing, Gemeinschaft gegen Effizienz einzutauschen, und als die Menschen erkannten, dass sie oftmals tatsächlich nichts anderes als Maschinen sind. Das im Film vermittelte Menschenbild ist das einer effektiven, aber sterilen Gesellschaft, der Emotion, Mitgefühl und Liebe gänzlich fehlen.

Vor wenigen Jahren sind dann unter anderem durch die drei „Matrix"-Filme neue Warnungen hochgekommen. In dieser Trilogie geht es darum, dass Maschinen die Menschen dazu gebracht haben, die Wirklichkeit gegen einen Zustand unbewusster Illusion einzutauschen – zugunsten von Bequemlichkeit und Unterhaltung. Eine ähnliche Entwicklung zeigen die Borg aus Star Trek, eine gefühllose Mischung aus Mensch und Maschine, in denen jegliche Bedeutung des Individuums und die Erhaltung menschlicher Einzigartigkeit zugunsten gemeinschaftlicher Gleichförmigkeit verloren gegangen sind.

Natürlich sind technische Errungenschaften reizvoll. Wir arbeiten heute wesentlich schneller und besser als früher. Unvorstellbare Annehmlichkeiten sind inzwischen alltägliche Gewohnheit. Mit Handy und DSL haben wir die Welt in der Hand. In mancher Hinsicht organisiert die Technik hervorragend das Durcheinander in unserem Leben, doch es bietet uns die Annehmlichkeiten meist so schnell, dass wir manchmal vergessen, innezuhalten und uns zu fragen: „Ist Organisation eigentlich für jeden in jeder Situation das Beste?"

DER PERFEKTE KUNDE

Wir haben die Erleichterungen des Fließbands – also das Prinzip von Effizienz und Vereinheitlichung – bereitwillig angenommen und schätzen inzwischen das Chaotische, das nicht Voraussagbare und Unorganisierte nur noch gering ein. Wir haben längst aufgegeben, etwas auf ganz eigene Weise zu machen, weil es in der standardisierten Form doch wesentlich rasanter, schneller und leichter geht. Und so ist die ganze Welt am Straßenrand von goldenen „M"s gekennzeichnet – Symbolen für unsere Bereitschaft, unsere Einzigartigkeit aufzugeben und uns für immer schnelleres und gleichförmigeres Essen in eine Schlange zu stellen.

Dabei ist es gar nicht so, dass wir Vielfalt, Alternativen und Auswahlmöglichkeiten nicht mögen. Im Gegenteil: Wir wollen uns gerne unsere eigenen Farben, Maße und Stilrichtungen aussuchen. Aber wir wollen das alles in einer Art und Weise tun, die mit den größten Annehmlichkeiten verbunden ist und unser Leben nicht kompliziert macht. Wir wollen alles nach unserem speziellen Geschmack haben, aber es soll bitte ohne jede Anstrengung unsererseits zur Verfügung stehen.

EINER INSTITUTION VERPFLICHTET

Unsere Kirchen und Gemeinden sind leider den gleichen Weg gegangen. Wir haben die Vereinheitlichung der Einzigartigkeit vorgezogen. Wir haben der Voraussagbarkeit den Vorzug vor der Überraschung gegeben. Und, meist ohne es zu merken, haben wir – zu unserem eigenen Bedauern – dem Komfort und der Bequemlichkeit den Vorzug gegenüber Hingabe und Opferbereitschaft gegeben. Letztlich haben wir die Organisation über das Leben gestellt, und das ist vielleicht das grundlegende Dilemma, vor dem wir stehen – dass die Kirche, im besten Fall, eine gesunde Organisation geworden ist.

Die Kirche präsentiert sich heute oftmals als religiöse Entsprechung von IBM oder Microsoft. Wenn es in der Kirche nicht gut läuft, suchen wir die Lösung für das Problem deshalb zuerst in den passenden Handbüchern für „Gutes Management". Der Pastor wird zum Geschäftsführer, und der Erfolg der Kirche liegt scheinbar in ihrer Fähigkeit, von einem Tante-Emma-Laden zu einem Gemischtwarenladen zu werden. Unsere „Gebrauchsanweisung für eine gesunde Kirche" ist heute also eher ein Buch über Organisation als das Vorbild der Urgemeinde.

Und das ist tatsächlich das entscheidende Problem: Wir behandeln die Kirche wie eine Organisation, nicht wie einen Organismus. Dabei muss man nur einen kurzen Blick in das Neue Testament werfen, um zu erkennen, dass die Kirche der Leib Christi ist. Die Kirche ist ihrem Wesen nach ein lebendiges System. Sobald wir die Kirche durch die Schablone einer Organisation sehen, fangen wir auch an, eine Organisation zu erschaffen. Wenn wir die Kirche aber als Organismus begreifen, fangen wir an, eine apostolische Haltung einzunehmen und Gottes Wirken wieder freien Lauf zu lassen. Wenn der Geist Gottes in seinem Volk wirkt, dann führen die Kraft und das Leben zu nichts weniger als zu kultureller Veränderung.

EIN GEISTLICHER UMWELTSCHÜTZER WERDEN

In diesem Buch werde ich unterschiedliche Bilder verwenden, um die Aufgaben eines Leiters zu beschreiben. Das erste ist das Bild des Pastors als eines *geistlichen Umweltschützers*. Er hat die einzigartige Aufgabe, die Mitglieder von Gottes Familie dazu anzuleiten, die zu werden, zu denen Gott sie ursprünglich gemacht hat. Er muss die Umwelt davor schützen, ihre geistlichen Wurzeln zu verlieren.

Damit eine Gattung in einem Ökosystem überleben und sich fortpflanzen kann, müssen fünf charakteristische Voraussetzungen gegeben sein: 1. ein ausgewogenes Ökosystem; 2. die Fähigkeit, sich an die Umwelt anzupassen; 3. spontane Fortpflanzung; 4. der Instinkt, sich um die Nachkommen zu sorgen; und 5. ein harmonischer Lebenskreislauf. Die gleichen Prinzipien gelten für die Geburt, das Wachstum und die Vermehrung von Kirchen in der ganzen Welt. Der geistliche Umweltschützer baut die Kirche auf diesen fünf Charakteristika auf.

1. EIN AUSGEWOGENES ÖKOSYSTEM

Wenn Gott etwas erschafft, dann stellt er es in ein Beziehungsgefüge. Alles ist miteinander verbunden und passt zueinander. Das trifft nicht nur im physikalischen, sondern mehr noch im geistlichen Bereich zu. Die Bibel macht beispielsweise deutlich, dass die ganze Schöpfung stöhnte, als der Mensch zum ersten Mal gegen Gottes Gebote verstieß.

Naturwissenschaftler haben die Behauptung aufgestellt, dass ein Schmetterling, der seine Flügel in Südamerika bewegt, eine Lawine in der Antarktis auslösen könne. Diese Komplexität verwirrt uns vielleicht, doch die Bibel erwähnt solche Abhängigkeiten schon seit Jahrtausenden. Der Gedanke, dass das Fehlverhalten eines Mannes und einer Frau den gesamten Kosmos zerrütten kann, ist eine außerordentliche Beschreibung des organischen Zusammenhangs der ganzen Natur.

Das Pflücken einer Frucht vom Baum der Erkenntnis des Guten und Bösen ist auch letztlich die Ursache von Hungersnöten, die sich über Wüsten ausgebreitet haben, und der Grund für die unvorhersagbare Macht der Naturgewalten. Nach Aussage der Bibel ist alles miteinander verbunden. Jede Handlung hat eine Auswirkung auf das Ganze.

Genauso ist auch die Kirche ein Teil des Ganzen. Sie wird einerseits von ihrer Umwelt beeinflusst; andererseits ist sie berufen, die Welt, in der sie lebt, zu beeinflussen. Allzu oft merkt die Kirche gar nicht, dass sie Teil eines größeren gesellschaftlichen und geistlichen Ökosystems ist und dass ihre Rolle darin besteht, dieses Ökosystem positiv zu verändern. Darum ist das ausgewogene Ökosystem in dem Schöpfungsentwurf, den wir im 1. Buch Mose finden, von so grundlegender Bedeutung. Und genauso, wie es für alle Wesen entscheidend ist, in einem ausgewogenen Ökosystem zu leben, kann die Kirche nur im Umfeld gesunder Beziehungen aufblühen.

Jesus macht das besonders deutlich, wenn er auf das Doppelgebot der Liebe eingeht: „Liebe den Herrn, deinen Gott, von ganzem Herzen, mit ganzer Seele und mit all deiner Kraft! Dies ist das größte und wichtigste Gebot. Aber gleich wichtig ist ein zweites: Liebe deinen Nächsten wie dich selbst!" Es gibt kein größeres Gebot als diese zwei. Das Evangelium wird am besten durch den Aufbau von echten und gesunden Beziehungen von Mensch zu Mensch weitergegeben. Darum gilt: Wenn die Beziehungen statisch werden und die Gemeinde Christi sich gegenüber der Umwelt abkapselt, entsteht eher eine Institution als eine Bewegung.

In einem ausgewogenen Ökosystem lebt die Kirche in einer gesunden Beziehung zu Gott, und ihre Mitglieder haben eine echte Beziehung zueinander und zu einer Welt, die Gott noch nicht kennt. Das Maß unserer geistlichen Gesundheit kann an unserer Verantwortung für eine oftmals so verlorene und zerbrochene Welt gemessen werden. Jesus betrachtete den Anspruch an einen Menschen, Gott zu lieben, und sein Verhalten gegenüber dem Nächsten als untrennbar miteinander verbunden.

Durch eine großzügige Einladung von *Willow Creek* konnten vor einigen Jahren mehr als dreißig unserer Leiter nach Barrington in der Nähe von

Chicago fliegen, um eine *Willow Creek*-Konferenz mitzuerleben. Vieles hat uns während unserer Zeit dort zutiefst beeindruckt. Einer von vielen Höhepunkten war für uns – und das hat mich von all dem Außerordentlichen am meisten bewegt –, dass ganz normale Christen ihre Freunde einluden und mitbrachten, damit sie die Gute Nachricht hören konnten. Es ist eigentlich ganz einfach – aber Gästegottesdienste funktionieren nicht, wenn keine Gäste im Gottesdienst sind.

Das Gleiche kam mir schlagartig in den Sinn, als ich die *Saddleback Church* in Lake Forest/Kalifornien besuchte. Dort herrscht eine Gemeinschaft des Glaubens, die immer wieder neue Menschen anzieht. Die *Saddleback*-Gemeinde ist mit der Stadt Lake Forest und ihrer weiteren Umgebung organisch verbunden. Das Leben der Gemeinde ist vom Leben der Umwelt nicht zu trennen. Da besteht ein ausgewogenes Ökosystem, mit Gott, miteinander und mit der Welt.

2. ANPASSUNG AN DIE UMWELT

Die zweite Voraussetzung hat mit einem äußeren Faktor zu tun – und dieser Faktor heißt Veränderung. Jedes lebende System, das fruchtbar ist und sich vermehrt, muss sich an die Umgebung anpassen, in die es gestellt wird. Arten, die wachsen und gedeihen, sind immer auch Arten, die sich anpassen. Arten, die sich der Anpassung an Veränderungen verweigern, können nicht überleben, weil Veränderungen eine ständig gegenwärtige Wirklichkeit sind. Das ist übrigens auch der gravierende Unterschied zwischen Makroevolution und Mikroevolution. Ich spreche hier nicht vom Übergang von einer Art in eine andere, denn Gott hat jedes Wesen nach seiner Art geschaffen, sondern von der Weiterentwicklung innerhalb einer Spezies.

Wir müssen uns eigentlich nur den Menschen anschauen, um die einzigartige Fähigkeit zur Anpassung und Veränderung zu beobachten. Man stelle sich einmal vor, die Olympioniken von 1890 würden sich mit den Goldmedaillengewinnern von 1990 messen! Sogar die Helden von einst, wie etwa Jesse Owens, könnten nicht einmal bei den Vorausscheidungen von heute mithalten. Im Basketball sehen wir heute 2,10 Meter große Riesen gegeneinander spielen. Wir sehen, wie Vierzehnjährige Gold im Turnen gewinnen und Leistungen vollbringen, die vor zwanzig Jahren noch für unmöglich gehalten wurden. Wir beobachten, wie Football-Spieler größer und schneller werden. Und das heißt ganz schlicht: Auf dem Gebiet, über das wir am wenigsten Einfluss zu haben scheinen – unsere körperliche Entwicklung –, machen wir außerordentliche Fortschritte.

Doch das, was ich hier als Verbesserung beschreibe, ist in Wirklichkeit nichts anderes als Anpassung: „Ändere dich oder stirb." Und das Gleiche gilt für die Ortsgemeinde. Wenn wir davon ausgehen, dass die Kirche ein Organismus ist, dann wissen wir auch, dass die Kirche die Fähigkeit hat, sich an ihre Umgebung anzupassen. Gott hat seine Kirche mit der Fähigkeit ausgestattet, sich positiv zu verändern und zugleich ihr Wesen im Kern zu bewahren.

In den letzten Jahren haben sich beispielsweise die Städte rund um viele Kirchen und Gemeinden dramatisch verändert, doch die Kirche ist die Gleiche geblieben. Irgendwo hat die Kirche bei der Umgestaltung der Gesellschaft die Verbindung zu ihr abgebrochen. Und da der Übergang allmählich begann, hat ihn die Ortsgemeinde entweder nicht wahrgenommen

oder sich nicht darum gekümmert. Die Kirche muss sich in einer verändernden Welt akklimatisieren oder sie wird sich selbst der Irrelevanz oder sogar dem Tod preisgeben.

Was bedeutet das für den Pastor als geistlichen Umweltschützer? Er muss die sich ändernde Umwelt verstehen, in die seine Gemeinde gestellt ist. Eine jener dramatischen Veränderungen in unserer Umwelt ist etwa der Wechsel von Wörtern zu Bildern. Das Leben einer Gemeinde ausschließlich von Worten bestimmen zu lassen heißt heute, ihr den Todesstoß zu versetzen. Die Menschen lesen einfach immer weniger; sie beobachten. Wir haben eine Kultur des Anschauens entwickelt. Parallel mit dem Aufkommen einer nicht mehr lesenden Gesellschaft haben wir außerdem eine Kultur der Unterhaltung entwickelt.

Wir müssen uns daher auch als Kirche auf das Einfangen von Bildern einstellen, die Wahrheit vermitteln und damit von statischen zu dynamischen Kommunikationssystemen wechseln. Unsere Kultur ist aber nicht nur multisensorisch, sie ist auch vielschichtig. Wir empfangen Informationen nicht nur durch alle unsere Sinne, sondern auch durch mehrere Sinne zur selben Zeit. Darum gehören für *Mosaic* zum Gottesdienst oft nicht nur eine Predigt und die Anbetung durch Lieder, sondern auch Skulptur, Malerei, Tanz, Duft und Film.

Ob eine Gemeinde sich entscheidet, in eine Umgebung umzuziehen, in der sie sich entwickeln kann, oder ob sie sich neu an die Umgebung anpasst, die um sie entsteht – Veränderung ist unausweichlich. Sie darf darum auch nicht als notwendiges Übel angesehen werden, sondern als ein von Gott gegebenes Geschenk. Im Falle der Urgemeinde haben schwere und herausfordernde Lebensbedingungen überhaupt erst dazu geführt, dass sie blühen und gedeihen konnte. Die Gemeinde des ersten Jahrhunderts entsprang einem Kontext der Verfolgung. Gott hat seine Kirche so geschaffen, dass sie an den Rändern der Veränderung und in der Mitte der Geschichte blühen kann. Die Kirche wurde erschaffen, um in einer sich radikal verändernden Umwelt aufzublühen.

3. SPONTANE FORTPFLANZUNG

Jedes lebendige Geschöpf wurde mit der Fähigkeit geschaffen, Leben hervorzubringen. Darum tragen auch Pflanzen Samen in sich. Eine Art, die sich nicht vermehrt, könnte nur eine Generation leben. Aber eine Art, die sich reproduziert, lebt, solange die Welt steht – es sei denn, eine Naturkatastrophe kommt dazwischen. Man muss einer Art normalerweise nicht beibringen, wie sie sich vermehren kann. Das gehört zu ihrer Natur. In der Kirche aber scheint diese Eigenschaft weitgehend zu fehlen. Die Kirche muss wieder ermutigt werden, das zu tun, was sonst eigentlich ganz natürlich geschieht.

Vor einigen Jahren nahm mich meine Frau Kim mit in die Berge von North Carolina, wo sie auf einer Farm bei Pflegeeltern aufgewachsen ist. Ihr Vater führte mich über die Anlage und zeigte mir unter anderem ein Maultier. Er erklärte mir, dass ein Maultier eine Kreuzung zwischen Pferd und Esel sei. Das erschien mir ein wenig seltsam, darum fragte ich ihn, warum er nicht lieber gleich ein Pferd oder einen Esel nähme. Er sagte, dass Pferde zwar geschickter seien als Esel, aber nicht so stark. Esel dagegen seien zwar sehr stark, dafür aber nicht intelligent genug, die nötige Arbeit zu verrichten. Wenn man die beiden Arten miteinander verbände, bekäme man aber die perfekte Kombination für bestimmte Aufgaben. Er erzählte mir weiter, dass Maulesel zwar für die Arbeit geeignet seien, sich aber untereinander nicht vermehren können.

Maulesel sind vor allem dafür bekannt, dass sie ziemlich störrisch und untereinander unfruchtbar sind. In mancher Hinsicht veranschaulichen sie deshalb nur zu gut, was passiert, wenn der Mensch anfängt, Gott zu spielen. Allzu oft trifft diese Beschreibung auch auf unsere von Menschen gemachten Kirchen und Gemeinden zu. Kirchen, die von Gott „geboren" wurden, haben die Fähigkeit zur spontanen Vermehrung, einer Vermehrung, die Folge einer inneren Kraft ist, die jede natürliche Lebensform vorantreibt. Wenn die Kirche wieder ein pulsierender Organismus ist, wird auch wieder Leben entstehen. Pulsierende Christen bringen neue Christen hervor, dynamische Kleingruppen bringen Gemeinschaften des Glaubens hervor, und pulsierende Gemeinden werden Katalysatoren für eine apostolische Bewegung.

4. DER INSTINKT FÜR DIE NACHKOMMEN

Der Instinkt, sich um die eigenen Nachkommen zu sorgen, ist für alle höher entwickelten Geschöpfe charakteristisch. Und darum muss er auch in einer lebendigen Kirche neu entdeckt werden. Sie muss für ihre Jungen sorgen und empfindsam darauf eingehen, was für ihr geistliches Überleben notwendig ist. Eine richtig funktionierende Gemeinde hat einen natürlichen Instinkt für angemessene und gesunde Pflege.

Wir haben es zum Beispiel dann mit ungenügender Pflege zu tun, wenn Neubekehrte wieder vom Glauben oder der Gemeinde abfallen. Übertriebene Pflege kann man dagegen daran erkennen, dass viele, die in unseren Gemeinden als reife Christen leben, lernen müssen, die Mission Christi persönlich in ihrem Leben umzusetzen. Die fehlende Pflege verliert zu viele Menschen wieder durch die Hintertür, die übertriebene schafft einen Stillstand an der Vordertür. Eine apostolische Umgebung dagegen bringt den vollen und dynamischen Ausdruck von Glauben, Liebe und Hoffnung hervor.

5. EIN HARMONISCHER LEBENSKREISLAUF

Das letzte Charakteristikum von Gottes Schöpfung ist ein harmonischer Lebenskreislauf. Damit sind einfach das Erkennen und Annehmen der eigenen Geburt, des Lebens und des Todes gemeint. Die Tatsache, dass ein großer Teil unseres Lebens damit verbracht werden sollte, die nächste Generation auf das Leben vorzubereiten, kann manchmal ernüchternd sein. Aber jede Generation ist mit der vorangehenden und der folgenden verbunden. In der Blüte unseres Lebens beginnen wir den Prozess, in dessen Verlauf wir uns selbst ersetzen.

Wenn innerhalb des Lebenskreislaufs eine gesunde Harmonie besteht, wird eine Natürlichkeit des Sich-selbst-Weitergebens geschaffen. Je mehr sich jemand auf sein eigenes Leben konzentriert, desto weniger macht er sich Gedanken darüber, Leben an andere weiterzugeben. Der einzige Weg, wie die Räumlichkeiten von Kirchen und Gemeinden über Generationen hinweg gefüllt bleiben, besteht darin, dass sie leben und sterben und immer wieder neu geboren werden. Und dabei werden wir bald feststellen, dass die

Gemeinde nicht mehr die Gleiche ist wie vor zwanzig Jahren oder noch vor vier Jahren. Um unsere Gesellschaft zu beeinflussen, müssen wir unsere Zustimmung und unser Einverständnis zu diesem Lebenskreislauf finden. Letzten Endes geht es nicht so sehr um die Verlängerung oder Aufrechterhaltung unseres eigenen Lebens, als viel mehr darum, anderen Menschen neues Leben zu geben.

Das inspirierendste Beispiel aus der Natur ist in diesem Zusammenhang für mich der Lachs. Er arbeitet sich mit dem einen großen Ziel stromaufwärts, eine neue Generation hervorzubringen, sogar um den Preis des eigenen Lebens. Ob ein Instinkt dem Lachs sagt, dass es Zeit ist zu sterben oder dass es Zeit ist, neues Leben hervorzubringen, weiß ich nicht. Aber eines weiß ich: Sogar die Natur zeigt uns, dass Leben und Tod untrennbar zusammengehören.

Bei der Kirche ist es nicht anders. Jesus erinnert uns daran, dass eine Saat kein Leben hervorbringen kann, wenn sie nicht zuerst stirbt. Er sagt uns, dass wir erst dann wirklich leben, wenn wir unser eigenes Leben verlieren. Es sollte uns daher nicht überraschen, dass die Kirche, wenn sie wieder zu der Einstellung der Urgemeinde zurückkehren will, sich selbst hingeben muss, damit andere leben können.

Es gehört wohl zu den schwierigsten Aufgaben eines Arztes, jemandem zu sagen, dass er sterben muss. Manchmal werden Kranken noch über lange Zeit Mittel verabreicht, die das Leiden lindern sollen. Dabei werden allerdings nur die Symptome behandelt. Wir neigen dazu, in der Kirche das Gleiche zu tun. Die Wahrheit ist jedoch: Wenn Kirchen und Gemeinden zu lange damit warten, *„für* sich selbst zu sterben", dann sorgen sie mit Sicherheit dafür, dass sie *„an* sich selbst sterben".

In der Nähe des Strandes von Santa Monica gibt es eine Gemeinde, die sich jede Woche mit ihren zehn verbliebenen Mitgliedern trifft, Mitgliedern, deren Durchschnittsalter über siebzig ist. Sie können sich einfach nicht entscheiden, was sie machen sollen. Sie sind gelähmt von der Angst vor dem Tod und dem Fehlen von Leben. Im ganzen Land haben inzwischen Gemeinden, die einmal über tausend Besucher hatten, buchstäblich aufgehört zu existieren. Der Lebenskreislauf ist nun einmal eine merkwürdige Sache: Egal, von welcher Seite man herangeht, man muss sterben. Wenn man das für sich selbst rechtzeitig akzeptiert und das Weitergeben des Lebens feiert, findet man ganz neue Lebensfreude, sogar im Tod. Wir werden als Kirche keine Zukunft haben, wenn wir uns um unsere Selbsterhaltung sorgen, sondern nur dann, wenn wir uns in die nächste Generation investieren.

Ich glaube, es ist kein Zufall, dass Kirche und Gemeinde jeweils eine „sie" ist und kein „er". Die Gemeinde ist die Braut Christi, und Jesus ist der Bräutigam. Eine Braut gibt auch heute in den meisten Fällen ihren Namen auf, wenn sie heiratet. Und um im Bild zu bleiben: Unsere Kirchen – und damit auch unsere Identitäten als einzigartige Ortsgemeinden – müssen den einen Namen tragen, auf den es ankommt, den Namen unseres Herrn Jesus Christus. Ich finde den Gedanken sehr befreiend, dass auch unsere Gemeinde *Mosaic* kommen und gehen wird, dass vielleicht eines Tages eine neue Generation der Überzeugung sein wird, dass die Strukturen und Stile, die wir gewählt haben, überholt sind und beerdigt werden müssen, damit der Bräutigam wieder eine Braut vorfindet, die sich ganz auf ihn einlassen kann.

Wir müssen unser Leben so hingegeben leben, als wüssten wir, dass Jesus heute wiederkommt. Aber wir müssen es auch mit der Weisheit leben, dass er eventuell auch in den nächsten tausend oder mehr Jahren noch nicht wieder zurückkehrt. Wir müssen also stromaufwärts schwimmen, ohne zu fragen, was uns das kostet – weil wir instinktiv wissen, dass unser Leben zu Ende geht, oder weil wir irgendwie ahnen, dass es unsere Aufgabe ist, an den Ort zu gelangen, an dem wir neues Leben weitergeben können. Die Kirche muss immer daran arbeiten, dass Zukunft geboren wird. Wenn eine Gemeinde zu der Haltung der ersten Christen zurückkehrt, hat sie keine Angst mehr vor dem Tod, sondern findet wahres Leben darin, dass sie selbst stirbt und für Christus lebt.

Darum ist dieser Satz für mich so wichtig: Wenn wir uns auf die Zukunft einlassen wollen, müssen wir zum Anfang zurückkehren. Unsere Bestimmung finden wir in unserem Ursprung. Wenn die Kirche der Lähmung einer Institutionalisierung entkommen will, muss sie ihre Identität in ihrem Wesen als geistlicher Organismus finden. Das ist sowohl die Start- als auch die Ziellinie. Der Pastor ist darum zunächst einmal und vor allem ein geistlicher Umweltschützer, der den Mitgliedern seiner Gemeinde ihr wahres Wesen zeigt.

SPONTANES LEBEN

Roland Allen hat in seinem Buch *The Spontaneous Expansion of the Church* beobachtet, dass die Kirchen in China gerade dann aufblühten, als die Missionare das Land verlassen mussten. Er schloss daraus, dass die Kirche in sich selbst die Fähigkeit zur spontanen Ausbreitung trägt. Und das geschieht ganz natürlich, wenn die Kirche gesund und lebendig ist. In jeder Ortsgemeinde wartet eine urgemeindliche Lebendigkeit darauf, an die Oberfläche zu kommen. Sie ruht schlafend in jeder echten Glaubensgemeinschaft, auch wenn sie momentan vielleicht noch verborgen zu sein scheint. Ich hoffe und bete, dass Sie durch das Lesen dieser Seiten inspiriert werden, das apostolische Erbe aufzuwecken.

„DER BESTE WEG, DIE ZUKUNFT VORAUSZUSAGEN, BESTEHT DARIN, SIE ZU GESTALTEN."

Peter Drucker

GEDANKENANSTÖSSE

1. Ist unser geistliches Beziehungsgefüge in Ordnung und gefällt es Gott?
2. Welche Schritte zur Versöhnung können wir gehen, um zerbrochene Beziehungen wiederherzustellen?
3. Welche Veränderungen sollten wir durchführen, um in unserer speziellen Gemeindesituation missionarisch aufzublühen?

KEINE BEWEGUNG
Atrophie

„Am Schaftor in Jerusalem befindet sich ein Teich mit fünf offenen Hallen. Auf Hebräisch wird er Betesda genannt. [...] Eine große Anzahl von Kranken lag ständig in den Hallen: Blinde, Gelähmte und Menschen mit erstorbenen Gliedern. Unter ihnen war auch ein Mann, der seit achtunddreißig Jahren krank war. Jesus sah ihn dort liegen. Er erkannte, dass der Mann schon lange unter seiner Krankheit litt, und fragte ihn: ‚Willst du gesund werden?' Der Kranke antwortete: ‚Herr, ich habe keinen, der mir in den Teich hilft, wenn das Wasser sich bewegt. Wenn ich es allein versuche, ist immer schon jemand vor mir da.' Jesus sagte zu ihm: ‚Steh auf, nimm deine Matte und geh!' Im selben Augenblick wurde der Mann gesund. Er nahm seine Matte und konnte wieder gehen. Der Tag, an dem dies geschah, war ein Sabbat."
Johannes 5,2–9

Sogar wenn wir gelähmt sind, fragt Jesus: „Willst du gesund werden?" In unserer angestauten Enttäuschung erklären wir dann oft, dass wir uns ja so sehr nach Heilung gesehnt haben, aber leider nicht in der Lage waren, diese Heilung zu bekommen. Wir äußern auch unseren Ärger darüber, dass sich keiner darum gekümmert hat, dass wir das bekommen, was wir so dringend brauchen. Doch in der Geschichte werden zwei Dinge klar: Die Methode, durch die wir unsere Heilung herbeiführen wollten, war vielleicht gar nicht das, was wir wirklich brauchen, und Jesus wird nichts reparieren, was wir tief in uns lieber kaputt lassen würden. So eine Lähmung hat in unseren Kirchen zu Atrophie, das heißt zu Stillstand und Schrumpfungsprozessen geführt. Wir haben zu oft an allen möglichen Orten nach Heilung und Wiederherstellung gesucht. Dabei ist es Jesus, der uns wieder auf die Beine stellt und befiehlt zu gehen. Aber: Zuerst müssen wir seine Frage beantworten.

„Die Gemeinde in ganz Judäa, Galiläa und Samarien erlebte nun eine friedliche Zeit. Sie festigte sich und machte Fortschritte in einem gottgefälligen Leben. Der Heilige Geist stand ihr bei und ließ die Zahl der Glaubenden ständig zunehmen. Petrus durchzog das ganze Land und besuchte die einzelnen Gemeinden. Dabei kam er auch zu den Christen in Lydda. Dort sah er einen Menschen – er hieß Äneas –, der seit acht Jahren das Bett nicht mehr verlassen konnte; er war gelähmt. ‚Äneas', sagte Petrus zu ihm, ‚Jesus Christus hat dich geheilt. Steh auf und mach dein Bett!' Im selben Augenblick konnte Äneas aufstehen. Alle Bewohner von Lydda und der ganzen Scharon-Ebene sahen ihn gesund umhergehen und nahmen Jesus als den Herrn an."
Apostelgeschichte 9,31–35

KAPITEL NULL

Atrophie

ATROPHIE, *die; 1. Schwächerwerden des Körpers oder eines Organs oder eines Körperteiles wegen Nahrungsmangel oder Nervenschädigung; 2. Degeneration oder Abnahme z. B. durch mangelnden Gebrauch; 3. Rückgang an Größe, immer schwächer werden, Verschlechterung oder Verringerung; Dahinschwinden oder Verdorren.*

KEINE ÜBERLEBENDEN

Wir saßen ungefähr zu zehnt in einem kleinen Zweifamilienhaus im Süden von Dallas und dachten darüber nach, wie wir unsere Stadt mit dem Evangelium erreichen könnten. Die neun anderen waren sich allerdings noch nicht ganz sicher, wie qualifiziert ich wohl für diese Aufgabe sei, denn ich war der Neue. Seit Jahrzehnten hatten diese wenigen Treuen ihr Leben eingesetzt, um ihrer verarmten Nachbarschaft zu dienen, in der eine der höchsten Verbrechens- und Mordraten im ganzen Land die Arbeit ungemein erschwerte.

Dies war nun meine erste offizielle Stelle als Pastor. Und mit fünfzig Dollar in der Woche war ich damals sicherlich überbezahlt. Als ich nun erstmals unsere Konten durchsah, stellte ich verwundert fest, dass wir als Gemeinde über 20.000 Dollar auf der Bank hatten! Nicht schlecht für eine Handvoll Leute, die in einem Stadtteil arbeiteten, der vorwiegend von der Sozialhilfe lebte. Ich stellte dann fest, dass dieses Geld von großzügigen Spendern kam, die unsere Arbeit unterstützten. Doch als ich darauf bestand, diesen Fond zu gebrauchen, um die Stadt zu erreichen, und nicht um ein finanzielles Netz für die Kirche zu behalten, erklärten einer oder zwei ganz verzweifelt: „Aber wir müssen doch überleben!"

Ich werde nie die Blicke vergessen, als ich versprach, dass ich entweder dafür sorgen würde, dass sie unter meiner Leitung als Gemeinde die Menschen der Stadt erreichten – oder dass ich die Türen schließen würde. Ich war zu dieser Zeit noch in meinen Zwanzigern und noch ein ganz junger Christ, aber ich war mir schon damals sicher, dass uns in der Bibel an keiner Stelle versprochen wird, dass es bei einem Leben als Christ darum geht, vor allem zu überleben. Wenn das Überleben zu unserem obersten Ziel geworden ist, haben wir unseren Auftrag aus den Augen verloren.

Das im Neuen Testament verwendete griechische Wort für „Zeuge" wird auch für „Märtyrer" benutzt. In unserem Sprachgebrauch sind mit dem Begriff „Märtyrer" Menschen gemeint, die für ihren Glauben gestorben sind. Sie haben nicht überlebt, sondern sie starben mit dem Blick in die richtige Richtung. In der ganzen Welt sind christliche Familien, Stämme und Gemeinden für ihren Glauben verfolgt und brutal ermordet worden. Sie haben zwar nicht überlebt, doch sie haben ein Zeugnis hinterlassen. Das Ziel der Kirche kann nicht darin bestehen, zu überleben, nicht einmal darin, nur zu wachsen, sondern einzig und allein darin, der Welt zu dienen. Und manchmal kostet der Dienst den Dienern sogar das Leben.

> **Das Ziel der Kirche kann nicht darin bestehen, zu überleben, nicht einmal darin, nur zu wachsen, sondern einzig und allein darin, der Welt zu dienen.**

Es ist nicht schwer zu verstehen, warum eine Gemeinde den Kontakt zu ihrer Umwelt manchmal lieber abbricht. Am liebsten würden wir oftmals schon nach dem Anschauen der Abendnachrichten alles hinschmeißen. Wenn wir den Eindruck bekommen, dass die Leute am Glauben sowieso kein Interesse haben, dass niemand für die Wahrheit wirklich offen ist, und wenn es zudem erdrückende Beweise dafür gibt, dass die Herzen der Einzelnen und der Gesellschaft sich unheilbar verhärtet zu haben scheinen, ist es kein Wunder, dass Gemeinden zu geistlichen Luftschutzbunkern geworden sind. Doch die Kirche ist nicht berufen, die Geschichte irgendwie zu überleben, sondern der Menschheit die Gute Nachricht zu bringen. Wie bei jedem Einzelnen, so besteht auch für die Kirche ein großer Unterschied zwischen Leben und bloßem Existieren.

Das Leben einer Gemeinde sollte von dem bestimmt werden, was Gott am Herzen liegt – und das Herz Gottes schlägt dafür, einer vielfach gebrochenen Welt zu dienen. Als Jesus sich ein Handtuch um die Hüfte band, hat er uns daran erinnert, dass nur er unsere Sünde abwaschen kann. Die Kirche lebt nicht, wenn nicht das Herz Gottes in ihr schlägt. Und Gottes Herz schlägt nun einmal dafür, zu suchen und zu retten, was verloren ist. Die Kirche besteht, um als Leib Christi zu dienen. Und durch diesen Auftrag zur Hingabe sind wir aufgefordert, uns auf die gegenwärtige Kultur derer einzulassen, die wir erreichen sollen.

Der Dienst, zu dem wir berufen sind, erfordert den direkten Kontakt mit den Menschen. Man kann nicht die Füße einer schmutzigen Welt waschen, wenn man sich weigert, sie zu berühren. Wir können es vielleicht nur schwer nachvollziehen, aber Kirchen und Gemeinden werden vor allem dann stark, wenn sie für andere da sind. Wenn sie aufhören, der Welt um sie herum zu dienen, beginnt die Atrophie. In der Pathologie bezeichnet Atrophie das Schwächerwerden oder Verkümmern eines Körperteils. Wenn sich die Kirche weigert, der Welt zu dienen, beginnt sie, schwächer zu werden. Es geht ihr schlechter, sie vertrocknet und verliert ihre Kraft. Wie ein Muskel, der in einem Gipsverband eingeschlossen war, zeigt die Kirche Zeichen von Atrophie, die oftmals erst dann offensichtlich werden, wenn der Gips abgenommen wird. Man kann allerdings kaum übersehen, dass die Kirche in letzter Zeit auffallend viel Muskelgewebe verloren hat. Überall stellen wir fest, dass die Kirche in unserer heutigen Gesellschaft nicht mehr das ist, was sie einmal war.

AUF RESERVE FAHREN

Wenn das Problem vieler Gemeinden wirklich nur darin bestünde, dass sie eben nicht wachsen, ginge es ja noch! Doch es ist schlimmer. Selbst wenn wir sagen: „Viele Gemeinden sind auf dem absteigenden Ast und schließen demnächst", drückt das noch nicht die eigentliche Tragödie aus. Es mag merkwürdig erscheinen, aber die eigentliche Tragödie besteht nicht darin, dass Gemeinden sterben, sondern dass sie das Fundament verlieren, auf dem sie stehen! Sterben ist ein natürlicher Bestandteil des Lebens. Aber allzu oft nehmen wir die Verheißung, dass die Tore der Hölle die Gemeinde nicht werden überwältigen können, als Garantie dafür, dass keine Ortsgemeinde je ihre Tore schließen wird. Wie können wir das glauben, wenn Jesus doch zugleich sagt: „Das Weizenkorn muss in die Erde fallen und sterben, sonst bleibt es allein"? Bevor wir auch nur anfangen zu erforschen, wie die Kirche wirklich leben kann, müssen wir bereit sein zu sterben. Wir müssen bereit sein, unsere Bequemlichkeit, unsere Traditionen und unsere Vorlieben abzulegen – eben alles, was uns über andere stellt.

Vor etwa zehn Jahren las ich einen Bericht, in dem stand, dass innerhalb eines Jahres in Texas nahezu fünfhundert Gemeinden geschlossen wurden. Der Autor führte diese Schließungen vor allem auf Geldmangel und Kirchenaustritte zurück. Es erschien mir schon damals befremdlich, dass das letzte Stadium einer Gemeinde durch solche Faktoren bestimmt sein sollte, weil genau das Gegenteil wahr ist. Der Lebenskreislauf einer Kirche gleicht der Kurve einer Glocke. Der Abstieg beginnt gleich hinter dem höchsten Punkt. Auf ihrem Höhepunkt hat eine Gemeinde die meisten Leute und das meiste Geld. Ich weiß, es klingt widersprüchlich, aber Gemeinden beginnen dann abzubauen, wenn alles gut geht. Wir sind genau dann in großer Gefahr, wenn wir in der Geschichte unserer Gemeinde die meisten Leute und das meiste Geld haben. Erfolg blendet uns nämlich für die Kräfte, die uns zu zerstören drohen. Das Risiko und die Innovation, die uns den Erfolg gebracht haben, werden dann oft aufgegeben, um den Erfolg zu bewahren. Oft verlieren wir den Schwung, weil wir Angst haben, den Erfolg zu verlieren, den wir erreicht haben. Und ehe wir uns versehen, entdecken wir, dass der Tank leer ist.

> **Wir sind genau dann in großer Gefahr, wenn wir in der Geschichte unserer Gemeinde die meisten Leute und das meiste Geld haben.**

AUF DIE VERGANGENHEIT VORBEREITEN

Es mag unvorstellbar erscheinen, aber vor nicht allzu langer Zeit gab es überhaupt noch keine Gemeindewachstumsberater. Von Gemeindewachstumsseminaren und sterbenden Kirchen hatte man so gut wie nichts gehört. Obwohl fast alle Gemeinden mehr oder weniger Stillstand erlebten, galt die Kirche als Ganze doch als ein Ort der Beständigkeit und der Stabilität. Man brauchte nur sein Schild hinauszuhängen und der entsprechende Kirchenbesucher fand seinen Weg dorthin. Die Hauptrolle des Pastors war die des Lehrers und Seelsorgers, und oft wurde die Rolle des Evangelisten bewusst jemandem von außerhalb überlassen.

Man konnte fast voraussagen, dass sich dadurch die Entwicklung des Abschlusses in Theologie immer mehr einem religiösen Doktortitel annäherte. Theologische Seminare fingen an, Männer hervorzubringen, die genau dem entsprachen, was die Kirchen und Gemeinden verlangten: gläubige Männer, die ein professionelles Verständnis von Theologie, Seelsorge und Management hatten. Pastoren wurden für ihre Fähigkeit geschätzt, Ordnung zu schaffen und zu verstärken, nicht aber für die Fähigkeit, Wandel zu bringen und einzuleiten. Tatsache ist, dass Pastoren eher zum Bewahren der Vergangenheit als zur Schaffung einer Zukunft ausgebildet wurden. Wir wurden dafür bekannt, dass wir traditionell waren, aber nicht dafür, dass wir Veränderungsprozesse gestalteten. Das Ritual trat an die Stelle der Radikalität, und der Pastor und Lehrer nahm die Stelle des Apostels und Evangelisten ein.

Die Kirchen und Gemeinden verloren aber bald ihre selbstverständliche Größe und hatten immer weniger zu verwalten. Die Hochschulen bilden dennoch weiterhin Pastoren aus, die für die Kanzel bereit sind, nicht aber für die Herausforderung einer neuen Zeit. Pastoren sind zwar Experten in der Exegese der Bibel, aber Neulinge in der Exegese der Kultur. Die Tatsache, dass sich die Gesellschaft so rapide verändert, vergrößert das Dilemma zusätzlich. Wir wissen, dass etwas falsch läuft, aber wir wissen nicht genau, wie wir damit umgehen sollten. Amerika wandelte sich von einer den Christen gegenüber freundlichen zu einer, wenn man es positiv ausdrücken möchte, den Christen gegenüber gleichgültigen Nation. Das Spiel änderte sich deutlich, doch wir sind nicht auf die neuen Regeln vorbereitet.

Ich habe einen Freund, den ich buchstäblich auf der Straße getroffen habe. Ich brauchte eine Mitfahrgelegenheit von Orlando nach Dallas-Fort Worth, und er ging zufällig in dieser Zeit ebenfalls auf diese theologische Hochschule. Wir stiegen in seinen Wagen und unterhielten uns über die vor uns liegenden Erfahrungen im Seminar. Wir wollten uns schließlich darauf vorbereiten, die Welt für Christus zu erreichen.

Ich werde nie den Tag vergessen, an dem Frank mir erzählte, dass er in einer für ihn erschreckenden Vorlesung über Katechese und Verwaltung gesessen hatte. Er fand kaum Worte, so entsetzt war er. Er hatte nämlich gerade festgestellt, dass er nicht nur denselben Professor hatte, dem sein Vater eine Generation zuvor zugehört hatte, sondern dass er sich auch durch exakt das gleiche Material arbeiten musste. Es wurde noch immer das gleiche Dienstverständnis, beziehungsweise dasselbe Verwaltungsmodell gelehrt wie damals. Es war, als hätte die Welt sich in dreißig Jahren nicht verändert.

> **Wir haben Millionen ausgegeben, um den klassischen Musikstil und unsere alten Liederbücher zu bewahren, statt Gottesdienste zu schaffen, die etwas von der Kultur widerspiegeln, in der wir leben.**

Die Hochschule schien sich überhaupt nicht bewusst zu sein, dass die Welt von Frank Senior nicht die gleiche ist wie die von Frank Junior. Wäre das jetzt nur eine Ausnahme gewesen, wäre es vielleicht unfair, diesen Lapsus hervorzuheben. Aber die Wahrheit lautet: Das ist oftmals die Regel. Wir haben Millionen ausgegeben, um den klassischen Musikstil und unsere alten Liederbücher zu bewahren, statt Gottesdienste zu schaffen, die etwas von der Kultur widerspiegeln, in der wir leben. Und während wir es schwer genug finden, Änderungen in Bereichen vorzunehmen, die mit Stil, Akustik und Struktur zu tun haben, merken wir gar nicht, dass wir uns auch in wesentlich wichtigeren Bereichen ändern müssen. Denn eines ist klar: Nicht nur die Welt um uns verändert sich ständig, sondern auch die Kirche in uns.

Ich lebe in Los Angeles und bin dort Pastor einer *Southern Baptist Church*. Wenn man nun auf der Karte nachsieht, liegt Los Angeles immer noch an der Westküste. Es hat also den Anschein, als ob sich die *Southern Baptists* in Kalifornien eigentlich ständig mit Fragen ihrer kulturellen Identifikation auseinander setzen müssten. Schließlich haben die *Southern Baptists* in Kalifornien überwiegend als Satellitengemeinden von Südstaatlern begonnen, die es dorthin verschlagen hat. Es ist daher eher überraschend, in Kalifornien eine *Southern Baptists Church* zu finden, die sich wirklich aus Leuten zusammensetzt, die nicht aus dem klassischen *Biblebelt* stammen, dem frommen Gürtel, der sich quer durch den Süden der USA zieht und in dem es deutlich mehr bibelbezogene Gemeinden gibt als im übrigen Land – aber es kommt vor! Übringens nicht nur in Kalifornien, sondern auf der ganzen Welt. Eigentlich sollten wir uns darüber wundern, dass es überhaupt *Southern Baptists* in China gibt, in Afrika, in Indien und in Lateinamerika. Denn kein Mensch in diesen Gemeinden ist Südstaatler. Hinsichtlich ihrer Glaubenslehren sind sie zwar *Southern Baptists*, aber sie können sich ja nicht mehr einfach mit den kulturellen Vorgaben ihrer Ursprünge identifizieren, weil diese einfach nicht mit ihrer neuen Realität übereinstimmen.

Obwohl wir uns weigern, unseren Namen zu ändern, sind wir „Baptisten aus den Südstaaten" längst *internationale* Baptisten geworden. Und wenn wir dann noch berücksichtigen, dass sich die Menschen immer weniger mit bestimmten Konfessionen identifizieren, sollten wir eigentlich besser sagen, dass die *Southern Baptists* erst zu internationalen Baptisten und dann zu globalen Christen geworden sind.

Obwohl sich die Welt und die Gemeinden im Umbruch befinden, sind die verantwortlichen Leute in der Kirche oft nicht darauf vorbereitet, neuen Realitäten ins Auge zu sehen. Vor ein paar Jahrzehnten begann die Kirche immerhin zu merken, dass sich das Missionsfeld direkt vor unserer Haustür befindet – trotzdem wurden nur sehr wenige in die Mission berufen. Als die Pastoren verzweifelten, betrat die Gemeindewachstumsbewegung die Szene. In gewisser Weise war also der unfruchtbare Leib der Kirche der Geburtsort eines neuen Lösungsansatzes. Aber: Die Lösungen für das Problem der modernen Kirche wurden mit den Mitteln der Moderne entwickelt, die Frage des Gemeindewachstums wurde zu einer empirischen Wissenschaft gemacht, während sie früher eher unter die Künste zu rechnen war. Und sie hat die Kirche leider auch nicht dahin gebracht, wo sie hingehen müsste.

Die Urgemeinde kam zum Beispiel gar nicht auf die Idee, Menschen auf ein gemeinschaftliches Ziel einzuschwören, sie hat einfach wundervolle, göttliche Bilder auf die Leinwand des menschlichen Geistes gemalt. Darum müssen wir uns ansehen, wie die Kirche ursprünglich gedacht war – und das eigentliche Wesen des Christentums neu freisetzen. Insofern kann man sagen: Ein Leiter der zukünftigen Kirche muss nicht mehr Geschäftsführer, sondern geistlicher Kunsthandwerker sein.

DIE GROSSE TRENNLINIE

Wenn man in einem christlichen Kontext lebt, fällt es leicht, Dinge nach theologischen Gesichtspunkten zu beurteilen. So war vielen Menschen der Unterschied zwischen einem Baptisten und einem Methodisten lange Zeit sehr wichtig. Wir hatten offenbar viel zu viel Zeit zur Verfügung, um uns andauernd über so etwas zu streiten. Man schaue sich nur einmal an, wie viele Ausprägungen von Baptisten es gibt – Südliche, Nördliche, Konservative, Amerikanische, Schwedische, Cooperative, Freie, um nur einige zu nennen. Während wir uns untereinander voneinander wegbewegt haben, haben wir die eigentliche, die wachsende Trennlinie aus den Augen verloren, auf die es ankommt. Wir sind dabei, den Kampf um die Menschen zu verlieren, die ohne christlichen Glauben leben.

Wir müssen die Bruchstücke in ein Mosaik verwandeln.

Vor diesem Hintergrund sind viele Bewegungen neben der Kirche entstanden. Kein Wunder: Wenn wir wirklich „im Auftrag des Herrn unterwegs" sind, werden die Unterschiede zwischen den christlichen Gruppierungen zweitrangig. Die überkonfessionellen Bewegungen haben eher ein missiologisches als ein theologisches Bewusstsein geschaffen: Wenn man daran glaubt, dass die Bibel die Lösung für die Probleme der Menschheit enthält, wenn man weiß, dass Jesus die Hoffnung für die Welt ist, und wenn man auch bereit ist, etwas dafür zu tun, dann ist man qualifiziert, Teil eines solchen überkonfessionellen Teams zu werden.

In vielerlei Hinsicht spiegelt das Auftreten solcher außerkirchlicher Bewegungen die Lähmung innerhalb der Ortsgemeinden wider. Als wir aufhörten, selbst Jugendliche in die Mission zu schicken, tauchte „Jugend mit einer Mission" auf. Als wir die Gelegenheit verpassten, Universitätsstudenten zu erreichen, tauchte „Campus für Christus" auf. Als wir uns auf den Gottesdienstbesuch konzentriert und die Schulung zur Nachfolge vernachlässigt haben, sind die „Bibelschulen" aufgetaucht. Und als wir gezögert haben, Männer in die geistliche Leitung zu berufen, kamen die „Promise Keepers" – um nur einige wenige Bewegungen zu nennen.

Doch während diese übergemeindlichen Teams Männer und Frauen versammelten und mobilisierten, die sich danach sehnten, ihren Glauben weiterzugeben, beschleunigten sie natürlich gleichzeitig die geistliche Blutarmut und den Niedergang der Ortsgemeinde. Die Einzelgemeinde wurde zu einer Festung, die sich von der Welt abschottete, statt eine Hoffnung für die Welt zu sein. Dass wir uns als Kirchen und Gemeinden auf diese Weise von unserem Umfeld abgegrenzt haben und die Menschen nicht mehr so erreichten, wie wir es eigentlich tun sollten, zeigt, wie wichtig ein ganzheitliches Gemeindeverständnis ist. Menschen sehnen sich nach Spiritualität und Ganzheit, was bedeutet, dass wir ihnen Gemeinschaft, Sinn und Heilung bieten müssen. Wenn wir das eine ohne das andere haben, bleiben wir bruchstückhaft. Wir müssen die Bruchstücke in ein Mosaik verwandeln.

DAS GROSSE ERWACHEN

Manche Menschen behaupten, dass in Amerika am 17. Juni 1963 der Anfang vom Ende eingeläutet wurde, an dem Tag, an dem man das Gebet aus den öffentlichen Schulen verbannte. Die Christen fingen seltsamerweise an, über dieses Datum zu streiten, als ob am Dienstag noch alles in Ordnung gewesen und am Mittwoch alles auseinander gebrochen wäre. Ich will damit keineswegs sagen, dass dies kein trauriger Tag für die Kirche Jesu Christi war, aber eine so polarisierende Einschätzung ist nicht nur naiv, sie zeigt vielmehr, wie weit wir uns von der Wahrnehmung der eigentlichen Krise entfernt haben. Die Krise begann doch nicht, als das Gebet aus den öffentlichen Schulen entfernt wurde, sondern als wir aufgehört haben zu beten. Dieses schmerzvolle Ereignis war nicht der Anfang unseres kulturellen Abstiegs, sondern das Ergebnis vieler Jahre, in denen die Kirche den Einfluss auf die Gesellschaft immer mehr verloren hat.

Viele bezeichneten diese Entwicklungen als Kulturkampf, und leider gehen wir häufig davon aus, dass es dabei um den Kampf von Gläubigen gegen Ungläubige ginge. Ob wir über politische Sichtweisen oder Regierungsstrategien diskutieren – wir neigen dazu, davon zu reden, dass man von einer christlichen Weltsicht abgerückt sei, als ob die Veränderungen von denen angezettelt worden wären, die außerhalb der Kirche stehen. Wir reden über diese Ereignisse, als ob es einen tiefen kulturellen Graben gäbe und die Konfliktparteien wahnsinnig weit voneinander entfernt wären. Aber wenn wir genau hinsehen, worum es eigentlich geht, sind wir vor allem verwirrt. Es gibt nämlich in Wirklichkeit nur einen ganz kleinen Abstand zwischen denen, von denen wir den Eindruck haben, dass sie christliche Werte vertreten, und denen, die entschlossen scheinen, diese Ideale aus der Politik zu entfernen. Jimmy Carters Wahlkampagne beinhaltete mit überraschendem Erfolg das Thema „Bekehrung". Ronald Reagan wird oft als ein moderner Gideon für christliche Werte bezeichnet. Die Bushs sind Methodisten und sowohl Bill Clinton als auch Al Gore gehören zu den *Southern Baptists*. George W. Bush bekennt sich sogar offen zu seinem Glauben an Jesus Christus. Die Personen, die die höchsten Regierungsämter unseres

Landes eingenommen haben, sind also stark in der evangelikalen Geschichte verwurzelt. Und wenn wir bei einem von ihnen das Gefühl haben, dass er die christlichen Werte zu wenig aktiv vertritt, dann liegt das gerade nicht daran, dass er sich zu weit von der Kirche entfernt hätte, sondern daran, dass er ein Produkt genau dieser „Kirche" ist. Und ich vermute, dass sich für alle anderen Bereiche unserer Gesellschaft dasselbe sagen ließe.

Vom Sportler zum Schauspieler, vom Musiker zum Politiker – in der Regel sind sowohl diejenigen, die das Herz Gottes vertreten, als auch diejenigen, die im Krieg mit ihm zu liegen scheinen, ein Produkt der westlichen Kirche. Das Problem ist nicht, dass diese in der Öffentlichkeit stehenden Personen außerhalb des Einflussbereichs der Kirche gewesen wären, sondern dass sie vielmehr in der Kirche gesessen haben und doch in ihrem Kern unverändert geblieben sind.

Amerikas größte Atheisten sind Kinder der Kirche. Man findet kaum einen leidenschaftlichen Feind der Kirche, der nie mit ihr in Kontakt gewesen wäre. Der abnehmende Einfluss der amerikanischen Kirche auf die Gesellschaft des Landes ist nicht einfach darauf zurückzuführen, dass immer weniger Leute zur Kirche gehen – es gehen weniger Leute zur Kirche, weil der Einfluss Christi auf die Kirche selbst abnimmt.

> **Amerikas größte Atheisten sind Kinder der Kirche.**

Die Kirche ist, positiv auszugedrückt, eingeschlafen. Es wäre vielleicht fairer, es so auszudrücken: Wir haben die Kraft verloren, die Gesellschaft zu verändern. Wir haben uns an eine Gesellschaft angepasst, die – jedenfalls für uns – sehr benutzerfreundlich ist. Wir haben uns eingeredet, dass ein guter Bürger auch ein guter Christ sei. Wir wurden nicht mehr wegen unseres Glaubens verfolgt und hatten keinen Grund mehr, für unsere Überzeugungen einzustehen – und darum haben wir sie auch immer mehr abgelegt. Um es sehr deutlich zu sagen: Wir haben unser Land nicht verloren; wir haben es verraten! In unserer Panik und Kraftlosigkeit haben wir immer häufiger zu politischen Mitteln gegriffen, um das zurückzugewinnen, was wir einmal durch geistliche Erweckung aufgebaut hatten. Doch eine moralische Mehrheit kann niemals das erreichen, was Gott durch Gideons Minderheit bewirken konnte.

Die Welt um uns herum hat sich für alle erkennbar gewandelt. Es ist uns aber nicht gelungen, herausfinden, warum ihre Verbindung zum christlichen Glauben abgerissen ist. Das Christentum ist in zweitausend Jahren zu einer Weltreligion geworden und hat sich mit all den äußeren Kennzeichen einer solchen Stellung geschmückt. Aber was Amerikas Riese zu sein schien, war in Wirklichkeit nur eine Fata Morgana. Eines ist jedenfalls klar: Wenn das Christentum in diesem Land einmal Kaiser war, dann hatte er keine Kleider an! Die Kirche ist nicht mehr der Gestalter der modernen

Kultur, in Wirklichkeit ist die moderne Kultur zum Gestalter der Kirche geworden. Das sollte uns wachrütteln. Die Welt hat sich verändert, wir sind zurückgeblieben. Die Welt hat sich in manchem auch deshalb zum Schlechteren verändert, weil wir uns überhaupt nicht verändert haben. Man könnte auch sagen: Die Welt hat sich in manchem zum Besseren verändert und wir haben den Anschluss verpasst. Die Welt wartet auf eine Kirche, die noch einmal ganz neu zu einem göttlichen Werkzeug der Veränderung wird.

DIE SÄKULARE NATION

Können Sie sich noch an all die Leute erinnern, die uns gewarnt haben, dass Amerika auf dem besten Wege sei, eine säkulare Nation zu werden? Erinnern Sie sich noch, ob Sie solchen Sprüchen damals Glauben geschenkt haben? Wir waren lange Zeit davon überzeugt, dass der säkulare Humanismus der große Feind unserer Zeit sei. Und zu viele von uns glauben das immer noch. Während unsere Nation systematisch versucht, den Einfluss christlicher Gruppen auf das öffentliche Leben einzudämmen, ist Amerikas neue Basisreligion nicht der Atheismus, sondern der Pantheismus. Nahezu hundert Prozent der Bevölkerung glauben an einen Gott. Obwohl die Menschen mit den Ansichten des Materialismus, des Rationalismus, des Existenzialismus und des Empirismus der Moderne bombardiert werden, suchen sie weiterhin nach Spiritualität. Amerika ist eine außerordentlich spirituelle Gesellschaft.

Darum bewegen wir uns nicht etwa auf ein Land ohne Gott zu, sondern auf ein Land mit ganz vielen Göttern. Wir sind heute mystischer als je zuvor, wir sind offener, wir sind suchender, wir sind neugieriger und wir sind wissbegieriger als jemals in der Geschichte unseres Landes. Wir müssen nicht befürchten, dass Amerika eine säkulare Nation wird, wir werden möglicherweise geistlicher sein als in den letzten hundert Jahren. Von Deepak Chopra zu Oprah Winfrey – wir leben in der Ära der techno-geistlichen Gurus. Von der *New Age*-Literatur bis zur Pop-Psychologie – unsere Buchläden sind voller spiritueller Selbsthilfebücher. Überall wird von Gott geredet. Von „Ein Hauch von Himmel" bis zu „Akte X" und von „Matrix" bis zu „Magnolia" – die Suche nach dem Spirituellen durchdringt das zeitgenössische Fernsehen und Kino in unvorstellbarem Maße. Die schreckliche Wahrheit ist: Unser Land lehnt nicht die Spiritualität ab, sondern das Christentum.

Der Vorwurf, den wir uns gefallen lassen müssen, ist: Der christliche Glaube, wie wir ihn leben, wird nicht mehr als lebensfähige geistliche Alternative gesehen. Unmengen von Menschen haben es mit unseren Kirchen und Gemeinden versucht und haben sie leer wieder verlassen. Wir werfen ihnen vielleicht vor, dass sie nicht bereit waren, sich Gott wirklich zu öffnen; dafür werfen sie uns vor, dass wir ihn offensichtlich gar nicht richtig kennen – jedenfalls nicht so, dass man uns das abspüren würde. Menschen lehnen Christus *wegen* der Kirche ab! In den Anfängen der Kirche wurden wir von einer ungläubigen Welt Christen genannt. Jetzt nennen wir uns selbst Christen und die Welt nennt uns oftmals Heuchler. Kann es sein, dass nicht unser Land gefährlich säkular geworden ist, sondern die Kirche? Wir waren weder relevant noch transzendent für die Gesellschaft. Wir sind in übelster Weise religiös geworden. Und dadurch sind wir letztlich auch die Begründer der säkularen Nation.

> **Kann es sein, dass nicht unser Land gefährlich säkular geworden ist, sondern die Kirche?**

DAS SPECKGÜRTEL-CHRISTENTUM

„Wir suchen eine Gemeinde, die unseren Bedürfnissen entspricht." Mir scheint, ich habe diesen Satz schon tausendmal gehört, weil das Konsumdenken die heutige Kirche tief geprägt hat. Die entscheidenden Diskussionen drehen sich nicht mehr um Relevanz, sondern um Bequemlichkeit. Es ist für die meisten Gemeinden schon lange kein erstrebenswertes Ziel mehr, der Welt zu dienen; die Kirche selbst ist zum Inhalt geworden. Und darum ist auch der Leitsatz „Wir sind als Kirche dazu da, einer suchenden und zerbrochenen Welt zu dienen" abgeglitten zu „Was hat die Kirche mir zu bieten?". Diese Entwicklung hat dazu geführt, dass der Pastor vielerorts der einzige Diener ist und die Mitglieder weithin als bloße Dienstempfänger fungieren. Was bei diesem Prozess verloren ging, sind Heerscharen von Menschen, die heilsam in unserer Welt wirken könnten.

> **Man konnte sich in der kulturellen Umgebung bequem niederlassen. Und wenn es darum ging, wie sich die Gute Nachricht verbreiten sollte, wollten die Gemeinden nicht mehr missionierende Kirche sein, sondern nur noch Kirche, die Mission unterstützt.**

In vielerlei Hinsicht haben das Entstehen der Vororte und die Tatsache, dass immer mehr Weiße aus den Städten geflohen sind, den Weg zum „Speckgürtel-Christentum" geebnet. Als Speckgürtel bezeichnet man die Neubaugebiete rund um die großen Städte. Wir haben in der westlichen Welt nach dem Zweiten Weltkrieg vor allem wachsenden Wohlstand und Frieden erfahren. Darum sind die meisten Neubaugebiete in den Vororten in den Fünfziger Jahren der Nachkriegszeit entstanden. Und diese ganz spezielle Wohnlage dient uns auch als Schutz vor den Problemen der Welt. Wir leben in der Schnittmenge zweier Welten, in der wir sowohl die Vorzüge des Ländlichen, als auch die Annehmlichkeiten der Stadt genießen können. In den folgenden Jahren wurde der Speckgürtel also die Zuflucht der Städter. Während unsere Städte zerfielen und unsere Gesellschaften auseinander brachen, konnten wir uns aus dem Schlamassel heraushalten.

Diese oftmals riesigen und umfassend geplanten Neubaugebiete wurden geschaffen, damit sich gerade die sogenannten Babyboomer ansiedeln konnten. Man kann die Bewohner dieser Wohngebiete durch klare, immer wieder auftauchende Muster charakterisieren: Sie sind homogen, gebildet und vornehm. Diese Vororte haben das Speckgürtel-Christentum hervorgebracht, das an sich eine gute Sache ist. Natürlich ist es wichtig, dass wir überall dort Kirchen und Gemeinden gründen, wo sie gebraucht werden. Gleichzeitig muss man aber einen Teil der Verantwortung am heutigen Dilemma genau diesen Speckgürtel-Christen zuschreiben. Die Gemeinden wurden – entsprechend der Siedlungen – immer mehr zu Festungen. Irgendwann waren sie eher Zufluchtsorte vor der Welt als eine Kraft in der Welt. Vorhersagbarkeit und Stabilität wurden zu ihren alles beherrschenden Themen. Man konnte sich in der kulturellen Umgebung bequem niederlassen. Und wenn es darum ging, wie sich die Gute Nachricht verbreiten sollte, wollten die Gemeinden nicht mehr missionierende Kirche sein, sondern nur noch Kirche, die Mission unterstützt. Sie sehen, dass sich dieses Muster auf viele Gemeinden übertragen hat.

Ein anderer Aspekt unserer Kultur, der aus dieser Zeit stammt, ist das Konzept des Kundenservice. Wir erwarten und fordern, als Verbraucher behandelt zu werden. „Wenn du meine Unterstützung haben willst, dann solltest du dich besser um meine Bedürfnisse kümmern." Diese Ideologie wurde auch für die Kirche zur Realität. Sowohl in den traditionellen als auch in den modernen Gemeinden wurde das Mitglied zum Kunden, auf den das Produkt zugeschnitten wird.

Ich erinnere mich an einen Mann, der an einem Sonntagmorgen vertrauensvoll zu mir kam. Man merkte, dass er sich in der Gemeinde auskannte. Aber er stach doch ein wenig heraus, weil er Anzug und Krawatte trug. Unser Stil ist eher leger. Er stellte sich vor und erklärte mir, dass er die Gemeinde schon über einen Monat lang besucht habe. Er freue sich, dass die Lehre seinen Maßstäben entspräche, die Musik akzeptabel und er auch mit dem Angebot für Kinder und Jugendliche zufrieden sei. Er erklärte weiter, dass er verheiratet sei und mehrere Kinder habe. Als ich ihn fragte, wo seine Familie denn sei, erklärte er, dass er ihnen noch nicht erlaubt habe zu kommen. Er wolle uns erst einige Wochen unter die Lupe nehmen, bevor er seine Angehörigen mitbrächte. Er wolle sicherstellen, dass die Produkte und der Service dem entsprächen, was seine Familie seiner Meinung nach brauchte. Sie merken schon: Es ging ihm überhaupt nicht um Theologie oder Gemeinschaft; es ging einzig und allein um Kundendienst.

An einem anderen Tag führte Alex, einer unserer Pastoren, ein intensives Gespräch mit einem unserer begabteren Künstler. Dieser ging schon lange in die Gemeinde, wollte aber kein Mitglied werden. Wie viele Menschen mit einem kirchlichen Hintergrund tendierte er dazu, die Gemeinde eher durch eine kritische Brille zu betrachten. Er packte also alle seine kritischen Beobachtungen aus. Alex unterbrach ihn, um einen Rahmen für den Rest des Gesprächs abzustecken: „Denk bitte daran, es geht nicht um dich."

Unglücklicherweise haben viele Leute nicht mehr viel zu sagen, wenn sich das Gespräch nicht um sie dreht. Uns wurde zu lange beigebracht, dass wir der Mittelpunkt des Universums sind. Darum werten wir auch alles danach aus, ob es unseren Bedürfnissen entspricht. Einige der besten Prediger, die ich kenne, hatten Gemeindemitglieder, die die Gemeinde aus einem einzigen Grund verlassen haben: Sie bekämen nicht genug geistliche Nahrung. Ich weiß: Wir sind die Schafe Gottes, und Schafe erwarten vom Hirten, dass er für sie sorgt; aber es muss eine Zeit kommen, in der jeder selbst ein Hirte wird, der für andere sorgt.

Geht es uns vielleicht zu sehr darum, uns selbst zu füttern, und zu wenig darum, unseren Glauben zu praktizieren?

Ist das so schlimm, wenn man gefüttert werden möchte? Bei dieser Frage könnte es wichtig sein, daran zu denken, dass über sechzig Prozent der Amerikaner und über fünfzig Prozent der Deutschen übergewichtig oder sogar fettleibig sind. Kann es sein, dass das auch auf unser geistliches Lebens zutrifft? Geht es uns vielleicht zu sehr darum, uns selbst zu füttern, und zu wenig darum, unseren Glauben zu praktizieren?

Bei den meisten Kritiken an den Kirchen und Gemeinden in unserem Land geht es um den Stil, also nicht um den eigentlichen Kern des Problems. Die Gemeinden erleben unendlich viel Widerstand, bei dem es den Kritikern im Grunde nur darum geht, die eigenen Interessen und Bedürfnisse zu wahren. Dabei sollte man nie vergessen: Es ist eine Sache, eine geschmackliche Vorliebe zu haben; es ist eine andere, die eigenen Vorlieben über die Nöte derer zu stellen, die Jesus Christus noch gar nicht kennen.

Für einige Gemeinden ist die Bewahrung von alten Liedern und Kirchenbänken noch immer wichtiger als die sich verändernde Welt in ihrer Umgebung. Heute müssen wir mit der traurigen Realität leben, dass wir allzu oft unsere Traditionen bewahrt und unsere Kinder verloren haben. Für andere ist die eigentliche Herausforderung die Spannung zwischen Kontinuität und Revolution. Wir sind in diesem Prozess wahre Meister im Gestalten von Programmen geworden und, so seltsam das scheint, auch im Bibelwissen. Doch sogar hierbei hat sich der Brennpunkt dahin verschoben, die Wünsche von Christen zu befriedigen. Wir haben auf dem Weg der Wissenssteigerung die Fähigkeit oder Bereitschaft verloren, anderen direkt von unserem Glauben zu erzählen, Gottes Auftrag zu erfüllen und die Menschen zu erreichen. Während wir einige wunderbare Beispiele von Gemeinden sehen, die nie ihre apostolische Berufung verloren haben, ist aus der früher eigentlich revolutionären Kirche inzwischen eine Speckgürtel-Gemeinde geworden. Und die muss nun wieder lernen, ihre revolutionäre Kraft zu entfalten. Was radikal aussieht, muss normal werden.

SICHERE THEOLOGIE

Im Kontext des Speckgürtel-Christentums ist eine endlose Parade von seichten Aufkleber-Theologien entstanden, die uns in falscher Sicherheit wiegen. Vor allem eine von ihnen hat sowohl die Kirche irregeleitet als auch den Gedanken der Berufung bei allen Gläubigen verwässert, die davon geprägt wurden. Sie haben den Leitsatz einer solchen Theologie vielleicht schon einmal gehört: „Der sicherste Platz eines Menschen ist im Zentrum von Gottes Willen." Ich bin sicher, dass dieses Versprechen gut gemeint ist, aber es ist nicht wahr und auch nicht harmlos. Wenn wir glauben, es sei Gottes Ziel oder Versprechen, dass uns nichts passieren kann, schneiden wir uns von der Kraft Gottes ab.

Ich erinnere mich noch, wie ich einen Pastor und seine Frau besuchte, kurz nachdem beide ihr theologisches Studium beendet hatten. Das Ehepaar war außerordentlich begabt und hatte sich entschieden, in einer kleinen Stadt mit ein paar tausend Einwohnern zu arbeiten. Wir sprachen über die Zukunft, und ich schlug vor, dass sie ins Zentrum einer größeren Metropole wie Los Angeles gehen sollten. Ich war sprachlos über ihre Antwort; vor allem über die dazugehörige Begründung. Sie sagten mir voller Leidenschaft, dass Gott so etwas niemals von ihnen verlangen würde. Gott würde ihre Kinder niemals den Gefahren und der Korruption der Stadt aussetzen!

Ich erinnere mich noch, wie ich an dem Abend mit der Frage nach Hause ging, wie es wohl mit der Kirche Jesu weitergehen solle. Wenn sich diejenigen, die sich auf Leitungsaufgaben vorbereiten, vor allem nach einem sicheren Ort umsehen, wer soll dann die Kirche an die gefährlichen Orte führen?

Irgendwie haben wir wohl aus den Augen verloren, welche Erfahrungen die Menschen in der Bibel mit Gott gemacht haben. Von Abraham bis zu Paulus waren die, die Gott folgten, großen Gefahren ausgesetzt. Paulus beschreibt seinen Weg mit Jesus ja sehr ausführlich. Und eines ist klar: Dieser Weg war alles andere als sicher. In seinem 2. Brief an die Korinther schreibt der Apostel: „Sie dienen Christus? Ich rede jetzt ganz erregt: Ich diene ihm noch viel mehr! Ich habe härter für Christus gearbeitet. Ich bin öfter im Gefängnis gewesen, öfter geschlagen worden. Häufig war ich in Todesgefahr. Fünfmal habe ich von den Juden die neununddreißig Schläge bekommen. Dreimal wurde ich von den Römern mit Stöcken geprügelt, einmal wurde ich gesteinigt. Ich habe drei Schiffbrüche erlebt; das eine Mal trieb ich eine Nacht und einen Tag auf dem Meer. Auf meinen vielen Reisen haben mich Hochwasser und Räuber bedroht. Juden und Nichtjuden haben mir nachgestellt. Es gab Gefahren in Städten und in Einöden, Gefahren auf hoher See und Gefahren bei falschen Brüdern. Ich hatte Mühe und Not und oftmals schlaflose Nächte. Ich war hungrig und durstig, oft hatte ich tagelang nichts zu essen. Ich fror und hatte nichts Warmes anzuziehen. Ich könnte noch vieles aufzählen; aber ich will nur noch eins nennen: die Sorge um alle Gemeinden, die mir täglich zu schaffen macht" (2. Korinther 11,23–28).

Die Wahrheit ist, dass das Zentrum von Gottes Willen kein sicherer Platz ist, sondern der gefährlichste Platz auf der Welt! Gott fürchtet nichts und niemanden! Gott geht zielbewusst und kraftvoll voran. Es ist *für uns* gefährlich, außerhalb von Gottes Willen zu leben; doch in seinem Willen zu leben macht *uns* gefährlich.

An meinem ersten Freitagabend in Dallas war ich von der Häusermenge schier überwältigt und versuchte, ein bestimmtes Doppelhaus zu finden, in dem sich an diesem Abend eine Hand voll Gläubige treffen wollte. Als ich merkte, dass ich mich verlaufen hatte, wurde mir plötzlich bewusst, wie heftig mein Herz schlug. Ich wurde von Furcht gepackt. Ich hielt meinen Wagen mitten auf der Grand Avenue an, schrie regelrecht zu Gott und bat ihn um Mut. Ich erwartete, dass mir einer der vielen Verse in den Sinn kam, die ich auswendig gelernt hatte: „Er, der in euch wirkt, ist mächtiger als der, der diese Welt regiert", „Allem bin ich gewachsen durch den, der mich stark macht", „Fürchte dich nicht, denn ich stehe dir bei" oder: „Sei mutig und entschlossen!" Aber keiner von diesen Versen kam mir in den Sinn. Stattdessen sandte mir der Geist Gottes blitzartig einen Vers, an den ich nie gedacht hätte: „Christus ist mein Leben und Sterben ist mein Gewinn." Das war bestimmt nicht das Wort der Ermutigung, nach dem ich gesucht hatte. Doch es ging mir immer wieder durch den Kopf, als ich da in meinem Auto saß. Es war klar. Jesus nachzufolgen ist ein gefährliches Unternehmen. Er

war bereit, für uns zu sterben. Der Vater war nicht nur bereit, ihn sterben zu lassen, er befahl es sogar. Der einzige Weg, wie ich Gott wirklich folgen kann, besteht darin, selbst zu sterben und für ihn zu leben.
Nur „Tote" können dem Gott des Kreuzes folgen.

> **Nur „Tote" können dem Gott des Kreuzes folgen.**

Wie konnten wir nur glauben, dass es beim christlichen Glauben um Sicherheit ginge, wenn sein zentrales Symbol ein Werkzeug des Todes ist? Es ist kein Zufall, dass die Taufe ein „Wassergrab" ist, das Tod und Auferstehung symbolisiert. Es ist nicht weniger bezeichnend, dass das ständig wiederholte Abendmahl die Erinnerung an ein Opfer ist. Wie konnten wir von einem so gefährlichen Glauben nur eine Theologie der Sicherheit ableiten?

Wir konzentrieren uns gern auf die, die den Löwen vorgeworfen wurden und am Leben blieben oder die, die ins Feuer geworfen wurden und nicht verbrannt sind: „In solchem Vertrauen kämpften sie gegen Königreiche und trugen den Sieg davon. Sie sorgten für Recht und durften erleben, dass Gott seine Zusagen erfüllte. Sie verschlossen den Rachen von Löwen und löschten glühendes Feuer. Sie entrannen dem Tod durch das Schwert. Sie waren schwach und wurden stark. Im Kampf wuchsen ihnen Heldenkräfte zu, sie trieben fremde Heere zurück. In solchem Vertrauen bekamen Frauen ihre Toten als Auferstandene lebendig zurück" (Hebräer 11,33–35a). Das steht da. Aber die Bibel macht zugleich deutlich, dass der Glaube keine Sicherheit verspricht. Der Verfasser des Hebräerbriefs sagt nämlich auch: „Andere in Israel ließen sich zu Tode foltern, sie weigerten sich, die angebotene Freilassung anzunehmen; denn sie wollten zu einer weit besseren Auferstehung gelangen. Andere wiederum wurden verspottet und ausgepeitscht, gefesselt und ins Gefängnis geworfen. Sie wurden gesteinigt, zersägt und mit dem Schwert hingerichtet. Sie zogen in Schaf- und Ziegenfellen umher, Not leidend, bedrängt, misshandelt. Wie Flüchtlinge irrten sie durch Wüsten und Gebirge und lebten in Höhlen und Erdlöchern. Die Welt war es nicht wert, dass solche Menschen in ihr lebten. Diese alle fanden durch ihr Vertrauen bei Gott Anerkennung, und doch haben sie bis heute noch nicht bekommen, was Gott den Seinen versprochen hat" (Hebräer 11,35b–39).

DER SCHLIMMSTE STURM

Ich hoffe, Sie haben bemerkt, dass ich auf den letzten Seiten versucht habe, einige der grundlegenden Ursachen für den Niedergang der Kirche zu beschreiben. Ist Ihnen aufgefallen, dass alle diese Ursachen innere Probleme der Gemeinden beschreiben und nicht von außen verursacht sind? Es ist viel darüber geschrieben worden, dass sich unsere Gesellschaft verändert. Natürlich fallen die Veränderungen von Menschen und Kulturen auf und müssen angesprochen werden. Und sie haben Einfluss auf die Kirche. Doch ich bin überzeugt, dass in ihnen nicht die wesentlichen Gründe für den Verlust der Lebendigkeit und die Verkümmerung der Kirche liegt. Diese rapiden und dramatischen Veränderungen haben die Fahrt in den letzten fünfzig Jahren sicherlich rauer gemacht, doch sie bringen das Boot nicht zum Sinken. Es gibt keinen schlimmen Sturm von außen, der die Kirche Jesu Christi zum Sinken bringen kann. Egal, wie oft oder schnell sich die Gesellschaft wandelt, die Kirche hat das notwendige Handwerkszeug zum Überleben. Doch mit jedem kulturellen Wandel wird uns schmerzhafter bewusst, dass die Kirche längst von einer Bewegung zu einer Institution geworden ist.

> **Wir müssen als Gemeinden unsere Segel aufrichten und uns mit dem Geist bewegen, wenn wir nicht zurückbleiben wollen.**

Der entscheidende Unterschied zwischen diesen beiden Formen ist, dass Institutionen Kultur bewahren, während Bewegungen Kultur schaffen. Oft haben die, die versuchen, eine zerfallende Kultur zu bewahren, gerade Anteil an ihrem unehrenhaften Abgang. Die kulturelle Seite Ihrer Gemeinde ist vielleicht im Werk des Heiligen Geistes geboren und verwurzelt gewesen. Aber der Geist Gottes bewegt sich wie der Wind. Er hinterlässt eine ruhige Stille, wo er einmal geblasen hat, und winkt uns, dahin zu kommen, wo er jetzt wirkt. Wir müssen als Gemeinden unsere Segel aufrichten und uns mit dem Geist bewegen, wenn wir nicht zurückbleiben wollen. Es genügt nicht, einfach stehen zu bleiben; wir müssen kühn vorwärts segeln.

Letztlich geht es um geistliche Krisen. Zugegeben: Radikale Veränderungen außerhalb der Kirche fordern noch radikalere Opfer von der Kirche selbst. Das wird deutlich, wenn wir an die Lebensumstände von Menschen denken, die in ihren Heimatländern für ihren Glauben verfolgt werden. Wir feiern ihr Opfer und ihre Bereitschaft, unter Lebensgefahr für Christus einzustehen. Doch den Verzicht auf Traditionen und die lieb gewordenen Gewohnheiten sehen wir als eine unzumutbare Aufgabe an. Ich weiß aus eigener Erfahrung, dass der einzige Sturm, der eine Kirche wirklich zum Sinken bringen kann, von innen kommt.

Es gibt ja inzwischen auch in der Kirche viele moderne Legenden: Geschichten von Gemeinden, die sich wegen der Farbe des Teppichs im Flur spalten; von Pastoren, die gefeuert werden, weil sie einen Farbigen taufen; oder von Dringlichkeitssitzungen, bei denen Karteileichen zusammengetrommelt werden, um einen zu aktiven Pastor zu feuern. Ich kenne eine

Gemeinde, die ihren Pastor entlassen hat, obwohl sie in ihrem ersten Jahr um über tausend Mitglieder gewachsen ist. Ich habe auch von einer sterbenden Gemeinde gehört, die ihr Gebäude mit voller Absicht an die Stadt verkauft hat, damit die neue Gemeinde, die das Gebäude eigentlich mieten wollte und die gerade auf vierhundert Glieder angewachsen war, die Räumlichkeiten nicht beziehen konnte. Warum? Weil die neue Gemeinde nicht in die theologischen Vorstellungen der alten Gemeinschaft passte.

Solche Legenden, die unsere jüngste Geschichte verfolgen, offenbaren mehr von uns, als wir vielleicht denken. Letzten Endes verkümmert eine Gemeinde nie einfach wegen Stilfragen; sondern immer wegen mangelnder Hingabe. Es geht bei der Frage nach gesunden Gemeinden immer um Menschen, die bereit sind, sich ohne Rücksicht auf die persönlichen Konsequenzen der Herrschaft Christi unterzuordnen.

Noch ein Beispiel: Trotz einiger Vorbehalte erklärte ich mich vor kurzem bereit, als Vermittler in einem gemeindeinternen Streit zu fungieren. Ich führte dazu als Erstes Gespräche mit der Gemeindeleitung, bevor der Pastor dazukam, um eine Vertrauensbasis aufzubauen. Dabei erfuhr ich, dass sich eine kleine Koalition um den Finanzverantwortlichen gebildet hatte, deren Ziel es war, den Pastor noch in der Woche vor Weihnachten zu feuern. Es war übrigens die gleiche Jahreszeit, in der auch im Jahr zuvor eine Pastorenentlassung eingeleitet worden war.

Die Gemeinde lud uns also ein, ein Vermittlungsteam zu bilden, und die opponierende Gruppe erklärte, dass sie die Entscheidung dieses Teams auf jeden Fall annehmen würde, ganz gleich, wie seine Empfehlung auch ausfallen würde. Nach einer gründlichen Untersuchung der Anklagepunkte gegen den Pastor und der Umstände, die zu der Krise geführt hatten, unterstützten wir als Vermittlungsteam den Pastor mit überwältigender Mehrheit und rügten die, die offensichtlich aus persönlichen Gründen die Amtsenthebung vorangetrieben hatten.

Gleich nach der Bekanntgabe des Urteils begannen die Gegner des Pastors, eine neue Versammlung einzuberufen, um seine Entlassung doch noch durchzuboxen. Ich werde nie vergessen, wie ich im Büro saß und mit dem Finanzverantwortlichen, dem Anführer dieser Gruppe, sprach. Ich ging mit ihm Bibelstellen durch und fragte ihn, ob er verstehe, dass das, was er da gerade tue, den Lehren Jesu widerspräche.

> **Man kann seinen Namen ändern, aber wenn man sein Herz nicht ändert, wird die Atrophie letztlich zum Tode führen.**

Er entgegnete ruhig: „Ja." Weil ich dachte, dass ich ihn vielleicht irgendwie verwirrt oder mich unklar ausgedrückt hatte, bezog ich mich noch einmal auf die Bibelstellen und fragte ihn ein zweites Mal, ob er verstehe, was Jesus da sagt, und dass er bewusst den Lehren Christi zuwiderhandelte. Wiederum sagte er, dass er sehr wohl wüsste, dass er Christus ungehorsam sei – von seinem Vorhaben werde ihn das aber nicht abbringen.

Während der Pastor mit dem Gemeindeleiter, der zu seiner Unterstützung dort war, zu meiner Rechten saß, ging mir schlagartig auf: Hier kommt der schlimmste Sturm her! Wenn selbst leitende Verantwortliche in der Gemeinde Jesu Christi sich dem Willen und den Geboten Gottes verweigern, dann ist das der Todesstoß für das Leben einer Gemeinde. Als Vermittlungsteam von außen konnten wir nur zusehen, wie ein Raum voller Leute, die keine geistlichen Lebenszeichen mehr an den Tag legten, aber immer noch ihre Mitgliedschaft in der Gemeinde aufrechterhielten, ihren Pastor abwählten. Sie hatten auch schon vorher jede Initiative rückgängig gemacht, die er gestartet hatte, um neue Leute im Ort zu erreichen. Jetzt, wo alle Versuche gestoppt waren, war die alte Institution wieder gesichert.

> Wir blicken oft so lang und so bedauernd auf die verschlossene Tür, dass wir die Türen gar nicht mehr sehen, die sich uns öffnen.
> *Alexander Graham Bell*

Die Ironie bei dem allen ist, dass die Gemeinde ihren Namen kurz zuvor in „Neue Hoffnung" geändert hatte. Man kann seinen Namen ändern, aber wenn man sein Herz nicht ändert, wird die Atrophie letztlich zum Tode führen. Alle Veränderungen in der Welt führen zum Stillstand, wenn das Herz Gottes nicht dabei ist.

GEDANKENANSTÖSSE

1. Ist es das unausgesprochene Ziel unserer Gemeinde zu überleben?
2. Wie ausgeprägt ist die Dienstbereitschaft unserer Gemeinde?
3. Wie gut entspricht unser Stil im Gottesdienst und in den Evangelisationsangeboten den Nöten und der Kultur der nichtkirchlichen Umgebung?
4. Welche internen Stürme drohen die Gemeinde zum Sinken zu bringen?
5. Wie könnten wir unsere Gemeinde dazu bewegen, einer Welt zu dienen, die Gott nicht kennt?
6. Paulus beschreibt in 2. Korinther 11,23–28 die Bedrohungen seiner Mission. Welchen Gefahren sehen wir uns gegenüber?
7. Welche Bereiche oder Dinge müssen in unserem Fall „sterben", damit wir für andere leben können?
8. Wie können wir dafür sorgen, dass die Mitglieder unserer Gemeinde nicht mehr länger nur gefüttert werden, sondern selbst andere mit der Guten Nachricht füttern?

ERSTE BEWEGUNG
Friktionsantrieb

„Sofort sprach Jesus sie an: ‚Fasst Mut! Ich bin's, fürchtet euch nicht!' Da sagte Petrus: ‚Herr, wenn du es bist, dann befiehl mir, auf dem Wasser zu dir zu kommen!', ‚Komm!', sagte Jesus. Petrus stieg aus dem Boot, ging über das Wasser und kam zu Jesus. Als er dann aber die hohen Wellen sah, bekam er Angst. Er begann zu sinken und schrie: ‚Hilf mir, Herr!' Sofort streckte Jesus seine Hand aus und fasste Petrus." Matthäus 14,27–31a

Gott möchte, dass Sie mutig sind. Sie sind möglicherweise inspiriert und überwältigt und mehr als bereit, dorthin zu gehen, wo noch nie zuvor ein Mensch gewesen ist. Sie beginnen, eine Erfahrung zu machen, die man nur dann machen kann, wenn man auf Jesus zugeht. Doch dann passiert es. Sie sehen das Unsichtbare. Petrus ging auf dem Wasser, und das allein ist schon ungewöhnlich genug. Aber dann sah er den Wind! Nicht die Wellen. Nicht die Auswirkungen des Windes. Er sah den Wind! Und da bekam er Angst. Jesus nachfolgen heißt auch, sich auf das Unsichtbare einzulassen. Eine Gemeinde zu leiten bedeutet, das unsichtbare Königreich voranzubringen. Und da wird so vieles deutlich. Man sieht wortwörtlich die Pforten der Hölle. Man beginnt, feindliche Mächte und Gewalten wahrzunehmen. Man beginnt, das Feld zu sehen, das bereit ist zur Ernte. Man beginnt, den Wind zu sehen, der gegen jeden tobt, der es wagt, Christus zu folgen.

Wer würde da nicht zurückschrecken? Wer wird da zu einer nicht aufzuhaltenden Macht? Nur die, die das Unsichtbare sehen und trotzdem mutig die Hand ergreifen!

„In solchem Vertrauen wehrte sich Mose, als er erwachsen war, dagegen, dass die Leute ihn ‚Sohn der Königstochter' nannten. Er zog es vor, mit dem Volk Gottes misshandelt zu werden, anstatt für kurze Zeit gut zu leben und dabei Schuld auf sich zu laden. Er war sicher, dass alle Schätze Ägyptens nicht so viel wert waren wie die Schande, die wir zusammen mit Christus ertragen. Denn er blickte auf die künftige Belohnung. In solchem Vertrauen verließ Mose Ägypten und fürchtete sich nicht vor dem Zorn des Königs. Er hatte den unsichtbaren Gott vor Augen, als ob er ihn wirklich sehen würde, und das gab ihm Mut und Ausdauer." Hebräer 11,24–27

KAPITEL EINS

Friktionsantrieb

Ich habe auf meinen Reisen eine etwas verrückte Angewohnheit: Ich fahre immer als erstes ins Stadtzentrum und gehe durch die Straßen. Ich habe das Gefühl, dass ich eine Nation oder ein Volk nicht verstehe, wenn ich nicht die Chance hatte, ihre Lebensgewohnheiten kennen zu lernen. Dabei reicht es nicht, nur mit dem Mietwagen durch die Altstadt zu fahren oder sie von oben aus dem Fenster eines Flugzeugs zu sehen. Man muss durch die Straßen laufen. Man muss die Umgebung spüren, in der die Leute leben, ihre Stimmen hören und die fremden und ungewöhnlichen Laute ihrer Sprache durch die Ohren in die eigenen Gedanken sickern lassen.

Am liebsten laufe ich durch die weniger befahrenen Straßen, in denen es oft kleine Läden und Straßenrestaurants gibt. Die Gerüche, die diese Straßen erfüllen, bringen einem das Herz der Stadt näher. Manchmal werde ich so von Gerüchen verführt, dass mir das Wasser im Mund zusammenläuft. Unwiderstehlich verführt einen die Altstadt, Speisen zu essen, die man vielleicht gar nicht kennt, in der Hoffnung, dass sie auch so ähnlich schmecken wie das herrliche Aroma, das einen gerade angezogen hat. Zu anderen Zeiten steigt einem dagegen der Gestank von Verfall und Verzweiflung in die Nase. Einige Städte überwältigen einen mit einem Geruch, der sich über weite Entfernung ausbreitet. Die Atmosphäre und all die Eindrücke – ganz gleich, ob es jetzt duftet oder stinkt – sind wichtig, wenn man das Wesen einer Stadt verstehen und erfahren will.

Bangkok ist eine von den Städten, die ich über Jahre hin erkundet habe. Ich muss zugeben: Bei meiner ersten Erfahrung war es nicht gerade meine Lieblingsstadt. Während die Märkte auf den Straßen faszinierend sind (von den ausgezeichneten Möglichkeiten zum Handeln und Feilschen ganz zu schweigen), ist man dort von den dunkelsten Realitäten einer Großstadt umgeben. Überall wird man daran erinnert, dass Bangkok eines der Zentren der Kinderprostitution ist und dass sich AIDS und andere Geschlechtskrankheiten von dort aus in die ganze Welt verbreiten. Gleichzeitig entdeckt ein aufmerksamer Beobachter beim Schlendern in fast jeder Straße unzählige „Geisterhäuser" – winzige Häuser, die die Anlagen der meisten Wohnhäuser schmücken und selbst die prächtigsten Hochhäuser zieren. Diese Häuser dienen als Wohnstätte für böse Geister, die man von den Häusern fernhält, indem man ihnen eine eigene Bleibe baut.

> **Der Stadttempel erinnert uns daran, dass Bangkok eigentlich eine spirituelle Stadt mit einer verarmten Seele ist.**

Im Herzen von Bangkok befindet sich der *Wat Phra Kaeo*-Tempel – das zentrale Geisterhaus. Dieser Stadttempel erinnert mich jedes Mal daran, dass Bangkok eine unglaublich spirituelle Stadt mit einer verarmten Seele ist. Bangkoks Not ist überwältigend – angefangen von den alten Leuten, die ich dabei beobachten konnte, wie sie die Geister um Hilfe anflehen, bis hin zu den dunkelbraunen Flüssen, die durch die Stadt fließen.

Ich hätte schon bei meiner ersten Begegnung spüren können, dass ich trotz meiner Absicht, nie mehr nach Bangkok zurückzukehren, eines Tages eine untrennbare Beziehung zu dieser Stadt aufbauen würde (der Name „Bangkok" bedeutet übrigens – genau wie Los Angeles – „Stadt der Engel").

EIN WUNDER IN BANGKOK

Die Geschichte, die ich erzählen will, passierte im März. Wir hatten gerade einen Einsatz abgeschlossen, der uns für eine Woche nach Kanchanaburi geführt hatte. Wir waren mit zweiundvierzig Mitarbeitern dorthin gereist, um mit über fünfhundert Gläubigen zu beten und zu arbeiten, die einmal im Jahr zur Auffrischung und zur Zurüstung zusammenkommen. Und nun hatten wir noch einen freien Tag in Bangkok.

Ich schloss mich am Abend mit gemischten Gefühlen einer Gruppe an, die zum Markt ging, um noch schnell Geschenke für ihre Familien und Freunde zu Hause zu besorgen. Und wie eine Mutter, die mit zu vielen Kindern im Einkaufszentrum herumläuft, versuchte ich, jedes Mitglied unserer Gruppe im Auge zu behalten. Ich hatte die Leute vorher vor allem vor dem Verkehr gewarnt. Die Leute fahren in Bangkok nämlich ziemlich abenteuerlich. Darum hatte ich alle angewiesen, zusammenzubleiben und aufeinander aufzupassen. Das Verrückte ist: Meine Warnungen schienen wie in einem schlechten Film die Erfahrungen schon anzudeuten, die ich machen sollte.

Ich hatte auf diese Reise meine Kinder mitgenommen, weil ich das Gefühl hatte, dass so eine Erfahrung ihren Horizont erweitern und ihnen auch deutlich machen würde, wie wichtig es ist, die Gute Nachricht in eine Welt ohne Christus zu bringen. Nun kamen wir an eine viel befahrene Kreuzung. Mein Sohn Aaron überquerte die Straße mit den ersten zwanzig oder dreißig Leuten, und ich drehte mich um, um den Rest der Gruppe hinüberzuführen. Doch dann schaltete die Ampel auf Rot. Trotzdem schoss meine damals achtjährige Tochter Mariah auf die Straße, bevor ich sie stoppen konnte. Ich hatte das Gefühl, ich würde die Wucht des Autos selbst spüren, als sie frontal erfasst wurde. Ein paar Meter entfernt musste ich hilflos zusehen, wie ihr Körper sich erst um die Motorhaube des Wagens krümmte, bevor sie wie eine Stoffpuppe auf die Straße von Bangkok geschleudert wurde.

Es war ein völlig surrealer Augenblick, denn genau in diesem Moment flogen Hunderte von Spatzen aufgeschreckt über unsere Köpfe. Sie schienen wie von Sinnen zu sein, flogen wild durcheinander und machten einen Lärm, als ob sie um die Befreiung von einer schrecklichen Qual bettelten. Später erfuhr ich, dass es in Bangkok üblich ist, Spatzen einzufangen, sie in hölzerne Käfige zu sperren und an Gebetsstätten mitzunehmen. Dort übertragen die Menschen ihre Sünden rituell auf die Vögel, weil sie hoffen, so Vergebung und Erbarmen zu erlangen. Ich weiß, dass es verrückt klingt, aber ich kann nur sagen, dass jeder, der bei mir war, den gleichen Eindruck hatte: Diese Vögel schienen irgendeine Verbindung zur dämonischen Welt zu besitzen, als könnten sie tatsächlich Übel und Schlechtigkeit in die Finsternis ableiten. So stand ich da, unter der riesigen Wolke der Vögel, auf einer der befahrensten Straßen, an einer stark bevölkerten Kreuzung – und mitten in der Menge der Autos lag mein kleines Mädchen verkrümmt auf dem harten Beton.

Ich rannte zu ihr hin und beugte mich hinunter, um sie aufzuheben. Doch noch ehe ich das tun konnte, stand sie von alleine auf. Es war ihr nichts geschehen. Nichts! Nicht ein Knochen war gebrochen. Als ich sie in meinen Armen hielt, kam die Polizei und bestand darauf, dass wir Mariah sofort ins Krankenhaus bringen müssten. Inzwischen hatte sich eine große Menschenmenge um uns gebildet. Aber alles, was ich sagen konnte, war nur: „Mariah glaubt an Jesus Christus. Gott hat sie bewahrt. Es geht ihr gut." Es war, als ob ich diese Worte fast mehr hörte, als dass ich sie sagte. Es war, als ob jemand anderes sie sagte und ich nur zuschaute.

Später haben mir einige aus unserer Gruppe von etwas sehr Eigenartigem erzählt, das sie bemerkten: In dem Augenblick, in dem unsere Gruppe von fünfzig oder mehr Leuten einen Kreis um meine kleine Tochter bildete und anfing zu beten, hörten all die Spatzen über uns auf, mit den Flügeln zu schlagen. Sie stoppten ihr krankhaftes Rasen. Für einen Moment schien in Bangkok Frieden zu herrschen. Mariah ist mein Wunder von Bangkok – ein Zeichen, dass Gott noch etwas Besonderes mit ihrem Leben vorhat. Sie hat einige Zeit gebraucht, um wieder den Mut zu finden, unbeschwert eine Straße zu überqueren. Und jeder kann sich vorstellen, mit welchen Erinnerungen sich ihr acht Jahre altes Köpfchen in dieser Zeit beschäftigen musste.

ANGST, DIE STRASSE ZU ÜBERQUEREN

Wenn sie in der nächsten Zeit am Rand einer Straße stand, war sie jedes Mal wie gelähmt. Anfangs musste ich sie sogar hinübertragen. Später brauchte ich nur noch ihre Hand zu halten. Inzwischen stehe ich wieder vor der väterlichen Herausforderung, dass ich sie am liebsten davon abhalten würde, so oft allein über die Straße zu rennen.

> Es ist nicht so, dass wir es nicht versucht hätten. Aber als wir damals über die Straße rannten, wurden wir verletzt – wir sind frontal mit etwas zusammengestoßen und haben uns schwer verletzt.

Was hat diese Geschichte mit der Kirche Jesu Christi zu tun? Die Antwort ist ganz schlicht: Auch die Kirche hat Angst, die Straße zu überqueren. Es ist ja nicht so, dass wir es nicht versucht hätten. Aber als wir damals über die Straße rannten, wurden wir verletzt – wir sind frontal mit etwas zusammengestoßen und haben uns schwer verletzt. Und weil wir die Kirche sind und eine Zähigkeit haben, die nicht einmal wir selbst verstehen können, sind wir irgendwie wieder aufgestanden und vom Unfallort weggegangen. Jetzt sind unsere blauen Flecken verheilt, und wir leben, um es noch einmal zu versuchen – nur haben wir zu viel Angst davor.

Die Kirche steht wie gelähmt am Straßenrand. Sie hat Angst, hinüberzugehen. Manchmal überwältigen uns die Erinnerungen so sehr, dass wir wirklich nicht können. Manchmal brauchen wir jemanden, der uns trägt oder einfach nur an der Hand nimmt. Aber in diesem Kapitel geht es darum, dass wir selbst den Mut wiedergewinnen, auf die andere Seite zu gehen – auch wenn wir es schon einmal versucht und nicht geschafft haben, oder wenn wir den Schmerz eines Frontalzusammenstoßes erleiden mussten. Darum ist das meine Kernfrage an Sie: Was liegt auf der anderen Straßenseite Ihrer Gemeinde? Könnte es sein, dass Gott Sie aufruft, aus Ihrer

Sicherheit herauszutreten, die Straße zu überqueren und sich auf diese Welt einzulassen?

Mariah ist übrigens nicht die einzige in unserer Familie, die mit Autos zusammengestoßen ist. Ich habe das auch schon erlebt, und für mich, wie für Mariah, schien der Wagen aus dem Nichts zu kommen. Es wäre so viel leichter, eine Kollision zu vermeiden, wenn unser peripheres Sehen besser wäre oder wenn wir die Wagen auf uns zurasen sehen könnten.

Wenn ich mit Pastoren und Gemeindeleitern spreche, finde ich nur ganz selten Menschen, die die Welt nicht mit der Liebe Christi erreichen wollen. Im Gegenteil: Die meisten sind sehr hingegebene Nachfolger Jesu Christi, die sich viele Gedanken um die Menschen machen, die Gott noch nicht kennen. Ihnen ist tatsächlich das wichtig, was auch Gott wichtig ist. Sie verstehen, dass Jesus auf diese Welt gekommen ist, um das zu suchen und zu retten, was verloren ist. Sie wissen, dass ihre Gemeinden eine wichtige Botschaft für die Welt um sie herum haben und dass sie in die Gesellschaft hinein wirken sollen. Aber es hat den Anschein, als ob sie einfach nicht über die Straße kommen. Irgendwie sind da unsichtbare Hindernisse, die sie immer wieder zu Boden werfen. Und es ist schwer, in Schwung zu kommen, wenn man beim Beschleunigen immer wieder gegen etwas prallt. Es ist schlimm genug, von einem schnellen Auto angefahren zu werden, weil man irgendwo hingerannt ist und es nicht gesehen hat. Doch mein eigener „Autounfall" war noch einmal ganz anders.

LAUFEN MIT ANGST

Als ich zwölf Jahre alt war, hatten mein Bruder und ich uns in einem Nachbarhaus auf der anderen Straßenseite einen Horrorfilm angeschaut und gingen dann im Dunkeln nach Hause. Ich weiß noch, dass ich unglaubliche Angst hatte, von genau den Kreaturen erwischt zu werden, denen ich gerade zwei Stunden lang zugeschaut hatte. Ich war so ängstlich, dass ich einfach mit dem Mut der Verzweiflung losrannte. Das Einzige, an das ich in diesem Moment denken konnte, war, ob ich sicher nach Hause gelangen würde.

Ich weiß, es klingt seltsam, aber ich habe das Auto nicht gesehen. Ich rannte schnurstracks und mit voller Wucht in den Wagen meiner Eltern – der vorne in unserem Hof geparkt war. Ich meine damit nicht, dass ich ihn nur mal so geschnitten oder gestreift oder ein wenig berührt hätte; nein, ich bin frontal in den Wagen hineingelaufen. Dieses Erlebnis ist wahrscheinlich eine bessere Beschreibung für unsere gegenwärtige Verfassung als das Bild eines fahrenden Autos. Wir laufen ängstlich und verschreckt, und darum rennen wir eher gegen die kulturellen Hindernisse, als dass wir sie überwinden.

Im 2. Kapitel des 5. Buches Mose steht eine merkwürdige Geschichte, die erzählt, wie Gott sein Volk ruft und sie von Sklaven zu Eroberern macht. Doch dabei zeigt sich: Es ist eine Sache, in die Freiheit entlassen zu werden; aber es ist etwas völlig anderes, auch in dieser Freiheit zu leben. Gott sagte also zu Mose und seinen Leuten: „Brecht jetzt auf, und überschreitet den Arnon! Ich habe den Amoriterkönig Sihon, der in Hesbon regiert, in eure Hand gegeben. Eröffnet den Kampf gegen ihn und nehmt sein Land in Besitz! Von heute an werde ich allen Völkern der Erde Furcht und Schrecken vor euch einjagen. Sie werden zittern vor euch und sich winden vor Angst, wenn sie hören, was man sich von euch erzählt" (5. Mose 2,24–25).

Für Israel war das ein entscheidender Augenblick. Es ging um den Kampf, in dem Gott der Welt deutlich machen wollte, dass die Israeliten sein Volk sind. Durch diesen Sieg wollte Gott alle Völker, die falsche Götter anbeteten, von seiner Macht überzeugen. Seine Anweisungen waren übrigens völlig klar: „Geht los, brecht einen Streit vom Zaun und verwickelt sie in einen Kampf. Heute will ich euch den Sieg schenken."

Überraschenderweise verrät uns aber der nächste Vers, dass Mose erst einmal Botschafter zu Sihon, dem König von Hesbon, sandte: „Wir kommen in friedlicher Absicht! Erlaube uns, durch dein Land zu ziehen. Wir wollen nur die Straße benutzen und werden weder nach rechts noch nach links davon abgehen. Was wir an Brot und Wasser brauchen, werden wir bezahlen. Wir wollen nichts weiter als durchziehen, wie uns das schon die Edomiter und Moabiter erlaubt haben. Unser Ziel ist das Land auf der anderen Seite des Jordans, das der Herr, unser Gott, uns geben will" (5. Mose 2,26–29).

Wenn man diese beiden Abschnitte unabhängig voneinander liest, kommt man kaum auf die Idee, dass sie vom gleichen Ereignis berichten. Israels Antwort auf Gottes Befehl, mutig anzugreifen und das Land zu erobern, bestand darin, dass sie ihrem Gegner ein Friedensangebot unterbreiteten. Sie konnten oder wollten wahrscheinlich nicht glauben, dass Gott sein Wort halten würde. Während Gott entschlossen war, den anderen Völkern deutlich zu machen, dass Israel *sein* Volk und er mit seiner Macht bei ihnen war, waren die Israeliten selbst mehr als bereit, sich mit viel weniger zufrieden zu geben. Alles, was sie wollten, war überleben.

Kurz danach heißt es im biblischen Text: „Aber König Sihon wollte uns nicht durchziehen lassen. Der Herr hatte ihn starrsinnig und uneinsichtig gemacht; denn er wollte ihn in eure Hand geben, wie es tatsächlich geschehen ist" (5. Mose 2,30). Und dann heißt es weiter: „Er sagte zu mir: ‚Ich habe schon für euch gehandelt: Sihon und sein Land sind euch wehrlos preisgegeben. Nun handelt auch ihr: Nehmt sein Land in Besitz!'" (5. Mose 2,31).

Dieser Abschnitt sagt etwas sehr Wichtiges über das Wesen Gottes: Er tritt oft an uns heran und lädt uns ein, in seiner Kraft voranzugehen. Gott sucht am liebsten nach Menschen, die ihm ganz vertrauen, und stellt sich dann zu ihnen. Aber in der Realität läuft es leider meist ganz anders ab. Oft muss Gott uns erst in Umstände bringen, in denen wir gar nicht anders können, als uns auf seine Güte zu verlassen. Weil Israel nicht bereit war, auf Gott zu vertrauen, verhärtete er das Herz Sihons – er machte den Herrscher widerspenstig und bewegte ihn dazu, gegen Israel Krieg zu führen. Das alles tat Gott, damit Israel anfing, das Land zu erobern und in Besitz zu nehmen. Kurz gesagt: Gott segnete Israel, indem er sie in einen Kampf zwang, vor dem sie Angst hatten. Als Folge davon ging Israel nicht nur siegreich aus diesem besonders bedeutungsgeladenen Kampf hervor, das Volk entdeckte auch, dass es keine Stadt gibt, die diesem Gott widerstehen kann, und dass der Herr stärker ist als alle ihre Feinde.

SOLANGE DIE WELT SICH DREHT

Ich bin davon überzeugt, dass die Kirche Gottes Werkzeug ist, mit dessen Hilfe er die Menschen dieser Welt zu sich ziehen möchte. Wir sind – so wie es diese Geschichte deutlich macht – dazu berufen, den Kampf mitzukämpfen, in dem Jesus Christus gestorben ist. Matthäus sagt, dass Gott sein Reich aufrichten wird, dass sich ihm aber Feinde in den Weg stellen werden, die die Menschen mit Gewalt daran hindern wollen, zu Gott zu kommen. Jesus erinnert uns daran, dass die Kirche sogar mit den Pforten der Hölle zusammenprallen wird. Und Paulus verwendet das Bild von den Soldaten des Lichts, die das Reich der Finsternis zerstreuen werden.

Seit zweitausend Jahren ist die Kirche von Gott dazu berufen, der Gesellschaft mit seiner alles verändernden Kraft zu begegnen. Und nun sage ich etwas sehr Herausforderndes: Ich bin überzeugt, dass hinter vielen der weltweiten Trends, die die heutige Kirche in Angst und Schrecken versetzten, Gott selbst steht, und zwar so wie damals, als er das Herz Sihons, des Königs von Heschbon, verhärtete. Gott will uns zwingen, die Kämpfe wieder aufzunehmen, die vor uns liegen. Er wird alles tun, was notwendig ist, um diesen Planeten neu zu organisieren, bis wir nirgendwohin mehr fliehen oder uns verstecken können.

Vor zweitausend Jahren gab Jesus seinen Jüngern das Gebot, in alle Welt zu gehen und alle Völker zu ihm zu führen. Wir erfüllen diesen Befehl aber höchstens mit den Lippen. Jetzt sieht es so aus, als hätte Gott uns erneut an einen Ort in der Geschichte geführt, an dem er die Völker zu uns bringen möchte. Und während wir feststellen, dass die Herausforderung zunimmt, erlebt die Kirche vielleicht nach langer Zeit wieder einmal, was es heißt, loszugehen, neue Gebiete zu „erobern" und das Land einzunehmen.

Einige weltweite Entwicklungen sind ganz offensichtlich Gegenbewegungen zur heutigen Kirche. Diese Entwicklungen haben durchgreifende und dramatische Auswirkungen auf unsere Kultur. Das heißt: Die Kultur, von der die Kirche vor allem geprägt und beeinflusst ist, hat dafür gesorgt, dass sie im Weltgeschehen eine oppositionelle und damit meist wirkungslose Rolle einnimmt.

> **Die Kultur, von der die Kirche vor allem geprägt und beeinflusst ist, hat dafür gesorgt, dass sie im Weltgeschehen eine oppositionelle und damit meist wirkungslose Rolle einnimmt.**

Während viele Bücher auf dem Markt sind, die diese Phänomen unter dem Begriff „Postmoderne" zusammenfassen, möchte ich einige Aspekte lieber aus der Perspektive der Globalisierung beschreiben. Auch wenn „Postmoderne" die beste Beschreibung für das ist, was gerade in der westlichen Welt geschieht, so wirft der Begriff „Globalisierung" doch einen umfassenderen Blick auf diesen historischen Wandel.

Im Folgenden wollen wir uns ein paar dieser Globalisierungsbewegungen anschauen, und zwar unter der Prämisse, dass möglicherweise gerade die Bewegungen, an denen sich die Kirche am meisten „reibt", diejenigen sind, die uns neuen Antrieb geben können. Reibung (Friktion) behindert uns und bremst uns ab. Aber manchmal erzeugt Reibung eben auch Antrieb, die Kraft, die uns hilft, weiterzugehen. Antrieb befähigt uns, eine Bewegung zu starten. Viele Kinderspielzeugautos fahren mit einem so genannten Friktionsantrieb, das heißt, sie nutzen die Reibung des Widerstands am Boden, um dadurch Energie aufzunehmen und sie in Antrieb umzusetzen. Diese Bild nutze ich hier.

RADIKALE ABWANDERUNG: EINE BEWEGENDE GESCHICHTE

Der erste weltweit zu beobachtende Wandel sind die zunehmenden Migrationsbewegungen, die neuen „Völkerwanderungen". Wir vergessen manchmal, dass die Welt in der Vergangenheit im Wesentlichen statisch gewesen ist. Es war noch Anfang des letzten Jahrhunderts ungewöhnlich, wenn jemand sein Zuhause verließ, fremden Völkern begegnete oder sich an einem anderen Ort ansiedelte. Selbst Jesus ist während seines Lebens als Erwachsener nie weiter als fünfzig Kilometer von seiner Heimatstadt entfernt gewesen.

Bei einem Besuch in Pennsylvania habe ich in diesem Zusammenhang eine neue Redewendung kennen gelernt, die ich nie zuvor gehört hatte. Die Leute dort sprachen immer davon, dass sie „mit dem Land verheiratet" seien. Weil ich dort die Universitätsstadt Penn State besuchte, ging ich davon aus, dass die meisten hier wohl nur hinzögen, um ihre Ausbildung zu absolvieren und dann in andere Städte zu wechseln. Doch wenn ich die Menschen fragte, wohin sie langfristig einmal gehen wollten, sahen sie mich alle ganz überrascht an und meinten: „Weißt du, ich bin mit diesem Land verheiratet." Das hieß, sie würden nie woanders hinziehen. Sie zogen es nicht einmal in Betracht. Sie hatten tiefe Wurzeln geschlagen und betrachteten wahrscheinlich jeden, der nicht mit dem Land verheiratet war, als einen Durchreisenden.

So sah es früher überall aus – das ist die Welt, in der auch die amerikanische Kirche groß wurde. Auch wenn wir ein Land sind, das von Kolonialisten und Pionieren aufgebaut wurde – daher haben wir noch heute unverkennbar unsere Abenteuerlust –, haben sich die Amerikaner letztlich doch angesiedelt. Die Kirchen waren schnell ein Teil des Landes und wurden ein Sinnbild für Stabilität und Kontinuität. Überall in Amerika findet man noch heute neben den Kirchen Friedhöfe, auf deren Grabsteinen nicht mehr als ein halbes Dutzend verschiedener Nachnamen stehen. Das waren fest verwurzelte Familiengemeinden. Damals galt man auch dann noch als Zugezogener, wenn man zwanzig Jahre an einem Ort gelebt hatte, aber dort nicht geboren war.

TRIFF DICH MIT DEINEM NEUEN NACHBARN

An all dem ist nichts Schlechtes. Es sei denn, wir erleben plötzlich eine Zeit, die wieder von Migrationsbewegungen geprägt ist. Wenn Kirchen auf Kontinuität aufbauen und dann eine gesellschaftliche Diskontinuität aufbricht, kann es zu extremen Reaktionen in den Gemeinden kommen: von Rassismus bis hin zum Verschwinden in der Bedeutungslosigkeit. Und: Diese Erfahrung ist völlig neu für uns. Heute ziehen die Menschen nicht mehr nur von einem Ort in den nächsten. Einwanderung und Einbürgerung sind zu einer selbstverständlichen Erfahrung geworden, und wenn man eine passende Arbeitsstelle sucht, kann das Anfang des 21. Jahrhunderts bedeuten, dass man in ein anderes Land ziehen muss.

Wenn ohnehin jeder in der Gemeinde aussieht wie man selbst, ist es nicht schwer, Absonderungstendenzen und Exklusivität zu rechtfertigen.

Die Migration hat dafür gesorgt, dass Los Angeles heute die zweitgrößte mexikanische Stadt der Welt ist, die zweitgrößte salvadorianische und die größte koreanische. Weil Kirchen sich zu lange als homogene Gruppen abgeschottet haben, führen die Migrationsbewegungen natürlich zu Reibung. Früher waren Kirchen ausschließlich mit Menschen unseresgleichen gefüllt. Wenn ohnehin jeder in der Gemeinde aussieht wie man selbst, ist es nicht schwer, Absonderung und Exklusivität zu rechtfertigen.

Obwohl Migration ein weltweites Phänomen ist, wird sie natürlich vor Ort am dramatischsten empfunden. Menschen ziehen heute ständig um, und das bedeutet auf der kommunalen Ebene, dass die Nachbarschaft ständig wechselt. Auf einmal finden wir weiße Gemeinden in früher ausschließlich schwarzen Wohngebieten, schwarze Gemeinden in lateinamerikanischen, und Latinos in aufstrebenden koreanischen Wohngebieten. Aber ich möchte meinen Leitsatz noch einmal wiederholen: Das, was unsere Kirche vermeintlich bremst, kann auch zum Antrieb werden. Die Völker, zu denen Jesus uns schickt, leben nicht mehr auf anderen Kontinenten, sondern vor unserer Haustür. Wir haben die Chance, unsere Nachbarn zu lieben wie uns selbst. Und die praktische Umsetzung von Versöhnung beginnt direkt auf der anderen Straßenseite.

Lange Zeit konnte die Mehrheit der amerikanischen Christen, die sich der „Mission" verschrieben hatten, nur durch Spenden und Beten daran teilhaben. Heute erfordert der Ruf zu einem grenzüberschreitenden Dienst nicht einmal mehr das Reisen; es erfordert nur, dass man es wirklich will.

URBANISIERUNG – WIR MÜSSEN UNSERE WELTUHREN STELLEN

Der zweite bedeutende Wandel unserer Gesellschaft ist die Urbanisierung. Ich habe diese Entwicklung jederzeit vor Augen, denn wenn man in mein Büro kommt, sieht man zuerst sieben Uhren an der Wand. Sie zeigen alle verschiedene Zeiten an, und unter jeder Uhr steht der Name einer anderen Stadt: New York, London, Paris, Berlin, Tokyo-Yokohama, Buenos Aires und Shanghai.

Diese sieben Uhren stehen für die ersten sieben Städte, die eine Bevölkerung von fünf Millionen erreicht haben. 1950 waren sie noch die einzigen Mitglieder dieser elitären Gruppe. Heute gibt es mehr als siebzig Städte mit mehr als fünf Millionen Einwohnern. Mexiko City, das damals nicht einmal unter den ersten sieben war, ist heute mit etwa dreißig Millionen Menschen wahrscheinlich die größte Stadt der Welt. Neben diesen Uhren hängt aber noch eine andere, eine Riesenuhr. Unter dieser Uhr steht „Los Angeles". Sie erinnert mich daran, dass Los Angeles die Hauptstadt dieser neuen Welt ist.

Wie viele große Städte in der Welt zieht Los Angeles die Völker geradezu an und eröffnet uns die Möglichkeit, das Evangelium an sie weiterzugeben – direkt vor unserer Haustür. In den vergangenen Jahren hat Ralph Winter die Behauptung aufstellt, dass die Städte die letzte große Grenze für das Evangelium sind. Ich weiß jedenfalls: Man kann nicht über die Zukunft sprechen, ohne die Städte zu erwähnen. Während die Geschichte der Menschheit in einem Garten begann, endet sie in der Stadt. Die ländlichen Anfänge der Menschheit sind der urbanen Zukunft zum Opfer gefallen. Unser Planet ist heute ein Planet der großen Städte.

Dieses Phänomen bringt für die Kirche besonders große Reibungen mit sich. Unsere Kirchen und Gemeinden wurden nämlich ursprünglich in einer ländlichen Tradition geprägt und geformt. Sogar die Gemeinden in den Vororten sind in vieler Hinsicht eine natürliche Weiterentwicklung der Dorfgemeinde. Sie konzentrieren sich weiterhin auf die Familie, auf das Umfeld, in dem sie sich befinden, und auf ländliche Werte. Und auch in diesem Fall gilt: An der Art und Weise, wie der christliche Glaube dort gelebt wird, ist an sich überhaupt nichts Falsches. Früher oder später aber werden diese Gemeinden in eine Krise geraten, wenn sie von den Werten der urbanen Welt überflutet werden.

Es ist fast eine Ironie, dass der englische Begriff für Heide (*pagan*) seine Wurzeln in einem Wort hat, das „Landbewohner" bedeutet. Während früher die Heiden auf dem Land wohnten und man in der Stadt Gefahr lief, Christ zu werden, versuchen heute die Christen, aus den Städten wegzuziehen. In ihren Augen sind die Stadtbewohner die wahren Heiden.

DIE BETONWÜSTE

Der Einfluss der Urbanisierung geht weit über Innenstädte und die neu entstehenden Ghettos mit ihrer Armut hinaus. In der urbanen Welt drückt sich vielleicht am deutlichsten aus, was viele als die Postmoderne bezeichnen: Städter neigen dazu, liberaler und kulturell progressiver zu sein. Darüber hinaus sind Großstadtzentren und Megacitys oft ein Mikrokosmos der ganzen Welt. Sie haben einen unverhältnismäßig großen Einfluss auf die Entwicklung und die Kultur der Menschheit. Was in der Stadt passiert, fließt aus den Betonstraßen hinaus aufs Land und prägt – mit etwas Verzögerung – auch die Gedanken und das Leben der Jugend in den Vororten und später sogar die, die in den entlegensten Gebieten des Landes wohnen.

Während die Urbanisierung gewaltige Reibungspunkte für die heutige Kirche mit sich bringt, kann gerade sie auch einen außerordentlichen Antrieb erzeugen. Oft werden in den ländlichen oder den Vorort-Wohngebieten die eigentlichen Probleme der menschlichen Armut nämlich verschleiert und übersehen. Das ist in der urbanen Welt kaum möglich. Wenn Massen von Menschen zusammengedrängt werden, beginnt die Gesellschaft – zumindest auf der sozialen Ebene – die Realitäten widerzuspiegeln, die sich in Wirklichkeit in jedem menschlichen Herzen befinden. In der Stadt scheint alles besonders hervorgehoben. Armut tritt deutlicher zu Tage, aber auch der Hang zur Unterhaltung oder die Einsamkeit. Die Gier nach Macht, Reichtum, Status, Prestige und alle die Dinge, die in der „heilen" Welt der Vororte gern übersehen werden, liegen in der urbanen Welt auf dem Präsentierteller.

„ **Von den Verbrechen bis hin zu den Akten der Nächstenliebe – die Taten, zu denen sich Menschen entschließen, gehen in der Stadt nicht so leicht unter. Im Gegenteil.** "

Verstehen Sie mich nicht falsch: Diese Dinge gibt es auf dem Land und in den Vororten genauso wie in der Stadt. Aber die Stadt ist ein Kontext, in dem diese Dinge vergrößert und intensiviert werden. Von den Verbrechen bis hin zu den Akten der Nächstenliebe – die Taten, zu denen sich Menschen entschließen, gehen in der Stadt nicht so leicht unter. Im Gegenteil. Auf dem Land dagegen wähnt man sich gern in einer scheinbaren Sicherheit.

Die Kirche hat sich viel zu lange nach der Heiterkeit und der Sicherheit der Natur zurückgesehnt. Darum ist es auch kein Zufall, dass Städte wie Colorado Springs zu neuen Hochburgen des christlichen Glaubens werden. Wir von *Mosaic* können jedes Jahr beobachten, wie immer mehr christliche Organisationen der städtischen Herausforderung von Los Angeles entfliehen.

VON DER URBANITIS ZU EINEM HERZ FÜR DIE STADT

Vor einigen Jahren fuhren meine Frau Kim und ich durch die sanften Hügel von Arkansas. Ich muss zugeben: Die Umgebung war wunderschön, sogar für einen eingefleischten Städter wie mich. Wir hatten das Radio ausgeschaltet und genossen einen Moment die Stille. Ich weiß nicht mehr, wie lange die Ruhe dauerte, aber ich beging den großen Fehler, sie zu stören. Nachdem ich all das in mich eingesogen hatte, wandte ich mich zu Kim und sagte großstädtisch: „Schau dir nur all dieses unerschlossene Land an."

Meine Frau ist normalerweise ein ausgesprochen vernünftiges Wesen und nur gelegentlich gewalttätig, aber jetzt begann sie, erbarmungslos auf mich einzuschlagen (während ich den Wagen steuerte) und mir theologische Weisheiten zuzuschreien wie: „Erwin, das sind Bäume! Gott hat Bäume geschaffen! Menschen haben Städte gebaut! Das sind Bäume! Das ist kein unerschlossenes Land!"

Ich bin sicher nicht immer sehr feinfühlig, aber ich war in diesem Moment schlau genug zu verstehen, dass ich etwas Falsches gesagt hatte. Bis heute frage ich mich immer noch, wie viele von uns ein echtes Herz für die Städte haben und wie viele an Urbanitis leiden. Ich will Ihnen den Unterschied erklären:

Menschen mit einem Herz für Städte erkennen das Potenzial der künftigen Mega-Städte. Sie lassen sich von den verborgenen Möglichkeiten inspirieren, die man hat, wenn Millionen von Menschen in Reich- und Rufweite sind. Menschen mit einem Herz für Städte sehen die Not der Massen, und sie glauben, dass jede Stadt umbenannt werden kann; dass sie den Namen bekommen kann, den auch Hesekiel einer Stadt gab: „Der Herr ist hier".

Urbanitis dagegen bezeichnet eine akute Allergie gegen die städtische Umgebung; die Nähe zu deren Merkmalen wird um jeden Preis gemieden. Die Unbequemlichkeiten der Autobahnen, die sich in der Hauptverkehrszeit in Parkplätze verwandeln, die Luft, die man zwar sehen, aber nicht mehr atmen kann, die Gebäude, die immer mehr Bäume vertreiben, die sich ausbreitenden Massen, die so weit von einer echten Gemeinschaft entfernt sind – das alles sind Gründe genug, sich von den Städten fern zu halten. Dennoch kann auch die Urbanisierung Antrieb erzeugen; wenn wir erkennen, dass Gott die Massen dort zusammenführt, damit wir sie leichter mit dem Evangelium erreichen können.

BEVÖLKERUNGSEXPLOSION: „SCHAU DIR ALL DIE EINSAMEN MENSCHEN AN!"

Der dritte Reibungspunkt für unsere Kirche ist die Bevölkerungsexplosion. Vor ungefähr sechzig Jahren erreichte die Weltbevölkerung ihre erste Milliarde. Mit einem Mal lebten auf der Erde gleichzeitig so viele Menschen wie in der gesamten Geschichte der Menschheit zuvor. Seit dieser Zeit kommt fast alle zehn Jahre eine Milliarde hinzu, und die Weltbevölkerung liegt heute bei etwa über 6,5 Milliarden.

> **Wir, die wir in dieser Zeit leben, müssen erkennen, dass Gott uns auf einzigartige Weise beruft.**

Das bringt Reibung für jede Gemeinde mit sich, die versucht, den Missionsbefehl ernst zu nehmen. Wenn wir die Völker nicht einmal dann wirkungsvoll erreichen konnten, als nur eine Milliarde Menschen auf der Erde lebten, was für eine Chance haben wir dann, wenn es jetzt sechsmal so viele sind? Die gegenwärtigen Strategien und Ideen, wie man Menschen erreichen kann, kommen nur langsam voran, während die Weltbevölkerung exponentiell explodiert.

Wenn wir etwas über die künftige Gesundheit und die Lebensfähigkeit einer Nation sagen wollten und sehen würden, dass pro hundert Erwachsenen nur ein Baby geboren wird, dann wüssten wir schnell, dass diese Nation ein Problem hat. Unsere mathematischen Kenntnisse gehen doch so weit, dass wir verstehen, dass man sich mindestens selbst ersetzen muss, um die Bevölkerung aufrechtzuerhalten. Und damit eine Bevölkerung wachsen kann, muss man nicht nur sich selbst ersetzen, sondern mindestens eine Person hinzufügen. Während die Weltbevölkerung dieses Mindestwachstum bei weitem überschreitet, halten die Kirchen und Gemeinden in vielen westlichen Nationen in keiner Weise mit der Bevölkerungsexplosion Schritt. Die Reibung zwischen Kirche und Gesellschaft besteht also auch schlicht darin, dass unsere Gemeinden immer weniger Mitglieder haben, während die Welt um uns herum wächst. Auch wenn es einzelne wachsende Gemeinden gibt, kann man kaum sagen, dass dies ein allgemeiner Trend wäre. Eine besondere Reibung ergibt sich daher dadurch, dass unsere Strategien des linearen Wachstums einfach nicht mehr zu einer Zeit des exponentiellen Wachstums passen.

Es gibt auf dieser Erde Volksgruppen (die in die Millionen gehen), in denen es nur einen einzigen Jünger Jesu Christi gibt, der entschieden ist, seine Landsleute zu erreichen. Für andere Volksgruppen ist die Situation noch trostloser. Der Auftrag, vor dem die Kirche heute steht, kann so überwältigend erscheinen, dass es schwer fällt, nicht aufzugeben. Aber auch der Antrieb durch die Bevölkerungsexplosion kann gewaltig sein. Wir leben in einer einzigartigen Zeit der menschlichen Expansion. Höchstwahrscheinlich wird die Weltbevölkerung nie wieder so schnell wachsen wie heute – und wir wissen auch, dass es dieses Phänomen noch nie vorher gegeben hat. Wir, die wir in dieser Zeit leben, müssen erkennen, dass Gott uns auf einzigartige Weise beruft.

Gott entscheidet ja nicht nur über den Ort, sondern auch über die Zeit, in der wir leben. Er hat uns mit dem Vorrecht ausgestattet, in einer Zeit zu leben, in der so viele Menschen auf dieser Erde existieren wie nie zuvor, Menschen, die uns möglicherweise die größte Gelegenheit zur Ausbreitung des Evangeliums in der gesamten Geschichte der Menschheit geben. Keine vorangehende Generation konnte, selbst wenn sie ihr Potenzial maximiert hätte, auch nur daran denken, sechs Milliarden Menschen mit dem Glauben zu erreichen. Ich bin davon überzeugt, dass Gott uns nie erlaubt hätte, in einer Zeit so großer Möglichkeiten zu leben, wenn es ihm nicht so wichtig gewesen wäre, so viel Geist wie nie zuvor in der Menschheitsgeschichte auszugießen.

Wir müssen diese Herausforderung akzeptieren und sie dazu nutzen, um Antrieb zu erzeugen. Wir sollten die alten missionarischen Strategien, die auf linearem oder nominellem Wachstum aufbauen, ablegen und unsere Vorstellungen davon überprüfen, wie der Heilige Geist heute durch die Kirchen und Gemeinden wirken will. Wir können erst dann zufrieden sein, wenn die Menschen ebenso explosionsartig zu Gott kommen, wie die Bevölkerungszahlen steigen.

TECHNISCHE REVOLUTION – DAS ENDE DER REALITÄT

Der vierte Reibungspunkt, der zugleich ein Antrieb werden kann, ist die unglaubliche Entwicklung der Technik. Als Jesus auf die Frage der Samariterin einging, wo sie denn anbeten sollte, im Tempel oder auf dem Berg, sagte er ihr, dass der Vater Menschen sucht, die ihn „in Geist und Wahrheit" anbeten (Johannes 4,23–24; Luther). In jeder Kultur und Generation haben die Kirchen und Gemeinden versucht, herauszufinden, was das wohl in ihrem speziellen Kontext bedeuten könne. Dabei ist eines klar: Die Kirche ist vor allem geistlicher Natur. Sie muss in ihrem Kern vom Wirken Gottes geformt und bestimmt werden. Das schließt natürlich den persönlichen Einsatz oder die Bewahrung von Traditionen nicht aus, macht aber klar, dass der eigentliche Treibstoff der Kirche der Heilige Geist sein muss.

Genauso sollte die Kirche auch mit der Wahrheit verantwortlich umgehen und sie widerspiegeln. Das Wesen der Kirche gestaltet sich ja aus Gott selbst heraus, sein Wesen bestimmt die christliche Gemeinde. Daher ist es auch keine Untertreibung, wenn man sagt, dass die Kirche letztlich auf eine Person gegründet ist, die alle irdischen Vorstellungen übertrifft: auf Jesus Christus. Er ist die Wahrheit, weil Gott vertrauenswürdig ist. Nun könnte man einfach sagen: Alles, was aus Gott geboren ist, lebt ausschließlich aus „Geist und Wahrheit". Dies ist leider einfacher gesagt als getan, weil wir nun mal in einer fehlerhaften Welt leben. Das mit der Wahrheit wäre sicherlich einfacher umzusetzen, wenn die Kirche zu einer Klosterexistenz berufen wäre. Die Wahrheit wäre auch einfacher zu verstehen, wenn unser Glaube Privatsache wäre und ohne irgendeine Beziehung zu Menschen oder zur Kultur gelebt werden könnte.

Die technische Revolution hat in diesem Zusammenhang in vielen Gemeinden für gewaltiges Reibungspotenzial gesorgt. Einerseits sollen wir Christen für unsere authentische Gemeinschaft bekannt sein, andererseits werfen aber die Methoden, mit denen wir uns auf die Welt der Technik einlassen, ernste Fragen auf. Egal, um welche Konfession es auch geht; alle stellen sich die kritische Frage, wie denn nun eine angemessene Beziehung zwischen der Kirche und dieser immer technischeren Welt aussieht. Die Reibung wächst dann ins Unermessliche, wenn wir spüren, dass die Kirche anfängt, den Heiligen Geist der Technik unterzuordnen.

TECHNISCH GESPROCHEN

Bietet Kirche einfach nur Lebenshilfe? Findet sie ihre Legitimität darin, dass sie weiß, wie man Dinge besser macht? Und: Kann die Kirche überhaupt eine Bedeutung für die Welt haben, wenn sie nicht auf die Fragen eingeht, wie man etwas macht? Wird die Kirche noch etwas zu sagen haben, wird sie überhaupt noch gehört werden, wenn sie die praktischen Herausforderungen des modernen Lebens nicht anspricht? All diese Fragen müssen beantwortet werden.

> Wir sind so entschlossen, der modernen Technik weiterhin misstrauisch gegenüberzustehen, dass wir mindestens fünfzig Jahre hinter dem Rest der Gesellschaft zurückbleiben.

Dann gibt es den ganzen Bereich, der mit der Technik im Alltag zusammenhängt. Verkauft sich die Kirche an die Gesellschaft, wenn sie anfängt, moderne Erfindungen zu nutzen? Verliert sie an Authentizität, wenn sie Innovationen aufnimmt? Und um es deutlich zu sagen: Es gibt eigentlich nur sehr wenige zeitgenössische Denker, die die technische Revolution mit der rosaroten Brille ansehen.

Der 6. August 1945 – der Tag, an dem die Atombombe auf Hiroshima fiel – hat unser bis dahin romantisches Verhältnis zur Technik für immer zerstört. Alle Versprechungen, dass die wissenschaftliche und technische Revolution eine bessere Welt schaffen würde, stellten sich plötzlich als Irrtum heraus. An die Stelle der Hoffnung, dass eine fortschrittliche Gesellschaft Schluss machen würde mit Gewalt, Armut und Leiden, traten Zynismus und Verzweiflung; doch die Bequemlichkeit und der Luxus, die uns die Technik gebracht hat, faszinieren uns und halten uns weiterhin gefangen.

Darauf ist die Reibung zurückzuführen, die so viele von uns spüren. Wir Christen lehnen moderne Technik oftmals ab und sind doch gleichzeitig von ihr abhängig. Wir bringen unsere Handys mit in die Kirche und wollen, dass die Lobpreisband auf den Einsatz von Technik verzichtet. Wir sind so entschlossen, der modernen Technik weiterhin misstrauisch gegenüberzustehen, dass wir mindestens fünfzig Jahre hinter dem Rest der Gesellschaft zurückbleiben. Sogar die konservativsten Kirchen haben kein Problem damit, das Licht einzuschalten und Mikrofone zu verwenden, um gegen die Geißel der Technik zu predigen – oder fließendes Wasser und moderne Toiletten zu genießen. Ironischerweise neigen wir dazu, die Technologien zu akzeptieren, die uns Annehmlichkeit und Komfort bringen, während wir zugleich Technologien ablehnen, die Kreativität und Innovation hervorbringen könnten. Und das ist genau der Punkt, an dem die Reibung in Antrieb umgewandelt werden kann.

Echtheit schließt ja nicht zwangsläufig die Inanspruchnahme von Technik aus. In Wirklichkeit ist es sogar so, dass die Aufmerksamkeit von der Technik abgelenkt wird, wenn wir sie richtig einsetzen. Sie hebt das Menschliche genauso hervor, wie Scheinwerfer es tun: Sie sollen die Leute ja nicht dazu bringen, auf das Licht zu achten, sondern ihnen helfen, den Redner deutlicher zu erkennen. Am Stimmigsten wenden wir Technik an, wenn sie uns dabei hilft, die Anbetung zu steigern, die ja nichts anderes ist als ein Ausdruck von Geist und Wahrheit. Wir sollten endlich über diese unsinnige Frage hinausgelangen, ob die Technik unser Freund oder Feind ist. Sie ist nicht mehr und nicht weniger als ein Werkzeug. Und darum kann die technische Revolution auch zu einem Katalysator für eine christliche „Revolution" werden.

Völker, zu denen man früher keinen Zugang hatte, haben jetzt ihrerseits Zugang zum Internet. Zum ersten Mal in der Geschichte steht uns tatsächlich eine Technologie zur Verfügung, um zum ganzen Planeten zu sprechen. Inzwischen übertrifft der Einfluss von Hollywood den jedes politischen Führers. Die Möglichkeit, das Evangelium durch Film, Video, Fernsehen und das Internet zu verbreiten – ganz zu schweigen vom steigenden Einfluss der Printmedien und des Radios –, eröffnet uns daher die einzigartige Chance, dem ganzen Planeten die Botschaft von Christus nahe zu bringen.

INFORMATIONSEXPLOSION – MEHR WISSEN, ALS MAN WISSEN WOLLTE

Ein wichtiger Aspekt der technischen Revolution ist die Informationsexplosion. Man kann Informationen nicht nur an fast jeden Ort des Planeten übermitteln, sie sind auch für fast jeden zugänglich, der sie haben will. Die Tage, in denen nur die Eliten über die wichtigen Informationen verfügten, sind vorüber. Jeder, der etwas wissen will, kann die passende Information bekommen. Und diese außergewöhnliche Entwicklung stellt uns auch als Kirche vor zwei ganz neue Herausforderungen.

Zunächst einmal treten wir in eine Ära weltweiter Verantwortung ein. Ich will versuchen, Ihnen deutlich zu machen, was ich damit meine: Ich saß vor kurzem in meinem Wohnzimmer und las eine Zeitschrift. Auf der zweiten Seite entdeckte ich ein ganzseitiges Foto von einem hungernden somalischen Jungen. Sein Kopf schien riesig zu sein und sein Körper war nur noch Haut und Knochen. Im Hintergrund war eine unfruchtbare und leblose Wüste zu sehen, und während der Kleine zu Boden taumelte, stand direkt hinter ihm ein Geier, der nur darauf wartete, dass er starb.

> **Unser Zugang zur Information, der durch die technologische Revolution möglich geworden ist, versetzt jeden von uns in ein Epizentrum weltweiter Verantwortung.**

Dieses Bild machte mich wütend. Als meine Frau Kim es ansah, musste sie weinen. Nachdem ich das Bild immer wieder betrachtet hatte, klappte ich die Zeitschrift schließlich entschlossen zu, als ginge es um Pornographie. Ich fühlte mich, als wäre jemand in mein Haus eingedrungen und hätte mich in meinem tiefsten Inneren verletzt. Kim fragte, was mich denn so wütend mache, und ehrlich gesagt wusste ich es in diesem Augenblick gar nicht richtig. Aber bald wurde mir klar, was mich störte: Ich wollte das alles gar nicht wissen. Ich wollte nicht wissen, dass es irgendwo auf der Welt einen kleinen Jungen gibt, der nicht mehr die Kraft hat, bis zur nächsten Wasserstelle zu kommen. Ich wollte nicht wissen, dass der Hunger ein Gesicht und das Leiden einen Namen hat. Dieses eine Foto raubte mir meinen Frieden und meine Unwissenheit. Es nahm mir jene vermeintliche Unschuld, an die ich mich bisher hatte klammern können.

Jakobus schreibt: „Wenn man weiß, was richtig ist, und es nicht tut, sündigt man." Unser Zugang zur Information, der durch die technologische Revolution möglich geworden ist, versetzt jeden von uns in ein Epizentrum weltweiter Verantwortung. In mancher Hinsicht wissen wir zu viel. Wir wissen, wann es einen Krieg im Mittleren Osten, eine Hungersnot in Zentralafrika, ein Massaker in Südamerika oder Gewalttätigkeit auf der anderen Straßenseite gibt.

ZU VIEL DES GUTEN

Zugleich hat uns die Informationsexplosion etwas gebracht, was auch als „Informationsflut" oder „Informationsüberdruss" bezeichnet wird. Wir haben Zugang zu *zu viel* Information. Nicht abreißende Daten können unser Gedächtnis regelrecht erdrücken. In mancher Hinsicht wissen wir so viel, dass wir gar nicht wissen, was wir mit all dem Wissen machen sollen.

Vor einigen Jahren rief ein Pastor aus Arkansas in meinem Büro an. Ich hatte einige Monate mit ihm und seiner Gemeinde gearbeitet, ihm geholfen, die kulturellen Veränderungen in seiner Umgebung anzugehen, und seine Gemeinde dabei unterstützt, die Gute Nachricht auf neue, angemessene Weise weiterzugeben. Als ich „Hallo" sagte, platzte er heraus: „Bitte, sag mir ja nichts Neues! Ich will nichts hören. Ich werde von Informationen erdrückt. Ich brauche nur einen Rat."

Das war ein Wendepunkt für mich. Ich liebe eigentlich Informationen. Freunde sagen, ich sei eine zwanghafte menschliche Datenbank. Aber ich hatte vergessen, dass Menschen nicht immer unbegrenzten Zugang zu Informationen brauchen; sie brauchen vielmehr Interpretation. Man kann einen Punkt erreichen, an dem man so viele Informationen hat, dass man gar nicht mehr weiß, welche davon wichtig ist. Irgendwie müssen wir lernen zu erkennen, was wir wissen *müssen*. Wenn wir nicht aufpassen, enden wir wie eine Fliege, die in einem weltweiten Netz gefangen ist.

Es ist wichtig, dass wir uns selbst die Frage stellen: „Was mache ich eigentlich mit all dem Wissen?" Ein Informationssüchtiger ist genauso hilflos, wenn es darum geht, irgendeine bedeutende Veränderung vorzunehmen, wie jemand, der von der Informationsflut gelähmt ist. Die Informationsexplosion bremst die Kirche aus, weil sie die Kirche zu einer Stimme unter Billiarden Megabytes macht; aber sie erzeugt Antrieb, wenn wir erkennen, dass die Welt nur einen Klick weit entfernt ist.

DAS GLOBALE MOSAIK – WENN WELTEN AUFEINANDER PRALLEN

Der nächste Reibungsantrieb, dem die Kirche im Zuge der Globalisierung gegenübersteht, ist die Herausforderung einer multikulturellen, pluralistischen Welt. Die zwei wichtigsten Städte in den Vereinigten Staaten, New York und Los Angeles, gleichen einem solchen globalen Mosaik. Zum ersten Mal in der Geschichte der Menschheit (seit dem Turmbau zu Babel) kommen die Völker wieder zusammen, um einen weltweiten Dialog zu beginnen. Dieser Multikulturalismus bringt vor allem deshalb so gewaltige

Reibungsverluste für die heutige Kirche mit sich, weil die Kirche selbst monokulturell ist – nicht nur in ihrem Stil, sondern auch in ihrer Botschaft.

Das Evangelium, wie es in der heutigen Zeit präsentiert wird, vermittelt vielerorts den Anschein, als wollte man eigentlich nur Christen für Christus gewinnen. Wir neigen dazu, nur innerhalb der Grenzen eines christlichen Weltbildes zu existieren und zu denken. Wir predigen die Botschaft von der Umkehr meist zu Menschen, die längst an den Gott der Bibel glauben. Unsere stärksten Feinde waren bislang die Atheisten aus einer „christlichen" Gesellschaft, die hartnäckig die Existenz des Gottes der Bibel ablehnten. Und selbst wenn wir Nichtchristen das Evangelium präsentierten, gingen wir davon aus, dass sie die Autorität der Bibel anerkannten.

> Die Vorstellung, dass Menschen ohne Christus in der Hölle landen, kam bei Christen, die nur Christen kannten, gut an.

Selbst unseren grundlegendsten Darstellungen der Guten Nachricht von Jesus liegt eine Reihe von christlichen Annahmen zugrunde. Wenn wir den Kirchenfernen eifrig sagten, dass Gott sie liebt und wunderbare Pläne für ihr Leben hat, dann *wussten* wir, dass wir dazu nichts weiter sagen mussten, weil der andere mit dem Wort „Gott" etwas anfangen konnte. Wenn wir einen Ungläubigen fragten: „Wenn Sie heute Nacht sterben müssten, wüssten Sie dann, ob Sie bei Gott im Himmel sein würden?", dann *wussten* wir, dass wir nicht erklären müssen, was wir mit „Himmel" meinen. Aber das ist vorbei.

EINE NEUE SPIRITUALITÄT

Wenn Kirchen und Gemeinden Evangelisationen „durchführten", dann wandten sie sich meist nicht an Ungläubige, sondern konzentrierten sich auf Menschen, die im Grunde ihre Weltsicht teilten. Doch dann zog plötzlich gegenüber ein Buddhist ein. Und der war ganz anders als ein Atheist. Ihm bedeuteten Spiritualität und Mystik so viel, dass er den religiösen Eifer vieler Kirchenbesucher übertraf. Spiritualität war oftmals in seinem Leben sogar wichtiger als in unserem, und wir wollten ihm erklären, dass der Glaube an Jesus richtig ist.

Was wir als *New Age*-Bewegung kennen, war die erste Welle der Veränderungen durch einen multikulturellen Einfluss. Zum ersten Mal haben die Menschen Zugang zu den unterschiedlichsten Glaubenssystemen. Dieses globale Mosaik tritt offen für Pluralismus ein – sowohl was die Theologie angeht, als auch hinsichtlich der zwischenmenschlichen Beziehungen. Es war leichter, sich im Recht zu fühlen, wenn man nie von einem entgegengesetzten Standpunkt gehört hatte. Es war leichter, sich sicher zu fühlen, wenn man die Einstellung der Mehrheit vertrat. Es war leichter zu glauben, alle anderen seien im Irrtum, wenn man sie nicht persönlich kannte. Die Vorstellung, dass Menschen ohne Christus in der Hölle landen, kam bei Christen, die nur Christen kannten, gut an.

Alles fängt an sich zu ändern, wenn die Welt dein Freund wird und die Völker deine Nachbarn. Für viele amerikanische Kirchgänger hat der Pluralismus eine Zeit der Sicherheit beendet. Es gilt auf einmal als anmaßend zu denken, wir wären im Recht und alle anderen im Unrecht. Es gilt auf einmal als intolerant zu glauben, unsere amerikanischen Überzeugungen könnten auch einem chinesischen Kollegen oder sogar jemand anderem aufgebürdet werden, der nie von ihnen gehört hatte.

Die globale religiöse Festtafel sorgt für ein vielfältiges Glaubensbüfett. Die Menschen haben plötzlich mehr Alternativen und mehr Auswahl an religiösen Ausdrucksformen. Die Tatsache, dass viele Christen pauschal andere kulturelle Werte und Glaubensinhalte ablehnen, scheint nur zu bekräftigen, wie falsch wesentliche christliche Denkweisen waren. Man hatte zum Beispiel nicht erwartet, dass diese neuen Nachbarn richtig nette Leute sein könnten. Man hatte nicht angenommen, dass es so leicht sein würde, sie gern zu haben. Die Tatsache, dass sie so intelligent, tiefgründig und geistlich sind, machte manchen Christen sprachlos. Viele Aspekte geistlicher Praktiken wie Zen, Yoga und Meditation erscheinen der normalen Erfahrung der amerikanischen Kirchgänger sogar weit überlegen.

Wenn das globale Mosaik auch den Kontext für einen wachsenden Pluralismus zur Verfügung stellt, dann beeinflusst dieser Pluralismus zweifellos eine ganze Generation, die noch von christlichem Universalismus geprägt wurde. Unglücklicherweise sind unsere Kirchen und Gemeinden nicht auf diese kulturelle Herausforderung vorbereitet. Darum muss man eines klar machen: Es gibt intelligente Antworten auf die Fragen, die durch den Pluralismus aufkommen. Es gibt gesunde und hilfreiche Reaktionen auf die Herausforderungen und Chancen, die in dieser neuen Vielfalt liegen. Die Schwierigkeiten, die durch die aufeinander prallenden Kulturen entstehen, sind für die Kirche Jesu Christi nicht unüberwindlich. Die Entwicklungen, die eine wirklich gewaltige Reibung hervorgerufen haben, eröffnen uns sogar die größte Möglichkeit, uns schneller den Weg in die Zukunft zu bahnen.

WAS BRAUCHEN WIR?

Der „große Soziologe" Rodney King hat einmal gesagt: „Können wir nicht alle miteinander auskommen?" Die Antwort ist natürlich: „Nein." Wir können nicht einfach alle miteinander auskommen. Das hat die Geschichte oft genug bewiesen. Und das liegt nicht an unseren extremen Unterschieden. Eine der seltsamsten Tatsachen in den Kriminalitätsstatistiken ist, dass es weit mehr Verbrechen von Weißen gegen Weiße, von Schwarzen gegen Schwarze und von Braunen gegen Braune gibt, als solche, die Farben und Kulturen überschreiten. Menschen, die nach Auffassung von Außenstehenden „gleich" sind – ob es jetzt die Hutus und Tutsis in Ruanda sind oder die Bosnier und die Serben oder die Nordiren und die Iren im Süden sind –, tragen meistens die größten Konflikte miteinander aus. Ein Bürgerkrieg ist oft schwerer zu beenden als ein Krieg zwischen Nationen. Der Multikulturalismus hat nur die menschliche Unfähigkeit verdeutlicht, für Frieden auf Erden zu sorgen.

Der ehemalige Präsident Bill Clinton hat einmal gesagt, sein Vermächtnis sei die Verschiedenheit. Es ist nicht unvernünftig zu sagen, dass Themen, die mit Vielfalt, Versöhnung und Multikulturalismus zu tun haben, in unserer Zeit obenan stehen. Das sorgt für starke Reibungshitze in der Kirche. Wir leben ja heute zum Beispiel in einer Gesellschaft, die sich offen fragt, warum es am Sonntagvormittag um zehn Uhr eine Stunde gibt, in der man sich am intensivsten von anderen Menschen abschottet.

Wenn eine Glaubensrichtung in der derzeitigen Gesellschaft als legitim und Leben stiftend angesehen werden will, muss sie in der Lage sein, die Grenzen des Rassismus und der Isolation zu überwinden. Eine homogene Kirche empfindet die gesellschaftliche Situation sicher als Hemmnis, aber richtig verstanden könnten diese Herausforderungen eine gewaltige Kraft erzeugen, die die Kirche nach vorn treibt. Jeder Schritt, den die Kirche Jesu Christi unternimmt, um Menschen verschiedener Kulturen und Hautfarben zusammenzubringen – gleichgültig, wie unscheinbar oder unbedeutend dieser auch erscheinen mag –, wird wie ein Licht inmitten der Dunkelheit leuchten. Die Kirche hat die Möglichkeit, die babylonische Verwirrung rückgängig zu machen und wie beim Pfingstereignis zu erleben, wie Völker zusammenkommen und das Evangelium in ihren eigenen Sprachen hören.

Meine erste multikulturelle Gemeinde hieß *Cornerstone*, und wir haben dort erlebt, wie der Geist Gottes Afroamerikaner, Lateinamerikaner und Kaukasier so zusammenbrachte, dass sie ihn wie ein Volk anbeteten. Oft kamen Suchende, die bei uns im Gottesdienst waren, zu mir und sagten mir, obwohl sie keine Christen seien, könnten sie sich vorstellen, dass etwa so der Himmel aussehe. Sie wussten im tiefsten Inneren: Wenn es einen Gott gibt, dann wird er Völker verbinden und die Mauern niederreißen, die uns trennen.

Jesus ist auf diese Welt gekommen und hat nicht nur die Mauer zerstört, die den Menschen von Gott getrennt hat, sondern auch die, die Juden und Heiden getrennt hat. Gott ist auch heute noch dabei, trennende Mauern zu zerstören. Die Kirche wird in der multikulturellen Umgebung Antrieb gewinnen, wenn sie anfängt, all die Mauern abzubauen, die nicht von den Händen Gottes, sondern von unseren eigenen Händen errichtet wurden. Manchmal müssen wir erst einmal die Sünde des Rassismus und der Vorurteile ablegen, die wir mit uns herumtragen. Aber wenn das passiert, dann führt eine solche Umkehr auch zur Veränderung. Es reicht nicht, mit einer bunten Welt zur Kirche zu gehen; Gott ruft uns auf, die, die anders sind als wir, als Brüder und Schwestern anzunehmen.

VON DER VERSCHIEDENHEIT ZUR EINHEIT

Ich habe einmal eine Gemeinde beraten, zu deren Gottesdiensten mehr als fünftausend Besucher kamen. Obwohl sie sich in Südkalifornien befand, war die Gemeinde außergewöhnlich homogen. Die Leiter fragten mich, was sie tun müssten, um von einer ausschließlich weißen zu einer ethnisch vielfältigen Gemeinde zu werden. Ich stellte einfach eine simple Frage in den Raum: „Wie viele von euch haben einen Freund, der zu einer ethnischen Minderheit gehört?" Die Antwort war nicht sehr ermutigend.

> **Wenn die Kirche die Herausforderung annimmt, die Völker durch Jesus Christus zu vereinen, wird sie an der vordersten Front zur Bewältigung des aufkommenden kulturellen Dilemmas stehen.**

Der Knackpunkt in dieser Gemeinde war leicht herauszufinden: Wenn man eine vielfältige Gemeinde haben will, muss man Gott bitten, einem Liebe für die Menschen zu schenken, die anders sind als man selbst. Menschen gehen in die Kirchen und Gemeinden, in denen sie Freunde haben oder finden. Man kann nicht erwarten, dass Menschen nur darum in eine Gemeinde kommen, weil man dort so gerne vielfältig wäre. Echte Vielfalt geschieht nur, wenn die Liebe Menschen zusammenbringt.

Wenn die Menschen *Mosaic* besuchen, fragen sie mich oft, was ich von Homogenität halte. Donald McGaverns Erkenntnis, dass Menschen am liebsten mit Menschen verkehren, die ihnen ähnlich sind, ist zu einem Rezept der Gemeindewachstumsbewegung geworden. Ich wäre dumm, wenn ich leugnen würde, dass an McGaverns Beobachtungen etwas dran ist, und darum erkenne ich sie schnell als wahr an.

Darum will ich auch eines ganz deutlich sagen: Die radikale ethnische Vielfalt bei *Mosaic* hat wahrscheinlich unsere Wachstumsrate ziemlich gebremst und den Prozess der Assimilation weit komplizierter und herausfordernder gemacht, als es in einer homogenen Gemeinde der Fall gewesen wäre. Dennoch denke ich jede Woche über das unglaubliche Vorrecht nach, nicht nur diese Gemeinde leiten, sondern ein Wunder erleben zu dürfen. Man kann sich gar nicht vorstellen, wie es ist, jede Woche in eine Gemeinde zu gehen, in der mindestens ein Drittel asiatischer Abstammung, ein Drittel lateinamerikanischer und das andere Drittel ein Mix aus Kaukasiern, Afroamerikanern und Menschen aus dem Mittleren Osten, Indien und anderen Volkszugehörigkeiten ist.

Mosaic repräsentiert die Völker. Manchmal habe ich versucht zu zählen, wie viele Länder eigentlich in unseren Gottesdiensten vertreten sind. Ich weiß, es sind mindestens fünfzig, vielleicht auch mehr. Manchmal versuche ich, mir vorzustellen, wie es wäre, wenn aus jedem Land der Erde mindestens eine Person Gott in unserer Gemeinschaft des Glaubens, der Hoffnung und der Liebe anbeten würde. Das wäre ein unglaubliches symbolisches Zeichen. Das weltweite Mosaik der Kulturen bietet uns ein gewaltiges Potenzial, eine neue völkerverbindende Dynamik zu erzeugen. Es bietet uns die Gelegenheit, mit der Gesellschaft mehr als Schritt zu halten. Wenn die Kirche die Herausforderung annimmt, die Völker durch Jesus Christus zu vereinen, wird sie an der vordersten Front zur Bewältigung des aufkommenden kulturellen Dilemmas stehen. Ich garantiere, dass jede Gemeinde, die Rodney Kings Frage „Können wir nicht alle miteinander auskommen?" mit „Ja" beantworten kann, die Aufmerksamkeit jeder bedeutenden Organisation in unserer Gesellschaft haben wird.

HYPERMODERNISMUS – MIT HÖCHST-GESCHWINDIGKEIT GESCHICHTE MACHEN

Ein weiterer Friktionsantrieb, der die Kirche in ziemlichen Aufruhr versetzen kann, ist der Hypermodernismus. Wie ich schon erwähnt habe, ist das sich ändernde philosophische Gedankengebäude in der westlichen Welt unter dem Begriff „Postmoderne" bekannt geworden. Es gibt viele gute Abhandlungen über die Postmoderne und ihren Bezug zum christlichen Glauben. Mir geht es an dieser Stelle nur um den Bezug der Postmoderne zur Dynamik des Reibungsantriebs. Viele, die die Postmoderne ansprechen, weisen auf die Gefahren hin, die sie birgt. Und zweifellos gibt es wichtige Dinge, die angesprochen werden müssen. Dennoch möchte ich hier – aus einem eher menschlichen als philosophischen

Blickwinkel – gern einige der dynamischen Auswirkungen vorstellen, die sie entfalten kann.

SCHMELZTIEGEL „KATEGORIEN"

Ich saß vor einiger Zeit in einem Chinarestaurant im Osten von Los Angeles, dessen Besitzer ein koreanischer Christ ist. Um den Tisch herum saßen: ein junger Mann aus dem Mittleren Westen, ein Araber aus dem Libanon, ein Mann aus San Salvador und zwei Iraner. Bei unserer Zusammenkunft ging es darum, den einen der zwei Iraner kennen zu lernen. Der andere, Abe, war erst vor kurzem zum Glauben an Jesus Christus gekommen, was für einen Muslimen von über 40 Jahren eine dramatische Erfahrung war. Er hatte sich vor allem durch das Zeugnis von Nabil, dem Libanesen, und Mimi, seiner amerikanischen Frau, bekehrt. Abe hoffte nun, dass sein Jugendfreund durch die Begegnung mit mir ebenfalls eine Beziehung zu Jesus Christus finden würde.

Das Gespräch begann damit, dass Abes Freund mir seinen Glauben an Allah erklärte und wie seine Gedanken durch den Koran geleitet würden. In den darauf folgenden Minuten sprachen wir über die Frage, wer Gott aus muslimischer Sicht ist. Er erklärte mir, dass Lügner und Mörder niemals in die Gegenwart eines heiligen Gottes kommen dürften und so konzentrierten wir uns auf das Gericht über Mörder.

> **Wir leben nicht nur in einer Welt, in der Muslime und Hindus nebeneinander existieren; wir leben in einer Welt, in der in ein und derselben Person ein Muslim und ein Hindu existieren.**

Ich fragte ihn, ob er die Lehren von Jesus grundsätzlich unterstreichen könne. Als guter Muslim sagte er: „Natürlich." Ich zeigte ihm die Bibelstelle, in der Jesus sagt, dass jemand, der hasst, im Grunde einen Mord begangen hat. Darauf fragte ich ihn, ob er jemals jemanden gehasst habe.

Er antwortete: „Das ist nicht fair. Der Maßstab ist zu hoch." Trotzdem dauerte es nicht lange, bis er selbst den Schluss zog, dass nach diesem Verständnis auch er ein Mörder sei, und, wie er ja erklärt hatte, dem Gericht und Zorn Gottes nicht entkommen könne.

Ich muss gestehen, dass ich dachte: „Jetzt habe ich ihn. Jetzt sieht er ein, dass er Jesus braucht." Aber er schaute mich an und sagte: „Okay, ich bin wohl kein echter Muslim. Ich bin eher Bahai. Ich glaube eigentlich, dass alle Wege zu Gott führen."

Ich war so frustriert, dass ich entgegnete: „Aber du hast doch am Anfang unseres Gesprächs gesagt, dass du Muslim bist." Er erklärte mir, dass dies sein erstes Gespräch mit einem Christen sei und dass ich Geduld mit ihm und seiner multireligiösen Einstellung haben müsste.

Wir leben in einer Welt, in der Menschen sich sehr wohl dabei fühlen, wenn sie von einer Weltanschauung zur anderen umschalten. Ansichten hat man heute nur für eine gewisse Zeit, und man kann sie jederzeit aufgeben, wenn sie nicht mehr zu tragen scheinen. Es braucht sehr wenig, um zu einer anderen Weltanschauung zu wechseln. Es ist wichtig, festzuhalten, dass dieser Mann, mit dem ich gesprochen habe, über vierzig, sehr gebildet und in der ganzen Welt herumgekommen war.

Viele verwechseln die Postmoderne mit einer einzelnen Generation, etwa der Generation-X. Wir haben vorschnell einigen Geburtsjahrgängen zugeschrieben, was in Wirklichkeit eine völlig veränderte Weltanschauung ist. Praktisch gesagt: Die Postmoderne beschreibt das Ende fester Kategorien und den Beginn des Fließenden. An dieser Stelle müssen wir sehr genau gucken, wovon wir reden. Natürlich verändern Menschen im Lauf ihres Lebens ihre Einstellungen. Es ist eine Sache, mit einer Sicht der Dinge großgeworden zu sein und dann im Erwachsenenalter diese Sicht aufzugeben und eine neue anzunehmen, wenn man den Eindruck hat, dass diese die Wirklichkeit besser und präziser beschreibt. Es ist aber etwas anderes, dann diese Sicht immer und immer wieder zu wechseln und durch einen fortlaufenden Prozess der Prüfung, Aufgabe und des Neuaufbaus zu gehen. Wenn man seine Sicht der Wirklichkeit so regelmäßig ändert, dann engagiert man sich immer weniger, man nimmt Werte immer weniger ernst – auch diejenigen nicht, die man gerade hat.

Wir leben nicht nur in einer Welt, in der Muslime und Hindus nebeneinander existieren; wir leben in einer Welt, in der in ein und derselben Person ein Muslim und ein Hindu existieren. Wenn wir uns auf ein Gespräch über das Evangelium einlassen, müssen wir uns bewusst sein, dass unsere Gesprächspartner vielleicht überhaupt keine zusammenhängende und in sich logische Vorstellung von der Wirklichkeit haben. Menschen können heute vielfältige Ansichten darüber pflegen, was wirklich oder wahr ist. Und wenn man sich auf eine Diskussion über Glauben einlässt, kann es durchaus sein, dass man etwas anspricht, dem sie sofort zustimmen, weil irgendwie ja alles in ihr zusammengestückeltes Weltbild passt. Nur hat ein solches Weltbild in der Regel keine Folgen. Eigentlich muss man so eine Einstellung sogar als Zynismus bezeichnen.

DIE ANHÄNGER DER WAHRHEIT

Obwohl wir hier in Los Angeles kein Footballteam haben, gibt es hier eingefleischte Footballfans, die nicht unterzukriegen sind. Die meisten von ihnen sind Fans der *Oakland Raiders* oder der *Dallas Cowboys*. Ich finde es immer sehr unterhaltsam, ein Spiel mit einem dieser Fans anzusehen. Da benehmen sich dann vierzigjährige Männer wie Teenager. Sie feiern ausgelassen, wenn ihr Team gewinnt, und sie schmollen oder ärgern sich furchtbar, wenn ihr Team verliert. Sie scheinen überhaupt nicht zu merken, dass sie nicht selbst auf dem Feld stehen und dass sie mit dem Ergebnis auf dem Spielfeld gar nichts zu tun haben.

Ich ziehe solche Leute gerne auf, wenn ihr Team verliert, aber das Blatt wendet sich natürlich unweigerlich gegen mich, wenn sie mich dann fragen, für welches Team ich denn sei. Ich sage ihnen immer die Wahrheit: „Ich weiß es noch nicht. Ich muss erst sehen, wer gewinnt." Ich erkläre ihnen dann fröhlich, dass ich das perfekte System entwickelt habe, um die größtmögliche Befriedigung als Fan zu erleben: Zu Beginn der Saison bin ich emotional völlig neutral. Ich wähle mir kein Team aus, sondern warte quasi, bis ein Team mich auswählt. Wenn ein Team erfolgreich ist, dann habe ich irgendwie das Gefühl, dass es mich leise ruft. Und wenn es zu den Play-offs kommt, habe ich die Liste meiner Lieblingsmannschaften schon auf weniger als zehn zusammengestrichen. Nach der Hinrunde ist garantiert die Hälfte der Teams aus meinem potenziellen Favoritenkreis ausgeschieden. Bei jedem Play-off-Spiel versuche ich gespannt zu entdecken, welches Team ich wohl diesmal am meisten mag. Ich wähle immer den Sieger. Und wenn es zum Endspiel kommt, hat sich der Kreis meiner Favoriten schon auf zwei reduziert.

Ich muss zugeben, dass ich im Lauf eines Spiels nicht immer weiß, welches von beiden Teams mein Favorit ist. Manchmal bin ich sogar ein wenig durcheinander. Es gibt ja Spiele, da ist ein Team im ersten und zweiten Viertel auf der Gewinnerstraße, und ich fange schon begeistert an, es zu unterstützen, weil ich überzeugt bin, dies sei mein Favoritenteam. Aber dann stelle ich im dritten und vierten Viertel fest, dass das andere Team aufholt und mein vermeintlicher Favorit Gefahr läuft zu verlieren. Manchmal dauert es also richtig lange, bis ich mich entscheiden kann. Meistens bin ich mir am Ende des ersten Viertels bereits sicher, aber bisweilen ist noch nicht einmal in der letzten Minute des Spiels klar, zu wem ich halte. Aber am Ende gewinnt immer mein Team – in jeder Saison.

Ein lebenslanger, wirklich treuer Fan einer Mannschaft findet diese Einstellung absolut ätzend. So jemand sagt mir jedes Mal, dass ich überhaupt nichts verstanden hätte. Er will, dass ich mich für ein Team entscheide. Er meint, dass es darauf absolut ankommt. Er versteht auch nicht, wie ich meine Zuneigung so ungebunden und wankelmütig verteilen kann. Aber dann erkläre ich ihm, dass ich als *Minnesota Viking*-Fan aufgewachsen bin, bis vier Endspielniederlagen meine Sicht der Dinge geändert haben. Ich glaube nicht mehr, dass ich weiß, wer gewinnt, und ich will keine emotionale Energie investieren und mich so hineingeben, dass es wehtut. Darum bin ich immer für das Team, das gewinnt. Super, oder?

Meine Einstellung zum Football entspricht immer mehr der der meisten Amerikaner zur Wahrheit. Immer weniger Menschen entscheiden sich für eine Wahrheit und halten an ihr fest, weil sie darauf vertrauen, dass ihr Wahrheits-Team am Ende gewinnt. Stattdessen gehen sie einfach durch die Saison der Lebensfragen, schauen den Spielen so gleichgültig wie möglich zu und warten ab, dass sich verschiedene Behauptungen über das Wesen der Wahrheit selbst ausschließen. Wahr ist immer das, was mir gerade gut tut. So wird ein Christ erst zum Agnostiker, dann vom Buddhisten zum Naturalisten oder vielleicht auch vom Freudianer wieder zum Christen. Es kommt nicht so darauf an, was wirklich wahr ist, sondern was momentan am meisten Erfolg verspricht.

Die Reibung zwischen dieser Einstellung und dem christlichen Glauben ist natürlich offensichtlich. Wenn wir mit Nichtchristen über unseren Glauben sprechen, gehen wir meist von der Annahme aus, dass wir es mit einer Person zu tun haben, die ein festes Bild von Wahrheit und Wirklichkeit hat. Wenn sich Menschen aber zunehmend ungezwungen und oft ohne Rücksicht auf Zusammenhänge widersprechen und diese Widersprüche nicht einmal als Hinweis oder Beweis dafür ansehen, dass sie sich irren, lässt das Christen frustriert und gelähmt zurück.

Die sich darin verbergenden Möglichkeiten sind trotzdem spannend. Wir haben uns nämlich zu lange hinter der Richtigkeit unserer Wahrheit versteckt und die Frage ignoriert, ob sie auch „funktioniert". Bringt uns die Wahrheit, für die wir eintreten, wirklich näher zu Gott? Wenn jemand Ihr Leben unter die Lupe nähme und sich mit seiner Stellungnahme bewusst zurückhielte, um erst einmal zu sehen, welches „Team" tatsächlich gewinnt, gäbe es dann in Ihrem Leben genügend motivierende Hinweise auf die Nähe Gottes, die ihn bewegen könnten, sich für Gott zu entscheiden? Was für eine unglaubliche Gelegenheit haben wir in einer Welt der Ungewissheit! Wir wissen, dass Gott existiert und dass er uns in Jesus unendlich nahe kommt. Es gibt vieles, das wir nicht wissen, aber das, was wir wissen, ist genug.

DIE WELT DES „KANN SEIN"

Eine weitere Erfahrung machte ich mit einem jungen Mann. Er schien sich in unserem Gottesdienst nicht sehr wohl zu fühlen, und ich wusste von vornherein, dass ich ein Wagnis einginge, wenn ich ihn anspräche. Aber ich hatte den starken Eindruck, dass ich ihn vielleicht nicht mehr wiedersehen würde. Also ging ich hin. Als ich zu ihm kam und mich vorstellte, fragte ich ihn als erstes, ob dies sein erster Kontakt mit dem christlichen Glauben sei. Er erklärte mir sofort, dass das alles nicht sein „Ding" sei. Ich fragte ihn, ob er die Kirche oder Gott meine, und er entgegnete: „Beide." Er sagte weiter, er sei Existenzialist und für ihn sei die Religion nicht mehr als ein Mythos und eine Täuschung.

Um uns bildete sich eine kleine Gruppe, und ich konnte spüren, dass die Zuschauer alle auf meine Antwort warteten. Und irgendwie wusste ich plötzlich, was ich sagen musste. Ich sah ihm in die Augen und fragte schlicht: „Kann es sein, dass Sie in Ihrem Leben einmal sehr verletzt worden sind?" Er senkte den Kopf und wich meinem Blick aus. Ein paar unangenehm lange Sekunden vergingen, bis er aufblickte und sagte: „Kann sein."

Was für eine befremdliche Antwort auf so eine klare Frage! Wenn ich ihn gefragt hätte: „Wissen Sie, dass Gott existiert und dass Sie nach seinem Bild geschaffen sind?" hätte ich die Antwort „Kann sein" verstehen können. Wenn ich gesagt hätte: „Verstehen Sie denn nicht, es gibt einen Himmel und eine Hölle, und diejenigen, die Gott ablehnen, kriegen die schlechtere der beiden Möglichkeiten", dann hätte ich sein „Kann sein" verstehen können. Eigentlich gibt es eine ganze Menge von Fragen auf die ein „Kann sein" vielleicht eine angemessene Antwort gewesen wäre. Aber ich hatte nach einer Erfahrung gefragt, nach etwas, das in ihm verankert ist.

Er hätte einfach sagen können: „Nein, meine Einstellung hat nichts mit einer Verletzung in meinem Leben zu tun." Er hätte auch sagen können: „Ja, ich bin verletzt worden. Aber was geht Sie das an?" Oder er hätte mich ansehen und schlicht erwidern können: „Das geht Sie gar nichts an!" Aber seine Antwort war „Kann sein".

Hypermodernismus ist die Welt des „Kann sein". Und zwar nicht das objektive „Kann sein" bezüglich irgendwelcher Sachfragen, sondern das subjektive. Nicht das „Kann sein" der äußeren Welt, sondern eines, dass tief in uns drin haust.

Viele unterteilen die Welt heute in das, was außerhalb von uns existiert, und das, was in uns ist. Auch die philosophischen Diskussionen über die Postmoderne sprechen die Frage der objektiven Wahrheit und Wirklichkeit an. Ist das sinnvoll? Ich glaube eher, dass wir in mancher Hinsicht naiv gewesen sind: Das scheinbar objektive Lebensgefühl des „Kann sein" ist aus einem subjektiven „Kann sein" in unserer Seele entstanden. Die Welt um uns herum wird angeblich immer unsicherer – weil offenbar alles „im Fluss" ist. Ich habe eher den Eindruck, dass diese Wahrnehmung damit zu tun hat, dass unser Innenleben immer unsicherer geworden ist und wir keinen

Bezug mehr dazu haben. Wir beobachten nicht einfach eine Welt des „Kann sein"; wir leben sie.

Für Menschen, deren Leben durch eine absolute Wahrheit getragen wird, weil ihr stärkster Trost die Bilder sind, in denen Gott als Fels und Fundament beschrieben wird, kann das äußerst frustrierend sein. Aber, offen gesagt, die Kirche fällt auf der anderen Seite vom Pferd. Sie tut so, als sei sie sich in allem sicher. Es scheint überhaupt kein „Kann sein" zu geben. Wir leben in den Gemeinden, als ob wir schon alles in der Tasche hätten. Wir besitzen alle Antworten: „Wenn du verwirrt bist, dann komm doch zu uns, wir haben alles im Griff." Manchmal scheint es, als ob wir auch Gott oder das Evangelium bis zum Letzten ergründet hätten. Aber Paulus weist ganz unmissverständlich darauf hin, dass Gott ein Geheimnis ist. Und letztes Mal, als ich nachschaute, habe sogar ich festgestellt, dass Gott noch immer ein unsichtbarer Gott ist.

FRAGEN UND DABEI ANTWORTEN FINDEN

Die größte Reibungshitze entsteht in der Kirche im Moment dadurch, dass wir an Glaubwürdigkeit verlieren, weil wir uns weigern, zuzugeben, dass wir nicht alle Antworten haben. Wenn wir den Eindruck machen, als hätten wir nie mit einem „Kann sein" zu kämpfen, erscheint es Außenstehenden sehr zweifelhaft, ob wir überhaupt etwas wirklich wissen.

Der Antrieb entsteht in diesem Fall dann, wenn wir ehrlich mit uns selbst und anderen sind, wenn wir Vorreiter in Sachen „Fragen und Suchen" werden und nicht im Bereich „Wissen und Finden". Es entsteht eine unglaublich positive Spannung, wenn Außenstehende die Gemeinden als einen Ort erleben, an dem ehrliche Fragen gestellt werden können, einen Ort, an dem man sich gemeinsam auf den Weg macht, Gott zu entdecken und die Antworten bei ihm zu finden. Wir haben dabei eine hervorragende Ausgangsposition, weil Jesus das vollkommene Vorbild dafür ist, wie man sich auf dieses Paradox einlässt. Jesus ist die Wahrheit und offenbart zugleich anderen die Wahrheit vorsichtig im Gespräch oder durch Gleichnisse. Er ist die Mensch gewordene Wahrheit, bei ihm gibt es keine Trennung zwischen subjektiv und objektiv, innen oder außen; die Wahrheit durchdringt ihn organisch und ausstrahlend.

Während die festen Fundamente der modernen Welt längst zerschmolzen sind und in die Diskontinuität der postmodernen Welt fließen, hat die Kirche eifrig modernisiert. Wir haben uns ein riesiges Waffenarsenal zur Verteidigung gegen die Argumente der Moderne zusammengestellt. Wir hinterfragen Wissenschaftler und versuchen zugleich empirisch zu beweisen, dass Gott Himmel und Erde geschaffen hat. Wir wenden Logik und rationale Apologetik an, um unseren Glauben intellektuell verteidigen zu können. Und wir untersuchen und erklären die Bibel neu, um nur ja auch von Anthropologen und Philosophen ernst genommen zu werden. Aber während wir uns unendlich damit beschäftigt haben, moderne Standards zu erreichen, ist die Zeit über uns hinweggegangen. In der Postmoderne interessiert die Frage, wer mehr Beweise für seine Ideen hat, kaum noch jemanden.

Während die Kirche die Moderne lange Zeit als Feind betrachtet hat, scheint es heute so, als wollten viele christliche Denker nur schnell modern werden, um Schutz vor dem zu finden, was sich hinter den Schatten der postmodernen Welt verbirgt. Wir erkennen einfach die riesigen Möglichkeiten nicht, die uns erwarten. Die Suche nach dem Erfahrbaren, der Wunsch der Menschen nach einer Verbindung mit dem Ursprünglichen und Natürlichen, die inzwischen fast zynische Einstellung gegenüber Kommerz und Materialismus, die außergewöhnliche Offenheit für das Spirituelle und Geheimnisvolle, das Schätzen und die Sehnsucht nach der Gemeinschaft und die Suche nach Schönheit – all diese Entdeckungen erwarten uns auf der postmodernen Reise.

DAS BRETT MIT ANDEREN AUGEN SEHEN

Vor einigen Jahren entwickelte Aaron Nimzowitsch eine revolutionäre Art des Schachspiels. Man bezeichnete sie schon damals als hypermodern. Diese Methode war völlig anders als alles, was man bisher im Schach kannte. Im klassischen Schach kontrolliert ein Spieler vor allem die Mitte, schützt seine Figuren und zeigt, wenn irgend möglich, keine Schwachstellen. Das hypermoderne Schach geht das Spiel ganz anders an: Man gibt die Mitte auf, schickt seine Läufer an die Ränder und erlaubt sich auch mal erkennbare Schwächen, um dann überraschend mit umso größerer Stärke zurückzukehren.

Ich denke, die Kirche kann von dieser Innovation viel lernen. Ich bin überzeugt, dass die Reibungen der Postmoderne eine gewaltige Antriebsenergie in der Kirche erzeugen, wenn wir das Gleiche tun wie die hypermodernen Schachspieler: das Zentrum öffnen – von der Kirche wird ja sowieso erwartet, dass sie am Rand lebt. Senden Sie also die Läufer an die Ränder und Ecken: Die Leiter der Kirchen und Gemeinden sollten Apostel, Propheten und Evangelisten sein, nicht einfach nur Pastoren und Lehrer. Nehmen Sie in Kauf, dass Sie eine solche Strategie vielleicht zwischendurch auch mal ein Opfer kostet, aber verbergen Sie Ihre Schwächen nicht länger, sondern stehen Sie zu ihnen, damit Gott durch sie seine Stärke zeigen kann.

Auch wenn die Kirche nie dazu bestimmt war, sich der Gesellschaft anzupassen, ist viel von der Reibung, die wir erlebt haben, darauf zurückzuführen, das wir auch dann noch auf viereckigen Rädern gefahren sind, als es schon runde gab. Es ist endlich Zeit, Reibung in Antrieb zu verwandeln und in Schwung zu kommen.

„ICH BIN KEIN ATHENER ODER GRIECHE, SONDERN EIN BÜRGER DIESER WELT." *Sokrates*

GEDANKENANSTÖSSE

1. Gibt es eine Sache oder ein Projekt, das es wert ist, dass wir es versuchen sollten, auch wenn wir versagen könnten?
2. Vor dem Hintergrund von 5. Mose 2,24–36: Welche Kämpfe versuchen wir zu vermeiden?
3. Welcher Begriff fasst die Haltung unserer Gemeinde gegenüber der Gesellschaft am besten zusammen: antagonistisch, apathisch oder apostolisch?
4. Welche Bereiche unserer Gemeinde haben auf den Wandel der Gesellschaft mit Abwehr reagiert? Was muss getan werden, damit diese Menschen sich auf eine verlorene und gebrochene Welt einlassen?
5. Verliert eine Gemeinde an Authentizität, wenn sie Innovationen aufgreift?
6. Wie können wir neue Technologie einbeziehen, um Kreativität und Innovation zu unterstützen?
7. Wie stark nehmen wir die Gelegenheit wahr, Weltanschauungen zu gestalten?
8. Wo können wir anfangen, unsere Gemeinde neu zu organisieren, um Menschen in einer veränderten Welt anzusprechen?

KAPITEL ZWEI

Momentum

Als ich ungefähr zehn Jahre alt war, machte ich auf einem Jahrmarkt eine Fahrt mit einer dieser Vergnügungsattraktionen, die sich ständig im Kreis drehen, immer schneller werden und manchmal sogar rückwärts fahren (dieses Ding nannte sich damals „Polar Express"). Es war eine der traumatischsten Erfahrungen meines Lebens. Warum? Weil zu Beginn der Fahrt mein Sitzgurt riss. Ich hatte schreckliche Angst um mein Leben und hielt mich panisch fest. Hilflos spürte ich, wie die Fliehkräfte mich immer stärker aus dem Sitz zogen. Der Ansager schrie ständig ins Mikrofon: „Wollt ihr schneller fahren?" und alles schrie begeistert: „Ja! Ja! Ja!" Ich war das einzige Kind, das verzweifelt rief: „Nein! Nein! Nein!" Jedes Mal, wenn er fragte, schrie ich: „Nein!" aber all die begeisterte Zustimmung übertönte meinen verzweifelten Hilferuf. Als der Alptraum schließlich zu Ende war, kroch ich aus dem Sitz, taumelte weinend aus dem „Polar Express" und schwor mir, niemals mehr Achterbahn oder etwas Ähnliches zu fahren.

Für die nächsten fünf Jahre meines Lebens war ich von solchen Gefährten kuriert. Ich hatte einfach nur noch Angst vor allem, was schnell war. Geschwindigkeit wurde ein echter Horror für mich. Ich ging zwar immer noch zu Jahrmärkten und schaute zu, wie meine Freunde ihre Fahrten machten, fand es aber komisch, dass sie solchen Spaß an etwas hatten, was für mich ein Horrortrip war. Erst als Teenager fasste ich mir ein Herz und versuchte erneut mein Glück. Ich wollte einfach einmal sehen, wie ich jetzt mit der Geschwindigkeit zurechtkam. Das war im „Space Mountain" in *Disney World*. Und ich sage Ihnen: Das war mehr als eine Achterbahn; es war ein Erlebnis. Seit dieser Zeit bin ich abhängig. Ich liebe Geschwindigkeit. Ich liebe alles, was sich schnell bewegt. Ich liebe das Gefühl, fast außer Kontrolle zu geraten: den Schlag meines Herzens gegen den Brustkorb, den Ansturm der Angst und den Wind, der mir ins Gesicht bläst. Vielleicht halten Sie mich für ein bisschen verrückt, aber ich war nach dieser Fahrt wie neugeboren.

WILLKOMMEN BEI DER SCHNELLEN TRUPPE

Weil ich wollte, dass meine Kinder eine andere Erfahrung machten als ich, fand ich es sinnvoll, sie die Herausforderung einer Achterbahn so früh wie möglich erleben zu lassen. Mein Sohn nahm diese Hersauforderung an, als ob er für die Geschwindigkeit geboren wäre. Meine kleine Tochter reagierte völlig anders. Ich setzte sie in so ein Gefährt, in dem man mit Bötchen fährt, die am Ende scheinbar einen Wasserfall runterrasen. Sie dachte allerdings, das Ganze wäre einfach nur eine kleine nette Fahrt zum Genießen. Der dramatische Fall nahm ihr den Atem, und sie fing an zu weinen. Es dauerte einige Jahre, bis ich ihr helfen konnte, diese Erfahrung zu überwinden. Das Ding war einfach viel zu schnell für sie. Ich habe mich dann unheimlich gefreut, als ich sie später in einen Funpark in Minneapolis mitnehmen konnte. Da brachte ich sie zu einer Achterbahn und sie amüsierte sich großartig – und fuhr dreißig Mal hintereinander.

Geschwindigkeit kann Angst einjagen. Aber sie kann auch sehr anregend sein. Jetzt leide ich an einer ungewöhnlichen Krankheit. Merkwürdigerweise hat mein Sohn das gleiche Leiden. Wir werden beide leicht autokrank, seekrank und bewegungskrank – und zwar immer dann, wenn es zu langsam geht. Wir fühlen uns gut in schnellen Wagen, schnellen Booten, schnellen Flugzeugen, in allem, was sich schnell bewegt. Aber wenn es langsam geht, wird uns übel. Wir sind wie viele in unserer Kultur geschwindigkeitsabhängig geworden. Aber es passt ja: Alles bewegt sich immer schneller. Wir leben in einer Welt, die von der Geschwindigkeit bestimmt wird. Wir kommen schneller an, arbeiten schneller und wollen alles schneller haben. Wir haben von gutem Essen zu schnellem Essen gewechselt. Und jetzt hätten wir gerne gutes Essen schnell. Wir haben das langsame Kochen hinter uns gelassen und uns der Mikrowelle zugewandt. Der ehemalige ruhigere Nationalsport Baseball wurde vom schnellen Basketball überholt, Football von Eishockey. Das langsame Tempo unserer alten amerikanischen Sportarten, bei denen man viel Zeit mit Herumstehen verbracht hat, macht Sportarten mit flüssigeren Bewegungen Platz, bei denen spontane Entscheidungen getroffen werden müssen. Wir sind von Epen zu Zusammenfassungen übergegangen und von Romanen zum Focus: nur noch „Fakten, Fakten, Fakten".

Auch der Fernsehsender MTV hat die Art und Weise verändert, wie wir Dinge wahrnehmen. Wir sind ein Land geworden, in dem sich keiner mehr für längere Zeit auf irgendetwas konzentrieren kann. Immer mehr Kinder leiden deshalb unter ADS (Aufmerksamkeitsdefizitsyndrom). Was einmal als schnell galt, ist heute normal. Schauen Sie mal, wie sich alleine die Kommunikation entwickelt hat: vom Pony-Express zum Federal-Express, vom Telegrafen zur schnurlosen Kommunikation, vom Postamt zum Cyberspace.

VERÄNDERUNGEN HERBEIFÜHREN

Alles bewegt sich schneller. Auch die Generationen verändern sich schneller denn je. Es gab mal eine Zeit, da konnte man von drei Generationen in einem Atemzug reden: Abraham, Isaak und Jakob. Wie fremd käme uns eine solche Kombination von Namen in unserer Kultur vor! Sie enthält viel mehr, als wir uns je vorstellen können. Abraham, Isaak und Jakob: drei Generationen, die die gleiche Kleidung trugen, die gleichen Speisen aßen, die gleiche Art von Musik hörten und die gleichen Werte, Weltanschauungen und den gleichen Glauben besaßen. Abraham, Isaak und Jakob sahen sich in die Augen und verstanden einander.

Kann man sich heute drei Generationen vorstellen, die so in einem Atemzug beschrieben werden können? Können wir uns vorstellen, die gleichen Kleider zu tragen, die unser Vater oder Großvater oder unsere Mutter, beziehungsweise Großmutter getragen hat? Natürlich macht man das an Fasching ganz gerne, aber doch nur um zu zeigen, dass es Vergangenheit und nicht Gegenwart ist. Können Sie sich vorstellen, die gleiche Musik zu hören, die Ihr Vater oder Großvater gehört hat? Bei drei Generationen teilen wir ja heute nicht einmal mehr die gleichen Ansichten über die Wirklichkeit.

Vor nicht allzu langer Zeit ging man in Studien noch davon aus, dass Generationen alle vierzig Jahre wechseln. Im letzten Jahrhundert aber hat eine unglaubliche Beschleunigung der Generationswechsel begonnen, vom Zweiten Weltkrieg, der Nachkriegszeit, den Babyboomers, den Babybusters, der Generation X, der Generation Y, den Millennials und wie man sonst noch die neuen Generationen beschreiben will. Der Punkt ist, dass die Menschen heute schnell und radikal die Ansichten ändern, mit denen sie sich selbst verstehen und ausdrücken. All diese Generationsbezeichnungen sind nicht mehr als ein Versuch, die dramatischen Veränderungen zu beschreiben, die in der heutigen Kultur stattfinden. Und die Kirche befindet sich mitten in diesem radikalen Wandel. Wir leben in einem, wie viele sagen, Zeitalter der Diskontinuität, einer Zeit der kulturellen Turbulenzen.

Wandel ist nichts Neues. Es hat ihn immer gegeben. Neu ist, wie schnell und dramatisch sich die Dinge verändern. Und weil die Kirche auf Werte wie Stabilität, Sicherheit, Voraussagbarkeit und Standardisierung gebaut hat, erwischt uns die Ära des Wandels natürlich völlig unvorbereitet. Das ist schon deshalb erschreckend, weil man nicht vergessen darf, dass die Kirche ursprünglich dazu bestimmt war, eine Revolution zu sein, eine Bewegung – nicht eine Institution.

MONUMENTE, MÖNCHSKLOSTER UND MOMENTE MIT MONET

Während wir uns ständig bemühen, unserem Umfeld deutlich zu machen, dass wir ihnen doch etwas sehr Wichtiges zu sagen haben, scheinen wir zu vergessen, dass wir Gäste und Fremdlinge in dieser Welt sind. Eigentlich sollten wir Zelte aufschlagen und keine Kathedralen bauen. Die Kirche muss immer bereit sein, in Bewegung zu bleiben. Aber manchmal entscheiden wir uns eben lieber dafür, Monumente zu bauen als für Bewegung zu sorgen.

In vielerlei Hinsicht sind Monumente natürlich wichtig. Monumente zeigen, wem Ehre gebührt. Sie erinnern an herausragende Menschen aus der Geschichte und der Menschheit. Monumente erlauben uns, über die Gaben und das Vermächtnis, das wir empfangen haben, nachzudenken und uns daran zu erinnern. Ich denke oft daran, wie ich zum ersten Mal vor dem Vietnam-Denkmal stand. Obwohl ich keinen Angehörigen hatte, der dort erwähnt wird, und auch keine persönliche Verbindung zu jemandem, der dort gekämpft hat, war der Anblick des Denkmals doch aufwühlend und zutiefst bedeutungsvoll für mich.

Monumente haben großen Einfluss auf uns alle, aber die Kirche war nie dazu gedacht, ein Monument zu werden. Wir müssen aufpassen, dass wir nicht versuchen, Gott ein Ehrenzeichen zu errichten. Gott möchte natürlich, dass wir immer daran denken, was er für uns getan hat. Aber er fordert uns gleichzeitig auf, nicht in der Vergangenheit zu leben. In Jesaja 43,18–19 wird Gott mit den Worten zitiert: „Daran denkt ihr, daran klammert ihr euch. Aber blickt doch nicht immer zurück! Ich schaffe jetzt etwas Neues! Es kündigt sich schon an, merkt ihr das nicht? Ich werde eine Straße durch die Wüste legen und lasse dort Ströme fließen."

Das ist eine für Gott ungewöhnliche Aussage, denn er hat seinem Volk immer wieder gesagt, dass sie sich erinnern, erinnern und noch mal erinnern sollen. Er hat sie immer wieder aufgerufen, daran zu denken, was er in der Vergangenheit getan hat. Einer der prägendsten Momente des Volkes Israel war, als Gott sie durch Mose aus der Sklaverei in Ägypten befreit hat. Gott hat sein Volk oft aufgerufen, sich an seine Taten zu erinnern, damit ihr Glaube wächst. In Jesaja aber macht er ganz deutlich, dass wir uns zwar an die Vergangenheit erinnern, aber nicht in ihr verhaftet bleiben sollen. Die Erinnerungen an Gottes Wirken in unserem Leben sollen uns stark für den Weg in die Zukunft machen. Die Erfahrungen der Vergangenheit sollen uns das Vertrauen schenken, das wir brauchen, um uns den Herausforderungen von morgen zu stellen.

> **Allzu oft wird die Kirche unser sicherer Hafen, unsere Zuflucht vor der Welt.**

Wir sollen keine Denkmäler bauen, sondern die Bewegung fortsetzen. Manchmal entscheiden wir uns stattdessen, Klöster zu bauen. Allzu oft wird die Kirche unser sicherer Hafen, unsere Zuflucht vor der Welt.

EINE ZUFLUCHT FÜR DIE WELT, NICHT VOR DER WELT

Es ist nicht schwer zu verstehen, warum viele Menschen die Kirche als Zuflucht vor den Realitäten ihres Alltags sehen. Die Welt ist manchmal wirklich Furcht erregend. Manchmal fühlt man sich, als sitze man in einer Achterbahn, in der der Haltegurt reißt. Und während irgendjemand ruft: „Wollt ihr schneller fahren?", betteln Sie inständig darum, aussteigen zu dürfen und wieder festen Boden unter den Füßen zu bekommen.

Viele von uns empfinden das Leben so, und sind unsicher, ob sie es schaffen werden. Darum haben wir unsere Kirchen in Klöster verwandelt, in Orte, die geistliche Zufluchten für uns geworden sind, in denen wir uns auf unser geistliches Leben konzentrieren, für unsere eigenen geistlichen Bedürfnisse sorgen und unsere spirituelle Gesundheit pflegen. Die Kirche war sehr lange der einzige Ort, an dem uns die ungläubige Welt nicht erwischen konnte. Wir waren geschützt. Aber: Die Kirche sollte nie ein Kloster sein. Gott möchte gar nicht, dass es einen irdischen Platz zum Verstecken gibt – wenn es überhaupt einen Ort gibt, an dem wir uns geborgen fühlen dürfen, dann ist es seine Gegenwart. Wenn die Kirche ein Bunker wird, in dem wir uns vor einer sich radikal verändernden Welt verschanzen, dann tun wir nicht das, was wir eigentlich tun sollen: uns Gott zuwenden und bei ihm Zuflucht und Sicherheit finden.

Wenn die Kirche dagegen eine echte Bewegung ist, wird sie zu einem Ort der Zuflucht für eine Welt, die Gott noch nicht kennt. Die Kirche wird zu dem Ort, an dem Suchende schließlich den Gott finden, nach dem sie gesucht haben. Die Kirche wird der Ort für die Zerbrochenen und Erschöpften, an dem sie endlich die Heilung und Hilfe finden, nach der sie so laut geschrieen haben. Die Kirche wird der Ort, an dem die Einsamen und Ausgestoßenen endlich aufgenommen und geliebt werden. Wenn die Kirche eine Bewegung wird und kein Kloster, wird sie zu einem Impulsgeber, der genau die Kultur umgestaltet, vor der wir so oft ängstlich weglaufen.

BEWEGENDE AUGENBLICKE

Manchmal glaube ich, dass wir alle einmal einen Tag mit Monet verbringen sollten. Monet hatte einfach ein gutes Gespür dafür, was alles in einem Augenblick verborgen sein kann. Die meisten von uns halten einen Augenblick ja für etwas Statisches, Stillstehendes und sich nicht Veränderndes. Wir wollen schöne Augenblicke am liebsten festhalten. Und wenn es einen Augenblick gibt, an den man sich auf jeden Fall erinnern will, dann macht man ein Foto.

Monet hatte die besondere Fähigkeit, einen Augenblick als das zu sehen, was er wirklich ist, ein Teil einer Bewegung. Es könnte sein, dass er sogar das Wörterbuch gelesen und bemerkt hat, dass die Worte „Moment" und „motion" (Bewegung) die gleiche Wurzel haben. Monet war ein Meister des Lichts und der Bewegung. Seine Bilder waren meist etwas verschwommen und unklar – und doch voller Schönheit und Einsicht. Wenn wir das Leben irgendwie durch seine Augen sehen könnten, würden wir lernen, das Leben so zu sehen, wie es wirklich ist. Unsere Fähigkeit, die Welt zu sehen, wie sie wirklich ist, ist allerdings durch das ewige Fotografieren schon verdorben. Mit einer Linsendrehung oder einem Knopfdruck können wir das Verschwommene herausnehmen. Wir haben es geschafft, die Welt durch ruhende Rahmen zu sehen, während das Leben in Wirklichkeit ständig in Bewegung ist.

Gott wollte nie, dass die Kirche zu einem riesigen, unbeweglichen Stein wird, sie soll eine Bewegung sein, in der eine Dynamik entsteht, die die Geschichte verändert. Veränderung ist eine unausweichliche Realität in unserem Zeitalter der Geschwindigkeit. Und obwohl ich dafür eintrete, dass wir als Kirche wieder eine echte Bewegung werden, ermutige ich Sie nicht dazu, mit der Hektik der Veränderungen Schritt halten zu wollen. In vielerlei Hinsicht sind wir das Problem von der falschen Seite angegangen. Natürlich haben wir meist zu Recht den Eindruck, dass uns die Kultur überholt und wir der Gesellschaft hinterherhinken. Zu viele Kirchen und Gemeinden singen Lieder, die vor zweihundert Jahren oder, im besten Fall, vor zwanzig Jahren geschrieben wurden. Und oftmals sind wir in einem architektonischen Gebäude gefangen, das architektonisch nicht einmal auf der Höhe war, als es entworfen wurde.

Wenn wir wirklich in das einsteigen wollen, was Gemeinde sein kann, dann bedeutet das häufig, dass wir in die Vergangenheit zurückkreisen müssen. Jede Konfession hat ja ihr eigenes Lieblingsjahrhundert. Und doch liegt der Schlüssel zum Umgang mit einer sich schnell verändernden, geschwindigkeitssüchtigen Welt nicht darin, Schritt halten zu wollen. Im Gegenteil, wir müssen den Versuch aufgeben, mitzuhalten, und entdecken, dass es etwas viel Wichtigeres gibt, als schnell voranzugehen: die Kraft Gottes. Und genau die bekommen wir wieder, wenn wir eine echte, urgemeindliche Bewegung sind und zu dem zurückkehren, was am Anfang da war.

> **Der Schlüssel zum Umgang mit einer sich schnell verändernden, geschwindigkeitssüchtigen Welt liegt nicht darin, Schritt halten zu wollen. Im Gegenteil, wir müssen den Versuch aufgeben, mitzuhalten, und entdecken, dass es etwas viel Wichtigeres gibt, als schnell voranzugehen: die Kraft Gottes.**

RASCHER ALS EINE IMMER SCHNELLER WERDENDE KULTUR

Die Kirche des ersten Jahrhunderts hat nicht versucht, mit ihrer Zeit mitzuhalten, und ihre Energie auch nicht damit verschwendet, auf der Höhe der Zeit zu sein. Die Kirche des ersten Jahrhunderts hat ihre Zeit verändert und die Geschichte neu geschrieben. Sie hat einen radikalen Einfluss auf die Gesellschaft ausgeübt. Die Kirche war der Vorreiter, nicht das Schlusslicht der Kultur. Unter ihrem Einfluss entstanden im Lauf der Zeit die höchste Kunst und die großartigste Musik. Die bedeutendsten Denker gingen aus ihr hervor. Kulturen sind von ihr geprägt worden, aus denen wiederum Voltaire, Nietzsche, Einstein, Newton und Hawking hervorgingen, ganz zu schweigen von Jefferson, Franklin und Edison. Die Michelangelos und da Vincis kamen direkt aus einem Umfeld, das von Christen geformt wurde. Ich sage nicht, dass diese Leute alle Nachfolger Jesu Christi waren, ich sage nur, dass sie ihm alle viel verdanken.

Wie gewinnen wir diese Art von Dynamik wieder, die die Kirche des ersten Jahrhunderts hatte? Wie können wir den scheinbaren Zwang zur Schnelligkeit aufgeben, ohne hinter unserem Umfeld zurückzufallen? Hat uns die Natur auch etwas dazu zu sagen? Ich behaupte: „Ja." Die Naturwissenschaft macht heute sehr deutlich, dass der Kosmos uns so einiges lehren kann. Zum Beispiel das: Die Formel für die Kraft eines Impulses lautet „$p = m \cdot v$". p steht dabei für den Impuls, m für Masse und v für Geschwindigkeit (*Velocity*). Und wenn eine Gemeinde einen starken Impuls empfindet, am Reich Gottes weiterzubauen, und Menschen einzuladen, dann ist das für mich ein Momentum.

Interessant dabei ist: Geschwindigkeit ohne Masse erzeugt keinen Impuls, Masse ohne Geschwindigkeit auch nicht. Mit anderen Worten: Wenn Masse oder Geschwindigkeit fehlen, kommt bei der Gleichung null heraus. Dann gibt es gar keinen Schwung. Aber jede Masse, die in Fahrt kommt, erzeugt einen Impuls.

QUANTITÄT UND QUALITÄT

Wenn wir über Gemeindewachstum sprechen, dreht sich das Gespräch leider allzu oft um Quantitäten. Konferenzen und Seminare sind vollgestopft mit Gemeindeleitern, die mit einer einzigen Frage kommen: „Wie kann meine Gemeinde wachsen?" Erst wenn wir uns intensiver mit der Komplexität und den Herausforderungen des Wachstums auseinander setzen, beschäftigen wir uns mit Themen wie Integration und Jüngerschaft. Jeder, der schon einmal deutliches Gemeindewachstum erlebt hat, weiß, dass die Integration bekehrter Menschen und die Kunst, sich als Jünger zu entwickeln, zum Wachstum dazugehören und nicht davon getrennt werden dürfen. Aber wenn man zum ersten Mal vor der Herausforderung steht, eine Gemeinde zum Wachstum zu führen, stellt man erst mal nur die Frage: „Wie kriege ich mehr Leute?" Man braucht nicht viel Intuition, um zu ahnen, dass man ohne Menschen gar keine Gemeinde hat.

„Masse" hat mit Menschen zu tun. Ohne Menschen gibt es keinen Schwung. Wenn Menschen zusammen in Bewegung sind und ein gemeinsames Ziel verfolgen, entsteht eine Eigendynamik. Und während die meisten Christen schnell zustimmen, dass es wichtig ist, Menschen für Christus zu erreichen, merken sie oft kurze Zeit später, dass ihr behagliches Umfeld bedroht wird, wenn wirklich Wachstum eintritt.

> **Während die meisten Christen schnell zustimmen, dass es wichtig ist, Menschen für Christus zu erreichen, merken sie oft kurze Zeit später, dass ihr behagliches Umfeld bedroht wird, wenn wirklich Wachstum eintritt.**

In der heutigen Zeit ist uns der Begriff „Masse" eher suspekt. Viele Leute haben das Gefühl, dass „klein" allemal besser ist als „groß". Oftmals wird „groß" sogar einfach mit „schlecht" und „klein" mit „gut" gleichgesetzt. Wir nehmen gern die Vorteile von Großem in Anspruch, wollen aber eigentlich lieber nur in kleinem Umfang Zugang dazu haben. (Wenn der Großhändler billiger einkauft, freuen wir uns, denn wir wollen ja nur eine Jeans.) Wir tun heute oftmals sogar so, als schlössen sich Quantität und Qualität aus. Unsere Erfahrung setzt Quantität mit Fließband und Einförmigkeit gleich, während Qualität Einzigartigkeit und Echtheit garantiert. Unser Konflikt besteht darin, dass wir die Methoden der Einkaufszentren innerlich ablehnen und doch wollen, dass für uns alles bequem und leicht zugänglich ist. Und genauso werden auch große Gemeinden zusehends mit Geringschätzung angesehen.

Ich kann gar nicht sagen, wie oft ich schon gefragt wurde, ob *Mosaic* wohl eine *Megagemeinde* wird. Entscheidend dabei ist: Diese Frage wurde mir nie in einem positiven Sinn gestellt. Das Wort „Megagemeinde" kam immer als abwertender Begriff ins Spiel – und ich spürte immer Angst dahinter. Ich kann verstehen, woher diese Sorge kommt. Megagemeinden werden oft als große, unternehmerische, religiöse Organisationen wahrgenommen, die unpersönlich, schwerfällig und irgendwie überwältigend riesig sind. Ich will damit nicht sagen, dass dem so ist, sondern dass es mehr als eine Person gibt, die das so sieht, beziehungsweise befürchtet.

Doch die Personen, denen die Vorstellung von einer immer größer werdenden Gemeinde Angst macht, sind oftmals dieselben, die sich von den fantastischen Möglichkeiten begeistern und inspirieren lassen, die nur vorhanden sind, wenn man eine „kritische Masse" erreicht. Es gibt einfach Dinge, die nur eine große Gemeinde tun kann. *Mosaic* hat beispielsweise über vierhundert Leute mobilisiert, den unterprivilegierten Gemeinden in Ensenada in Mexiko zu helfen. Das ist nur schwer möglich, wenn man gerade mal fünfzig Leute in der Gemeinde hat. Bei uns haben sich kürzlich über hundert Schauspieler, Tänzer, Bühnenbildner, Regisseure, Dirigenten und Autoren zusammengetan, um im Herzen von Los Angeles eine Theaterproduktion auf die Beine zu stellen, die Tausende von Menschen bewegt hat. Es wäre ziemlich schwer und sicher nicht so begeisternd professionell gewesen, wenn unsere Gemeinde nur fünfundsiebzig Mitglieder hätte. Sowohl die menschlichen als auch die finanziellen Mittel, die man braucht,

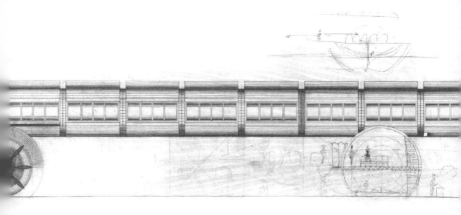

um eine solche Vision zu verwirklichen, erfordern eine „kritische Masse" an Menschen.

Auch wenn wir die Bedeutung der „Masse" zur Beschleunigung der gemeindlichen Dynamik nicht unterschätzen dürfen, sollten wir die Warnungen der Kritiker nicht auf die leichte Schulter nehmen. Wir müssen sorgfältig auf die negativen Seiten solcher Megagemeinden achten. Größer ist eben doch nicht *immer* besser.

Eines aber darf man nicht vergessen: Die Größe einer Masse sagt noch überhaupt nichts über ihren Impuls und ihre Dynamik. Es gibt unheimlich große Dinge, die überhaupt keinen Schwung haben. Sechzigtausend Menschen können sich ein Fußballspiel ansehen – ohne dass das irgendeinen Impuls in die Gesellschaft bringt. Man hat in diesem Fall eine Masse, aber keinerlei Bewegung. Zu den Konzerten der *Rolling Stones* kamen etwa sechs Millionen Besucher, aber das bedeutet noch lange nicht, dass diese Masse ein Momentum erzeugt! Vielleicht Verrücktheit, Begeisterung und Gewalt, aber keine Dynamik. Die Sendung „Wer wird Millionär?" hat jede Woche riesige Einschaltquoten, aber sie erzeugt kein Momentum. Es kann auch sein, dass eine Gemeinde jede Woche fünftausend Gottesdienstbesucher hat, ohne dass da echte Bewegung ist.

Masse bedeutet noch lange nicht, dass es auch Bewegung gibt, weder in der Natur noch bei Gott. In Richter 7,1–8 wird berichtet: „Gideon, den man auch Jerubbaal nannte, brach früh am Morgen mit seinem ganzen Heer auf. Bei der Quelle Harod errichteten sie ihr Lager. Das Lager der Midianiter befand sich nördlich davon in der Ebene, nahe beim Hügel More. Aber der Herr sagte zu Gideon: ‚Dein Heer ist zu groß! So kann ich die Midianiter nicht in eure Hand geben. Sonst werden die Leute von Israel am Ende prahlen und sagen: Der eigenen Hand verdanken wir unsere Rettung! Darum lass im ganzen Lager ausrufen, dass alle, die Angst haben, nach Hause gehen.' Da gingen zweiundzwanzigtausend wieder heim, nur zehntausend blieben bei Gideon. Doch der Herr sagte zu Gideon: ‚Dein Heer ist immer noch zu groß. Führe die Männer hinunter zur Quelle, dort will ich selbst die Auswahl treffen. Ich werde dir sagen, wer mit dir gehen soll und wer nicht.' Gideon führte die Männer zum Teich an der Quelle. Dort sagte der Herr zu ihm: ‚Wer sich hinwirft und das Wasser mit der Zunge aufleckt wie ein Hund, den stell auf die eine Seite; und wer sich zum Trinken hinkniet, den stell auf die andere.' Dreihundert Männer leckten das Wasser mit der Zunge, alle Übri-

> **Masse bedeutet noch lange nicht, dass es auch Bewegung gibt.**

gen knieten sich hin und führten es mit der hohlen Hand zum Mund. Der Herr sagte zu Gideon: ‚Durch die dreihundert Männer, die das Wasser mit der Zunge geleckt haben, will ich Israel retten und die Midianiter in deine Hand geben. Die anderen sollen nach Hause gehen.' Gideon schickte alle zurück, nur die dreihundert Ausgewählten behielt er bei sich. Diese übernahmen von den anderen den Proviant und die Kriegshörner."

Gideon war auf die Masse fixiert, Gott aber ging es um Bewegung. Man kann sich etwa vorstellen, wie Gideon sich gefühlt hat, als er zwanzigtausend Mann gehen sah und nur zehntausend blieben. Auch wir sind allzu oft in Zahlen vernarrt, die gar keine echte Kraft in sich tragen. Am Ende wählte Gott lieber dreihundert statt dreißigtausend aus. Gott sagte zu Gideon: „Du hast zu viele Männer bei dir, als dass ich die Midianiter in deine Hände geben könnte" – könnte es sein, dass Gott uns in unserer Zeit genau das Gleiche sagen würde?

Ich habe erlebt, dass Gemeinden, bevor sie wachsen, oft kleiner werden. Ich weiß, dass das auch in meinem eigenen Leben mehrfach so gewesen ist. Jesus spricht vom Beschneiden des Baumes, bevor er Frucht trägt. Es ist für uns schwer zu glauben, dass man erst einmal kleiner werden muss, bevor man zur Ehre Gottes größer werden kann. Aber kleiner zu werden ist nicht das Ziel. Man beschneidet den Baum nicht, um ihn zu töten, sondern um ihn zu stärken und um zu ermöglichen, dass gesundes Wachstum stattfindet. Manchmal tun wir so, als ob Gott etwas gegen Wachstum hätte, und sicher beeinflusst auch das Umfeld, in dem die Gemeinde existiert, das Maß des Wachstums. Aber Gott glaubt nicht, dass Größe an sich schlecht ist.

> **Man beschneidet den Baum nicht, um ihn zu töten, sondern um ihn zu stärken und um zu ermöglichen, dass gesundes Wachstum stattfindet.**

In 1. Mose 13,1–17 wird von einer alttestamentlichen „Gemeindespaltung" berichtet, die zu Wachstum führte. Abram und Lot lebten zusammen mit ihren Familien und Bediensteten in einer Gemeinschaft. Aber ihre Familien wurden so groß, dass sie es schwierig fanden, zusammenzubleiben. Es ist interessant, dass ihr Konflikt in erster Linie auf ihren Besitz zurückzuführen ist. Die Lösung bestand dann darin, das Land zu teilen und sich zu trennen. Abram ließ Lot wählen, ob er zur Rechten oder zur Linken gehen wollte, und er selbst beschloss, in die andere Richtung zu ziehen. Der Punkt war: Es gab keinen Grund zu streiten. Es war genügend Raum für jeden da, um weiterzuwachsen.

Nachdem die Trennung vollzogen war, zeigte Gott Abram das ihm quasi zugewiesene Land: „Sieh dich von hier aus nach allen Seiten um, nach Norden, nach Süden, nach Osten und nach Westen! Das ganze Land, das du siehst, will ich für immer dir und deinen Nachkommen geben. Und ich werde deine Nachkommen so zahlreich machen wie den Sand auf der Erde, den niemand zählen kann. Durchzieh das Land nach allen Richtungen; dir und keinem anderen gebe ich es."

Wenn Sie noch keine Zeit dazu hatten, selbst nachzuzählen: Es gibt jede Menge Sand auf dieser Erde. Gott sagt also zu Abram: „Dein Volk wird unglaublich wachsen." Und weil Abram das ja vielleicht noch nicht wirklich kapiert hatte, wiederholte Gott es später noch einmal. Er ging mit Abram spazieren und sagte: „Sieh hinauf zu den Sternen am Himmel! Kannst du sie zählen?" Und dann sagte er zu ihm: „So unzählbar werden deine Nachkommen sein" (1. Mose 15,5).

Auch hierbei gilt: Falls Sie nachts anderes zu tun und noch nicht nachgeschaut haben – es gibt eine Menge Sterne da oben. Gott sagte ihm also: „Dein Volk wird unglaublich wachsen." Wichtig ist, was dann in Vers 6 berichtet wird: „Abram glaubte der Zusage des Herrn, und der Herr rechnete ihm dies als Beweis der Treue an."

Gott sah keinen Widerspruch zwischen Qualität und Quantität, zwischen Expansion und Echtheit. Für Gott gilt: Je mehr Gutes es gibt, desto besser. Das gleiche Schema sehen wir beim Aufbruch der Kirche. Petrus predigte, und dreitausend Menschen wurden der Gemeinde hinzugefügt; dreitausend Menschen, die an einem Tag getauft wurden. Das sagt aber noch lange nichts darüber aus, wie viele Leute zugehört und die Botschaft abgelehnt haben; oder wie viele zuhörten und Interesse bekamen, aber noch Zeit brauchten, um über die Botschaft nachzudenken; oder wie viele vielleicht auch wieder vom Glauben abfielen. Man könnte meinen, dreitausend an einem Tag, das sei doch gut genug gewesen.

Wenn Gott sich gesorgt hätte, dass die Quantität die Qualität beeinträchtigen könnte, hätte er zweifellos in den nächsten Jahren niemanden mehr zur Gemeinde geführt. Doch in Apostelgeschichte 2,47 lesen wir: „Der Herr führte ihnen jeden Tag weitere Menschen zu, die gerettet werden sollten." Es steht außer Frage, dass „Masse" für ziemlich viel Chaos sorgen kann; aber ohne Masse gibt es keine Dynamik.

In Sprüche 14,4 heißt es: „Wo keine Rinder sind, spart man ihr Futter; aber für reiche Erträge braucht man ihre Kraft." Mit anderen Worten: Die Kirche wäre ein vollkommener Ort, wenn es keine Menschen gäbe. Wo aber viele Menschen sind, gibt es auch viel Durcheinander. Leben macht Schmutz und Unordnung; Sünde ist schmutzig; jede Mitarbeit in der Gemeinde ist unvollkommen. Das Verrückte ist: Erst wenn der Ochse die Krippe schmutzig macht, erfüllt er das Ziel, für das er erschaffen wurde. Wir sind nicht dazu berufen, dass unsere Krippen sauber bleiben.

Dieselben Menschen, die in unseren Kirchen und Gemeinden für Durcheinander sorgen, verleihen ihr auch Bedeutung. Schließlich sind es die Menschen, um die es Gott geht. Wir dürfen nie an einen Punkt kommen, an dem es keinen Platz mehr für einen neuen Menschen gibt. Wir müssen bereit sein, uns schmutzig zu machen, um ein Leben zu retten.

In Offenbarung 5,9–12 steht: „Sie sangen ein neues Lied: ‚Du bist würdig, das Buch zu nehmen und seine Siegel aufzubrechen! Denn du wurdest als Opfer geschlachtet, und mit deinem vergossenen Blut hast du Menschen für Gott erworben, Menschen aus allen Sprachen und Stämmen, aus allen Völkern und Nationen. Zu Königen hast du sie gemacht und zu Priestern für unseren Gott; und sie werden über die Erde herrschen.' Dann sah und hörte ich Tausende und Abertausende von Engeln, eine unübersehbare Zahl. Sie standen rund um den Thron und die vier mächtigen Gestalten und die Ältesten und riefen mit lauter Stimme: ‚Würdig ist das geopferte Lamm, Macht zu empfangen, Reichtum und Weisheit, Kraft und Ehre, Ruhm und Preis!'"

Das klingt für mich nach ziemlich vielen Anwesenden.

> **Wir dürfen nie an einen Punkt kommen, an dem es keinen Platz mehr für einen neuen Menschen gibt.**

ZIELGERICHTETE GESCHWINDIGKEIT

Damit Masse ein Momentum bekommt und Schwung erzeugt, muss Geschwindigkeit hinzukommen. Wir haben ja oben gesehen, dass es ohne Masse genauso wenig Schwung gibt wie ohne Geschwindigkeit. Deshalb kann es auch sein, dass Gemeinden eine beträchtliche, ruhende Masse haben und deshalb das Ziel Gottes verfehlen. Zielgerichtete Geschwindigkeit ist die Antwort der Kirche auf Schnelligkeit. Schnelligkeit enthält weniger Information als Geschwindigkeit. Der Begriff „Schnelligkeit" wird einfach nur gebraucht, um auszudrücken, wie schnell sich etwas bewegt. Aber er enthält keine Information über die Richtung.

„Zielgerichtete Geschwindigkeit" ist darum etwas ganz anderes. Sie strebt immer in eine Richtung. Während es also bei Schnelligkeit um Beweglichkeit an sich geht, geht es bei Geschwindigkeit um Bewegung. Geschwindigkeit ist Schnelligkeit mit einem Ziel, Schnelligkeit mit einer Absicht. Zielgerichtete Geschwindigkeit hat also nach meiner Definition einige entscheidende Komponenten mehr. Die erste ist und bleibt natürlich auch in diesem Zusammenhang die Schnelligkeit. Richtung ohne Bewegung ist auch keine Geschwindigkeit. Beim Glauben wird das schnell einsichtig: Gott hat uns die Bibel nicht gegeben, damit wir sie nur studieren und Informationen daraus ziehen. Die Bibel wurde geschrieben, damit wir auf die Wahrheit und die Stimme Gottes antworten.

Bibelauslegung muss daher missiologisch, das heißt handlungsorientiert sein, nicht theologisch. Eine theologische Auslegung sieht ihren Erfolg vor allem im Erlangen von Wissen und Erkenntnis. In den meisten Gemeinden gilt: Je mehr jemand weiß, für desto reifer hält man ihn als Christ. Dabei garantiert die Kenntnis der Bibel noch lange nicht, dass das Gelesene auch angewendet wird. Dass man etwas weiß, bedeutet nicht automatisch, dass man es auch tut. Wenn das aus der Bibel Erarbeitete missiologisch ist, dann lässt man sich auf die Bibel ein, um die Bedeutung und die Konsequenzen für das eigene Leben zu entdecken. Insofern finde ich es auch spannend, dass die Geschichte der Urgemeinde, wie wir sie in der Apostelgeschichte finden, im Griechischen „Taten der Apostel" heißt, nicht „Lehren" oder „Wahrheiten der Apostel".

> **Es fällt auf, dass die Geschichte der Urgemeinde im Griechischen „Taten der Apostel" heißt, nicht „Lehren" oder „Wahrheiten der Apostel".**

In geistlicher Hinsicht wird unsere Schnelligkeit davon bestimmt, wie sehr wir auf Gottes Gebote eingehen. Im Grunde ist der Gehorsam die geistliche Entsprechung für Schnelligkeit. Wenn man nun die Bereitschaft zum Gehorsam mit der Weisheit zusammenbringt, die einem hilft zu verstehen, was Gott sagt, dann kommt man in Fahrt. Weisheit ist nämlich die Synergie von Richtung und Entscheidung. Wenn Gott durch sein Wort Licht ins Leben bringt, kommt man schneller voran und weiß auch, wohin die Reise geht.

Paulus drückt das in seinem 1. Brief an die Gemeinde in Korinth, Kapitel 9,24–27, folgendermaßen aus: „Ihr wisst doch, dass an einem Wettlauf viele teilnehmen; aber nur einer bekommt den Preis, den Siegeskranz. Darum lauft so, dass ihr den Kranz gewinnt! Alle, die an einem Wettkampf teilnehmen wollen, nehmen harte Einschränkungen auf sich. Sie tun es für einen Siegeskranz, der vergeht. Aber auf uns wartet ein Siegeskranz, der unvergänglich ist. Darum laufe ich wie einer, der das Ziel erreichen will. Darum kämpfe ich wie ein Faustkämpfer, der nicht daneben schlägt. Ich treffe mit meinen Schlägen den eigenen Körper, sodass ich ihn ganz in die Gewalt bekomme. Ich will nicht anderen predigen und selbst versagen."

DAS ZIEL ERREICHEN

„Alle diese Zeugen, die uns wie eine Wolke umgeben, spornen uns an. Darum lasst uns durchhalten in dem Wettlauf, zu dem wir angetreten sind, und alles ablegen, was uns dabei hindert, vor allem die Sünde, die uns so leicht umgarnt! Wir wollen den Blick auf Jesus richten, der uns auf dem Weg vertrauenden Glaubens vorangegangen ist und uns auch ans Ziel

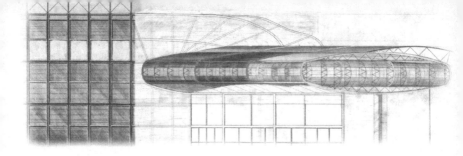

bringt. Er hat das Kreuz auf sich genommen und die Schande des Todes für nichts gehalten, weil eine so große Freude auf ihn wartete. Jetzt hat er den Platz an der rechten Seite Gottes eingenommen. Denkt daran, welche Anfeindung er von den sündigen Menschen erdulden musste! Das wird euch helfen, mutig zu bleiben und nicht aufzugeben" (Hebräer 12,1–3).

Der Verfasser des Hebräerbriefs vergleicht uns mit Läufern in einem Rennen, das wir gewinnen sollten. Den Sieg erlangt, wer sowohl die Kraft der Schnelligkeit als auch eine klare Ausrichtung auf das Ziel hat. „Zielgerichtete Geschwindigkeit" ist das Ergebnis von Schnelligkeit und Ausrichtung. Und manchmal ist der schnellste Weg zu einem Ort nicht die gerade Linie.

Vor einigen Jahren wollte ich einen Vortrag in Ames in Iowa, halten. Für jemanden, der in Los Angeles wohnt, ist es aber gar nicht so leicht, nach Ames zu gelangen! Ich kam zu spät am Flughafen an, stand an meinem Gate und bat das Personal eindringlich, mich bitte noch ins Flugzeug zu lassen. Sie erklärten mir, dass die Tür für mich leider schon geschlossen sei, obwohl sie noch offen stand. Ich musste mich also auf die Suche nach einer anderen Fluggesellschaft machen, die mich zu meinem Vortrag bringen würde. Aber ich konnte nicht eine einzige Fluggesellschaft finden, die nach Des Moines in Iowa flog, der nächstgrößeren Stadt in der Nähe von Ames. Schließlich fand ich einen Flug von Los Angeles nach Phoenix. Eine andere Fluglinie konnte mich von Phoenix nach Denver bringen und eine dritte dann von Denver nach Des Moines. Obwohl ich an jedem Flughafen neue Verbindungen brauchte, entschied ich mich für das Risiko, da es allem Anschein nach überhaupt der einzige Weg war, noch rechtzeitig nach Ames zu kommen.

Ich erwischte den Flug in Phoenix, hatte aber nicht mehr genügend Zeit, meine Koffer abzuholen, bevor es nach Denver weiterging. So musste ich einige Tage auf sie verzichten. Bei meiner Ankunft in Denver rief ich einen Freund in Des Moines an und bat ihn, dafür zu sorgen, dass mich jemand am Flughafen abholte. Als ich in Des Moines ankam, stand tatsächlich jemand da und brachte mich direkt nach Ames. Ich erreichte das Konferenzgebäude genau eine Minute, bevor ich sprechen sollte. Ich hetzte also auf die Bühne und berichtete erst einmal in aller Ruhe von meiner Reise.

Oft erfordert es Einfallsreichtum, Kreativität, Kosten und Geduld, wenn man den einzigen Weg finden will, der ans Ziel führt. Für mich war es an diesem Tag mehr als nur ein kleines Wunder, dass ich es geschafft hatte. Nur Gott konnte die *Southwest Airline* mit der *America West Airline* und der *Northwest Airline* dazu bringen, Flugverbindungen zu gestalten, die mich in letzter Sekunde transportierten. Wir dürfen bei der Vision, die Gott uns schenkt, nicht so ängstlich sein, dass wir nur Augen für den direkten Weg haben. Unsere Reise steckt voller unerwarteter Wendungen und Richtungsänderungen – und das ist genau das Umfeld für wunderbare Überraschungen Gottes.

DIE FÜHRUNG ÜBERNEHMEN

Ich habe oben „Geschwindigkeit" als Kombination aus Schnelligkeit und Richtung definiert. Dabei meine ich vor allem klare Absichten und Ziele. Wenn die Kirche im Auftrag des Herrn unterwegs ist, können Geschwindigkeit und Masse zusammen das Momentum einer Gemeinde vergrößern. Die Geschwindigkeit ist dabei vor allem das entscheidende Kriterium für apostolische Leiterschaft. Der Leiter muss eine klare Richtung haben und sich bewusst und zielgerichtet in diese Richtung bewegen. Ich weiß, dass das schon oft gesagt wurde, aber der Leiter muss tatsächlich die Führung übernehmen und vorangehen.

> **Wir dürfen bei der Vision, die Gott uns schenkt, nicht so ängstlich sein, dass wir nur Augen für den direkten Weg haben.**

Ich fing einmal ein Gespräch mit meinem Sohn an, als der sich gerade einen Zeichentrickfilm anschaute. Ich glaube, es war „X-Men". Jedenfalls bat ich ihn, mir doch zu erklären, wer die Personen seien und um was es da gehe. Mit Vergnügen fing er an, mir all seine geliebten Comichelden vorzustellen. Ich dachte, ich stellte ihm eine einfache Frage, als ich sagte: „Und wer ist der Anführer?" Doch er gab mir eine erstaunliche Erklärung. Er zeigte auf eine der Figuren und sagte: „Schau, der hier ist der Anführer." Ich fragte: „Woher weißt du das?" Er entgegnete: „Der Anführer steht immer im Hintergrund und mischt sich nur ein, wenn ein anderer in Todesgefahr ist." Er entwickelte spontan eine Comic-Leiterschafts-Theorie, die ich auch in der Realität öfter antreffe, als mir lieb ist.

Wir verstehen unter Leiterschaft oftmals einfach nur das Recht, anderen Leuten sagen zu dürfen, was sie tun sollen. Wir leiten aus dem Hintergrund und schalten uns nur dann ein, wenn Menschen verzweifeln oder in geistlicher Hinsicht sterben. Revolutionäre leiten aber nicht vom Schreibtisch aus. Es gibt Dinge, die man als Leitender nicht einfach wie im Comic-Film delegieren kann. Dann hat man zwar den Titel „Leiter", aber man ist es nicht.

Bei Führung geht es nicht einfach darum, den Kurs festzulegen und grob anzusteuern; es geht darum, dafür zu sorgen, dass das Schiff, das sich Gemeinde nennt, auf Kurs bleibt. Wenn man leiten will, seinem Entschluss aber keine Schnelligkeit verpasst, dann bedeutet das, dass man nur herumsteht. Etwas Mystisches geschieht dort, wo man seine „Bewegungskrankheit" überwindet und anfängt, mit Gott voranzugehen. Denken Sie daran: Impuls ist gleich Masse mal Geschwindigkeit.

> „Will man von den radikalen Veränderungen und der Schnelligkeit in unserer Welt nicht überwältigt werden, dann muss man wissen, wohin man geht und warum man dorthin geht. Und man muss entschlossen losgehen."

MIT SCHIER UNGLAUBLICHER SCHNELLIGKEIT

Wir haben uns auf den vorangegangenen Seiten mit zwei Komponenten beschäftigt, die die Geschwindigkeit steigern: mit der Zielgerichtetheit und der Beschleunigung (die beide die Durchschlagskraft einer Gemeinde steigern). Schon ein guter Leiter lernt in diesem Prozess, trotz der schier unglaublichen Schnelligkeit sicher und erfolgreich zu leiten. Aber ein wirklich apostolischer Leiter sieht jederzeit das Ziel vor Augen.

Das wurde in dem Film „Matrix" sehr schön deutlich. Die Agenten, die Neo und seine Freunde verfolgten, konnten sich mit übermenschlicher Schnelligkeit fortbewegen. Sie konnten sogar Kugeln ausweichen. Wenn Neo überleben und seine Bestimmung als Befreier seines Volkes erfüllen wollte, musste er lernen, sich mit der gleichen Schnelligkeit zu bewegen. Das Geheimnis war: Was anderen schier unmöglich erschien, schaffte er, weil er lernte, die Welt in Zeitlupe wahrzunehmen. Dadurch konnte er sogar Kugeln ausweichen, weil sie aussahen, als würden sie einfach nur so dahinschweben.

Wenn man sich mit geistlicher Geschwindigkeit bewegt, dabei aber die Berufung Gottes vor Augen hat – das heißt: sein Ziel kennt und Gott gehorsam ist –, dann kann man die Umwelt, die einen früher mit ihrer Schnelligkeit überwältigte, wie in Zeitlupe erleben. Weil man in Gott ruht, kann man innerlich innehalten. Das heißt für mich: Will man von den radikalen Veränderungen und der Schnelligkeit in unserer Welt nicht überwältigt werden, dann muss man wissen, wohin man geht und warum man dorthin geht. Und man muss entschlossen losgehen.

Ich war früher ein Informationsjunkie, heute bin ich ein Informationsgourmet. Ich muss nicht mehr alles wissen, aber ich muss wissen, was ich wissen muss. Mein Ziel ist es nicht, mit der sich wandelnden Welt Schritt zu halten, sondern dazustehen und auf sie zu warten, wenn sie ankommt. Die Menschen werden jemanden brauchen, der ihnen den Weg zeigt.

Schnelligkeit ist ein wichtiger Bestandteil von Leitung, weil sie dem Leiter dabei hilft, kommende Leiter zu erkennen. Und weil sie auch anderen helfen kann, eine Person als Leiter zu erkennen. Wenn das Tempo einer Gemeinde ungewöhnlich langsam ist, werden die Leute, die schnell ein Ziel erreichen wollen, natürlich herausgefiltert. Wenn die Person, die die Rolle oder Stellung der Leitung innehat, sich langsam oder sogar übervorsichtig bewegt, wird sie nur von denen wahrgenommen, die dieses Tempo schätzen. Zugleich wird der Leiter, der ein langsames Tempo des Wandels schätzt, oft die als rebellisch, aufmüpfig, undiszipliniert oder sogar als Gegner empfinden, die schneller vorangehen wollen.

Die Tragik ist, dass viele Menschen, denen Gott die Gabe gegeben hat, apostolische Leiter zu werden, für diejenigen unsichtbar werden, die Schnelligkeit als einen Feind der Kirche ansehen. Deshalb kann ein Leiter, der in einem beschleunigten Tempo zielgerichtet vorangeht, deutlicher die Mitstreiter erkennen, die apostolische Gaben haben. Ein solcher Leiter fängt an, bestimmte Begabungen klarer zu erkennen. Es ist fast so, als lebte er in einem anderen Raum-Zeit-Kontinuum.

Für diejenigen, die sich lieber langsam bewegen, sind die anderen, die schnell Vorangehenden, oft nur noch undeutlich zu erkennen. Umgekehrt gilt das Gleiche: Für die, die sich schnell bewegen, können die Langsamen so gut wie unsichtbar werden. Es ist, als ob wir Leiter uns mit einer schier unglaublichen Schnelligkeit bewegen. Das Tempo, mit dem eine Führungspersönlichkeit leitet, bestimmt, wer im Blickfeld ihrer Vision bleibt. Die praktische Folge davon kann oft sein, dass der Eindruck entsteht, revolutionäre Leiter seien gleichgültig und nicht fürsorglich genug. Sie halten manchmal tatsächlich nicht lang genug inne, um sich um die Verwundeten zu kümmern.

Apostolische Leiter verstehen, dass Gott jede Gemeinschaft mit einer Absicht erschafft. Sie erkennen sowohl die Bedürfnisse einer Gemeinschaft als auch die Opfer, die man bringen muss, um das Ziel zu erreichen. Durch eine solche Leitung wird Bewegung in Gang gesetzt. Vom Glauben angetrieben, bewegen sich diese Leiter vorwärts, um das Ziel Gottes zu verwirklichen. Sie verkörpern „Geschwindigkeit": Schnelligkeit mit einem Ziel.

Das ist jedoch nur ein Aspekt apostolischer Leitung. Ebenso wichtig ist die Fähigkeit, andere zu motivieren. Geschwindigkeit ohne Masse bedeutet Stillstand, daher erfordert ein echtes Momentum sowohl zielgerichtete Schnelligkeit als auch Menschen, die tatsächlich mitgehen. Der apostolische Leiter ist mehr als ein geistlicher Unternehmer; er ist ein geistlicher Katalysator. Ersterer bewegt sich selbst schnell, der zweite bewegt andere dazu, sich ihm anzuschließen.

Ein Unternehmer findet volle Befriedigung in der Einzigartigkeit seiner eigenen Bemühungen. Wenn er seinen persönlichen Traum verwirklicht, gibt ihm das ein Gefühl der Zufriedenheit und Befriedigung. Der Leiter, der als geistlicher Katalysator wirkt, beginnt dagegen mit der Einsicht, dass das, wozu Gott ihn beruft, nicht allein getan werden kann. Es kommt ihm darauf an, dass er die Herzen anderer gewinnt und sie begeistert. Er betrachtet Menschen nicht als Hindernisse bei der Verwirklichung seiner Ziele. Er versucht nicht, den Menschen aus dem Weg zu gehen, weil sie ihn abbremsen. Bei seiner Berufung geht es darum, Gottes Volk aufzurufen, Gottes Auftrag zu erfüllen.

Der „Katalysator" muss seine Aufmerksamkeit dabei vor allem auf vier Bereiche richten. Zwei davon haben mit Masse zu tun, zwei mit Schnelligkeit. Zunächst einmal muss ein solcher Leiter verstehen, wie wichtig sowohl Größe als auch Dichte der Masse sind. Um eine Bewegung auszulösen, braucht man eine bestimmte Menge motivierter Menschen. Praktisch bedeutet das: Je mehr Menschen man hat, desto größer ist die Masse, und je hingegebener die Menschen sind, desto dichter ist Masse. Wenn man eine Bewegung formen will, sind beide Aspekte wichtig: Größe und Dichte.

Der Umfang ist dabei ziemlich leicht herauszufinden: Hundert Leute sind nun mal mehr als zehn. Das ist einfach eine Frage der Quantität. Die Dichte dagegen hat mit der geistlichen Reife zu tun. Das heißt, es geht um Qualität. Im Hinblick auf Geschwindigkeit sollte es das erste Ziel eines „Katalysators" sein, Menschen aufzurufen, Gottes Auftrag zu erfüllen. Es kommt nie zu einer Bewegung, wenn Menschen nicht in einer gemeinsamen Mission unterwegs sind. Der „Katalysator" nimmt die Beschreibung der Kirche des ersten Jahrhunderts ernst: Diese Menschen waren ein Herz und eine Seele. Es ist ihm lieber, dass er zehn Personen in einem gemeinsamen Projekt vereint, als hundert, die einfach nur neugierig sind. Er versteht, dass die zehn auf die Dauer weit mehr Menschen erreichen werden, als es hundert Mitläufer tun würden.

Zweitens muss ein Leiter seine Gruppe dabei unterstützen, rascher auf die Weisungen Gottes zu antworten. Er ist sich natürlich bewusst, dass die Bewegung in der Phase zwischen dem Verstehen von Gottes Willen und dem Tun selbst zerbrechlich bleibt. Die Dynamik ist also gleichzeitig schlagkräftig und zerbrechlich: schlagkräftig insofern, als kraftvolle Bewegung kaum noch zu bremsen ist; zerbrechlich deshalb, weil ein solcher Schwung auch leicht wieder verloren gehen kann.

Wenn die Kirchen und Gemeinden lernen, das zu feiern, was Gott tut, und wenn sie seiner Einladung folgen, steigert das die Kraft der Bewegung noch einmal. Ein Katalysator ruft die Gemeindemitglieder nicht nur dazu auf, zielgerichtet vorwärts zu gehen, sondern inspiriert und motiviert sie auch kontinuierlich, schneller auf Gottes Reden zu antworten.

EIN KLARER BLICK BEI LICHTGESCHWINDIGKEIT

Eines muss ich ganz klar sagen: Die Vorgehensweise einer Gemeinde sollte niemals von irgendeinem Plan oder einem persönlichen Ziel bestimmt werden, sondern immer von ihrem geistlichen Auftrag und ihrer Hingabe. Es klingt in Ihren Ohren vielleicht seltsam, aber man kann die Energie einer Bewegung auch bündeln, ohne schon genau zu wissen, wohin man unterwegs ist oder wohin einen Gott führen wird. Man tut es einfach, weil man weiß, warum man unterwegs ist. Wir sehen das sehr schön im Leben des Apostels Paulus:

„Danach zogen sie weiter durch Phrygien und die Landschaft Galatien; denn der Heilige Geist erlaubte ihnen nicht, in der Provinz Asien die Botschaft Gottes zu verkünden. Als sie, westwärts ziehend, an die Grenze von Mysien kamen, wollten sie von dort in das nördlich gelegene Bithynien weiterziehen. Aber auch das ließ der Geist, durch den Jesus sie leitete, nicht zu. So zogen sie an Mysien vorbei und gingen ans Meer hinunter nach Troas. Dort in Troas hatte Paulus in der Nacht eine Vision: Er sah einen Mann aus Mazedonien vor sich stehen, der bat ihn: ‚Komm zu uns herüber nach Mazedonien und hilf uns!' Darauf suchten wir sofort nach einem Schiff, das uns nach Mazedonien mitnehmen konnte. Denn wir waren sicher, dass Gott uns gerufen hatte, den Menschen dort die Gute Nachricht zu bringen" (Apostelgeschichte 16,6–10).

Wenn jemand jemals den Willen Gottes kannte, dann doch wohl der Apostel Paulus! Das zeigt sich an dem unfassbar positiven Einfluss, den sein Leben auf Einzelpersonen, aber auch auf ganze Gemeinden hatte. Man könnte annehmen, dass ein Mann wie er immer genau wusste, was er tun sollte. Er war der Apostel Paulus. Er war Jesus auf der Straße nach Damaskus persönlich begegnet. Wenn jemand eingeweiht war, dann er. Und doch lesen wir in der Apostelgeschichte, dass Paulus eine Zeit lang keine Ahnung hatte, wohin er unterwegs war. Er wollte nach Asien reisen, aber der Heilige Geist zeigte ihm, dass das nicht Gottes Wille war. Er versuchte, nach Bithynien aufzubrechen, aber der Geist Jesu erlaubte es ihm nicht. Die gesamte Trinität war daran beteiligt, Paulus von seiner Reise zu einem falschen Ort abzuhalten. Er war aus dem richtigen Grund und mit dem richtigen Ziel unterwegs: um die Gute Nachricht von Jesus denen zu bringen, die noch nie davon gehört hatten. Aber er hatte keine Ahnung, wohin ihn seine Reise letztlich führen würde.

Also ging er schlafen, weil ihn der Versuch, herauszufinden, wohin er nach Gottes Willen gehen sollte, erschöpft hatte. Während er schlief, hatte er einen Traum, und in diesem Traum rief ihm ein Mann aus Mazedonien zu: „Komm zu uns herüber nach Mazedonien und hilf uns!" Das hat fast etwas Humoristisches: Während Paulus bei Bewusstsein war, verstand er nicht, was Gott eigentlich von ihm wollte. Gott musste erst dafür sorgen, dass Paulus seinen Verstand ausschaltete, um es ihm klar machen zu können. Und so beschloss er nach dem Aufwachen, dass er nach Mazedonien aufbrechen sollte.

Wir empfinden als Leiter oft den Druck, den Leuten Dinge sagen zu wollen, die wir selbst nicht wissen. Mit anderen Worten: Wir denken sie uns aus. Geistliche Leitung ist aber nicht die Fähigkeit, alles zu erklären, was auf uns zukommt. Es ist die Bereitschaft auch dann weiterzugehen, wenn man nur eines weiß: Gott ist bei uns. Ein apostolischer Leiter verwendet den Auftrag Gottes wie einen Kompass; er wird angetrieben von seiner geistlichen Passion, und während er vorangeht, gibt Gott ihm Klarheit und Richtungsanweisungen.

Ich saß vor kurzem mit einem Freund, den ich seit über zwanzig Jahren kenne, im Auto und sprach mit ihm über seine Zukunft. Er hatte mit der Arbeit in seiner Gemeinde aufgehört und war zur Erholung und zur Erneuerung zu *Mosaic* gekommen. Als er mir erzählte, dass er überhaupt nicht wisse, wie es weitergehen solle, fasste er seine Situation genauso zusammen, wie ich es gerade getan habe: „Ich weiß nicht, welchen Weg ich einschlagen soll, darum entscheide ich mich erst einmal für die Gegend." Öfter als wir zugeben wollen, wissen wir nicht, wie unser nächster Schritt aussieht, aber wenn wir mit Gott in Kontakt bleiben und das verfolgen, was auch ihm am Herzen liegt, können wir uns nicht verlaufen.

GEISTLICHE ANZIEHUNGSKRAFT

Es gibt noch einen weiteren interessanten Aspekt in dieser Formel für die Intensität eines Impulses, die Schwerkraft. Alles, was Masse hat, besitzt auch eine Schwerkraft, und wenn die Schwerkraft wirkt, zieht sie andere Objekte an. Mit anderen Worten: Menschen, die „Masse" haben, ziehen andere an.

Wenn jemand gerne ein echtes Momentum erleben möchte, aber noch ganz allein ist und keine Masse hat, fragt er sich natürlich, wie er dann Teil einer Bewegung sein kann. Ganz einfach. Man mag nicht sofort in der Lage sein, eine Menge von Menschen zusammenzubringen, aber man kann etwas für die geistliche Dichte tun. Der Anfangspunkt einer Bewegung sind also immer wir selbst. Wir müssen unser Leben Jesus Christus unterstellen, ihn unser Herz und Wesen ändern lassen, Diener werden und den Menschen in unserem Umfeld vorleben, wie ein Leben der Demut und der Opferbereitschaft aussieht. Dann wird unsere geistliche Dichte auf andere anziehend wirken. Je mehr Christus in unserem Leben regiert, desto mehr Menschen werden zu diesem Jesus in uns gezogen werden.

Ich bin sicher, dass es mehr als ein Zufall ist, dass das Wort „Herrlichkeit" im Original wörtlich „Dichte" bedeutet. Niemand hat mehr Dichte als Gott und niemand ist tiefgründiger. Seine Dichte macht ihn so anziehend und bezwingend. Und Gott ist immer in Bewegung. Schon die Schöpfung beginnt mit dem Geist Gottes, der sich über der Oberfläche des Wassers bewegt.

Gott hat sowohl Dichte als auch Geschwindigkeit. Darum ist er der eigentliche Beweger. Jesus sagt, dass sein Geist aus Richtungen und zu Orten kommt und geht, die niemand kennt. Auch die Kirche ging aus einem gewaltigen Sturm hervor (Apostelgeschichte 2). Es ist gar nicht verwunderlich, dass Jesus der größte Revolutionär ist, der je gelebt hat, und dass die Kirche die größte Bewegung ist, die je auf der Erde existiert hat.

Wenn man mit Christus in Bewegung ist, ist man nie allein. Seine Geschwindigkeit und seine Dichte – seine Herrlichkeit – werden einen Menschen umgeben, und das schon mit dem ersten Schritt, den man auf Christus zu macht. Das Leben bekommt plötzlich eine göttliche Dynamik, und wer nach Gott sucht, wird von diesem Leben angezogen.

„WIR MÜSSEN VERSTEHEN, DASS DIE WELT NUR DURCH AKTION EROBERT WERDEN KANN, NICHT DURCH KONTEMPLATION. DIE HAND IST WICHTIGER ALS DAS AUGE … IN DER HAND LIEGT DIE SCHÄRFE DES VERSTANDS."

Jacob Bronowski

GEDANKENANSTÖSSE

1. Ist unsere Gemeinde eine Zuflucht für die Welt oder von der Welt?
2. Wie sehr merkt man in unserer Gemeinde, dass immer Platz für eine weitere Person da ist?
3. Wie können wir die Entwicklung geistlicher Hingabe in unserer Gemeinde beschleunigen?

Beantworten Sie die folgenden drei Fragen als Leiter bitte ganz persönlich:
4. Werden Sie von dem angetrieben, was auch Gott antreibt?
5. Was wollen Sie von heute an tun, um die Herzen von Menschen mit mehr Selbstvertrauen zu gewinnen und ihnen zu vermitteln, was Gott auf dieser Welt tun will?
6. Was können Sie tun, damit die „geistliche Dichte" unter den leitenden Mitarbeitern zunimmt?
7. Lesen Sie Jesaja 43,18–19. Welche neuen Dinge möchte Gott durch Ihre Gemeinde tun?

KAPITEL DREI

Theologie der Veränderung

Das Wort „Momentum" macht deutlich, dass Veränderungen unvermeidlich sind. Denken Sie noch mal an die Definitionen von Geschwindigkeit, Schnelligkeit und Momentum: Sie stehen alle in einer Beziehung zur Zeit, genauer, zu der Strecke, die in einer bestimmten Zeitspanne zurückgelegt wird. Bei der Bewegung in unseren Kirchen und Gemeinden ist es nicht anders. Wenn wir uns ernsthaft damit beschäftigen wollen, wie unsere Gemeinden mehr Dynamik gewinnen können, müssen wir uns mit den Realitäten der Veränderung im Verhältnis zur Zeit auseinander setzen.

Wir sind überhaupt nur deshalb auf das Thema „Dynamik" gekommen, weil die Dinge sich so rapide verändern. Wenn die Kirche der Gesellschaft einen Schritt voraus wäre, gäbe es kaum einen Grund, Alarm zu schlagen. Wenn die Kirche auch nur halbwegs in einem ähnlichen Tempo vorangehen würde wie die Gesellschaft, könnten die meisten Menschen wahrscheinlich gar nicht nachvollziehen, warum wir überhaupt Alarm schlagen. Dass sich so viele von uns der Notwendigkeit einer neuen Dynamik in der Kirche bewusst werden, hat aber einen ganz klaren Grund: Wir spüren, dass uns die Geschichte und unsere Rolle in der Gesellschaft entgleiten.

Die Gemeindewachstumsbewegung betont schon seit längerem, wie wichtig es sei, dass die Kirche ihre Alltagsrelevanz nicht verliere. Dies ist eine klare Reaktion auf die Tatsache, dass sich die Welt verändert hat, während die Kirche gleich geblieben ist. Im Grunde geht es aber um eine ganz schlichte und notwendige Entscheidung: Entweder wir ändern unser Tun, oder wir sind zum Untergang verdammt. Nach meiner Erfahrung lassen sich Kirchen und Gemeinden aber leider selten von Notwendigkeiten motivieren. Wir empfinden uns zuerst und vor allem als Gemeinschaft, die von Gott zusammengebracht worden ist. Und wenn Gott kein Befürworter von Veränderung wäre, kämen wir zu Recht zu dem Schluss, dass wir uns auch nicht verändern müssen. Die ablehnende Reaktion vieler aufrichtiger Christen gegen das, was sie als Weltlichkeit oder Anpassung bezeichnen, entspringt der Überzeugung, damit den biblischen Weisungen zu entsprechen.

EIN UNVERÄNDERLICHER GOTT, DER ALLES VERÄNDERT

Viele Christen denken bei dem Wort „Veränderung" zuerst an die Verheißung, dass Gott ein unwandelbarer Gott ist: „Derselbe gestern, heute und in Ewigkeit." Die biblischen Bilder von Gott, in denen er als Fels, Burg, Festung und oder Fundament beschrieben wird, beherrschen unser Denken. Das Problem ist nur: Wenn wir eine dynamische Bewegung sein wollen, müssen wir nicht nur lernen, Veränderungen zu akzeptieren, sondern sie auch voranzutreiben.

> **Auch wenn die Bibel das Thema „Veränderung" selten direkt anspricht oder lehrt, so ist sie doch ein Dokument, in dem immer wieder von radikalen Veränderungen berichtet wird.**

Um das so machen zu können, dass es Gott gefällt und auch in seinem Wort verankert ist, müssen wir eine ganz eigene „Theologie der Veränderung" entwickeln. Und dabei gilt: Auch wenn die Bibel das Thema „Veränderung" selten direkt anspricht oder lehrt, so ist sie doch ein Dokument, in dem immer wieder von radikalen Veränderungen berichtet wird. Man kann die Theologie der Bibel gar nicht angemessen verstehen, wenn man nicht akzeptiert, dass die Veränderung eine der wichtigsten Kräfte ist, die Gott seiner Kirche schenkt. Es fällt uns vermutlich leichter, das auf einer persönlicheren Ebene zu verstehen. Wenn ein einzelner Mensch Teil des Reiches Gottes werden möchte, muss eine radikale persönliche Veränderung stattfinden. Wir nennen das auch Lebenswende oder Bekehrung.

Paulus schreibt in seinem 2. Brief an die Korinther: „Wenn also ein Mensch zu Christus gehört, ist er eine »neue Schöpfung«. Was er früher war, ist vorbei; etwas ganz Neues hat begonnen" (2. Korinther 5,17). Eine neue Schöpfung, ein neuer Mensch, das ist doch Verwandlung und Veränderung pur. Viele von uns kennen das Prinzip der Metamorphose, den Vorgang, in dem eine Raupe zu einem Schmetterling wird oder eine Kaulquappe zu einem Frosch. Darin geschieht ein radikaler und unumkehrbarer Wandel im Wesen des Objekts der Metamorphose.

Wenn ein Mensch beschließt, sein Leben Jesus Christus anzuvertrauen, nimmt er nicht nur eine neue Sicht der Wirklichkeit an. Er nimmt nicht einfach neue Denkmuster an oder übernimmt neue Lebensgewohnheiten; er wird radikal und unumkehrbar verwandelt.

EINE VERÄNDERUNG DES HERZENS

Im Buch Hesekiel entfaltet Gott diesen Gedanken im Zusammenhang mit dem neuen Bund, den er schließen will: Er wird unser altes Herz nicht reparieren, sondern es austauschen. Er wird unser steinernes Herz herausnehmen und es durch ein Herz ersetzen, in dem sein Geist lebt (Hesekiel 36,26). Das Gleiche macht Gott in Jeremia 31,31–33 deutlich: In seinem neuen Bund wird er unser Innerstes umgestalten. Wieder gebraucht er das Bild des Herzens und verspricht denen, die sich ihm zuwenden, dass er sein Gesetz in ihren Sinn legen und in ihre Herzen schreiben wird.

Wer das Evangelium liest, wird begreifen, dass uns darin eine völlige Umgestaltung versprochen wird – und Umgestaltung ist nur ein anderes Wort für Veränderung. Wenn man etwas gegen Veränderung hat, sollte man lieber gar nicht Christ werden. Wenn man aber erst einmal zu Jesus gehört, dann ist eine Veränderung unumgänglich. Während unseres Lebens als Christ machen wir immer wieder die Erfahrung der Veränderung: Man legt etwas Altes ab und zieht etwas Neues an. Man verhält sich nicht länger konform zu den Verhaltensmustern dieser Welt, sondern wird durch die Erneuerung des eigenen Denkens umgestaltet.

Das ganze theologische Verständnis von Heiligung basiert auf der Tatsache, dass Gott Menschen verändert. Bekehrung ist Veränderung, Wiedergeburt ist Veränderung, Umgestaltung ist Veränderung, und Heiligung ist Veränderung. Alle diese grundlegenden theologischen Begriffe können nicht außerhalb einer „Theologie der Veränderung" gedacht werden.

Wir beschreiben ja auch die Buße als eine radikale Veränderung von Herz und Verstand, eine völlige Umkehrung der Lebensweise, eine 180-Grad-Wende vom gegenwärtigen Kurs hin zu einer göttlichen Berufung. Dies sind ihrem tiefsten Wesen nach alles Prozesse der Veränderung. Buße wurde nie als eine allmähliche Entscheidung oder Handlung gedacht; sie ist eine vollständige Unterwerfung des Herzens und Willens unter Gott.

Wie ich schon sagte: Wenn es um persönliche Veränderung geht, verstehen wir uns, glaube ich, ganz gut. Aber wenn wir die Kirche als Ganzes betrachten, sind sich viele Menschen nicht mehr so sicher, ob das mit der Veränderung wirklich so gedacht ist. Wir neigen zum Beispiel zu der Meinung, dass sich nur die Dinge um uns herum ändern müssten: Unsere Kommunen brauchten Veränderung; unsere Städte brauchten Veränderung; unser Land braucht Veränderung; die Welt braucht Veränderung. Alles braucht Veränderung – außer der Kirche. Die Kirche ist gut so, wie sie ist. Die Kirche wird oftmals sogar als letzte Bastion gegen die Veränderung gesehen; sie erinnert uns daran, wie die Welt einmal ausgesehen hat, bevor sie sich verändert hat; die Kirche bewahrt Tradition und Ritual. Nur eines wird sie so nicht: Katalysator oder Förderer des Reiches Gottes.

„Auch wenn viele Gemeinden ihre Gottesdienste heute nicht mehr in Latein halten, kommen unsere Sprache, unser Stil, unsere Musik und unsere Methoden der kirchendistanzierten Bevölkerung auch vor wie Latein."

Ich erinnere mich noch genau daran, wie ich als Kind einmal zu einer katholischen Messe ging. Alles war auf Lateinisch. Es klang wunderschön und sehr geistlich, doch ich konnte kein Wort verstehen. Vielleicht hatten diese Leute mir wirklich etwas zu sagen, aber ich erfuhr es nie.

EINE GESCHICHTE DER VERÄNDERUNG

Das praktischste Beispiel für Veränderungen sollte eigentlich die Gemeinde sein. Sie sollte zeigen, wie radikal Gott sich für das Prinzip „Veränderung" entschieden hat. Gott ist dabei, die Geschichte zu verändern, oder besser gesagt, Geschichte zu machen. Er möchte nicht, dass die Kirche dem kulturellen Wandel einfach nachfolgt wie ein Wasserskiläufer seinem Boot, sondern dass sie selbst eine dynamische, katalytische Gemeinschaft wird, die heilsame Veränderungen in eine Welt bringt, die sie bitter nötig hat.

Wir dürfen nie vergessen, dass wir einem unwandelbaren Gott der Veränderung dienen. Gott gibt sich bestimmt nicht mit dem Status quo zufrieden. Er versucht auch nicht, mit der Gesellschaft mitzuhalten. Und er will ganz gewiss nicht, dass die Kirche irgendwelche Trends nachahmt. Er ist der Gott der Schöpfung, der Gott der Fantasie und der Gott, der sich entschieden hat, durch seinen Sohn eine Revolution anzuzetteln. Die Auswirkungen, die Gottes Liebe auf der persönlichen Ebene hat, breiten sich immer auf das ganze Volk Gottes aus.

Paulus fasst das folgendermaßen zusammen: „Der Gerechte wird aus Glauben leben" (Römer 1,17b). Wir könnten das auch gut so übersetzen: „Der Gerechte blüht mitten in unberechenbaren Veränderungen auf". Das klassische biblische Beispiel dafür ist die Geschichte, in der Gott Abraham auffordert, alles zu verlassen, was ihm lieb, teuer und vertraut ist, und ihm allein auf Grund des Versprechens zu folgen, dass er eine großartige Zukunft geschenkt bekommen würde. Er sollte sich selbst und seine Familie entwurzeln; für das Vorrecht, ein Teil von Gottes Plan in der Geschichte zu werden.

Für Abraham begann damit ein Leben radikaler Veränderungen. Das Gleiche kann auch von allen anderen Urvätern des Glaubens gesagt werden. Von Mose bis David und von Elia bis Jeremia wurden die Menschen immer wieder aufgefordert, für ein Leben mit Gott das Sichere und Vertraute zu verlassen, also: Veränderungen zu wagen, um Gott in eine Welt zu folgen, in der nur er sich nicht verändert.

GENERATIONENWECHSEL

Es gibt zahllose biblische Texte, aus denen man eine „Theologie der Veränderung" entwickeln könnte und müsste, aber einige davon machen besonders deutlich, worum es geht. Einen wichtigen Abschnitt, der sich sowohl mit der Realität als auch mit der „Theologie der Veränderung" beschäftigt, finden wir zum Beispiel im Buch Esra, das nach der Zerstörung des ersten Tempels verfasst wurde. Mehr als eine Generation lang hatte Israel ohne einen Tempel gelebt, in dem das Volk Gott anbeten konnte. Jetzt endlich durften sie daran gehen, einen neuen Tempel zu bauen. In Esra 3,10–13 wird dieses Ereignis beschrieben: „Als die Bauleute das Fundament für den Tempel

des Herrn gelegt hatten, kamen die Priester in ihrer Amtskleidung und mit ihren Trompeten, dazu von den Leviten die Nachkommen Asafs mit Becken, um den Herrn nach der Weisung Davids, des Königs von Israel, zu preisen. Sie lobten und priesen Gott im Wechselgesang: ‚Der Herr ist gut zu uns; seine Liebe zu Israel hört niemals auf!' Die Priester und Leviten begannen, und das ganze Volk fiel ein mit lautem Jubel zur Ehre Gottes ein, weil das Fundament für das Haus des Herrn fertig war. Viele von den Alten – Priester, Leviten und Sippenoberhäupter – hatten den ersten Tempel noch gekannt. Als sie nun sahen, dass das Fundament des neuen Tempels gelegt war, weinten sie laut. Andere aber schrieen und jubelten vor Freude und ihr Jubelgeschrei übertönte das Weinen. Das Volk machte einen solchen Lärm, dass es weithin zu hören war."

Dieser Abschnitt beschreibt einen Generationenwechsel und eine Kulturkrise. Die alten Priester, Leviten und Familienoberhäupter weinten, als sie das Fundament des neuen Tempels sahen, die anderen aber fingen an, vor Freude zu jubeln.

Als wir noch in einem Neubaugebiet außerhalb von Dallas wohnten, lebten wir in einem der ersten fünf oder sechs Gebäude, die dort errichtet worden waren. So verbrachte unser kleiner Sohn Aaron seine ersten paar Jahre damit, zuzuschauen, wie um uns herum weitere Häuser gebaut wurden. Ich genoss es damals sehr, ihn und unsere Pflegetochter Patty zu den Grundstücken mitzunehmen, die gerade erschlossen wurden. Wir standen dann in der Mitte der Grundplatte, und ich beschrieb ihnen, wie das Haus einmal aussehen würde: wo die Garage sein würde, die Schlafzimmer und ob es ein ein- oder ein zweistöckiges Haus sein würde. Sie schauten mich jedes Mal ungläubig an. Sie dachten wahrscheinlich, dass ich unmöglich wissen könne, wie das Haus fertig aussehen würde. Aber wenn die Häuser weitergebaut wurden und der Rohbau fertig war, fing die einstige Baustelle an, Form anzunehmen. Ich zeigte ihnen dann, dass meine Ankündigungen tatsächlich zutrafen. Warum konnte ich das? Weil das Fundament eines Hauses Aufschluss über den Bauplan gibt. Wenn man einmal das Fundament gesehen hat, weiß man ungefähr, wie das Haus später aussehen wird.

Als die älteren Priester und Familienoberhäupter bei Esra das Fundament sahen, weinten sie, weil sie wussten, dass dieser Tempel nicht wie der frühere sein würde. Sie hatten die Pracht des ersten Tempels, den Salomo noch selbst erbaut hatte, gesehen und erlebt. Das war ein Tempel gewesen, der sogar Könige vor Ehrfurcht hatte stillstehen lassen, ein architektonisches Wunderwerk, das mit allen Kostbarkeiten Israels geschmückt gewesen war. Der neue Tempel würde in seinem Schatten verblassen; und alle, die sich daran erinnerten, konnten nur weinen.

Die jüngere Generation dagegen hatte den ersten Tempel nie gesehen und niemals in der Mitte dieses majestätischen Baus gestanden. Alles, was sie kannten, waren die Geschichten darüber. Dass sie nicht weinten, könnte unter Umständen als Mangel an Respekt vor dem Verlust von so viel heiliger Tradition angesehen werden. Aber ihr Feiern war aufrichtig. Sie feierten, weil das Fundament einen neuen Ort der Begegnung mit Gott verhieß. Es machte ihnen nichts aus, dass der neue Bau nicht wie der erste Tempel aussah. Es spielte für sie keine Rolle, dass er vor dem alten, der nach göttlichen Maßstäben erbaut worden war, verblasste. Der Sinn des Tempels war es, einen Ort zu haben, an dem Gott dem Repräsentanten des Volkes Israel begegnen konnte. Die Menschen wollten dort Opfer bringen, die Vergebung ihrer Sünden erlangen und den einen wahren und lebendigen Gott anbeten. Sie konnten Gott endlich wieder von Angesicht zu Angesicht begegnen – und darum jubelten sie vor Freude.

IN DER VERGANGENHEIT LEBEN

Wenn etwas traurig an dieser Geschichte ist, dann die Tatsache, dass die ehemaligen Priester und Familienoberhäupter ihr eigenes Gefühl des Verlustes nicht überwinden konnten, um zu feiern, dass ihre Kinder einen neuen, anderen Ort zum Anbeten haben würden. Manchmal ist das Schmerzlichste an der Veränderung tatsächlich, dass wir Dinge zurücklassen müssen, die uns viel bedeutet haben: Wenn Veränderung doch nur die Orte unberührt ließe, die uns heilig sind, und nur die negativen Dinge beträfe! Natürlich fällt es uns am schwersten, Dinge aufzugeben, die wir mit Gottes Segen und Gegenwart in unserem Leben in Verbindung bringen. Auch wir haben „heilige Stätten", an denen wir Gott begegnen; Orte, an denen Gott für uns real wird; Lieder, die wir gesungen haben, als Gottes Gegenwart unsere Herzen erfüllt hat – lauter wunderschöne Erfahrungen mit Gott. Aber Gott möchte, dass wir nur die Erinnerungen an unsere heiligen Augenblicke mitnehmen und die Gegenstände mit Nostalgiewert zurücklassen.

> **Gott möchte, dass wir nur die Erinnerungen an unsere heiligen Augenblicke mitnehmen und die Gegenstände mit Nostalgiewert zurücklassen.**

Es wäre schon schwer genug, wenn wir nur deshalb an der Vergangenheit festhielten, weil wir unsere heiligen Erfahrungen nicht loslassen wollten! Aber in Wirklichkeit ist uns oft sogar eine gottlose Sicherheit lieber als eine nicht einzuschätzende, geistgewirkte Veränderung. Ich muss in diesem Zusammenhang immer an das Volk Israel denken, das während seiner Zeit in Ägypten zu Gott schrie und ihn anflehte, sie zu erhören und zu befreien –

und das dann erlebte, dass sein größter Alptraum wahr wurde: Gott antwortete auf die Gebete und befreite die Menschen tatsächlich. Als sie vom Würgegriff ihrer Bedrücker erlöst waren, bot sich den Israeliten zum ersten Mal die Gelegenheit, wirklich frei zu atmen und darüber nachzudenken, was es ihnen gebracht hatte, dass sie in ihrem Glauben an den lebendigen Gott treu geblieben waren.

Doch was geschah stattdessen? Sie wurden zornig auf Mose und gaben ihm die Schuld für ihre Notsituation in der Wüste. Sie baten um die Erlaubnis, in die Sklaverei Ägyptens zurückkehren zu dürfen, weil sie da wenigstens gewusst hätten, woran sie waren. Israels Fazit nach dem Exodus war, dass es doch wesentlich besser sei, als Sklave in Ägypten zu leben, als frei zu sein und gezwungen, Gott in einem Umfeld, das sich radikal veränderte, zu vertrauen. Ihre Reaktion sollte uns nicht überraschen. Generationen von Menschen aus vielen Völkern und vielen Ortsgemeinden haben genauso empfunden. Und hätten nicht viele von uns damals auch so gehandelt?

MENSCHEN MIT EINEM BLICK FÜR DIE ZUKUNFT

Wir können manches von dieser Erfahrung des Volkes Israel lernen, aber wichtig ist vor allem eines: Gott erwählt immer wieder Einzelpersonen (bisweilen auch Gemeinden und Völker), um durch sie Veränderung zu bewirken. Wenn in der Bibel die Armeen von König David beschrieben werden, erfahren wir dort nicht nur sehr viel über die gewaltige militärische Macht, die David zur Verfügung stand, sondern auch darüber, dass diese neue Armee eine besondere Art von Führung brauchte. In 1. Chronik 12,32 steht, dass es unter den dreihunderttausend Kämpfern Davids eine wichtige Gruppe von zweihundert Hauptleuten gab, die Männer Issaschars. Die Schlüsselfunktion oder der Beitrag dieser zweihundert Hauptleute bestand darin, die Zeichen der Zeit zu erkennen und zu wissen, wann welche Entscheidungen zu treffen waren.

Es ist bezeichnend, dass das Wörterbuch den Begriff „Vision" so erklärt: „Die Kraft zu sehen". Webster unterscheidet dabei zwischen „voraussehen" und „verstehen". Wenn man das überträgt, dann hat man eine sehr genaue Beschreibung dieses Stammes Issaschar. Er konnte voraussehen und verstehen. Seine Männer verstanden die Zeichen der Zeit und wussten, was sie tun sollten.

Die Propheten im Alten Testament waren ebenfalls Stimmen der Veränderung. Immer, wenn Gottes Volk in den stehenden Gewässern der Religion zu versumpfen drohte, berief Gott Menschen, die sie ermahnten, wieder Nachfolger des lebendigen Gottes zu werden. Das darf man nie vergessen: Von Anfang an hat Gott Männer und Frauen berufen, die die Kraft hatten zu sehen. Sie verstanden die Zeiten, in denen sie lebten. Sie verstanden das Umfeld, in das sie gerufen wurden. Und sie hatten die Fähigkeit, Veränderungen zu verstehen und Veränderungen anzuregen. Sie konnten beides, voraussehen und verstehen.

DIE REVOLUTIONÄRE KRAFT

Und dann ist da noch Jesus. Von ihm als einem religiösen Lehrer wurde damals eigentlich erwartet, dass er als Anwalt des Status quo auftreten würde. Die Rechtgläubigkeit eines Lehrers wurde an dessen Bereitschaft gemessen, sich der tradierten Religion anzupassen. Jede Auslegung oder Anwendung der heiligen Schrift, die nicht mit den bereits etablierten Verfahrensweisen übereinstimmte, wurde als Häresie betrachtet. Nach der Einschätzung Jesu sollte das Wort Gottes aber nicht als Werkzeug des Todes, sondern als Werkzeug des Lebens eingesetzt werden. Darum wies er darauf hin, dass der Buchstabe tötet, aber der Geist lebendig macht – und das verrät uns viel über seine Taten.

> **Wenn die Bibel keine Veränderung bringt, hat man sich nicht auf sie eingelassen.**

Für Jesus ist das Wort Gottes lebendig und voller Kraft, etwas zu verändern. Wenn es auf ein demütiges Herz trifft, bringt Gottes Wort eine dynamische Wechselwirkung zwischen Gott und Mensch hervor.

Wenn jemand der Schrift gegenüber gehorsam ist, dann eröffnet sie ihm ihre Geheimnisse. Jesus etablierte eine missiologische Auslegung, während die damaligen Vertreter der Religion ausschließlich eine theologische Interpretation erlaubten. Einfach gesagt: Wenn die Bibel keine Veränderung bringt, hat man sich nicht auf sie eingelassen. Jesus war erbarmungslos, wenn es darum ging, so einen gesetzlichen und wirkungslosen Umgang mit der Bibel aufzudecken. Er klagte das Volk Gottes an, sie hätten das lebendige Wort Gottes zugunsten der Tradition aufgegeben. Während seines ganzen Lebens stellte er sich gegen die Interpretationen, die den Pharisäern heilig waren. Er wurde beschuldigt, den Sabbat zu verletzen, weil er an diesem Tag Menschen heilte. Er wurde zum Fresser erklärt, weil er das Leben feierte. Er wurde angeklagt, ein Freund der Sünde zu sein, einfach weil er ein Freund der Sünder war. Er behandelte selbst Zöllner freundlich, weil er wusste, dass Gott jeden Menschen liebt. Aber er geißelte die Händler im Tempel, weil sie Gott ein Gräuel waren.

Jesus lehnte die Religion Israels ab und führte dafür die Religion Gottes ein. Wie sollte es da jemanden überraschen, dass der Kern der neutestamentlichen Gemeinde eine radikale Veränderung ist? Von Anfang an wurde die Kirche aus einer radikalen Veränderung heraus geboren.

VERÄNDERUNG DER GESELLSCHAFT

Das Volk Israel arbeitete zur Zeit Jesu nach einem Kalender, in dem die Woche von Sonntag bis Freitag ging. Samstag war der Sabbat, und das bedeutete: keine Arbeit, keine Vergnügungen und auch sonst keine Tätigkeiten. Der Samstag war der heilige Tag, und alle, die Gott ehren wollten, achteten den Sabbat. Doch im Handumdrehen legte die frühe Christenheit den heiligen Tag auf den Sonntag. Nach ihrem Verständnis war Jesus am Sabbat noch tot und am Sonntag stand er von den Toten auf. Ich bin fest davon überzeugt, dass dieses „Timing" Gott wichtig war. Die Kirche fing nämlich erst in dem Augenblick an, sich zu treffen, als Jesus bei ihnen auftauchte. Und diesem Vorbild sollten wir folgen.

Alle Nachfolger Jesu Christi fingen nun an, den Sabbat als gewöhnlichen Tag zu betrachten und den „Tag des Herrn" zum heiligen Tag zu machen. Wenn das kein radikaler religiöser und kultureller Wandel war! Können Sie sich vorstellen, was passieren würde, wenn wir plötzlich anfangen würden, den Montag zu dem Tag zu machen, an dem wir Gott feiern und anbeten? Wie viele Arbeitgeber würden uns wohl den Montag frei geben? Wie viele Betriebe würden plötzlich am Sonntag öffnen, nur weil wir da frei hätten und am Montag die Arbeit verweigerten? Und wie groß wäre die Wahrscheinlichkeit, dass man das Wochenende von Samstag und Sonntag auf Sonntag und Montag verschieben würde? Können Sie sich nur ein wenig den Widerstand vorstellen, auf den wir stoßen würden, wenn wir nicht nur einen neuen Glauben etablierten, sondern auch forderten, die ganze Gesellschaft müsse sich neu orientieren und unsere besonderen religiösen Vorlieben berücksichtigen?

Genau das ist vor zweitausend Jahren passiert. In einer Gesellschaft, in der man vorher sechs Tage gearbeitet und am Samstag Gott gefeiert und angebetet hatte, wurde quasi das Wochenende „erfunden". Tausende von Jahren später, Tausende von Kilometern entfernt und durch verschiedenste Generationen und Kulturen getrennt, genießen wir heute die Wochenenden, weil der christliche Glaube nicht nur das geistliche Zentrum dieses neuen Israel neu gestaltet hat, sondern auch die kulturellen und sozialen Muster eines Landes und der Welt veränderte.

Von Anfang an war die Kirche ein Symbol für radikalen Wandel. Wenn man das Tempo der Apostelgeschichte betrachtet, sieht man schnell, dass diese ungestüme Bewegung ohne irgendwelche etablierten Modelle und Methoden groß wurde. Sie hatte ja nicht einmal eine gemeinsame Adresse. Und dann versteht man auch, warum die Jünger täglich in Verbindung bleiben mussten: Das war der einzige Weg, um zu erfahren, wohin die Kirche unterwegs war. Die Fragen zum Thema „Veränderung" reichten für die Kirche des ersten Jahrhunderts also von praktischer Logistik – sie trafen sich ja in Privathäusern – bis hin zum Verständnis ihrer Mitarbeit und der Kultur ihrer Kirche.

NICHT MEHR DIESELBE

Im 15. Kapitel der Apostelgeschichte kommen Paulus, Barnabas, Petrus und Jakobus in Jerusalem zusammen, um über „Veränderung" zu diskutieren. Es ging darum, ob die Kirche sich den neuen Kulturen anpassen dürfe, auf die sie sich einließ, oder ob sie darangehen müsse, diese Kulturen grundsätzlich zu reformieren; kurz: Mussten alle Menschen die Kultur der ersten Christen, also das Judentum, übernehmen, oder durften sie den Glauben in ihrem jeweiligen Kontext leben? Im ersten Konzil der Kirche ging es also nicht um Theologie, um Ethik oder um Lehrstreitigkeiten. Es ging um die Frage, wie sich die Kirche im Hinblick auf die Kultur verhalten sollte.

> **Im ersten Konzil der Kirche ging es nicht um Theologie, um Ethik oder um Lehrstreitigkeiten. Es ging um die Frage, wie sich die Kirche im Hinblick auf die Kultur verhalten sollte.**

Forderte Gott von der Kirche, dass sie die überlieferte jüdische Tradition bewahrte oder nicht? Kam das Evangelium nur dann richtig zum Ausdruck, wenn alle Heiden in Juden umgestaltet wurden? Gab es eine heilige Kultur des christlichen Glaubens, die die Erscheinungsweise der Kirche für kommende Generationen und Völker festlegen würde? Die Antwort war ein nachdrückliches „Nein".

In Apostelgeschichte 15,10–11 stellt Petrus die Frage: „Warum fordert ihr Gott heraus und wollt diesen Menschen eine Last auferlegen, die weder unsere Vorfahren noch wir selbst tragen konnten? Es ist doch allein die Gnade Gottes, auf die wir unser Vertrauen setzen und von der wir unsere Rettung erwarten – wir genauso wie sie!"

Die als Judaisten bekannten Christen forderten, dass jeder wie sie erst einmal Jude werden müsse. Sie waren überzeugt, dass Nichtjuden, wenn sie Gott gefallen wollten, ihre eigene Kultur ablegen und die Kultur der Judenchristen annehmen müssten. Die Antwort des Jakobus auf diese Position ist wichtig – nicht nur für diese erste große Krise der Kirchengeschichte, sondern auch als heute noch gültige Erkenntnis für die Kirche. In Apostelgeschichte 15,19 sagt er: „Darum bin ich der Ansicht, wir sollten den Menschen aus den anderen Völkern, die sich Gott zuwenden, nicht eine unnötige Last auferlegen. Wir sollten sie nicht dazu verpflichten, das ganze jüdische Gesetz zu befolgen."

Das war seine grundlegende Erklärung für die Empfehlung, die dann folgte. In allem, worüber man verhandeln kann, sollen wir es denen, die

Gott noch nicht kennen und zu ihm kommen wollen, nicht unnötig schwer machen. Die bekehrten Heiden hießen dann Heidenchristen. Sie mussten nicht erst Juden werden, um Christen werden zu können. Grundlage dieser Entscheidung war die Annahme der Heiden durch den Heiligen Geist, die in der Ausgießung des Geistes in ihre Herzen sichtbar wurde. In allen Fragen von Stil und persönlichen Vorlieben muss die Kirche um der Distanzierten willen zu Änderungen bereit sein. Es ist für einen Sünder schwer genug, mit den Realitäten von Umkehr und Demut zurechtzukommen. Wir müssen jede nicht wesentliche Barriere für diejenigen entfernen, die Gott suchen, ihn aber noch nicht gefunden haben.

Der Grundsatz von Jakobus war, dass die Kirche nicht dieselbe bleiben sollte. Sie *durfte* nicht einmal dieselbe bleiben. Den Traditionalisten, die forderten, dass sich alle Menschen genau ihrer Form der Anbetung unterwerfen sollten, ging es um die Bewahrung einer bestimmten Form christlichen Ausdrucks. Jakobus sagte nicht nur, dass das überflüssig sei, er ging sogar so weit, eine solche Einstellung als Widerspruch zur Mission der Kirche anzusehen. Das so genannte Apostelkonzil setzte also die Kirche frei, die flexible und anpassungsfähige Bewegung zu werden, die die Welt in den vergangenen zweitausend Jahren radikal und nachhaltig beeinflusst hat. Die Kirche bewegt sich immer zwischen den unwandelbaren Überzeugungen, die sich auf Gottes Wahrheit gründen, und der jeweiligen Kultur eines Menschen, der auf die Gnade Gottes antwortet.

DIE EINLADUNG ZUR STÄNDIGEN VERÄNDERUNG

Eines ist ganz klar, die Kirche stand von Anfang an unter einer Verheißung von Veränderung: Herzen würden verändert werden, Familien, Ehen, Gemeinschaften, Städte, ja, die ganze Geschichte der Menschheit und die Erde selbst würden durch diejenigen verändert werden, die Teil dieser Bewegung Gottes ist. Ich finde: Das ist ein Grund zum Feiern, nicht zum Bestürztsein. Diese umfassende Wahrnehmung von Veränderung geht ja letztlich auf das Versprechen Gottes zurück, in und durch unser Leben zu wirken. Was würde geschehen, wenn wir tatsächlich anfingen, diese Verheißung neu ernst zu nehmen?

In Jeremia 33,3 lädt Gott uns zu einem Weg der radikalen Veränderung ein: „Wende dich an mich und ich werde dir antworten! Ich werde dir große Dinge zeigen, von denen du nichts weißt und auch nichts wissen kannst." Die Propheten hatten verstanden, dass Wunder und Veränderung untrennbar zusammengehören. Habakuk rief aus: „Herr, von deinen Ruhmestaten habe ich gehört, sie erfüllen mich mit Schrecken und Staunen. Erneuere sie doch, jetzt, in unserer Zeit! Lass uns noch sehen, wie du eingreifst! Auch wenn du zornig bist – hab mit uns Erbarmen!" (Habakuk 3,2).

Wenn wir zu Gott schreien und ihn bitten zu handeln, dann ist das tatsächlich eine Einladung für Gott, radikalen Wandel in unser Leben zu bringen. Gott verspricht Haggai, dass er eingreifen und die Geschichte verändern wird. „Ich, der Herrscher der Welt, sage euch: Es dauert nicht mehr lange, dann werde ich die Welt in ihren Fundamenten erschüttern, Himmel und Erde, Land und Meer. Ich werde alle Völker in Bewegung setzen, sodass sie ihre ganzen Schätze hierher bringen. So sorge ich dafür, dass mein Haus prächtig geschmückt wird. Denn mir, dem Herrn, gehört alles Silber und alles Gold. Der neue Tempel wird den alten an Pracht weit übertreffen. Von dieser Stätte aus werde ich meinem Volk Frieden und Wohlstand schenken. Das sage ich, der Herr, der Herrscher der Welt" (Haggai 2,6–9).

Gott lädt uns immer wieder ein, darauf zu vertrauen, dass die Zukunft mit ihm besser ist als jede Vergangenheit, die wir schon erlebt haben. Und das ist eine große Herausforderung an uns alle: Können Sie das glauben, dass die Herrlichkeit eines aktuellen Augenblicks größer sein kann als Ihre besten Erinnerungen? Allzu lang hat sich die Kirche nach den guten alten Zeiten zurückgesehnt und gehofft, dass die Zukunft einfach ein Umweg in die Vergangenheit würde. Das hat Gott uns nie versprochen, und das ist auch nicht sein Plan für uns. Er will Himmel und Erde erschüttern und uns von allem befreien, was uns vom Eintritt in die Zukunft zurückhält. Aber wir können diese Zukunft nicht erfahren, wenn wir die Veränderung nicht mit offenen Armen annehmen und erleben.

„WAS MACHST DU HIER?"

Wir sollten auf keinen Fall denken, dass wir den Wandel umgehen können und Sicherheit und Stabilität bekommen, wenn wir Gott einfach außer Acht lassen. Das macht er Sacharja sehr deutlich: „Sie wollten nicht darauf hören, sie stellten sich taub und waren unwillig wie ein störrischer Esel. Sie machten ihre Herzen so hart wie Diamant und weigerten sich, auf die Worte und Weisungen zu hören, die ich, der Herrscher der Welt, ihnen durch meinen Geist – durch den Mund der früheren Propheten – sagen ließ. Deshalb traf sie mein Zorn mit voller Wucht. Es kam, wie es kommen musste: Sie hörten nicht, als ich rief, darum hörte auch ich nicht, als sie in der Not zu mir riefen. Ich zerstreute sie unter ferne Völker, von denen sie vorher nichts wussten" (Sacharja 7,11–14a).

Wenn wir nicht bereit sind, in die Richtung zu gehen, in die uns der Wind Gottes weht, dann werden wir vom Wirbelsturm Gottes bewegt werden. Der sanfte Weg ist eine heilvolle Reise in Gottes Zukunft; der harte Weg entwurzelt uns aus allen Sicherheiten, die wir nicht zurücklassen wollen.

Können Sie sich noch an die Geschichte des Propheten Elia erinnern, der durch die Angst vor der Welt auch wie gelähmt war? Dabei hatte er vorher so viele Siege erlebt. Er hatte die Kraft und die Vollmacht Gottes am eigenen Leib erfahren. Er hatte gesehen, wie Feuer vom Himmel fiel und die Altäre von der heiligen Gegenwart Gottes verzehrt wurden. Doch als er das Gerücht hörte, dass die Königin Isebel die Absicht habe, ihn zu töten, verlor er völlig das Vertrauen in Gott, rannte in die Wüste und wollte sterben. Gott zog seine Aufmerksamkeit wieder auf sich, indem er erst einen großen, gewaltigen Sturm schickte, der Berge zerriss und Felsen zerschmetterte. Dann sandte er ein Erdbeben und ließ die Erde unter Elias Füßen zittern. Danach schickte er ein Feuer als Demonstration seiner Macht. Doch als Elia dann auf dem Berg in der Gegenwart Gottes stand, wurde er an Gottes Sanftheit erinnert, nicht an seine Kraft. Denn in diesem Augenblick sprach Gott in einem zarten Flüstern zu ihm und stellte die Frage, die er den Menschen immer stellt, wenn sie sich vor der Welt um sie her verstecken: „Was machst du hier?"

Gott wollte nie, dass die Kirche sich versteckt. Sie sollte nie die Decke übers Gesicht ziehen und sich in der Dunkelheit einer Höhle verbergen. Wir müssen unsere Ohren für das öffnen, was Gott zu uns und zu Elia sagt: „Geh den Weg zurück, den du gekommen bist!" (1. Könige 19,15). Wir müssen in die Welt zurückkehren, vor der wir davongelaufen sind. Wir müssen den Gefahren und Herausforderungen ins Auge sehen, die unsere Herzen mit Furcht erfüllt haben, und erkennen, dass Gott uns berufen hat, mitten in der Gesellschaft zu stehen und Sünder einzuladen, zu Gott zu kommen.

> **Wir sind nicht nur berufen, uns verändern zu lassen und Veränderung anzunehmen, sondern selbst zu einem Katalysator für Veränderungen zu werden.**

Veränderungen versprechen Wunder. Derselbe Gott, der unsere Herzen und die Welt um uns herum verändert, ruft die Kirche auf, sich zu ändern. Wenn die Kirche sich weigert, sich zu verändern, verweigert sie den Gehorsam. Es ist wichtig, dass wir nicht abschwächen, was Gott uns sagt. Er führt durch seine Kirche Veränderungen herbei und zeigt dadurch seine Kraft und Macht.

FURCHT GEGEN DIE ZUKUNFT GOTTES EINTAUSCHEN

Welchen Plan Gott für seine Kirche hat, können wir im Brief von Paulus an die Gemeinde in Ephesus nachlesen: „Jetzt macht er den Mächten und Gewalten in der himmlischen Welt den Reichtum Christi durch seine Gemeinde bekannt: An ihr und durch sie sollen sie seine Weisheit in ihrem ganzen Reichtum erkennen. So entspricht es Gottes ewigem Plan, den er durch Jesus Christus, unseren Herrn, ausgeführt hat" (Epheser 3,10–11).

Eigentlich sollte ja schon diese Aufforderung Gottes genügen, um uns auf einen Weg der Veränderung zu bringen. Aber es gibt auch einen ganz positiven Grund: Es ist einfach unglaublich schön, wenn wir solche Veränderungen mitgestalten und menschliche Verkörperungen der Weisheit Gottes werden können! Unser Gehorsam verändert nicht nur einzelne Menschen und die Geschichte; er bewegt die Himmel. 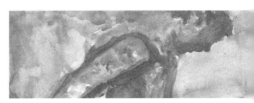 Wir sind nicht nur berufen, uns verändern zu lassen und Veränderung anzunehmen, sondern selbst zu einem Katalysator für Veränderungen zu werden. Wir können nicht nur die Angst und die inneren Widerstände gegen Veränderungen überwinden, sondern noch weit darüber hinausgehen, indem wir sie annehmen, um für unsere Gesellschaft neu relevant zu werden. Wir können uns von den Fallstricken dieser Welt befreien und der Fantasie Gottes freien Lauf lassen. Paulus lädt uns zu nichts weniger ein: „Gott kann unendlich viel mehr an uns tun, als wir jemals von ihm erbitten oder auch nur ausdenken können. So mächtig ist die Kraft, mit der er in uns wirkt. Gepriesen sei er in der Gemeinde und durch Jesus Christus in alle Ewigkeit! Amen" (Epheser 3,20–21).

Gottes Pläne für uns sind größer als alles, was wir je von ihm erbitten können. Wir können nie sagen, dass unsere Träume zu groß seien. Gott möchte uns an Orte bringen, an denen unsere Fantasie in die Höhe steigen kann. Manchmal vergessen wir einfach, dass eigentlich alle Träume Veränderungen erfordern. Denn wenn man nicht zu Veränderungen bereit ist, ist man auch nicht bereit, sich an einen Ort zu wagen, an dem unsere Träume Wirklichkeit werden können. Menschen, die sich nicht verändern, werden schließlich Menschen ohne Träume. Und wenn die Kirche sich weigert, sich zu ändern, wird sie ein schrecklich fantasieloser Ort.

Traditionen sind also nicht nur Straßensperren für Veränderung; sie können auch Straßensperren für Träume werden. Es gibt natürlich Traditionen, die wie Schätze in unserer Erinnerung aufbewahrt werden und zum Katalysator für neue Träume und Erfahrungen werden können. Aber wenn bestimmte Traditionen uns in der Vergangenheit gefangen halten, dann ersticken sie die Fantasie, würgen die Kreativität ab und machen jede Form von Innovation unmöglich. Wo es keine Träume gibt, gibt es auch keine Hoffnung. Und wo es keine Hoffnung gibt, stirbt auch die Zukunft.

Überall, wo Gott hinkommt, passieren Veränderungen. Wo er wirkt, schafft er Zukunft. Wo Gott ist, da wird Hoffnung lebendig und gesund. Die Kirche muss in einer regelrechten Theologie des Wandels gegründet sein, nicht nur, um weiterhin die sich radikal verändernde Welt zu erreichen, sondern um die Sache Christi voranzubringen in einer Gesellschaft, die alleine keine der wirklich nötigen Veränderungen hervorbringen kann.

Erinnern Sie sich noch einmal daran, dass jeder Impuls in Bezug zu der Distanz steht, die in einer bestimmten Zeitspanne zurückgelegt wird. Für die Kirche geht es beim Momentum mehr um die Zeit als um die Entfernung. Wenn wir uns nicht ändern, verlieren wir in unserer Gesellschaft an Boden. Wenn wir an der Vergangenheit festhalten, schaffen wir Distanz zwischen uns selbst und dem, was Gott in der Gegenwart tut.

IRGENDWANN IN DER ZUKUNFT

Schauen Sie doch bitte mal in den Spiegel. Na, was sehen Sie? Vor allem: Wen sehen Sie? Schauen Sie jetzt noch einmal, gehen Sie ruhig näher ran und konzentrieren Sie sich auf die Details. Achten Sie mal auf die Falten, die Sie noch nie vorher bemerkt haben. Wie ist Ihre Haut beschaffen? Sehen Sie Schönheitsmakel? Und neue graue Haare auf dem Kopf? Ein paar Pfunde, die Ihnen vorher noch nicht aufgefallen waren? Wenn Sie nur genau genug hinsehen, werden Sie eine Person entdecken, die Sie nie zuvor gesehen haben. Das sind Sie, wie Sie heute sind. Willkommen in der Gegenwart.

Die meisten von uns sehen nie ihr gegenwärtiges Selbst. Sie schauen in den Spiegel, nehmen aber nur den Menschen wahr, der sie einmal waren. In vielerlei Hinsicht verbringen wir unser Leben damit, eine veraltete Version der Realität zu pflegen. Wir wissen: Eines Tages werden wir älter sein. Aber gerade jetzt haben wir das Gefühl, dass wir auf wundersame Weise immer die Gleichen bleiben. Nirgends schauen wir beständiger die Gegenwart und sehen dabei doch die Vergangenheit, als dann, wenn wir in den Spiegel gucken. Und bei keiner anderen Gelegenheit lassen wir unsere Vorstellung von der Zukunft mehr von der Gegenwart bestimmen, als bei unserer Selbstwahrnehmung. Doch ist der Spiegel nicht der einzige Ort, an dem das passiert. Eine solche Selbsttäuschung ist nicht etwa die Ausnahme, sondern die Regel.

Wir werden, was die Zeit angeht, nämlich immer wieder überfordert. Bei aller Erfahrung, die wir mit der Zeit haben, verlieren wir doch häufig ihre Spur. Obwohl sie sich immer mit der gleichen Geschwindigkeit bewegt, scheint sie manchmal zu fliegen und manchmal stillzustehen. Sogar wenn es darum geht, Vergangenheit, Gegenwart und Zukunft richtig zuzuordnen, sind wir unfähig, die Dinge am richtigen Ort zu behalten. Wir leben oftmals in der Vergangenheit, verpassen den Augenblick und gehen zurück in die Zukunft. Das eigentliche Problem mit der Zeit ist nicht, dass sie relativ, sondern dass sie schwer fassbar ist.

Die meisten von uns haben das Problem, dass sie in der Vergangenheit gefangen sind. Das, was wir als die Gegenwart bezeichnen, ist in Wirklichkeit ein Gedankengebäude, das überwiegend aus unseren Erinnerungen besteht. Wir wählen uns also nicht nur den Ort, an dem wir leben, sondern auch die Zeit. Und das meiste davon schleicht hinter der Realität her. Übrigens: Das Leben in der Vergangenheit kann wirklich berauschend sein. Je weiter wir von der Vergangenheit entfernt sind, desto besser erinnern wir uns an sie, aber das heißt nicht, dass wir sie auch klarer sehen. Viele Einzelheiten werden im Rückblick überhöht und verwandeln sich in einen nostalgischen Traum. Am Ende erinnern wir uns an etwas, das so nie gewesen ist. Wie eine Verführerin kann die Vergangenheit uns verlocken, die Gegenwart zu verlassen und die Zukunft zu verlieren.

Je weiter wir von der Vergangenheit entfernt sind, desto besser erinnern wir uns an sie, aber das heißt nicht, dass wir sie auch klarer sehen. Viele Einzelheiten werden im Rückblick überhöht und verwandeln sich in einen nostalgischen Traum. Am Ende erinnern wir uns an etwas, das so nie gewesen ist.

Viele Menschen, die an der Vergangenheit hängen, fürchten sich davor, sich in eine unbekannte Zukunft zu bewegen. Die Ironie des Schicksals ist jedoch, dass wir uns oft noch nicht einmal in der schon existierenden Gegenwart bewegen, während wir meinen, wir wagten uns in eine schwer fassbare Zukunft hinein. Der große Sprung des Glaubens ist nicht der von der Gegenwart in die Zukunft, sondern der von der Vergangenheit in die Gegenwart! Alles, was wir tun müssen, um die Zukunft zu entdecken, ist, die Gegenwart wie ein Geschenk auszupacken.

DIE REALE ZEIT ERKENNEN

Wenn wir versuchen, andere in unsere rückwärts gewandte Zeitwahrnehmung hineinzuzwingen, entstehen gewaltige Konflikte. Etwa dann, wenn sich eine Person aus unserer Sicht der Gegenwart herausentwickelt. Oder wenn andere versuchen, einen Menschen aus seiner Vergangenheit herauszuholen, damit er sich auf die Realität einlassen kann. Letztlich geht es dabei immer um unterschiedliche Sichtweisen von Zeit. Wir nehmen die Vergangenheit zu oft als Maßstab für die Gegenwart und halten die Gegenwart für die Zukunft. Wir verstehen die Zukunft als eine Rückgewinnung der Vergangenheit. So warten wir darauf, dass die gute alte Zeit wiederkommt.

Dieses Phänomen können wir an so vielen Stellen beobachten. Unsere Kinder zum Beispiel werden schneller groß, als uns das lieb ist. Wir wollen sie am liebsten so behalten, wie wir sie in unserer Erinnerung haben, doch sie sind überzeugt, dass sie reifer sind, als es eigentlich ihrem Alter entspricht. Wir führen quasi einen Krieg gegen die Zeit. Der Kampf um die Frage, was wirklich Gegenwart ist, ist grundlegend für einen gesunden Umgang mit ihr. Oft zwingt uns die Entschlossenheit unserer Kinder, in die Zukunft zu gehen, dazu, die Vergangenheit zurückzulassen und in die Gegenwart einzutreten. Es ist schließlich sehr ernüchternd, wenn wir sehen, dass unsere kleinen Babys erwachsen geworden sind.

Unsere Gemeinden verändern sich viel langsamer, als sie es eigentlich sollten. Wir wollen, dass sie das werden, was wir in ihnen sehen – und allzu oft wollen sie nur das bewahren, was sie gewesen sind. Bei der Frage, wie kulturell angepasst eine Gemeinde sein darf, geht es in Wirklichkeit um den richtigen Umgang mit Zeit. Wie um alles in der Welt soll sich eine Gemeinde in Einheit miteinander bewegen, wenn sich die Mitglieder nicht einmal darüber einigen können, in welcher Ära sie eigentlich leben? Geistliche Leiter rufen ihre Gemeindemitglieder darum oftmals dazu auf, die Vergangenheit hinter sich zu lassen und in die Gegenwart einzutreten, in der Gott schon weiterwirkt.

Als ich vor acht Jahren nach Los Angeles kam, stellte ich fest, dass eine Gemeinde genauso in einer nahen, wie in einer fernen Vergangenheit festhängen kann. Wir waren zwar nicht in der Ära der Choräle und Roben gefangen, doch wir hatten uns in den Siebziger Jahren festgefahren. Die Gemeinde war auf vielen Gebieten zu einem Vorreiter geworden und bekannt für ihre Neuerungen. Doch die Reise von der damaligen *Church on Brady* zu unserer Zukunft als *Mosaic* erwies sich als äußerst schwierig. Am besten kann man sie wohl so beschreiben: Wir reisten vorsichtig mit Schallgeschwindigkeit in die Gegenwart, weil uns die von mir ersehnte Lichtgeschwindigkeit wahrscheinlich umgebracht hätte!

Dabei waren viele Veränderungen vor allem methodischer oder technischer Natur. Wir gingen vom Overheadprojektor erst zum Diaprojektor und dann zum Beamer über und legten so dreißig Jahre in drei Jahren zurück. Mit anderen Worten: Wir gingen von Worten zu statischen und von da zu beweglichen Bildern über. Warum? Damit unsere Gemeindemitglieder und die Besucher die großartigste Botschaft der Welt in einer ihnen vertrauten Form und in ihrer Sprache empfangen konnten! Und schließlich: Geht es beim Aufbruch in die Zukunft nicht letztlich um die Menschen?

Leider geschieht es bei solchen Veränderungen immer wieder, dass uns Menschen vorwerfen, wir wollten uns „der Welt" anpassen. Das passiert nun mal, wenn man aufhört, wie die Vergangenheit auszusehen, und anfängt, in der Gegenwart anzukommen.

> Die Gefahr der Nostalgie ist: In der Bequemlichkeit einer sicheren und warmen Erinnerung werden wir blind – nicht nur für die wirkliche Welt, in die wir die Gute Nachricht bringen sollen, sondern auch für das, was Gottes Geist heute tut.

Gott ermahnt sein Volk zwar immer wieder, sich an alle seine großen Taten zu erinnern, aber er ruft uns nicht auf, in der Vergangenheit zu leben. Erinnerungen sollen der Treibstoff unseres zukünftigen Glaubens sein. Sie sollen keine alternative Realität werden, in der wir uns vor den Herausforderungen der Gegenwart verstecken können. Gott verspricht, dass er heute etwas tut, das es wert ist, gerade jetzt dafür zu leben. Und es ereignet sich direkt vor unseren Augen. Die Tragik ist, dass wir es manchmal nicht sehen.

DIE ZUKUNFT INS AUGE FASSEN

Die Gefahr der Nostalgie ist: In der Bequemlichkeit einer sicheren und warmen Erinnerung werden wir blind – nicht nur für die wirkliche Welt, in die wir die Gute Nachricht bringen sollen, sondern auch für das, was Gottes Geist heute tut. Wenn wir die Gegenwart nicht als das sehen, was sie ist, verpassen wir häufig Gottes Präsenz. Das heißt konkret: Angst vor der Zukunft führt zu Blindheit für die Gegenwart. Die Bibel warnt uns, dass ein Volk ohne Vision zugrunde geht. Das Wörterbuch definiert „Vision" – wie oben schon erläutert – als „Kraft des Sehens". Diese Kraft muss zuerst darin geübt werden, die Gegenwart klar zu sehen. Erst dann können wir weitersehen. Wenn wir die Zukunft sehen wollen, müssen wir mutig in die Gegenwart eintreten.

Es ist entscheidend, dass wir als Volk Gottes ständig nach vorne in die Zukunft schauen. Dahin ist Gott nämlich unterwegs! Wenn Jesus uns einlädt, ihm zu folgen, ist dabei die Zeit genauso wichtig wie der Ort. Ihm für unser Morgen zu vertrauen, kann schwerer sein, als ihm mit dem zu vertrauen, was wir schon haben. Doch seine Einladung an uns ist voller Verheißung: „Mein Plan mit euch steht fest: Ich will euer Glück und nicht euer Unglück. Ich habe im Sinn, euch eine Zukunft zu schenken, wie ihr sie erhofft. Das sage ich, der Herr. Ihr werdet kommen und zu mir beten, ihr werdet rufen und ich werde euch erhören. Ihr werdet mich suchen und werdet mich finden. Denn wenn ihr mich von ganzem Herzen sucht, werde ich mich von euch finden lassen. Das sage ich, der Herr. Ich werde alles wieder zum Guten wenden und euch sammeln aus allen Völkern und Ländern, wohin ich euch versprengt habe; ich bringe euch an den Ort zurück, von dem ich euch weggeführt habe" (Jeremia 29,11–14a). Die Zukunft ist voller Hoffnung. Gott hat sie für die bereitet, die ihm dorthin folgen. Doch wir können dieses große Geschenk der Zukunft nur empfangen, wenn wir die Gegenwart auspacken.

Meine Frau und ich fuhren einmal von Los Angeles nach San Diego. Ungefähr auf halbem Weg fragte sie mich, wo wir denn seien. Ich sagte lächelnd: „Ich kann dir sagen, wo wir gerade gewesen sind, und ich kann dir sagen, wohin wir fahren. Aber auf der Fahrt verändert sich unser Ort ständig und wird darum sehr schwer fassbar." Sie schaute mich an und sagte unendlich genervt: „Mann, sag mir einfach, wo wir sind!" So schwer es auch sein mag, das Jetzt zu bestimmen: Geistliche Leiter müssen die Zeichen der Zeit verstehen und wissen, was zu tun ist. Sie müssen die Vergangenheit verlassen, sich auf die Gegenwart einlassen und die Zukunft gestalten.

Wir sind alle Zeitreisende. Das dürfen wir nie vergessen. Unsere subjektive Wahrnehmung, dass die Welt stillsteht, ist in jeder Hinsicht falsch. Wir können nie wieder wirklich an einen vertrauten Ort zurückkehren, weil wir ja eigentlich versuchen, zu einer Zeit zurückzukehren und nicht zu einem Ort. Wir sind immer in Bewegung. Und die Zeit steht für niemanden still.

Während der Autor H. G. Wells von einer Maschine träumte, die es uns erlauben würde, durch die Zeit zu reisen, träumen viele von einer Maschine, die die Zeit anhalten kann. Aber das funktioniert nicht: Die Zeit bewegt sich weiter, ohne Vorurteil oder Rücksicht auf die Qualität des Augenblicks. Ihr Ziel ist immer das Morgen. Wir müssen aufhören, uns dagegen zu stellen, dass die Geschichte sich unaufhaltsam in die Zukunft bewegt, und stattdessen die Gelegenheiten ergreifen, die sich uns in der Gegenwart bieten.

„WENN MAN AUFHÖRT, SICH ZU VERÄNDERN, IST MAN AM ENDE."

Bruce Barton

GEDANKENANSTÖSSE

1. Haben wir Gott wirklich eingeladen, unsere Gemeinde nach seinem Willen zu verändern?
2. Was könnte in unserer Gemeinde ein Bewusstsein für Veränderungen schaffen?
3. Wie kann Veränderung ein Kennzeichen eines Nachfolgers Jesu sein?
4. Was ist eine „missiologische" Betrachtung der Bibel?
5. Legen Sie die Schrift theologisch oder missiologisch aus? Erklären Sie den Unterschied.
6. Wie würde sich unsere Gemeinde verändern, wenn wir uns stärker von der Bibel motivieren lassen würden?

ZWEITE BEWEGUNG
E-Motion

„Der neue Bund, den ich dann mit dem Volk Israel schließen will, wird völlig anders sein: Ich werde ihnen meine Gesetze nicht auf Steintafeln, sondern in Herz und Gewissen schreiben. Ich werde ihr Gott sein und sie werden mein Volk sein. Niemand muss dann noch seinen Mitbürger belehren oder zu seinem Bruder sagen: Lerne den Herrn kennen! Denn alle werden dann wissen, wer ich bin, von den Geringsten bis zu den Vornehmsten."
Hebräer 8,10–11

Gottes Ziel ist es immer gewesen, ganze Völker zu sich zu ziehen. Aber die Gemeinde von heute hat diesen Gedanken auf die Bekehrung Einzelner reduziert. Dabei macht es einen radikalen Unterschied, ob man einen Menschen zum Glauben führt oder ein ganzes Volk. Beim einen werden Nachfolger hervorgebracht; beim anderen entsteht eine Bewegung. Das erste erfordert ein Herz, das an Gott gebunden wird. Das zweite erfordert viele Herzen, die in Gott vereinigt werden. Wir wissen, dass es eine mystische Verbindung zwischen Mensch und Gott gibt, aber wir scheinen vergessen zu haben, dass die Menschheit geschaffen wurde, um in Beziehungen zueinander zu leben. Solche Beziehungen nehmen viele Formen an: Familie, Verwandtschaft, Stamm, Dorf, Kommune, Bande, Sekte, Stadt, Gesellschaft, Nation, Volk. Im Zentrum all dieser Beziehungen steht jeweils eine verbindende, gemeinsame Weltsicht, die aus einem Kultus geboren ist. Menschen werden durch eine gemeinsame Haltung zusammengeschweißt, die nicht nur ihre Taten formt, sondern auch die Gedanken und Herzen. Und das ist wichtig für uns: Gott sandte seinen Sohn nämlich nicht nur, um Einzelne zu sich zu rufen, sondern auch um die Kultur umzugestalten. Und Jesus betet für uns, dass wir eins werden, so wie er und der Vater eins sind.

„All die vielen Menschen, die zum Glauben an Jesus gefunden hatten, waren ein Herz und eine Seele. Niemand von ihnen betrachtete etwas von seinem Besitz als persönliches Eigentum; alles, was sie besaßen, gehörte ihnen gemeinsam." Apostelgeschichte 4,32

KAPITEL VIER

E-Motion

Emotionen sind diese ungewöhnlichen, von innen nach außen drängenden Erfahrungen und Gefühle, die wir irgendwie nicht in absoluten, konkreten Begriffen fassen können und die wir trotzdem alle kennen. Das Wörterbuch definiert eine Emotion als eine „starke geistige Verfassung, die subjektiv aufbricht". Emotionen bewegen uns. Sie schwellen von innen an und überwältigen uns, wenn sie stark genug sind.

Das Erstaunliche ist: Nicht nur einzelne Menschen, auch Gemeinschaften haben tiefe Empfindungen. In jeder Kultur schlägt gewissermaßen ein gemeinsames Herz. Wir sprechen von diesem Herzen oft als von den miteinander geteilten Werten. Diese Werte verbinden uns ohne Gewalt oder Zwang. Unter unseren gemeinschaftlichen Glaubensinhalten liegen viele gemeinsam festgehaltene Überzeugungen, gemeinsame Anliegen und geteilte Erfahrungen verborgen. In der Soziologie und der Kulturanthropologie nennt man die Art und Weise, wie eine Gemeinschaft die Wirklichkeit empfindet, „Ethos".

Das Ethos zeigt sich beispielsweise dann, wenn viele einzelne Menschen autonome Entscheidungen treffen, die alle von einer Idee getragen sind und darum eine vereinte Bewegung schaffen. Ihr jeweiliges Ethos bewegt Menschen, wie nichts anderes es tut – und auch dann, wenn nichts anderes mehr es tut. Ein Ethos kann im Grunde als eine stammesübergreifende Emotion beschrieben werden. So wie Gefühle uns anfeuern, ist das Ethos das Feuer einer großen Gemeinschaft. Ethos ist der Treibstoff unserer Fürsorge und das Feuer unserer Leidenschaften. Ethos ist die E-Motion einer Gemeinschaft.

Weil ich diesen Begriff für unglaublich wichtig halte, würde ich gerne mit Ihnen ein bisschen tiefer in die Bedeutung des Phänomens „Ethos" einsteigen. Schauen wir erst mal, was das Lexikon sagt:

> ETHOS (DAS): *Bezeichnung für Charakter, Geist oder Moral einer Kultur. Das Bedeutungsspektrum von Ethos ist breit: Es bezeichnet unter anderem den Charakter einer Person, den Geist einer Gruppe oder einer Zeit (Zeitgeist).*

Vereinfacht ausgedrückt: Ein Ethos drückt sich in spontanen, immer wiederkehrenden Verhaltensmustern aus. Das Ethos einer Gemeinschaft ist die gemeinsame, mentale Verfassung, der gemeinsame Wille, die gemeinsame Weltsicht, die nicht nur in Einzelnen aufbricht, sondern alle Mitglieder betrifft: Wenn etwas passiert, empfindet es jeder in der Gruppe auf die gleiche Art. Wenn ein Wert verletzt wird, ist jeder betroffen. Wenn einer etwas bekommt, feiern alle. In vieler Hinsicht ist Ethos eine E-Motion, die man nicht anregen muss, sondern die jeder bei einem Ereignis in gleicher Weise empfindet.

HERZTRANSPLANTATIONEN

Der unsichtbare Einfluss des Ethos ist außergewöhnlich groß und bestimmt auch, wie Werte weitergegeben werden; besonders von einer Generation zur nächsten.

Meine Frau und ich kommen beide aus nichtgläubigen Elternhäusern. Als wir nun selbst Eltern wurden, hatten wir keinerlei Erfahrung, wie man den Glauben an seine Kinder weitergibt. Als mein Sohn drei Jahre alt war, brachte ihn seine ältere Schwester zu mir, weil er mir etwas

Wichtiges mitteilen wollte. Er sagte mir, dass er jetzt Christ sei. Ehrlich gesagt glaubte ich damals nicht, dass Dreijährige Christen werden könnten. Ich nahm sogar seine Schwester Patty in die Mangel, um sicherzustellen, dass sie ihn nicht zu einem kindlichen Übergabegebet oder etwas Ähnlichem gezwungen hatte. Ich stellte aber fest, dass seine Entscheidung wirklich das Ergebnis einer eigenen Initiative war. Ich glaube ihm trotzdem nicht.

Ungefähr sechs Monate später sagte er mir, er wolle jetzt getauft werden. „Aha", dachte ich mir, „das ist wahrscheinlich der eigentliche Grund, warum er behauptet hat, er sei Christ." Jetzt kannte ich seine wahre Motivation: Er wollte einfach nur schön zeremoniell schwimmen gehen. Ich erklärte ihm, dass er erst Christ werden müsse, bevor er getauft werden könne, und er erinnerte mich daran, dass er ja einer sei. Ich dachte: Hey, für einen Dreijährigen hat der kleine Kerl ein ziemlich gutes Gedächtnis.

Als er vier war, fragte er mich, wann er denn nun anfangen könne, anderen von Jesus zu erzählen. Ich fing langsam an zu glauben, dass er tatsächlich schon Christ sei. Ich betete damals jeden Abend für Aaron an seinem Bett, bevor er schlafen ging, und so saßen wir eines Abends da, und ich sagte ihm, da er nun Christ sei, solle er doch in Zukunft selbst beten. Wir hielten uns an den Händen, und ich ging fest davon aus, dass er nun eines der Kindergebete wiederholen würde, die ich in den vergangenen vier Jahren für ihn gebetet hatte. Aber das tat er nicht. Er betete ein völlig eigenes, freies Gebet: „Jesus, mach mich zu einem Leiter von Menschen." Ich muss sagen, ich war schockiert und patschte ihm spontan auf seine Hände. Er dachte, dass er etwas falsch gemacht hätte, und sagte: „Ich weiß, ich bin jetzt noch zu jung."

Als ich an diesem Abend den Raum verließ, hatte ich Tränen in den Augen. Ich war überwältigt von einer unglaublichen Mischung aus Stolz und Fassungslosigkeit. Ich ging zu meiner Frau, sagte: „Du glaubst nicht, was Aaron gebetet hat!", und teilte ihr sein Gebet mit. Ohne mit der Wimper zu zucken, sah sie mich an und sagte: „Natürlich betet er so etwas! Das ist doch genau das, was er in diesem Haus ständig mitbekommt." Es traf mich, dass die Umgebung, die wir geschaffen hatten, einen so großen Einfluss auf Aaron hatte, obwohl ich ja mit ihm nie über Leitung gesprochen hatte.

Ich muss auch an einen Tag der Offenen Tür in der Schule meiner Tochter denken, als sie in der zweiten Klasse war. Alle Eltern kamen damals ins Klassenzimmer, um die Kunstwerke und die schulischen Leistungen ihrer Kinder zu bewundern. Als ich zu einer der Wände ging, stellte ich fest, dass mein kleines siebenjähriges Mädchen ganz selbstverständlich geschrieben hatte, sie wolle einmal Sängerin werden, wenn sie groß sei. Sie hatte auch schon sechs oder sieben Länder aufgeschrieben, die sie auf ihren Welttourneen besuchen wollte, von Indonesien über Australien nach Neuseeland. Darunter waren die Titel von ungefähr zehn Liedern aufgeführt, die sie bereits geschrieben hatte. Mir wurde bewusst, dass ich auch hier die Kraft eines Ethos vor mir hatte. Mariah wächst in einer Umgebung auf, die sowohl weltoffen als auch kreativ ist. Sie spürt nicht nur, dass sie die Erlaubnis dazu hat, sie sieht es als ganz natürlich an, um die Welt zu reisen und ihre kreativen Begabungen und Talente einzusetzen.

SCHWÄMME FÜR DIE UMWELT

All diese Erfahrungen belegen die Macht des Ethos. Menschen sind wie Schwämme, die in sich aufnehmen, was sie umgibt. Wir wissen doch alle nur zu gut, dass Kinder radikal von ihrer Umgebung beeinflusst werden. Eine negative Umwelt bringt negative und kaputte Kinder hervor. Eine gesunde Umwelt gibt Kindern die beste Gelegenheit, das zu werden, wozu sie geschaffen wurden.

„Wenn unsere Kinder groß werden, zeigen sie uns wie in einem Spiegel, was uns wirklich wichtig war."

Unsere Werte werden durch die Menschen in unserer Umgebung geprägt. Wenn unsere Kinder groß werden, zeigen sie uns wie in einem Spiegel, was uns wirklich wichtig war. Selbst wenn unsere Kinder nicht das tun, was wir sagen: Sie machen das, was wir tun. Darum werden sie oftmals nicht so, wie wir sie gerne hätten, sondern ein Bild dessen, was wir sind.

Die Macht, die ein bestimmtes Umfeld auf uns hat, hört auch nicht auf, wenn wir erwachsen werden. Sie beeinflusst uns unser ganzes Leben auf dieser Erde. Gesunde Umgebungen üben einen heilsamen Einfluss auf die Menschen aus. Ungesunde Umgebungen verstärken die Störungen und machen Menschen kaputt.

Viele von uns sind unter dem Einfluss der „Star Wars"-Filme aufgewachsen, mit der Idee einer guten „Macht". In den Filmen kann diese unsichtbare, geistliche Energie allerdings sowohl von der guten wie der bösen Seite angezapft werden. Als Christen lehnen wir so eine unpersönliche und irgendwie auch dualistische Sicht von Gott zwar spontan ab, aber wir erkennen doch, dass es unsichtbare Mächte gibt, die unser Leben prägen. Einige von ihnen stehen in Beziehung zu den unsichtbaren Reichen. Andere sind Teil einer unsichtbaren Macht, die wir Kultur, Ethos und Umwelt nennen. Ich bin sicher, dass wir die Kraft dieser unsichtbaren Mächte zu lange unterschätzt haben.

DIE UNSICHTBAREN ZEICHEN

Wie stark die Macht des Ethos ist, erleben wir überall in unserem Alltag. Ich wohne ja in Los Angeles, wo es keine große Sache ist, zum Strand zu gehen und sein Hemd auszuziehen. Für Strandbesucher ist das hier sogar eine alltägliche Erfahrung. Aber selbst im heißesten Sommer, wenn es in unserer Gemeinde manchmal sehr schwül ist, würde es niemandem einfallen, im Gottesdienst sein Hemd auszuziehen. Es gibt bei *Mosaic* bestimmt keine Vorschrift, die es Besuchern verbietet, das Hemd auszuziehen, und es ist meines Wissens auch nicht unmoralisch oder gar unbiblisch; und doch habe ich bei uns noch keinen Strandfan gesehen, der auch nur daran gedacht hätte, seinen Oberkörper zu entblößen. Selbst der größte Freak, der in unsere Gemeinde kommt, fährt ab und zu an den Strand und weiß ohne aufgestellte Schilder genau, wann es angemessen ist, das Hemd auszuziehen. Und wenn er wieder nach Hause fährt, weiß er auch genau, wann er es wieder anziehen soll.

Vor kurzem diskutierte ich mit einigen christlichen Leitern im Mittleren Westen über die Frage, ob es wohl angemessen sei, in einer Gemeinde Sandalen anzuziehen. In ihrer Kultur war das Tragen von etwas anderem als Schuhen völlig indiskutabel. Aber ein neues Teammitglied kam aus einer Gemeinde, in der das Tragen von Sandalen völlig in Ordnung war. Der Mann hatte sich selbst in Schwierigkeiten gebracht, weil er nicht darauf geachtet hatte, welche unauffälligen Hinweise es in seiner neuen Umgebung gab.

Vielleicht erinnern Sie sich noch an die Zeit in Ihrer Kindheit, als Sie sich nicht gern die Zähne geputzt haben. Nach meiner Erfahrung putzen sich fast alle Kinder nur ungern die Zähne – oder sie vergessen es zumindest oft. Die bekannte Frage von uns Eltern lautet dann: „Hast du dir die Zähne geputzt?" Es ist in Ordnung, sie daran zu erinnern, wenn sie fünf sind. Aber wenn man es ihnen immer noch sagen muss, wenn sie fünfzehn sind, dann hat man etwas falsch gemacht.

Irgendwann zwischen fünf und fünfzehn wird das Zähneputzen von etwas Nervigem zu einer Gewohnheit, deren Sinn auch einleuchtet. Natürlich gibt es dazwischen auch eine Zeit, in der die Kinder das Ganze nur machen, weil sie wissen, dass es von ihnen erwartet wird. Aber eines Tages denken sie überhaupt nicht mehr daran. Sie wachen nicht auf und sagen: „Ich muss mir die Zähne putzen." Sie tun es aus einem unterbewussten, automatischen Impuls heraus. Eines Tages wird das Zähneputzen einfach ein Teil ihrer Persönlichkeit. Sie putzen sich die Zähne nicht, weil ihre Eltern es ihnen gesagt haben. Sie tun es nicht einmal, weil andere Menschen das für wichtig halten. Sie tun es einfach, weil es etwas ist, das man eben tut.

ETHOS UND GESETZ

Können Sie sich noch an die Zeit erinnern, als es plötzlich Pflicht wurde, sich anzuschnallen? Wenn Sie ein ähnlicher Typ sind wie ich, dann empfanden Sie das als totalen Eingriff in Ihre Privatsphäre! Ich wollte mich nicht anschnallen! Es war unbequem; es nervte; es verknitterte meine Kleidung, und es war einfach uncool. Vor allem aber: Es behinderte romantische Verabredungen.

Zuerst schnallte ich mich nur an, wenn ich die Polizei sah – und die ersten paar Monate waren ja sowieso eine Übergangszeit. Die Polizei hielt einen an und sprach eine Verwarnung aus, aber damit war kein Strafzettel oder Bußgeld verbunden. Als die Übergangszeit vorüber war, war es Pflicht, sich anzuschnallen, und man riskierte eine Geldstrafe, wenn man es nicht tat. Viele von uns passten sich widerwillig dem Gesetz an, denn wir waren nicht unbedingt davon überzeugt, dass wir damit wirklich sicherer wären oder dass die Regierung das Recht hätte, so in unser Leben einzugreifen. In diesen Tagen waren die Eltern, die uns auf die Pritsche ihres Lieferwagens springen ließen und zehn von uns auf der Schnellstraße zum Baseballspiel brachten, die coolsten Eltern der ganzen Stadt.

Und heute? Heute hat sich nicht nur die Welt, sondern vor allem unsere Wahrnehmung völlig verändert. Wenn man heute ein nicht angeschnalltes Kind im Auto sieht, denkt man doch unwillkürlich: „Hey, wie nachlässig diese Eltern sind!" Inzwischen erinnern die Kinder ihre Eltern daran, dass sie sich anschnallen sollen; aber nicht, weil sich achtjährige Kids um das Gesetz oder Strafzettel scheren. Sie halten es für unmoralisch, sich nicht anzuschnallen. Es ist einfach falsch.

Unsere Erfahrungen mit der Anschnallpflicht sind ein Beispiel für einen erfolgreichen Übergang von einem Gesetz zu einem Wert. Was einmal von uns gefordert wurde – auch wenn wir es als einen Eingriff in unsere Privatsphäre empfanden –, tun wir jetzt, weil wir glauben, dass es richtig ist. Viele von uns merken gar nicht mehr, dass sie sich anschnallen. Wir setzen uns ins Auto, schnallen uns an und drehen den Zündschlüssel, ohne bewusst daran zu denken.

Andere Versuche sind nicht so gut verlaufen. Die Idee, durch die Herabsetzung der Promillegrenze eine landesweite Nüchternheit zu verordnen, war ein jämmerlicher Fehlschlag. Wenn diese Idee in den Vereinigten Staaten überhaupt etwas bewirkt hat, dann, dass Alkohol am Steuer zum Kavaliersdelikt verkommen ist. Ähnlich ist es mit Geschwindigkeitsbegrenzungen. Ich behaupte: Kaum jemand hält sich an die Geschwindigkeitsbegrenzung, weil ihm sein innerstes Gefühl sagt, dass sie richtig ist. Wenn wir uns daran halten, dann aus dem tiefen Verlangen, den Führerschein nicht zu verlieren!

> **Es gibt Bereiche, in denen ein Gesetz an seine Grenzen stößt. Es kann einem nicht sagen, was man tun soll; es kann einem nur die Konsequenzen nennen, die mit bestimmten Taten und Aktivitäten verbunden sind.**

Sie merken schon: Es gibt Bereiche, in denen ein Gesetz an seine Grenzen stößt. Es kann einem nicht sagen, was man tun soll; es kann einem nur die Konsequenzen nennen, die mit bestimmten Taten und Aktivitäten verbunden sind. Wenn man einem Gesetz nicht zustimmt, kann man es übertreten und hoffen, dass man nicht erwischt wird. Gesetze können keine unbeaufsichtigte Aktivität und keine Meinungsbildung steuern. Nur das Ethos hat einen solchen Einfluss auf unsere Entscheidungen. Wenn wir alle die Dinge miteinander verbinden, die ein Ethos ausmachen – Glaube, Werte, Weltanschauung –, dann haben wir etwas weit Mächtigeres als Gesetze vor uns.

Das Ethos besitzt die Fähigkeit, alles in unserem Leben zu beeinflussen und zu formen; angefangen von der persönlichen Hygiene bis hin zu dramatischen Wandlungen von kulturellen Werten, Überzeugungen und Idealen. Wenn eine Gesellschaft anfängt, die Macht ihres Ethos zu verlieren, muss sie immer mehr durch Gesetze regeln. Gesetze werden ja ursprünglich aus Werten geboren. Sie stellen einen Versuch dar, kulturelle Werte zu stärken, sie sind aber nicht selbst die Quelle für ein Ethos. Wenn die Gesetze nicht das wahre Ethos einer Gesellschaft zum Ausdruck bringen, werden sie letztlich machtlos bleiben. Es ist weit wichtiger, die Werte einer Gemeinschaft zu formen, als Regeln aufzustellen.

UNGEWÖHNLICHE GEMEINSCHAFT

Wenn wir merken, dass sich unser Ethos, der gemeinsame Wertekontext unserer Gemeinschaft, auflöst, versuchen wir, die Werte durch zusätzliche Gesetze und Regeln zu unterstützen. Diese Erfahrung hat auch die Kirche gemacht. Da sie sehr daran interessiert war, dass die Menschen weiterhin gemeinsam in eine Richtung unterwegs waren, wurden die Gemeinden immer abhängiger von Vorschriften, Richtlinien und Gesetzen.

Bei einem echten gemeinsamen Glauben oder Wert ist das Entscheidende gerade, dass man gar keine ausformulierten Gesetze oder Regeln benötigt, um dafür zu sorgen, dass die Menschen sich in seinen Grenzen bewegen. Wenn man anfangen muss, jemanden zu etwas zu *bewegen*, bekommt man ein echtes Problem. Solange man Menschen *bewegen* muss, etwas zu tun, heißt das ja, dass sie es nicht tun wollen. So etwas funktioniert vielleicht noch bei Kindern, aber bei Erwachsenen ist es auf Dauer zum Scheitern verurteilt.

Wenn die Kirche die Entwicklung des Ethos vernachlässigt, herrscht über kurz oder lang Gesetzlichkeit. Denn wenn das Ethos ganz verschwindet, bleiben nur noch Vorschriften übrig. Das stellt uns vor die entscheidende Frage: Kann die Kirche Kultur schaffen und gestalten? Ich bin überzeugt, dass sie es kann. Ja, mehr noch: Dieses Buch gründet auf der festen Überzeugung, dass es für die Kirche keine wichtigere Aufgabe gibt, als in der Welt eine neue Kultur zu schaffen.

In Apostelgeschichte 2,44 heißt es: „Alle, die zum Glauben gekommen waren, bildeten eine enge Gemeinschaft." Wir zitieren diese Beschreibung oft, um die Einheit hervorzuheben, die in der Kirche des ersten Jahrhunderts herrschte. Das allein war schon eine außergewöhnliche Leistung! Aber die Beschreibung der Urgemeinde im Kontext dieses Verses ist ebenso inspirierend: „Tag für Tag versammelten sie sich einmütig im Tempel, und in ihren Häusern hielten sie das Mahl des Herrn und aßen gemeinsam, mit jubelnder Freude und reinem Herzen. Sie priesen Gott und wurden vom ganzen Volk geachtet. Der Herr aber führte ihnen jeden Tag weitere Menschen zu, die gerettet werden sollten" (Apostelgeschichte 2,46–47).

In Apostelgeschichte 4,32 wird beschrieben, wie nah sich die neuen Gläubigen waren: „All die vielen Menschen, die zum Glauben an Jesus gefunden hatten, waren ein Herz und eine Seele. Niemand von

> **Kein Reich ist mächtiger als ein Ethos.**

ihnen betrachtete etwas von seinem Besitz als persönliches Eigentum; alles, was sie besaßen, gehörte ihnen gemeinsam." Dieser Gedanke gewann ganz von allein Gestalt, weil niemand irgendeinen Besitz als sein Eigentum beanspruchte. Stattdessen teilten sie alles, was sie besaßen.

Eines der Geheimnisse der Bewegung des ersten Jahrhunderts war: Sie war eine Einheit und weitete sich zugleich aus. Jeden Tag wuchs die Kirche. Sie wuchs äußerlich, indem sie immer neue Menschen erreichte, was natürlich auch zu einer zunehmenden Komplexität führte. Trotzdem wird von der Gemeinde gesagt, dass sie zu einem gemeinsamen Ziel zusammenwuchs, zu gemeinsamen Werten, einer gemeinsamen Vision und einer gemeinsamen Bewegung. Sie hatten eine gemeinsame E-motion. Ihre Herzen waren auf das Herz und die Werte Gottes konzentriert. Ihre Gedanken wurden von den Gedanken und Perspektiven Gottes geprägt. Alles andere, was in der Apostelgeschichte berichtet wird, ist das Resultat dieses apostolischen Ethos.

Kein Reich ist mächtiger als ein Ethos. Die Kraft dieser „embryonalen" Bewegung war bald in der Lage, das gesamte römische Reich auf den Kopf zu stellen. Jesus begann eine Revolution, die zunächst Einzelne und dann eine ganze Gemeinschaft umgestaltet hat.

DIE EVOLUTION EINER REVOLUTION

Es gibt nichts Gefährlicheres für eine Revolution als Erfolg. Wenn eine Revolution erfolgreich ist, besteht die Gefahr, dass sie zur Institution wird. Das beste Beispiel dafür ist die so genannte Konstantinische Wende, in der Kaiser Konstantin den christlichen Glauben von einer verfolgten zu einer offiziell erlaubten Religion machte. Das Christentum wandelte sich daraufhin sehr schnell von einer Bewegung zu einer Institution, von einer globalen Revolution zu einer Weltreligion. Jetzt konnte man Christ werden, ohne Jesus Christus persönlich begegnet zu sein. Wer sich nicht Christ nannte, hatte gesellschaftliche Nachteile – kein Wunder, dass sich plötzlich alle dafür entschieden. Diese Entwicklung war eigentlich eine schlimme Sache – es war, als ob man das Ei wegwirft und die Schale behält.

Die Ironie der Geschichte ist, dass das Christentum zuerst die römische Welt veränderte und dann seine Macht im Namen der Anpassung aufgegeben hat. Es ist übrigens nicht schwer, die historischen Unterschiede zwischen einem „Christentum als Religion" und einem „Christentum als Revolution" zu beobachten. Wir müssen nur sehen, zu welchen Irrwegen die mittelalterliche Kirche fähig war. In unserer aktuellen Situation dagegen fällt es oft schwer, die Unterschiede zu erkennen, weil wir mittendrin im Geschehen sind. Nur eines fällt auf: Alle großen Erweckungen wurden durch Männer und Frauen angeregt, die erkannten, dass die Kirche den Weg verloren hatte. Sie führten die Kirche zurück zum dritten Tag des Ostergeschehens: vom Tod zur Auferstehung. Sie riefen Gottes Volk aus der Apathie zur Passion.

Amerika ist wegen des gewaltigen Einflusses, den der christliche Glaube auf unsere Gesellschaft hatte, in der ganzen Welt als christliche Nation be-

> **Das Ziel der Christenheit sollte es nicht sein, uns zu guten Staatsbürgern zu machen, sondern zu Revolutionären Jesu.**

kannt. Gleichzeitig ist der christliche Glaube hier einer Selbsttäuschung erlegen, weil er sich selbst mit der Gesellschaft als ganzer über-identifiziert hat. Eine christliche Revolution muss immer in einer Spannung zu menschlichen Gesellschaften und Kulturen leben. Wir sollten in jeder Kultur auf dieser Erde erkennen, dass der christliche Glaube etwas bewegen kann; wir sind sogar dazu berufen, unsere Kultur zu prägen. Aber es darf nie einen Zeitpunkt geben, an dem Christentum und Kultur identisch werden. Wenn wir anfangen, Christsein und Staatsbürgerschaft als ein und dasselbe anzusehen, verlieren wir die umgestaltende Kraft, die unseren Glauben ausmacht. Das Ziel der Christenheit sollte es nicht sein, uns zu guten Staatsbürgern zu machen, sondern zu Revolutionären Jesu.

Wir müssen endlich eingestehen, dass das Christentum in unserer Nation viel eher den Charakter einer Institution als einer Revolution hat. Sonst werden wir nie die Inspiration oder die Verzweiflung wiederentdecken, die man braucht, um dem apostolischen Ethos zu neuem Leben zu verhelfen. Wir müssen erkennen, in welch ernstem Zustand sich unsere Kirchen und Gemeinden befinden, weil es entscheidend darauf ankommt, dass wir die Kraft des Ethos zurückgewinnen. Und wenn wir das tun, werden wir nicht nur die evangelistische Ausrichtung der Ortsgemeinden wiederherstellen, sondern auch den umgestaltenden Einfluss bekommen, der die Kultur formt und reformiert.

Echte, bleibende Veränderung geschieht dann, wenn Handlungen aus Werten erwachsen. Aber es ist schwierig, eine Gemeinschaft, die auf Gesetzlichkeit gegründet ist, wieder in ein Miteinander zu verwandeln, das auf Ethos gründet. Eine Gemeinschaft kann nämlich nicht auf beidem gleichzeitig aufbauen. Entweder investiert man seine Energien in den Versuch, das Verhalten der Menschen zu kontrollieren (wodurch man ihre Herzen verliert), oder man konzentriert sich auf das Gewinnen der Herzen, damit letztendlich ihre Handlungen die Werte repräsentieren, die einem wichtig sind.

EIN PENNY FÜR DEINE GEDANKEN

Obwohl es inzwischen populär ist, zu behaupten, die amerikanische Nation sei letztlich doch ohne jeglichen Einfluss des christlichen Glaubens gegründet worden, braucht man nur einen simplen Penny anzugucken, um zu sehen, wie sehr die christliche Kultur unser nationales Ethos geprägt hat. Schließlich steht da: „Wir vertrauen auf Gott." Das wäre wohl kaum passiert, wenn dieses Land nicht von Anfang an von christlichen Werten beeinflusst und geformt worden wäre. Und wenn es sich dabei um ein Versehen gehandelt hätte, dann wäre diese Prägung längst entfernt worden. Natürlich kann man heute konstatieren, es sei nicht mehr angemessen, dass das Christentum einen dominanten Einfluss auf die amerikanische Gesellschaft hat; aber es ist etwas anderes, die Geschichte umschreiben zu wollen und zu erklären, es sei nie so gewesen. Die zahllosen Diskussionen darüber, ob Jefferson, Washington oder die Gründerväter nun überzeugte Christen waren oder nicht, sind in diesem Zusammenhang ziemlich irrelevant. Es geht nicht darum, ob einzelne Personen glaubten, sondern ob die Quelle ihrer Aussagen das Ergebnis einer christlichen Weltsicht war.

Ich erinnere mich noch an den Tag, an dem ich zum ersten Mal Washington besuchte. Einer der Höhepunkte meines Besuchs war für mich die Fahrt zum Denkmal von Jefferson und das Lesen der dort eingravierten Worte. Von Jefferson stammen all die folgenden Zitate: „Wie sicher ist die Freiheit einer Nation, wenn sie ihre einzige feste Grundlage zu verlieren droht, nämlich die Überzeugung in den Köpfen der Menschen, dass diese Freiheiten eine Gabe Gottes sind?"

„Ich zittere um mein Land, wenn ich bedenke, dass Gott gerecht ist, und dass seine Gerechtigkeit nicht für immer schlafen wird."

„Wir halten es für selbstverständlich, dass alle Menschen gleich geschaffen sind; dass sie von ihrem Schöpfer mit ihnen innewohnenden und unveräußerlichen Rechten ausgestattet sind; und dass zu diesen Rechten auch das Recht auf Leben, Freiheit und das Streben nach Glück gehören. Regierungen unter den Menschen werden eingesetzt, um diese Rechte zu sichern."

„Der allmächtige Gott hat den Verstand frei geschaffen ... Alle Versuche, ihn durch Strafen oder Zwang zu beeinflussen ... sind eine Abkehr vom Plan des Heiligen Autors unseres Glaubens."

„Kein Mensch darf dazu gezwungen werden, irgendeinen religiösen Gottesdienst, Ort oder Kultus zu besuchen oder zu unterstützen ... oder wegen seiner religiösen Überzeugungen oder seines Glaubens zu leiden ... Alle Menschen sollen frei sein, ihren Glauben zu bekennen und ihre Meinungen in Religionsangelegenheiten mit Argumenten aufrechtzuerhalten."

Das Argument, Jefferson sei Deist gewesen (also Anhänger eines allgemein christlichen Weltbildes, in dem es nicht mehr um einen persönlichen Gott geht) und darum nicht von einer wahrhaft christlichen Weltanschauung geprägt, ist absurd. Er war ein guter christlicher Deist. Seine Erkenntnisse entstammten einem Denken, das ganz klar von christlichen Werten, Glaubensinhalten und Anschauungen geprägt war. Er führte sogar seine

Überzeugung, dass jeder Mensch das Recht hat, Gottesdienst nach seiner Wahl zu halten, auf den Gedanken zurück, dass der Allmächtige den Menschen frei erschaffen hat.

Jeffersons Engagement bei der Errichtung einer Regierungsform, die solche Freiheiten sichert, war nicht das Ergebnis einer nichtchristlichen oder antichristlichen Neigung, sondern vielmehr eines Denkens, das von biblischen Werten geprägt war. Darum sorgte sich Jefferson ja auch, dass genau diese Freiheit, für deren Sicherung er sein Leben eingesetzt hatte, in Gefahr sein könnte, wenn wir die Überzeugung verlören, dass sie ein Geschenk Gottes sei.

Jefferson legte größeres Vertrauen in die Macht von Überzeugungen und Werten als in den Aufbau verfassungsmäßiger Gesetze und Richtlinien. Auf nationaler Ebene trat Jefferson mehr für die Macht von Ethos als für die Entwicklung einer institutionellen oder verwaltungsmäßigen Autorität ein. Jefferson war ein Pionier im Errichten und Bewahren unserer nationalen E-Motion, dieses machtvollen Ethos, das als „Pioniergeist" der Amerikaner bekannt geworden ist.

DIE WURZELN UNSERER KULTUR

T. S. Eliot geht in seinem Buch *Christianity and Culture* der gleichen Frage nach. Eliot behauptet, dass nur eine christliche Kultur einen Voltaire oder einen Nietzsche hervorbringen konnte. Um das zu erklären, schreibt er: „Die beherrschende Kraft zum Schaffen einer gemeinsamen Kultur unter Völkern, von denen jedes eine ganz eigene Kultur hat, ist die Religion. Begehen Sie bitte an dieser Stelle nicht den Fehler, zu glauben, sie wüssten jetzt schon, was ich sage. Dies ist keine religiöse Rede, und ich habe auch nicht vor, jemanden zu bekehren. Ich erwähne einfach eine Tatsache. Mir geht es deshalb auch nicht so sehr um die Gemeinschaft der christlichen Gläubigen heute; ich spreche über die prägende Tradition des Christentums, die Europa zu dem gemacht hat, was es ist; und über die gemeinsamen kulturellen Elemente, die dieses Grenzen überschreitende Christentum mit sich gebracht hat."

Und er fährt fort: „Aus dem Christentum haben sich unsere Künste entwickelt, und im Christentum wurzeln die Gesetze Europas. Vor dem Hintergrund des Christentums haben alle unsere Gedanken ihre tiefere Bedeutung bekommen. Auch wenn ein einzelner Europäer nicht glaubt, dass der christliche Glaube wahr ist, so entspringt doch das, was er sagt, tut und lässt, seinem christlichen kulturellen Erbe und hängt wesentlich von dieser Kultur ab."

Eine der Kuriositäten säkularer Denker in unserer Gesellschaft ist, dass sie all die Vorteile lieben, die eine christliche Weltsicht bei der Gestaltung dieser Nation mit sich gebracht hat, zugleich aber bestrebt sind, sich von den Einflüssen zu befreien, die genau dieses Denken geprägt haben. Nur in einem Land, das vom christlichen Gedankengut geprägt ist, werden Werte wie Freiheit, Wahrheit, Autonomie und Entscheidungsfreiheit für unbezahlbar wichtig gehalten. Diese Umwelt ist ideal für Atheisten, Freidenker, Philosophen, Antagonisten und sogar Gotteshasser. Die persönliche Freiheit eines Menschen, seine Weltanschauung zu wählen und so zu leben, wie er es möchte, entspringt dem christlichen Wertekanon. Eine solche intellektuelle Freiheit kommt im Kommunismus oder irgendeiner der anderen Weltreligionen nicht wirklich vor. Man kann sogar behaupten, dass das Gegenteil zutrifft: Die Macht des Ethos, das aus dem christlichen Glauben geboren wurde, hat letztlich großen Einfluss auf Kulturen in der ganzen Welt, und zwar in positiver Weise.

WENN ES DAS BESTE IST ZU VERLIEREN

Ich habe einmal eine Rede von Tom Wolf gehört, in der er über die einzigartige Art und Weise sprach, wie Amerika mit Ländern umgeht, die es besiegt hat. In der Weltgeschichte lief das ja meist nach einem bestimmten Muster ab: Wenn ein Volk verloren hatte, erlebte es als Konsequenz Verwüstung und Brutalität. Im besten Fall wurde ihm erlaubt, in einem Umfeld von Sklaverei und Unterdrückung zu leben. Der amerikanische Umgang mit besiegten Völkern war dagegen ganz anders.

Sowohl Japan als auch Deutschland wurden von der amerikanischen Militärmacht besiegt: Japan erlebte die Verwüstung durch zwei Atombomben, die auf Hiroshima und Nagasaki geworfen wurden, Deutschland wurde eine geteilte Nation mit der unrühmlichen Berliner Mauer, die zugleich an die schrecklichen Verbrechen gegen die Menschlichkeit erinnerte, die während des Dritten Reiches begangen worden sind. Doch heute stehen diese beiden Nationen als wirtschaftliche Großmächte und ebenbürtige Partner der Vereinigten Staaten da. Die Eroberung durch die Vereinigten Staaten hat also nicht zu einem Vasallenstaat geführt, sondern eine Gelegenheit zu ökonomischer und sozialer Wiederbelebung geschaffen.

Viele Fachleute sind der Meinung, dass Japan der Juwel ganz Asiens ist und Länder mit weit größeren natürlichen und menschlichen Ressourcen längst überholt hat. Eine der Kuriositäten des Erfolges Japans ist dabei, dass es auf der ganzen Insel keine Bodenschätze gibt und dass dieses Land trotz der Isolation vom Rest Asiens zu einer globalen wirtschaftlichen Macht aufgestiegen ist.

Ähnliches gilt für Deutschland: Hier trennte eine Mauer ein Volk, dessen Kultur identisch war. Doch innerhalb von nur vierzig Jahren wurden zwei Nationen geformt, die sich auf dramatische Weise voneinander unterschieden. Die eine Nation, Ostdeutschland, wurde ein Spiegelbild der Sowjetunion; die andere, Westdeutschland, ein Spiegelbild des Westens – und besonders der amerikanischen Kultur. Ostdeutschland nahm die Gestalt eines Landes an, das von einem harten Eroberer besiegt worden war. Westdeutschland dagegen blühte auf.

Als die Mauer in Berlin fiel, war der wirtschaftliche und soziale Gegensatz zwischen den beiden verwandten Nationen dramatisch. Zwei Länder, die einmal durch eine Mauer getrennt waren, standen vor der unermesslich schweren Aufgabe, aus zwei verschiedenen ein gemeinsames nationales Ethos zu gestalten.

Der Kapitalismus bietet übrigens keine hinreichende Erklärung dafür, warum unsere Nation auf diese Weise gehandelt hat. Etwas, das tief im amerikanischen Geist verwurzelt ist, bringt uns dazu, uns selbst als ein Land zu sehen, das anderen Nationen hilft. Auf nationaler Ebene haben wir ja selbst erlebt, was geschieht, wenn man den Nächsten und auch seine Feinde liebt wie sich selbst. Nach dem Zweiten Weltkrieg wurde unsere Außenpolitik weithin von einem christlichen Ethos geprägt. Wieder war es nicht so, dass die Gestalter dieser Politik unbedingt selbst Christen waren. Ich streite – wie gesagt – ungern darüber, ob die jeweiligen Amtsträger überzeugte Nachfolger Christi waren oder nicht und ob sie überhaupt an Gott geglaubt haben, aber die Kernüberzeugungen und Werte, die ihre Sicht der Welt und ihr Verständnis der Wirklichkeit geprägt haben, sind aus einem christlichen Umfeld erwachsen.

Das Christentum beeinflusste und formte das Denken der Amerikaner. Letztendlich müssen ihre Entscheidungen schon deshalb als außergewöhnlich angesehen werden, weil diese sich so stark von der „gängigen" Reaktion eines Siegers unterscheiden.

DIE FREIE WELT

Man kann aber auch in vielen anderen Zusammenhängen erkennen, dass ein Ethos, besonders die christliche Weltsicht, die Fähigkeit besitzt, andere Kulturen zu durchdringen.

Auf einem Flug von Los Angeles nach Dallas saß ich einmal in der ersten Reihe, in der bei dieser Gesellschaft die Sitze einander gegenüberstehen. Als das Flugzeug abgehoben hatte, begann die Frau, die mir gegenüber saß, ein Gespräch mit mir. Sie studierte im Hauptfach Politikwissenschaften an der Universität in Austin.

Ich erzählte ihr, dass ich Christ sei, und sie sagte mir frei heraus, dass sie für den christlichen Glauben nur Verachtung übrig habe. Ich fragte sie nach dem Grund, und sie antwortete, dass sie die Art, wie das Christentum die Frauen behandle, nicht tolerieren könne. Ich fragte weiter, wie sie denn darauf käme; ob ihre Schlussfolgerungen beispielsweise das Ergebnis weltweiter Studien über die Rechte der Frauen seien. Ich fragte sie auch, welche Länder oder Kulturen ihrer Ansicht nach bei den Rechten der Frauen, vor allem im Hinblick auf ihren bildungsmäßigen und wirtschaftlichen Status, am erfolgreichsten gewesen seien. Sie gab zu, dass sie keinerlei Untersuchungen darüber kenne und mit diesen Themen nicht vertraut sei.

> **Ethos hat die Macht, ein Momentum zu schaffen, und ein Momentum kann eine Gesellschaft prägen und gestalten.**

Wir nahmen uns ein paar Minuten Zeit und dachten miteinander über die Bedingungen und Rollen von Frauen rund um den Globus nach. Kurz zuvor war in den Nachrichten verkündet worden, dass in Indien viele Frauen verbrannt werden, weil sie nicht genügend Mitgift besitzen. Es war also nicht schwer festzustellen, dass das christliche Umfeld für die Befreiung der Frauen mehr getan hatte als das hinduistische. Sie war auch schnell bereit zu bestätigen, dass die muslimische Welt gewiss keine bessere Alternative sei. Im Grunde seien ja schon ihre Fragen in jener Kultur verboten. Und auch die einmal so populäre Sicht, dass der Kommunismus der große kulturelle Erlöser der einfachen Leute und Unterdrückten sei, wird vor dem Hintergrund unserer heutigen Erfahrungen kaum noch vertreten.

Im weiteren Verlauf des Gesprächs erwähnte ich zwei Frauen, von denen ich den Eindruck hatte, dass sie sicher als Quelle der Inspiration und Hoffnung dienen könnten. Eine ist Aun San Su Chi, die mutige politische Dissidentin in dem fundamentalistischen buddhistischen Land Miramar (früher Birma), und die andere Indira Ghandi aus dem hinduistischen Indien. Ich erinnerte meine Gesprächspartnerin an die kuriose Tatsache, dass die Väter dieser bedeutenden Staatsfrauen auf einer von Christen gegründeten

Universität studiert hatten. Darüber hinaus wurden Aun San Su Chi und Indira Ghandi an derselben Universität ausgebildet, nämlich in Oxford in England. Es ist bestimmt kein Zufall, dass zwei der bedeutendsten weiblichen Führungspersonen in Kulturen, in denen man eigentlich die Überzeugung vertritt, dass Frauen für eine solche Rolle weder fähig noch qualifiziert seien, aus dem Einfluss eines christlichen Umfeldes stammen.

All das erzähle ich, weil ich deutlich machen will, wie sehr das Ethos die Macht hat, ein Momentum zu schaffen, und dass ein Momentum eine Gesellschaft prägen und gestalten kann. In vielerlei Hinsicht sind Nationen ursprünglich Bewegungen, die „funktioniert" haben. Nationen sind der Zusammenschluss von Überzeugungen, Werten und einer Weltsicht, die Menschen zu einer gemeinsamen Identität verbinden.

IMAGI-NATIONEN

Nachdem Lawrence E. Harrison sich zwanzig Jahre lang mit den Entwicklungsproblemen Lateinamerikas beschäftigt hatte, zog er im Blick auf die ökonomischen Verhältnisse dieser Region einige ungewöhnliche Schlussfolgerungen. Er veröffentlichte seine Forschungsergebnisse in einem Buch mit dem Titel *Underdevelopment is a State of Mind*.

In seiner Einleitung schreibt Harrison: „In den meisten Fällen liegt es an der Kultur, dass sich einige Länder schneller und gerechter entwickeln als andere. Unter Kultur verstehe ich die Werte und Haltungen, die eine Gesellschaft bei ihren Menschen durch verschiedene Sozialisierungsmechanismen prägen, wie z. B. das Zuhause, die Schule, die Kirche."

Später fasst er die grundlegende Botschaft seines Buches so zusammen: Die Kultur ist die grundsätzliche Determinante der Entwicklung eines Volkes. Er beginnt seine Erörterung damit, dass er Nicaragua und Costa Rica, Argentinien und Australien, die Dominikanische Republik und Haiti miteinander vergleicht; Länder, deren jeweiliger ökonomischer, politischer und sozialer Fortschritt sich auf dramatische Weise voneinander unterscheiden. Er zeigt dabei, dass es nicht der Zugang zu Ressourcen oder eine grundsätzliche Fähigkeit zum Fortschritt ist, die die Entwicklung eines Landes bestimmt. Er weist nach, dass eine Kultur oder ein Ethos, die das kreative Potenzial einer Gesellschaft erkennt, auch den schnellsten Fortschritt erlebt. Mit anderen Worten: Er spricht sich für eine Kultur aus, die menschliche Kreativität und Unternehmergeist fördert und unterstützt.

Harrison schreibt: „Ich glaube, dass die Kreativität der Menschen das Herz jedes Entwicklungsprozesses ist. Was eine Entwicklung möglich macht, ist unsere Vorstellungskraft, unsere Fähigkeit zur Theoriebildung,

Begriffsbildung, zum Experimentieren, Erfinden, Artikulieren, Organisieren, Managen, Problemlösen und hundert anderen Tätigkeiten mit unseren Gedanken und Händen, die zum Fortschritt des Einzelnen und der Menschheit beitragen ... Der Antriebsmotor ist der menschliche Schöpfergeist."

Er beschreibt dieses kreative Umfeld als etwas, das nicht in einer Person liegt, sondern die gesamte Gemeinschaft durchdringt. Er erklärt: „Es ist nicht einfach der Unternehmer, der Fortschritt schafft." Harrison folgt dem kreativen Prozess vom Unternehmer über Erfinder, Wissenschaftler, Ingenieur, Bauern, Maschinenwärter, Verkäufer bis hin zu dem Lehrer, der diese Menschen unterrichtet hat.

Wofür Harrison eintritt, ist der Kern der E-Motion, dass nämlich Ethos wichtiger ist als Gesetze und dass ein kulturelles Umfeld menschliches Potenzial anregt und entwickelt. Und in gewisser Hinsicht sind einige Kulturen dafür besser geeignet als andere; einige Kulturen sind gesünder als andere.

GESUNDES UMFELD

Ich weiß, dass viele so etwas nicht gerne hören, und sicher sind meine letzten beiden Aussagen alles andere als *politically correct*. Dennoch bin ich davon überzeugt: So wie einige Kulturen dem menschlichen Potenzial einen größeren Stellenwert beimessen, so hat in einigen Kulturen sogar der Mensch selbst keinen besonderen Wert.

> **Das Problem in vielen unserer Gemeinden ist nicht, dass wir uns für eine falsche Strategie entschieden oder einen irrelevanten Stil hätten, sondern dass wir eine ungesunde Kultur pflegen.**

Natürlich gibt es auch in unseren Kirchen und Gemeinden eine große Bandbreite von unterschiedlichen Kulturen; einige sind förderlich und andere nicht. Das Problem in vielen unserer Gemeinden ist gar nicht, dass wir uns für eine falsche Strategie entschieden oder einen irrelevanten Stil hätten, sondern dass wir eine ungesunde Kultur pflegen. Es muss uns daher auch gar nicht überraschen, dass wir beim Betreten vieler Gemeinden spontan das Gefühl bekommen, dass die Einzigartigkeit des menschlichen Geistes und das Potenzial, das Gott in jeden Einzelnen hineingelegt hat, hier brachliegen.

In manchen Gemeinden sind Tradition und Konformität die wichtigsten Werte. Eine solche Gemeinschaft wird bestimmt kein Zentrum für Kreativität, Erfindungskraft und Innovation. Es kann also sein, dass wir zwar eine gesunde Theologie lehren, es aber vernachlässigen, ein Umfeld zu schaffen, in dem Menschen ihre von Gott gegebene Bestimmung auch erfüllen können.

Ich bin überzeugt, dass neben der geistlichen Inspiration (durch den Heiligen Geist) nur eine gesunde Kultur gesunde Menschen hervorbringt. Das apostolische Ethos bevollmächtigt uns nicht nur, die Fantasie Gottes sichtbar zu machen, sondern sie schafft auch ein Umfeld für geistliche Gesundheit. Und geistliche Gesundheit drückt sich wesentlich durch emotionales, beziehungsmäßiges, intellektuelles und körperliches Wohlbefinden aus.

Ein Mensch, der zu geistlicher Reife heranwächst, entwickelt emotionale Gesundheit; er heilt zerbrochene Beziehungen und baut gesunde auf; er fängt an, jeden Gedanken an den Werten Jesu zu messen, und erlaubt seinen Fantasien nicht mehr, mit ihm durchzugehen. Ein Mensch, der zu geistlicher Reife heranwächst, behandelt seinen Körper als Tempel Gottes und entwickelt auch eine Disziplin, die ihm beispielsweise zur Überwindung solcher Laster wie Völlerei hilft. Ein Mensch, der zu geistlicher Reife heranwächst, träumt mit Gott große Träume.

Noch einmal: Die Dynamik eines apostolischen Ethos richtet sich sowohl nach innen als auch nach außen. Darum drückt es sich auch sowohl äußerlich wie innerlich aus. Das Momentum verändert die Welt um uns herum, während es zugleich die Welt in uns verändert. Die Tragödie einer Gemeinde ohne ein apostolisches Ethos ist, dass wir uns selbst erlaubt haben, mehr vom kulturellen Ethos um uns gefangen genommen zu werden, als ein eigenes geistliches Ethos zu pflegen, das die Kultur gestaltet. Und als ob das noch nicht schlimm genug wäre: Schon jetzt haben mindestens drei Generationen die Gemeinschaft der Kirche deshalb abgelehnt, weil sie nicht das Gefühl hatten, dass man dort ihre Einzigartigkeit und Kreativität schätzte. Das trifft sowohl auf den intellektuellen wie auf den künstlerischen Bereich zu.

KULTUR DER GRÖSSE

Vielleicht kennen Sie den alten Witz über einen Sonntagsschullehrer, der seine Schüler fragt: „Was hat vier Beine, klettert auf Bäume und frisst Nüsse?" Ein Schüler hebt zögernd seine Hand und sagt: „Ich glaube es ist ein Eichhörnchen, aber wie ich den Laden hier kenne, meinen Sie wahrscheinlich wieder mal Jesus."

Dieser Kalauer macht deutlich, dass in unseren Kirchen und Gemeinden kreatives Denken oft verboten zu sein scheint. Wir werden gezwungen, stark vereinfachte Antworten auf komplexe Fragen zu schlucken. Wenn nicht jede Antwort mit Jesus anfängt, sind wir Häretiker. Eine apostolische Gemeinde muss eine Generation großziehen, die ein Eichhörnchen erkennt, und zugleich Jesus dankt, dass er es erschaffen hat.

Als Philosophiestudent bekam ich immer mehr den Eindruck, dass Christen eigentlich etwas gegen die Beschäftigung mit intellektuellen und philosophischen Fragen hätten. Ich war gleichzeitig überrascht und erfreut, als ich irgendwann für mich entdeckte, dass ein denkender Christ kein Widerspruch in sich ist. Genauso wird die Kirche durch die modernen Formen der Ästhetik herausgefordert, wenn sie nicht längst ein Feind der schönen Künste geworden ist. Tatsache ist: Irgendwann scheinen viele Gemeinden die Liebe zur zeitgenössischen Kunst um der tradierten Kunst willen verloren zu haben. Als ob Gott sich diese Art von Trivialität nicht gönnen würde. Menschen, die den Gott der Schöpfung anbeten, dürfen nie vergessen, wie sehr jede Form von Schönheit Gott und das, was ihm wichtig ist, widerspiegelt.

Kunst liegt Gott am Herzen. Der Bau des Tempels wurde ja auch nicht einfach bei irgendwelchen gutherzigen Leuten in Auftrag gegeben, die Gott ihr Bestes geben wollten; er wurde den begabtesten Künstlern und Handwerkern übertragen. Der Dienst der Anbetung wurde nicht Menschen anvertraut, die einfach gern sangen oder von ganzem Herzen anbeteten; er wurde vielmehr denen gegeben, die die Gabe des Gesangs hatten oder ihr Instrument beherrschten.

Eigentlich müsste es so sein, dass die Völker die Kirche in jeder Disziplin – von der intellektuellen bis zur künstlerischen – beneideten; so wie ja auch die jüdische Kultur ein Ethos aufrechterhalten hat, das den Intellekt einiger der weltbekanntesten Wissenschaftler und die Kunstfertigkeit vieler begabter Filmemacher der Welt gefördert hat. Das Geburtsrecht der Kirche ist es, ein Hort der Kreativität und des menschlichen Potenzials zu sein.

Jahrhunderte lang war die Kirche in einem scheinbaren Widerspruch gefangen: Soll sie ausschließlich Gott die Ehre geben oder die freie Entfaltung des menschlichen Potenzials zulassen. Es schien, als könnten wir entweder die Größe Gottes hervorheben und den Beitrag des Menschen gering schätzen oder das menschliche Potenzial vergötzen und die Größe Gottes herabsetzen.

Das apostolische Ethos beinhaltet beides: den Glauben an das Ehrfurcht gebietende Wesen Gottes und ein treues Verwalten des von Gott gegebenen Potenzials in jedem Menschen. Einer der am meisten missverstandenen Verse der Bibel ist der, in dem Paulus sagt, dass sich Gottes Stärke in unserer Schwachheit zeigt. Zu lange haben wir das nicht nur so interpretiert, dass Gottes Wirken durch unsere Schwachheit eine Ermutigung ist, sondern auch den Eindruck erweckt, dass wir Gott gar keine Ehre machen, wenn wir unsere Stärken einsetzen. Die Wahrheit ist: Auch wenn wir unsere größten Stärken einsetzen, erleben wir weiterhin, dass wir unsere geistlichen Ziele nur erreichen, wenn wir sie mit Gottes Hilfe angehen.

Man muss nicht auf seine eigenen Schwachheiten schauen, um zu erkennen, dass man vor Gott schwach ist. Selbst wenn wir regelmäßig unsere größten Stärken einsetzen, werden wir alle die Erfahrung machen, dass Gottes Kraft oftmals durch unsere Schwachheit wirkt. Durch seinen Tod und seine Auferstehung hat Jesus ein Ethos entzündet, das jeden kulturellen Ausdruck auf der Erde zum Lob Gottes nutzen kann. Jede Kultur hat andere Stile und Rhythmen, andere Sprachen und Geschichten; doch in jeder von ihnen kann die Macht eines apostolischen Ethos voll erweckt und verwirklicht werden. Wenn das geschieht, gewinnen wir die E-motion zurück.

FEUER, DAS UNS BEWEGT

Als Jeremia erkannte, was es bedeutet, ein Leben im Gehorsam gegen Gottes Wort zu führen, hatte er erst einmal die Nase voll. Einen Augenblick lang dachte er ernsthaft darüber nach, einen ganz anderen Weg einzuschlagen. Nicht den Weg schreiender Rebellion, sondern einen ganz ruhigen. Aber was er während dieses Prozesses entdeckte, veränderte sein Leben. Er bekannte: „Wenn ich mir sage: ‚Ich will nicht mehr an Gott denken und nicht mehr in seinem Auftrag reden', dann brennt dein Wort in meinem Innern wie ein Feuer. Ich nehme meine ganze Kraft zusammen, um es zurückzuhalten – ich kann es nicht" (Jeremia 20,9).

> **Ich weiß, es klingt ketzerisch, aber es ist wichtiger, das zu verändern, was Menschen am Herzen liegt, als das zu verändern, was sie glauben!**

Jeremia entdeckte, dass er nicht einfach nur glaubte; es regte sich etwas in ihm! Sein Glaube war nicht nur eine Wahrheit, sondern eine Leidenschaft! Das Licht, das in ihn hineingelegt worden war, war nicht bloß eine Lampe, sondern ein Feuer! Es genügt nicht, erleuchtet zu sein; wir müssen entflammt werden. Zu lange haben wir uns darauf konzentriert, sicherzustellen, dass die Menschen die richtigen Dinge glauben, und haben sie mit ihren Sorgen allein gelassen. Ich weiß, es klingt ketzerisch, aber es ist wichtiger, das zu verändern, was Menschen am Herzen liegt, als das zu verändern, was sie glauben! Man kann glauben, ohne sich um etwas zu kümmern; aber man kann sich nicht um die Welt kümmern, ohne etwas zu glauben. Wir können es uns nicht leisten, dass wir unsere Kirchen und Gemeinden mit Menschen füllen, die biblische Grundsätze und weltliche Interessen haben. Erst wenn wir das apostolische Ethos neu erwecken, schlägt das Herz Gottes in der Gemeinde Jesu Christi. Der christliche Glaube ist eine Erfahrung, die Menschen *in Aktion versetzt*!

„WIR SIND, WAS WIR
IMMER WIEDER TUN.
EINE HERAUSRAGENDE LEISTUNG
IST DAHER KEIN EINMALIGER AKT,
SONDERN EINE GEWOHNHEIT." *Aristoteles*

GEDANKENANSTÖSSE

1. Was ist das Ethos Ihrer Gemeinde?
2. Welche bedeutenden Ereignisse haben das Ethos Ihrer Gemeinde geformt?
3. Kümmern sich unsere leitenden Mitarbeiter um die geistliche Kultur?
4. Was machen wir heute, um die Gesellschaft zu inspirieren?
5. Was tun wir, um den Gebrauch der von Gott gegebenen Gaben in unserer Gemeinde zu fördern?
6. Wie entwickeln wir das von Gott gegebene Potenzial in jedem Menschen?
7. Mit Hilfe welcher Maßnahmen könnten wir in Zukunft das Ethos unserer Gemeinde gestalten?

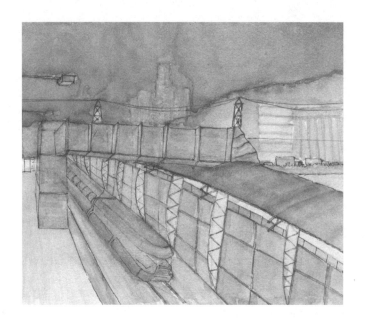

KAPITEL FÜNF

Kultur-Architektur

Jede Gesellschaft singt ihre eigenen Lieder, erzählt ihre eigenen Geschichten und hat ihr eigenes Aroma. Eine Kultur ist also nicht nur ein Wertegefüge, sondern ein wunderschönes Kunstwerk, das Menschen als seine Leinwand verwendet. Die Gestaltung einer Kultur vollzieht sich daher sowohl auf geistlicher als auch auf ganz alltäglicher Ebene. Die Vereinigung einer Menge zu einer tragfähigen Gemeinschaft erfordert geistliche Leitung, aber das, was in dem Prozess entsteht, ist zugleich eine Kultur, die auf gemeinsamen Überzeugungen, Werten und Sichtweisen der Welt aufbaut.

Ich glaube, dass die bedeutendste Aufgabe eines Leiters darin besteht, ein apostolisches Ethos zu erwecken. Diese von Gott gegebene Aufgabe anzunehmen und einen Bezug zwischen der heutigen Ortsgemeinde und der Gemeinde des ersten Jahrhunderts herzustellen, ist eine wahrhaft außergewöhnliche Verantwortung. Aber Gott hat bereits alles in den Leib Christi hineingelegt, was er braucht, um die Flammen einer geistlichen Erweckung und einer kulturellen Revolution zu entzünden. Wenn Ortsgemeinden tatsächlich geistliche Subkulturen sind, die nur darauf warten, kulturelle Revolutionäre zu werden, dann müssen wir uns als geistliche Leiter darauf einlassen, unsere Umwelt als Kultur-Architekten zu gestalten.

In jeder Kultur findet man prägende Metaphern, die das Ethos definieren und gestalten. Solche Symbole enthalten verborgene Geschichten und rufen Bilder, Gedanken, Träume, Glauben und Überzeugungen zugleich hervor. Die Geschichte eines ganzen Volkes kann in einem Symbol enthalten sein, und fast jede Kultur hat zwei oder drei Symbole, die für die Identität ihres Volkes grundlegend sind.

BILDLICH GESPROCHEN

Ich liebe es schon lange, Völker unter die Lupe zu nehmen und herauszufinden, welche Metaphern ihre Werte und Kultur widerspiegeln. Wenn ich an die Präzision, die Disziplin und die Ordnung der britischen Kultur denke, dann ist es zum Beispiel keine Überraschung, dass der *Big Ben* ihre kulturelle Ikone ist. Die Zeitrechnung der gesamten Welt gründet sich auf Englands Uhren. Hinter dieser Metapher steht übrigens auch die zweite symbolträchtige Aktivität des Landes, die berühmte „Wachablösung" vor Buckingham Palace. Wenn ich ein Bürger von El Salvador wäre, würde es mir sicherlich äußerst schwer fallen, mir vorzustellen, dass der *Big Ben* und die Wachablösung Symbole für die Kultur eines Landes in Lateinamerika sein könnten.

> **Wir leben in einer Welt des Kommerzes, in der ein Symbol alles Nötige sagt.**

Metaphern sind auch unserer amerikanischen Kultur nicht fremd. Wenn man nur sorgfältig genug hinsieht, stellt man fest, dass eigentlich unsere gesamte Kultur von Metaphern bestimmt wird. Selbst unsere Mannschaftssportarten sind um bestimmte Metaphern herum aufgebaut. Da gibt es die „Oakland Raiders" (Banditen), die Bösewichte der Nationalen Football-Liga. Die „Miami Dolphins" (Delphine) dagegen könnten nie einen solchen Grad an Schlechtigkeit erreichen. Delphine sind viel zu nett. Die „49ers" sind Schwerstarbeiter und die „Bears" (Bären) sind die brummenden und brüllenden Football-Teams. Wenn man einen Vogel als Metapher zu wählen hätte, dann wäre ein „Cardinal" viel besser geeignet als ein „Robin" (Rotkehlchen). Es wäre schwer, bei den Gegnern

Respekt hervorzurufen, wenn man Rotkehlchen, Kolibri oder Bachstelze hieße!

Wir leben heute in einer kommerzialisierten Welt, in der ein Symbol alles Nötige sagt. Nike erkennt man an der Welle, Adidas an den Streifen, Starbucks an der Sirene mit den beiden Schwänzen, Apple am ... Sie haben es sicher erraten. Das Zeichen einer Marke beinhaltet heute immer auch künstlerische und Marketingaspekte. Dieselbe Kultur, die sich bisweilen so gerne von den alten Kulturerzählungen distanziert, liebt Metaphern.

Mein Bruder Alex ist mit einer Brasilianerin verheiratet. Und ich sage Ihnen eines: Die nationale Metapher für Brasilien könnte niemals eine Uhr sein. Wenn man an Brasilien denkt, dann denkt man an Karneval. Die kulturelle Metapher für dieses leidenschaftliche südamerikanische Land ist darum ein Festival, die größte Party der Welt. Ein wenig hinter dieser Metapher her tanzt eine andere kulturelle Ikone Brasiliens: Pelé, der vielleicht größte Fußballer der Welt. Wenn es einem gelingt, die Metaphern einer Kultur zu entdecken, versteht man auch das Wesen der jeweiligen Gesellschaft.

DIE BILDER DES UNSICHTBAREN GOTTES

Auch im Mittelpunkt des christlichen Glaubens stehen Metaphern, die, wenn sie sich in einem Leben erst einmal entfaltet haben, nicht nur das Herz eines Menschen umgestalten, sondern das gesamte Ethos einer Gemeinschaft.

Die zentrale Metapher des christlichen Glaubens ist das Kreuz. Dieses Symbol steht für Leidenschaft und Zielgerichtetheit und ruft die Art von Emotion hervor, die aus einer Gemeinde eine Bewegung macht. Für Menschen, die Jesus Christus nachfolgen wollen, ist das Kreuz mehr als eine Erinnerung an sein Opfer, seinen Tod und seine Auferstehung. Es dient auch als Einladung, uns selbst zu verleugnen und ihm nachzufolgen. Diese zentrale Metapher des Glaubens steht also auch für Opfer und Dienstbereitschaft. Wenn man in Gottes Reich leben will, dann muss man eigentlich nur eines tun: den alten Menschen ablegen und ein neuer Mensch in Christus werden.

Als ob das nicht schon genug wäre, wird das Wesen dieser Metapher noch durch eine andere christliche Metapher verstärkt: die Taufe. Die Taufe ist von ihrer symbolischen Aussage her ja ein Wassergrab. Sie erinnert ebenfalls an Tod, Begräbnis und Auferstehung Jesu Christi. Jeder Mensch, der Teil der christlichen Gemeinschaft wird, muss persönlich das Ende seines selbstzentrierten Lebens, sein eigenes Dahinscheiden und seine Auferstehung auf eine sehr eigentümliche und ungewöhnliche Weise erleben. Jeder Nachfolger Jesu Christi geht – symbolisch betrachtet – in sein Grab, um dann wirklich zu leben.

Es gibt noch eine dritte wegweisende Metapher in der Bewegung Jesu Christi: das Abendmahl, die beständige Einsetzung der Kirche. Wir kommen als Gemeinschaft immer wieder auf diese Metapher zurück. Sollte es uns überraschen, dass diese dritte Metapher auf die gleichen Grundgedanken zurückgeht wie die ersten beiden? Das Abendmahl wird im Gedenken an Jesu Leiden, Tod und Auferstehung gefeiert. Das Brot ist sein Körper, der für uns gebrochen wurde; der Kelch sein Blut, das für uns vergossen wurde. Jesus gebietet uns, dass wir uns an diese Dinge erinnern, wenn wir das Abendmahl feiern. Und gleichzeitig werden wir aufgerufen, uns selbst zurückzustellen. Paulus drückt dies folgendermaßen aus: „Christus ist mein Leben, und Sterben ist mein Gewinn." (Philipper 1,21)

> **Oft werden die Namen unserer Gemeinden zu Metaphern.**

In seinem Brief an die Galater erklärt der Apostel: „Weil ich aber mit Christus am Kreuz gestorben bin, lebe in Wirklichkeit nicht mehr ich, sondern Christus lebt in mir. Das Leben, das ich jetzt noch in diesem vergänglichen Körper lebe, lebe ich im Vertrauen auf den Sohn Gottes, der mir seine Liebe erwiesen und sein Leben für mich gegeben hat. Ich weise die Gnade Gottes nicht zurück. Wenn wir vor Gott damit bestehen könnten, dass wir das Gesetz erfüllen, dann wäre ja Christus vergeblich gestorben!" (Galater 2,20–21).

Das Ethos der neutestamentlichen Kirche ist unausweichlich mit den Begriffen des Opfers und des Sieges verbunden. Es ruft uns auf, durch den Tod zum Leben zu gelangen. Ein apostolischer Leiter entfaltet diese drei Metaphern in seiner Gemeinde und entzündet das Feuer wieder neu, das in der Kirche des ersten Jahrhunderts gebrannt hat. Die Urgemeinde brach unter dem Schatten des Kreuzes auf. Ein Nachfolger nach dem anderen schloss sich Jesus (auf symbolische Weise) im Tod an. Gemeinde für Gemeinde hat das Abendmahl gefeiert. Und Generation für Generation brachten Christen das Leben Christi zu den Völkern, indem sie sich selbst aufgaben, um Jesus zu folgen.

Auch wenn diese Metaphern sehr kraftvoll sind, reicht es doch nicht aus, sie einfach im Andenken an das, was Jesus getan hat, hochzuhalten. Es ist sehr wichtig, diese Metaphern neu zu verstehen, wenn wir die Herzen und Werte der heutigen Kirche prägen wollen. Die Metaphern verwurzeln uns nicht nur in der Vergangenheit, sondern sie führen und prägen uns auch für die Zukunft.

AUSPRÄGUNGEN DES GLAUBENS IN DEN ORTSGEMEINDEN

Obwohl jede Konfession diese zentralen christlichen Metaphern gebraucht, entwickeln sich in den örtlichen Gemeinden oftmals starke eigene Metaphern, die immer mehr an Macht gewinnen. Oft werden beispielsweise die Namen unserer Gemeinden zu Metaphern. Auch ein Symbol in unserem Gottesdienst oder aus unserer Struktur kann zu einer solchen Metapher werden. Beschreibungen wie Familiengemeinde, Bibelgemeinde, Gemeinschaftskirche oder Baptistengemeinde waren oft bei der Gestaltung des Ethos unserer Ortsgemeinden bestimmender als die Metaphern, die uns Gott selbst gegeben hat.

In einem Wohngebiet südlich von Dallas, das verarmt war und an wirtschaftlicher Depression litt, haben wir mit Menschen und Familien daran gearbeitet, das Fundament für eine Kirche zu errichten, die wirklich auf Jesus Christus und sein Wort gründet. Wir entschieden uns für den Namen *Cornerstone* (Eckstein), um zu vermitteln, dass es in einer Welt, in der alles unsicher und ungewiss und Gewalt an der Tagesordnung ist, jemanden und etwas gibt, auf das man sein Leben bauen kann, einen Gott, der sicher, unwandelbar und vertrauenswürdig ist.

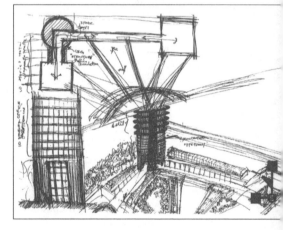

Als wir eine spanisch sprechende Gemeinde im Osten von Dallas gründeten, wussten wir, dass wir viele Menschen erreichen wollten, die einen institutionellen katholischen Hintergrund hatten. Wir nannten die Gemeinde *El Pueblo de Diós* (Das Volk Gottes), um eine eigene Metapher zu schaffen, die ausdrückt, dass Menschen hier wichtiger sind als Gebäude oder materieller Besitz.

Die Gemeinde, zu der ich in Los Angeles kam, hatte eine ziemlich offensichtliche, eigene Metapher für ihre Kirche. Sie hieß *The Church on Brady*. Der Name war ganz natürlich entstanden, als die Gründungsmitglieder ihre Kirche an einer Straße mit dem Namen „Brady" bauten. Ursprünglich war der Name der Kirche *First Southern Baptist Church of East Los Angeles* gewesen. Aber weil die Gemeinde in einem vorwiegend katholischen Wohngebiet lag, in dem eine *First Baptist Church* nicht besonders gut angesehen war, empfanden die Gründer den Namen als hinderlich, und die Gemeindemitglieder mit einem Herzen für Evangelisation fingen irgendwann instinktiv an, sie *The Church on Brady* zu nennen. Das war eine schöne Reaktion, die darauf zurückging, das man mit den Menschen, die Christus noch nicht kannten, sensibel umgehen wollte.

EINE NEUE METAPHER GESTALTEN

Als ich etwa fünfzehn Jahre später in diese Gemeinde kam, standen wir bald vor Herausforderungen, die es nötig machten, über einen Ortswechsel nachzudenken. Als wir dann tatsächlich umzogen, wurde die alte Metapher der *Church on Brady* plötzlich von einem Riesenvorteil zu einem Riesenhindernis. Als ich den Ortswechsel vorgeschlagen hatte, wurde mir immer wieder die Frage gestellt: „Und was passiert mit den Leuten, die in dieser Straße wohnen?" Nicht: „Und was passiert mit den Leuten in diesem Wohngebiet?" (Obwohl ich mir sicher bin, dass die Fragesteller das meinten.) Die Straße war eben zum Brennpunkt all unserer Gespräche geworden.

Diese Erfahrung führte nicht nur dazu, dass wir unsere Gemeinde umbenannten, sondern auch dazu, dass wir sehr sorgfältig über eine neue eigene Metapher nachdachten. Es gab so viel, das wir in dieser einen Metapher unterbringen wollten, einer klaren Metapher, die unsere Glaubensgemeinschaft beschreiben sollte. Wir wollten vor allem die Einzigartigkeit unserer Gemeinschaft und die Tatsache, dass Menschen aller Nationalitäten hier zu Hause waren, einfangen, obwohl wir noch nicht annähernd so vielfältig waren wie heute. Wir waren damals eine Gemeinschaft, die vorwiegend aus Mexiko-Amerikanern mit vielleicht dreißig Prozent Kaukasiern, einer Hand voll Asioamerikanern und einem Afroamerikaner bestand, der zum Stab gehörte und den Lobpreis leitete. Das Zentrum unserer Metapher sollte deutlich machen, dass die Völker in Jesus Christus vereinigt werden. Wir träumten von einer Gemeinde, die die Völker widerspiegelt.

Das ist ein wunderbares Beispiel dafür, wie eine Metapher etwas nicht nur definieren, sondern auch die Zukunft mitschaffen und gestalten kann. Heute haben wir bei *Mosaic* etwa vierzig Prozent Asiaten, dreißig Prozent Lateinamerikaner, dreißig Prozent Kaukasier und darüber hinaus viele Afroamerikaner.

Unsere Metapher sollte ebenfalls vermitteln, dass wir eine Gemeinschaft von zerbrochenen Menschen sind, die miteinander auf dem Weg sind, um Heilung und Ganzheit in Jesus Christus zu finden. Ein anderer wichtiger

Aspekt war für uns die Tatsache, dass wir ein Volk sein wollen, das Gott als den Meisterkünstler versteht, den Schöpfer, der in jeden Menschen den Geist der Kreativität gelegt hat.

Monatelang suchten wir eine Metapher, ein Bild oder Wort, das das Herz und die Vision unserer Gemeinde angemessen beschreiben würde. Wir beteten und dachten nach und träumten, hatten aber lange keine zündende Idee. Und dann passierte ein kleines Wunder. Ich ging mit zwei Personen aus unserem Mitarbeiterteam zum Coca-Cola-Automaten, und einer von ihnen ließ den verrückten Gedanken fallen, dass er ein Getränk erfinden wolle, das jedes Mal, wenn man es trinkt, den Geschmack ändert. Der andere Mitarbeiter sagte: „O, da hab ich einen passenden Namen für dein Getränk. Du solltest es *Mosaic* nennen."

> Jede Kultur hat Geschichten, die in ihren Glauben, ihre Mythologie oder ihr Brauchtum eingehüllt sind.

Als ich das hörte, wusste ich sofort: Das war der richtige Name für unsere Gemeinschaft. Ich schaute sie an und sagte: „Hey, das ist kein Name für ein Getränk, das ist der zukünftige Name unserer Gemeinde." Sie sahen mich beide an, als ob ich den Verstand verloren hätte.

Mosaik ist eine perfekte Metapher, nicht nur für das, was wir sind, sondern auch für das, was wir gerne werden wollen. Ein Mosaik ist eine Kunstform aus zerbrochenen und zerstückelten Teilen, die zusammengesetzt werden, um die Herrlichkeit Gottes widerzuspiegeln, besonders wenn Licht darauf fällt. Es dauerte eine Weile, aber bald nahm die ganze Gemeinde das Bild an und feierte die Vorstellung, dass wir ein Mosaik Gottes sind, das seine Schönheit durch das Licht Jesu Christi widerspiegelt.

DIE KUNST DER GESCHICHTEN

In die Metaphern einer Gemeinschaft sind immer Geschichten verwoben. Jede Kultur hat Geschichten, die in ihren Glauben, ihre Mythologie oder ihr Brauchtum eingehüllt sind, und diese Geschichten erzählen das Leben und die Erfahrungen der Götter oder Helden nach. Sie unterhalten nicht nur, sie lehren auch, weil sie zutiefst mit den Überzeugungen und Idealen der Gesellschaft verwoben sind. Geschichten leisten zweierlei: Sie definieren und sie lenken. In vielerlei Hinsicht ist die Geschichte einer Kultur die Geschichte jedes Menschen in dieser Kultur, die große Geschichte, die das Leben der Gesellschaft beschreibt. Es ist die Geschichte, die das Leben schildert, das jeder Einzelne sich wünscht.

Führungspersönlichkeiten müssen ihre Geschichten sorgfältig auswählen. Natürlich haben wir Christen einen unglaublichen Vorteil: Die Bibel ist voller bedeutender Geschichten, und darin sind all die Werte enthalten, die Gott an sein Volk weitergeben will. Letztlich ist die Bibel eine einzige große Geschichte, die Geschichte von Gottes Handeln in der Geschichte der Menschheit, von der Schöpfung bis zur Erlösung seines Volkes. Diese Geschichte ist so groß, so reich und so tief, dass es viele Geschichten braucht, um sie einzufangen und ihnen eine angemessene Gestalt und Tiefe zu geben.

Apostolische Leiter sind immer Geschichtenerzähler. Sie achten darauf, dass die große Geschichte im Mittelpunkt der Gestaltung eines Ethos steht. Eine der Gefahren beim Erzählen einzelner biblischer Geschichten besteht sicher darin, das eigentliche Ziel aus den Augen zu verlieren, das Gottes Geschichte vorantreibt. Die Geschichte der Bibel schildert Gottes Plan, die Völker zurück in seine Gegenwart zu bringen. Das 1. Buch Mose zeigt uns den Beginn des Problems; die Offenbarung vermittelt uns die Hoffnung, dass es dafür am Ende der Zeiten eine Lösung gibt. Das Alte Testament zeigt Gottes Entschluss, die Völker durch ein auserwähltes Volk zu erreichen; das Neue Testament beginnt mit dem Eingriff Gottes in die Geschichte der Menschheit durch Jesus Christus. Die Geschichte Jesu entfaltet sich aus seinem Ziel heraus, das zu suchen und zu retten, was verloren ist (Lukas 19,10). Und sie setzt sich in der revolutionären Bewegung der Urkirche fort, die sein Zeuge sein soll in Jerusalem, Judäa, Samarien und bis an die Enden der Erde.

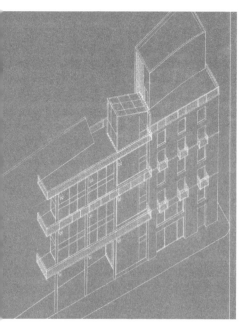

Die Kirche wurde aus Geschichten geboren. Die Kirche des ersten Jahrhunderts wurde durch Weitererzählen vorangebracht. Es gab noch kein niedergeschriebenes Neues Testament; keine Evangelien, mit deren Hilfe die Geschichte von Jesus hätte weitergegeben werden können. Seine Geschichte war zuallererst Geschichtenerzählern anvertraut. Der christliche Glaube wuchs durch Geschichten, nicht durch Texte. Erst später wurden die Geschichten Schrift. Auch wenn wir die Schrift achten sollen, dürfen wir niemals die Macht von Geschichten aus dem Auge verlieren.

DIE GANZE GESCHICHTE

Auch die Kirche ist ein Teil von Gottes Geschichte, aber unser Kapitel kann man nicht einfach vom Anfang bis zum Ende lesen. Wenn wir unseren Kapiteln Leben einhauchen wollen, müssen wir die ganze Zeit das Ende im Kopf behalten und uns bewusst machen, dass es bei dieser Geschichte letztlich darum geht, dass Gott nicht aufzuhalten ist und die Weltgeschichte erst dann zu einem Ende kommt, wenn die Kirche das Ziel Jesu erreicht hat und Menschen von jedem Volk, jedem Stamm und jeder Nation zur Erlösung führt. Wir lesen in Offenbarung 7,9–10: „Danach sah ich eine große Menge Menschen, so viele, dass niemand sie zählen konnte. Es waren Menschen aus allen Nationen, Stämmen, Völkern und Sprachen. Sie standen in weißen Kleidern vor dem Thron und dem Lamm und hielten Palmzweige in den Händen. Mit lauter Stimme riefen sie: ‚Der Sieg gehört unserem Gott, der auf dem Thron sitzt, und dem Lamm!'"

Unser Kapitel der Geschichte macht nur Sinn, wenn wir die ganze Geschichte erzählen – und uns zugleich bewusst machen, dass wir nur ein Teil von ihr sind. Es gibt viele Nebenhandlungen in dieser Geschichte; Menschen werden verändert, Ehen geheilt, Beziehungen wiederhergestellt, zerbrochene Herzen wiederhergestellt und zerstörte Träume neu geboren. Aber das alles geschieht in dem Zusammenhang der Gewissheit, dass Gott uns beruft, Menschenfischer zu werden und die Völker für ihn zu gewinnen.

TEIL EINER BEDEUTENDEN GESCHICHTE

Natürlich gibt es auch andere große Geschichten, die für die Gestaltung eines Ethos von Bedeutung sind; damit sind zum Beispiel Geschichten von Menschen gemeint, deren Namen Gesichter haben, Geschichten, die nicht nur die Mythologien von Helden und Legenden erzählen, sondern die die Menschlichkeit von gewöhnlichen Personen – Nachbarn, Angehörigen und Freunden – zeigen.

Vor allem gibt es wunderbare Geschichten, die die Leiter geprägt haben; Geschichten, die Glauben und Werte entwickeln, zu unerschütterlichen Überzeugungen führen und sogar bei Unglücken und Konflikten tragen. Jeder Leiter muss in seine eigene Geschichte verstrickt sein, der Geschichte Gottes in seinem Leben. Und in dieser Geschichte kann es viele Geschichten geben, die eine innige Bekanntschaft mit Gott ausdrücken. Wenn die Menschen nicht glauben, dass ein Leiter eine eigene

> **Wenn die Menschen nicht glauben, dass ein Leiter eine eigene Geschichte mit Gott erlebt hat, werden auch alle anderen Geschichten, die er erzählt, keinerlei Wirkung haben.**

Geschichte mit Gott erlebt hat, werden auch alle anderen Geschichten, die er erzählt, keinerlei Wirkung haben. Man kann sich immer an die Geschichten erinnern, die das eigene Leben geprägt haben, die Geschichten, mit denen die Menschen einen manchmal schon aufziehen, weil man sie immer wieder erzählt. Diese Geschichten sind mehr als eine Erinnerung; sie erklären, wer man ist und warum man in die Richtung geht, die man eingeschlagen hat. Es sind die Geschichten von beantworteten Gebeten, überwundenen Hindernissen, erfüllten Träumen und Opfern, die Wunderbares möglich gemacht haben.

Apostolische Leiter sind nicht nur große Geschichtenerzähler; in vieler Hinsicht erzählt ihr Leben eine große Geschichte. Die jeweiligen Themen sind dabei – im Einklang mit den Herzensmetaphern unseres Glaubens: Opfer, Tod und Leben.

Kim und ich haben viele unserer Geschichten mit Gott auf Grund unserer Arbeit unter den Armen der Großstadt erlebt, die wir zehn Jahre lang geleistet haben. Auch wenn sich unser Umfeld verändert hat, bleibt doch der Gott, dem wir dort begegnet sind und den wir dort kennen gelernt haben, derselbe. Und er trägt uns weiter in die Geschichten, die noch vor uns liegen. Die Geschichten, die wir erlebt haben, inspirieren uns, andere auf eine ähnliche Reise einzuladen, damit auch sie ihre eigenen Geschichten mit Gott erleben können.

Paulus beschreibt Christen als Briefe Gottes, die auf menschliche Herzen geschrieben wurden. Mit jeder gelebten Geschichte wird die Kirche ein Ort, der reicher ist an Geschichten mit Gott; und mit jeder Geschichte wächst und vertieft sich der Glaube. Und dann geschieht Folgendes: Die Menschen, die noch keine ähnlichen Geschichten haben, fangen an, nach ihren eigenen Geschichten zu suchen. Und sie fangen da an, wo diejenigen, die ihre Reise bereits aufgenommen haben, eine Erfahrung weitergegeben haben. Das Leben von Christen wird zu einer Entdeckungsreise mit Gott und mit jeder weiteren Geschichte wächst die Dynamik dieser lebensverändernden Bewegung exponential.

WENN EINE GESCHICHTE LEBENDIG WIRD

Eine der Künste, in denen sich Leiter üben müssen, ist die richtige Auswahl guter Geschichten. Prediger müssen mehr tun, als dafür zu sorgen, dass die Gemeindemitglieder die richtige Lehre erhalten, sie müssen mehr tun, als die Menschen dazu aufzufordern, das Gehörte in ihrem Leben umzusetzen. Ihr Predigen muss die Geschichten Gottes aufgreifen, die ein Bild von dem zeichnen, wie das Leben für jeden aussehen kann. Gott verspricht ja, dass er sich von denen finden lässt, die ihn suchen, und sich von denen erkennen lässt, die demütig mit ihm gehen.

Wenn all Ihre Geschichten nicht mit Ihrer eigenen Kultur zu tun haben, werden Sie nur „verwässerte Ergebnisse" erreichen. Es gibt fast nichts Kraftvolleres, als die Geschichte eines Menschen zu erzählen, dessen Leben durch Christus verändert wurde – und dann auf die Person zeigen zu können, vor allem, wenn jeder den Betreffenden kennt. Doch eines ist sogar noch gewaltiger, nämlich wenn man ihn oder sie bitten kann, aufzustehen und die Geschichte selbst zu erzählen.

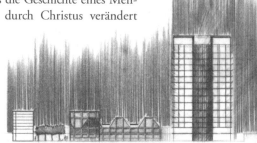

REBECCAS GESCHICHTE

Ich erinnere mich noch sehr genau an die Woche, in der Rebecca Catalan im Sterben lag. Ihre Blutwerte waren auf einen kritischen, ja sogar tödlich niedrigen Wert gefallen, und die einzig mögliche Behandlung zeigte keinerlei Wirkung. Am Donnerstag war ihre Situation vom medizinischen Standpunkt aus hoffnungslos. Doch als wir zusammenkamen, um für sie zu beten, spürten wir alle einen göttlichen Augenblick, Gottes gnädige und machtvolle Antwort auf unsere Hilferufe. Innerhalb von dreißig

> **Wenn Ihr Sohn stirbt und Gott ihn ins Leben zurückbringt, dann fällt es gar nicht mehr so schwer, die Botschaft vom Kreuz zu verstehen.**

Minuten informierten die Ärzte Rebeccas Eltern, dass sich ihre Tochter auf wunderbare Weise erhole. Und am Sonntag darauf, nur drei Tage, nachdem die Ärzte die Hoffnung aufgegeben hatten, saß sie bei uns im Gottesdienst. Man kann sich die Reaktion vorstellen, als ich ihre Geschichte erzählte und dann auf sie wies, die zwischen denen saß, die feierten. Die Macht des Gebets wurde durch Rebeccas Leben und Geschichte realer.

JOSIAHS GESCHICHTE

An einem Dienstagmorgen bereiteten sich Cyndi und Paul Richardson auf ihre Abreise nach Indonesien vor, um sich in einem muslimischen Land zu engagieren, das dringend die Liebe Gottes braucht. Sie hatten bereits gepackt und wollten gerade zum Flughafen aufbrechen; es fehlte nur noch ihr zehn Monate alter Sohn.

Augenblicke später fanden sie Josiah auf dem Grund eines Swimming Pools. Er war durch ein offenes Gartentor zu den Nachbarn gekrabbelt und hineingefallen – möglicherweise war er schon ungefähr fünf Minuten bewusstlos. Josiah wurde nach ersten Wiederbelebungsversuchen mit dem Rettungshubschrauber ins Kinderkrankenhaus gebracht, wo fast hundert Personen mit Cyndi und Paul zusammen für ihren Sohn beteten, inmitten dieser Tragödie.

Ich werde nie vergessen, wie ich mit dem schluchzenden Paul über den Parkplatz des Krankenhauses ging und versuchte, die Information zu verdauen, dass sein Sohn lebenslang behindert bleiben würde, wenn er überhaupt überlebte. Wir flehten zu Gott, legten unsere Hände auf den kleinen Körper und baten Gott inständig, sein Leben wiederherzustellen. Und so unglaublich es auch klingen mag: Er wurde völlig gesund. Man kann sich vorstellen, wie das für unsere Gemeinde war, als sie nur ein paar Tage später Josiahs Geschichte hörte und ihn dort im Gottesdienst bei seiner Familie sitzen sah!

Obwohl sich ihre Reise für ein paar Monate verzögerte, gingen Paul und Cyndi später doch noch nach Indonesien, um in einer unsicheren Gesellschaft zu leben, in der der christliche Glaube nicht gerade gern gesehen ist. Wenn Ihr Sohn stirbt und Gott ihn ins Leben zurückbringt, ist es nicht schwer, die Botschaft vom Kreuz zu verstehen.

DAVES GESCHICHTE

Dave Auda war seit neunzehn Jahren Lastwagenfahrer für UPS, arbeitete fast sechzig Stunden in der Woche und war zugleich Ehemann und Vater von vier Töchtern. Dave gründete gemeinsam mit zwei anderen Familien eine „Life group", wie wir unsere Hauskreise nennen. Innerhalb von sechs Monaten kamen über sechzig Leute in diese Gruppe. Die Gruppe hat unter anderem miterlebt, dass dreiunddreißig Leute zum Glauben an Jesus Christus gekommen sind und achtzehn getauft wurden; und das alles in Daves begrenzter Freizeit. Die Geschichte dieses so beschäftigten Gemeindemitgliedes, dessen Kleingruppe schneller wuchs als die Gemeinden der meisten vollzeitlichen Pastoren, machte einen gewaltigen Eindruck auf unsere Gemeinde, und es war erstaunlich, wie viele ermutigt wurden, als er nach einundzwanzig Jahren Mitgliedschaft in unseren Leitungskreis aufgenommen wurde.

Offen gesagt, hätten wir uns seine vollzeitliche Mitarbeit eigentlich gar nicht leisten können (man bedenke, er arbeitete für UPS). Aber Gott vollbrachte ein eigenartiges Wunder. Als Dave eines Tages auf Grund von Übermüdung durch seinen engagierten Dienst in der Gemeinde hinter dem Steuer einschlief, fuhr er seinen LKW eine sechs Meter hohe Böschung hinunter. Gott verschonte sein Leben, aber seine Verletzungen beendeten seine Karriere bei UPS. Ich ging zu Dave und sagte ihm: „Jetzt, da du arbeitslos bist, können wir uns dich leisten. Ich möchte dir eine Erhöhung deiner Arbeitslosenhilfe anbieten." Als Dave seine Geschichte erzählte und die Menschen mit ansehen konnten, was sein Leben schon alles bewirkt hatte, vervielfachte dies die Wirkung seines persönlichen Dienstes und half, das Ethos unserer Gemeinschaft neu zu prägen.

MARIS GESCHICHTE

Mari Takashima ist in Japan geboren und lernte unsere Gemeinde kennen, als sie und ihr Mann Ross mit Eheproblemen zu kämpfen hatten. Durch die Einladung eines Freundes begannen sie, *Mosaic* zu besuchen, und begleiteten uns auf einem missionarischen Einsatz nach Ensenada in Mexiko, um uns bei der Arbeit in einem verarmten Wohngebiet zu helfen. Mari und Ross arbeiteten beide in einem Team für Wandmalerei, das ein örtliches Sportzentrum in 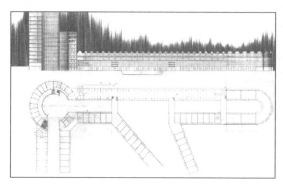 einer der *Colonias* umgestalten wollte. Sie malten dabei auch drei Worte in Spanisch an die Wand, die sie gar nicht verstanden. Diese Worte waren G*lauben, Dazugehören, Entwickeln*. Ein andere Frau aus dem Ensenada-Team, die noch gar nicht bekehrt war, las die Wandmalerei und war davon so berührt, dass sie kurz darauf Christus einlud, in ihr Leben zu kommen.

An diesem Abend erzählte die Mexikanoamerikanerin, die durch die Wandmalerei zum Glauben gekommen war, dass diese drei Worte genau das ausdrückten, wonach sie sich in ihrem Herzen immer gesehnt hatte, und wie sie ihr geholfen hatten, zum Glauben zu kommen. Mari saß in der Gruppe und hörte mit an, wie ihr eigenes Werk jemanden zu Christus geführt hatte, während sie selbst sich noch gar nicht dazu entschieden hatte, ihm zu folgen. An diesem Abend übergab auch Mari als Ergebnis der erzählten Geschichte jener Frau ihr Leben Christus. Evangelisation durch Kunst gewinnt durch Maris Bild eine ganz neue Bedeutung.

ERICS GESCHICHTE

Ich bemerkte Eric Bryant zum ersten Mal, als ich eines Tages früh zur Gemeinde kam. Er trug eine orangefarbene Weste und regelte den Verkehr. Fortan war es so: Jedes Mal, wenn ich Eric sah, war dieser Typ bei irgendeinem Dienst. Und ich hörte ständig neue Geschichten über ihn. Ganz gleich, was es auch zu tun gab, Eric meldete sich. Nichts schien ihm zu gering oder zu unbedeutend zu sein. Zum ersten Mal sprach ich ihn dann bei einer Beach-Party an. Ich bat ihn, mir ein wenig von sich zu erzählen; von seinen Interessen und Leidenschaften. Und noch ehe das Gespräch zu Ende war, fragte ich ihn, ob er nicht bei uns als Jugendpastor arbeiten wolle. Ich hatte nie einen Blick in seinen Lebenslauf geworfen oder irgendeine Referenz eingeholt. Aber ich werde zutiefst berührt, wenn jemand leidenschaftlich für andere da ist. Sein dienendes Herz ist eine Geschichte, die wir noch heute gern erzählen, und ein Vorbild, dem wir folgen.

> **Geschichten, die man erzählt, formen die Kultur.**

GOTTES MACHT ENTFALTEN

Geschichten tragen das Wesen des Ethos in sich. Man kann entweder über Gottes Macht predigen oder Menschen Geschichten erzählen, die seine Macht illustrieren. Man kann über die verändernde Kraft der Gemeinschaft in einer Kleingruppe predigen, oder man kann ihnen eine Geschichte erzählen, die das mit Leben erfüllt. Man kann Menschen sagen, dass Kreativität nicht nur die natürliche Folge von geistlichem Leben ist, sondern auch ein außerordentliches Werkzeug für die Evangelisation in der postmodernen Welt; oder man kann sie ein Widerschein dieser Realität sein lassen. Man kann den ganzen Tag über die Bedeutung des Dienens und der Dienstbereitschaft reden oder man kann vom Beispiel Jesu lernen und die hervorheben, die sich selbst zurückstellen und bereit sind, die Letzten in seinem Reich zu sein.

Die Geschichten, die man erzählt, formen die Kultur einer Gemeinde. Geschichten, die im Leben der Gemeinde wurzeln, hauchen ihr Leben ein. Wirklich gute Leiter sind beispielhafte Geschichtenerzähler. Wirklich gute Gemeinden haben erstaunliche Geschichten zu erzählen. Erstaunliche Geschichten schaffen eine viel versprechende Zukunft.

DIE SPRACHE

Ein anderer wichtiger Weg, um Ethos zu vermitteln, ist die Sprache. Man kann herausfinden, was einer bestimmten Kultur wichtig ist, wenn man sich damit beschäftigt, wie viele Worte es in ihr gibt, etwas zu beschreiben. Als ich als Kind in El Salvador lebte, lernte ich nur ein Wort für „Schnee", und das war das Wort *nieve*. *Nieve* umfasste sowohl Eiscreme, was ich sehr gut kannte, als auch echten Schnee, den ich noch nie gesehen hatte.

Als ich in Miami wohnte, war ich eine Zeit lang ein großer Fan der Eishockeymannschaft *Minnesota Vikings*. Dadurch entwickelte ich eine große Begeisterung für Schnee. Ich liebte es, mir Joe Kapp und dann Fran Tarkenton anzuschauen, die ihre „Wikinger" in die gefrorene Tundra Minnesotas führten, um mit Gegnern zu kämpfen, die ihnen nichts entgegenzusetzen hatten. Das weckte in mir immer die Sehnsucht nach Schnee.

Wie man sich vorstellen kann, musste ich während meiner zehn Jahre in Miami weiter auf echten Schnee warten. Aber dann zogen wir nach North Carolina. Ich konnte mein erstes Schneeerlebnis gar nicht abwarten. Natürlich hatte ich mir nicht wirklich klar gemacht, wie kalt es sein muss, damit es schneien kann, aber das ist eine andere Geschichte. Und dann war es so weit: mein erster Schnee. Er war nasser, als ich gedacht hatte, sah nicht ganz so dick aus, wie ich ihn mir vorgestellt hatte – und fühlte sich eigentlich ganz schön unangenehm an.

Dieser erste Schnee war wirklich eine Enttäuschung für mich, aber dann erklärte mir jemand, dass das gar kein Schnee sei, sondern Schneeregen. Später erlebte ich noch einmal etwas, das ich für Schnee hielt, aber ich wurde wieder eines Besseren belehrt: Das war Schneegrieß. Einmal hatte ich sogar ein ziemlich gefährliches Erlebnis mit Schnee, als dieser regelrecht herunterprasselte, hart und schnell und in Golfballgröße. Dann erfuhr ich, dass das kein Schnee, sondern Hagel war.

Je mehr man in die Welt des Schnees eindringt, desto mehr entdeckt man, dass sie weitaus komplexer ist, als man sich je vorgestellt hat. Es gibt mehr als nur Schneebälle und Schneemänner. Es gibt Schneewehen, Schneestürme, Schneepflüge, und natürlich, zur Freude jedes Schülers, Schneeferien. So weit ich es verstehe, haben einige Kulturen buchstäblich Dutzende verschiedener Worte für Schnee, die auf ihre jeweilige Erfahrung mit diesem Phänomen zurückgehen.

MIT ANDEREN WORTEN ...

Die Sprache ist ein wichtiger Kulturvermittler. Nicht nur, weil sie hilft, eine Erfahrung zu beschreiben, sondern weil man durch sie lernt, zu überleben und sich in einer besonderen Umwelt zurechtzufinden. Das Gleiche gilt für die Umwelt von Kirchen. Je mehr Worte man für etwas hat, desto größer ist die Wahrscheinlichkeit, dass diese Sache ein echter Teil des Gemeinde-Ethos ist. Wenn man einmal ein kurzes Studium seines gemeindeinternen, kulturellen Wörterbuches machte, was würde da wohl zum Vorschein kommen? Wie viele Wörter gibt es bei Ihnen für Evangelisation? Wie viele für Mitarbeit? Wie viele verschiedene Arten, Liebe auszudrücken und zu beschreiben? Gibt es zum Beispiel Worte wie „Risiko", „Opfer", „Katalysator", „Innovation", „Kreativität" und „Versagen" in Ihrer Sprache des Glaubens? Bedenken Sie: Je nuancierter die Beschreibung ist, desto bestimmender ist die Erfahrung in der Kultur. Wie viele Eigenschaftswörter umschreiben das Wort „Liebe" in Ihrem Umfeld? Und wie viele illustrieren die Bedeutung von Hoffnung in Ihrer Gemeinde?

> **Wir sollten uns ernsthaft Gedanken machen, wenn wir nicht über die christliche Sprache hinauskommen, die man auf Aufklebern und T-Shirts findet.**

Es besteht allerdings ein großer Unterschied zwischen einer Sprache, die ein Ethos beschreibt, und einem gemeindeeigenen Jargon. Oftmals ist es sogar so, dass man bei einer Gemeinde, in der man jede Menge Klischees und Gemeinplätze zur Beschreibung bestimmter Werte oder Erfahrungen hört, fast sicher sein kann, dass die dahinter stehenden Werte oder Erfahrungen gar nicht existieren. Wenn einzigartige Kulturen ihre eigenen, unverwechselbaren Dialekte entwickeln, ist das etwas ganz anderes als ein Jargon. Jargon ist der Gebrauch einer künstlichen und bedeutungsleeren Sprache, mit der man nur versucht, etwas zu beschreiben, das tiefer ist und mehr Substanz hat.

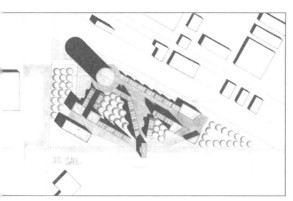

Wir sollten uns ernsthaft Gedanken machen, wenn wir nicht über die christliche Sprache hinauskommen, die man auf Aufklebern und T-Shirts findet. Bei der Vermittlung eines Ethos kommt es entscheidend darauf an, dass Menschen die Echtheit ihrer eigenen Erfahrung mit ihren eigenen Worten beschreiben. Darum hat die Sprache, die ein Leiter gebraucht, eine starke Auswirkung auf die Gestaltung einer Kultur. Gleichzeitig ist die Fähigkeit der Gemeindeglieder, ihre Werte klar und als ihre ganz eigenen auszudrücken, ein wesentliches Zeichen dafür, dass ein echtes Ethos entsteht.

Eines der krassesten Beispiele für den Einfluss von Sprache in unserer Kultur ist das Auftauchen von Worten aus dem Bereich der Funktionsstörungen. Man mag es nicht glauben, aber vor nicht allzu langer Zeit war das Wort „dysfunktional" noch nicht Bestandteil unseres Wortschatzes. Nur ausgewiesene Fachleute aus einem bestimmten Bereich der Psychiatrie gebrauchten dieses Wort zur Beschreibung von Psychosen oder Neurosen. Bevor die Liste der Beschreibungen menschlicher Zerbrochenheit den Umfang bekam, den sie heute hat, konnte man die Menschen allgemein als „funktionstüchtig" und sogar gesund beschreiben. Die wenigen, die man in Heime steckte, wurden einfach als krank oder verrückt betrachtet.

In einer Spanne von knapp fünfzig Jahren haben wir uns von einer Kultur, in der psychologisches Leid kaum ein Thema war, zu einer Gesellschaft entwickelt, die über die menschliche Zerrissenheit scheinbar viel zu gut unterrichtet ist. Heute ist es gängig, dass Menschen psychotisch, neurotisch, manisch-depressiv, bipolar oder schizophren sind – oder gar an mehrfacher Persönlichkeitsstörung leiden. Was einmal lediglich in Kursen über anomale Psychologie thematisiert wurde, wird heute verwendet, um gewöhnliche Amerikaner zu beschreiben. Wenn Sprache ein Indikator für ein kulturelles Ethos ist, dann können wir uns langsam vorstellen, was die Folgen eines solchen Sprachgebrauchs sind. Ihre Zerrissenheit wird von den Menschen heute so tief empfunden, dass die meisten Krankheiten nur noch durch Kürzel wie ADHS oder POS betitelt werden.

WÄHLEN SIE IHRE WORTE SORGFÄLTIG

Eine meiner interessantesten Erfahrungen mit der Verbindung von Sprache und Kultur machte ich, als ich im Gottesdienst einer kleinen spanisch-sprechenden Gemeinde saß. Die Anwesenden waren eine Mischung aus mexikanischen Einwanderern, Mittelamerikanern, Menschen aus der Karibik und Südamerikanern. Ein zufälliger Besucher hätte sicher angenommen, dass wir alle zur gleichen Kultur und zur gleichen ethnischen Gruppe gehörten. Aber: Obwohl wir alle etwas sprachen, das man als Spanisch bezeichnen könnte, gab es riesige Sprachbarrieren zwischen uns.

Ich hatte an diesem Tag einen puertoricanischen Pastor gebeten, zu unseren vorwiegend mexikanischen Zuhörern zu sprechen. Er erklärte in seiner Predigt, dass er vor seiner Entscheidung für Christus überall *chavos* hatte und für *chavos* lebte. In jeder Stadt machte er *chavos*. Er hatte *chavos* hier und *chavos* da, und das Schwerste sei es für ihn nach seiner Begegnung mit der Botschaft Christi gewesen, seine Liebe zum *Chavos*machen aufzugeben.

> **Wenn wir eine Sprache verwenden, die nicht durch unser Leben und Tun gedeckt ist, verlieren die Worte ihre Bedeutung und ihre Kraft.**

Ich verstand überhaupt nicht, was er meinte. Ich hatte das Wort *chavos* noch nie zuvor in meinem Leben gehört. Die mexikanischen Frauen im Raum dagegen waren zuerst überrascht, dann zutiefst entsetzt. Ihre Überraschung ging nach kurzer Zeit sogar in Zorn über. Der Redner wusste überhaupt nicht, was plötzlich los war, aber ein anderer puertoricanischer Pastor schaltete sich schnell ein. Er erklärte uns, dass *chavos* in Puerto Rico „Geld" bedeutet, während das gleiche Wort in Mexiko für „Babys" gebraucht wird. Als der Gastredner erklärte, dass er es liebte, Geld zu machen, und dass er in jeder Stadt Geld machte, hier und dort und überall, da verstanden die Mexikanerinnen, dass er es geliebt hätte, Babys zu machen, hier und dort und überall. Und der Gipfel war, als er sagte, für ihn sei es nach seiner Entscheidung für Christus am schwierigsten gewesen, das Chavosmachen aufzugeben! Das gleiche Wort hatte also in den unterschiedlichen Kulturen eine völlig andere Bedeutung!

DEN WORTEN EINE FESTE BEDEUTUNG GEBEN

Die Bedeutung der Worte, die wir gebrauchen, ist wichtiger als die Worte selbst. Zwei Gemeinden können die gleichen Worte benutzen und dramatisch andere Bedeutungen damit verbinden. Jede Gemeinde gebraucht die Begriffe „Glaube, Hoffnung und Liebe", aber die Bedeutung kann völlig verschieden sein. Jede Kirchengemeinde spricht von Diakonie und Dienst, aber die Bedeutung ist nicht überall die gleiche.

Wenn wir ernst nehmen, dass Sprache in der Lage ist, das Ethos zu gestalten, dann müssen wir über die reine Wortebene hinausgehen und genau unter die Lupe nehmen, welche Bedeutung sich hinter bestimmten Begriffen verbirgt. Was bedeutet „Gemeinschaft" in Ihrer Gemeinde? Also, ich habe noch nie eine Gemeinde getroffen, die nicht von sich behauptet, sie habe eine gute Gemeinschaft. Eine solche persönliche Beschreibung von Gemeinschaft ist jedoch außerordentlich subjektiv – und ohne Frage oftmals sehr exklusiv für alle, die nicht zu dieser Gemeinde gehören.

Was meint eine Gemeinde, wenn sie das Wort „Mission" gebraucht? Es hat mich immer erstaunt, dass so viele Kirchen und Gläubige, die angeblich „missionarisch gesinnt" sind, sich eigentlich kaum in der Mission engagieren und gar nicht daran denken, den persönlichen Kontakt mit Nichtchristen zu suchen und sie in Gottes Reich hineinzulieben.

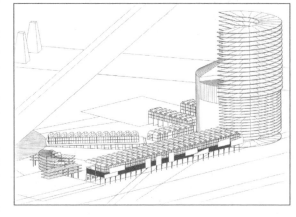

Die Sprache kann unser Ethos und unsere Taten stark beeinflussen; aber unsere Taten können auch die Macht der Worte herabsetzen. Wenn wir eine Sprache verwenden, die nicht durch unser Leben und Handeln gedeckt ist, verlieren die Worte ihre Bedeutung und ihre Kraft. Wenn das passiert, müssen wir entweder eine neue Ausdrucksweise finden, um einen alten Wert zu beschreiben; oder wir müssen die alte Ausdrucksweise zurückgewinnen, indem wir unser Handeln verändern.

Es gibt übrigens kein Wort, das wir in diesem Zusammenhang gründlicher unter die Lupe nehmen sollten, als das Wort „Gemeinde". Was bedeutet das eigentlich: „Gemeinde Jesu Christi" zu sein? Was ist eine annehmbare Definition einer Ortsgemeinde? Wann hört eine Ortsgemeinde auf, eine Gemeinde Jesu Christi zu sein? Während ich dieses Buch schreibe, hoffe ich, dass wir in unseren Gemeinden unsere Sprachkultur verbessern und zugleich eine neue Ausdrucksweise finden, die uns inspiriert, große Dinge für die Ortsgemeinde zu erwarten. Dann werden wir nämlich auch die Kraft der biblischen Sprache zurückerobern, die uns sagt, wie wir sind und wer wir als Gottes Volk werden sollen.

EIN MANN DER TU-WORTE

Ein weiterer wichtiger Aspekt der Beziehung zwischen Sprache und Ethos ist der Gebrauch von Substantiven und Verben. Während eine beschreibende Ausdrucksweise hilft, ein Ethos zu definieren, sollte man zugleich eine Sprachkultur entwickeln, die das Handeln fördert. Einige Worte warten nämlich auf eine motivierende Definition, weil sie zu sehr zwischen Substantiv und Verb hängen.

„Glaube" ist so ein Wort. Es macht einen gewaltigen Unterschied, ob wir unsere Kultur als Glauben bezeichnen, oder ob wir als Bewegung „durch Glauben leben". Während sowohl das Substantiv als auch das Verb zum Aufbau einer Kultur gehören, kann das Substantiv ohne das Verb zu einer Beschreibung ohne Anwendung führen. Ein Ethos der Bewegung nimmt Worte wie Glaube, Liebe und Hoffnung missiologisch und verwandelt sie als erstes von einem Hauptwort in ein Tätigkeitswort: Glauben, Lieben, Hoffen verändert die Welt. So wird eine Sprache geschaffen, die Handeln, Bewegung und praktische Anwendung ausdrückt.

> **Von den *Beatles* über die *Rolling Stones* bis hin zu den *Radioheads* hat unsere Generation etwas erlebt, das man wohl am besten als „säkulare Anbetung" bezeichnen könnte.**

Es ist kein Zufall, dass einige der erfolgreichsten Kommunikatoren unserer Zeit (unter Christen wie auch unter Nichtchristen) sich vor allem auf die Umsetzung eines Gedankens konzentrieren, den sie vertreten. Das ist die Grundlage aller Predigten, die die Not der Menschen spüren: Sie bewegen die Menschen zur Umsetzung des Gehörten; und sie vermitteln eine Lehre, die die Menschen zum Handeln ruft.

Die Macht der Theologie liegt in dem Auftrag, zu dem sie ruft. Sprache, die mehr zur Information anleitet als zur Aktion, mag bilden, aber sie schafft keine Bewegung. Kommunikation hat aber die besondere Fähigkeit, aktiv zu gestalten.

DIE KUNST DER KUNST

Ein anderes wichtiges Werkzeug jedes Kultur-Architekten ist die Ästhetik, weil Schönheit in jeder Kultur zur Gestaltung des Ethos wesentlich beiträgt. In vieler Hinsicht ist die Ästhetik ein Ausdruck davon, was eine Kultur für wahr hält – durch Bilder, Formen und Klänge.

Musik, Dichtung und Tanz sind also nicht einfach nur nebensächliche Ausdrucksformen einer Kultur, sie sind die Seele einer Kultur. Wenn eine Kultur bestimmte Werte und Ideale für wahr hält, geht der Ausdruck solcher Wahrheiten immer auch über Worte hinaus. Kunst benutzt eine Leinwand, ein Instrument oder ein besonderes Können als Medium, um deutlich zu machen, was in den Seelen von Menschen vor sich geht. Tanz etwa trägt Körperlichkeit und Rhythmus in die Überzeugungen und Werte einer Kultur hinein. Der Musiker und der Dichter sind Stimmen der gesamten Kultur; nicht nur der kulturell Interessierten.

Vernachlässigt eine Kultur den ästhetischen Ausdruck, dann vernachlässigt sie ihre eigene Gesundheit und Vitalität. Eine Hungersnot auf dem

Gebiet der Ästhetik wird über Kurz oder Lang tatsächlich zum Verhungern dieser Kultur führen. Kunst bringt Kultur zum Ausdruck; Kunst vermittelt Kultur, und Kunst schafft Kultur. Der Rhythmus der Tänze jeder Kultur spricht die emotionale Gestalt dieser Kultur an. Die Mythen und die Bräuche, die die Werte der Kultur bestätigen und unterstützen, werden künstlerisch vertieft und tauchen in Gestalt von Musik und Dichtung wieder auf.

Ob man jetzt über *Grateful Dead*, *Megadeath* oder die *Dead Kennedys* spricht – die Massen, die ihre Songs singen und ihre jeweilige Story verfolgen, identifizieren sich mit der Kultur dieser Bands und spiegeln sie wider. Diese Werte kann man wiederum den Texten der Bands entnehmen. Die Musik fasst also die Kultur ihrer Anhänger in Worte, empfindet sie aber auch nach. Von den *Beatles* über die *Rolling Stones* bis hin zu den *Radioheads* hat unsere Generation etwas erlebt, das man wohl am besten als „säkulare Anbetung" bezeichnen

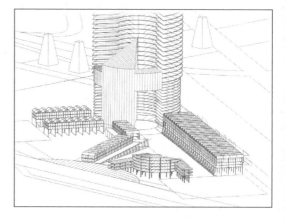

könnte. Der Mensch wurde schließlich so erschaffen, dass er das Bedürfnis hat, etwas anzubeten. Auch wenn für viele ein Konzert nur ein Konzert ist, für mehr Menschen, als wir uns vorstellen können, ist es ein Erlebnis, das einer geistlichen Erfahrung näher kommt als alles, was sie sonst kennen.

Wir können die Bedeutung des biblischen Auftrags, ein anbetendes Volk zu sein, gar nicht überschätzen. Es ist kein Zufall, dass das Buch der Psalmen mit seinen hundertfünfzig Kapiteln von Gott für uns in der Bibel aufbewahrt worden ist. Das Volk Gottes ist ein Volk der Klänge und Rhythmen, des Schlagzeugs und des Tanzes. Die Psalmen laden uns sogar ein, dem Herrn ein neues Lied zu singen und ihn mit Tänzen zu preisen.

> **Wenn man die Ästhetik als Teil des Ethos der Kirche vernachlässigt, gibt man ihr Potenzial der Mittelmäßigkeit preis.**

Es sollte uns nicht überraschen, dass in jeder großen Erweckung, jeder bedeutenden Veränderung des Ethos auch neue Musik geschrieben wurde. Von den Melodien deutscher Volks- und Liebeslieder bis hin zum zeitgenössischen Rock'n'Roll – man kann die Wiederentdeckung der Musik als zentralem Bestandteil des Gottesdienstes nicht vom Werk des Heiligen Geistes in der Kirche Jesu Christi trennen.

GOTT OHNE SCHÖNHEIT

Das apostolische Ethos ist der fruchtbarste Nährboden für Schönheit und Ästhetik überhaupt. Unglücklicherweise hat die Kirche sich zwar viele Gedanken über Kapitalismus und Pragmatismus gemacht, aber die Bedeutung der Ästhetik vernachlässigt. Wir haben unseren Verstand gepflegt, aber unser Vorstellungsvermögen verkümmern lassen. Ich bin überzeugt, dass dies, zumindest teilweise, das Ethos der Ortsgemeinde beeinflusst hat. Das Bild, das wir von der Gemeinde entworfen haben, ist eines, in dem der Lehrer lehrt und die Gemeindemitglieder Schüler in der Bibelschule Gottes sind; aber die Künste waren nicht dabei nicht wirklich präsent. Das trifft nicht nur auf die Förderung von einzigartigen Talenten in den Bereichen Literatur, Skulptur, Malerei und Tanz zu, sondern auch auf das Design und die Struktur unserer Gebäude.

Das Wichtigste war in der Regel, dass wir die Gebäude sinnvoll nutzen und erweitern können; Schönheit und Anbetung traten oftmals in den Hintergrund. Aber es kann doch nicht sein, dass wir den Gott der Kreativität anbeten, aber nur ganz wenig von dieser Kreativität sehen, wenn wir zusammenkommen. Wenn die Kirche ein Ausdruck eines apostolischen Ethos sein will, dann muss der Fingerabdruck der kreativen Hand Gottes überall um uns herum zu finden sein.

Wir gestalten bei *Mosaic* von Zeit zu Zeit ein Forum mit dem Namen *Velocity,* einen Event, der eine richtige Explosion an Kreativität ist – zwei Stunden lang Tanz, Theater, Dichtung, Kurzfilm und Komödie, alles in eine bewegende Erfahrung verpackt. Vor kurzem kam ein Talentsucher von *Warner Brothers* zu *Velocity*. Nach dem Event dankte er mir dafür, dass wir bei uns ein Umfeld geschaffen haben, in dem sich neue Talente entwickeln können. Im Gespräch drückte er auch seine Überraschung darüber aus, dass gerade eine Kirchengemeinde ihren Mitgliedern soviel Raum für praktische künstlerische Erfahrungen gibt. Ich erinnerte ihn daran, dass viele der großen musikalischen Talente ursprünglich aus Kirchen und Gemeinden kamen, von Diana Ross über Whitney Houston bis zu *Six-Pence None the Richer*. Die Kirche ist einer der wenigen Orte, an denen Kinder wirklich ermutigt werden zu singen und an denen musikalisches Talent gepflegt und entwickelt wird.

> **In allen diesen Metaphern ist die Rolle des Pastors unausweichlich die eines geistlichen Leiters.**

Es sollte diesen säkularen Beobachter eigentlich nicht überrascht haben, dass die größten säkularen Talente in der Kirche aufgewachsen sind. Begeistert erzählte ich ihm, dass für uns eine Ortsgemeinde der beste Platz ist, das eigene Talent zu optimieren. Wir träumen von dem Tag, an dem

Gemeinden in der ganzen Welt dafür bekannt werden, dass sie ein wahrer Springbrunnen der Kreativität sind, und an dem die Steven Spielbergs und Quentin Tarantinos dieser Welt Gemeinden besuchen müssen, um die neuesten Innovationen und die kreativsten Ideen kennen lernen zu können.

EIN BRILLANTER GEBRAUCH DER ÄSTHETIK

Wenn wir in unseren Gemeinden die Künste pflegen, dann wird der Einfluss einer solchen kreativen Atmosphäre weit über die Künste selbst hinausgehen. Eine Kultur der Ästhetik schafft nämlich auch eine Umgebung, in der Wissenschaftler, Denker und Führungspersönlichkeiten aufblühen können. Robert Root-Bernstein, ein Professor für Physiologie an der *Michigan State University* und *McArthur*-Preisträger, schreibt in seinem Buch *Hobbled Arts Limit Our Future* im Hinblick auf die Künste: „Auch wenn über die Künste oft gesagt wird, sie seien subjektive, emotionale, nichtintellektuelle Beschäftigungen, machen sie Wissenschaft und Erfindung erst möglich. Als Wissenschaftler und Erfinder, der eine lebenslange Verbindung mit Kunst und Musik gehabt hat, weiß ich, wovon ich rede ... Kunst um der Kunst willen ist wertvoll. Sie ist wertvoll als Quelle von Fertigkeiten, Werkzeugen zum Denken und Erfinden, von Einsichten, Prozessen und sogar von neuen Phänomenen."

Bernstein zeigt in einer seiner Studien auf, dass fast alle Nobelpreisträger und die meisten Mitglieder der Nationalen Akademie der Wissenschaften „universell künstlerisch und/oder musikalisch waren, die meisten als Erwachsene verschiedene mit Künsten verbundene Hobbys hatten und ein weites Spektrum von mit Kunst assoziierten Denkwerkzeugen gebrauchten, wie etwa die dreidimensionale mentale Vorstellung". Er geht auch auf eine andere Studie ein, die besagt, dass „eine hohe Auffassungsgabe in Kunst und Musik in jedem Bereich weit verheißungsvoller für beruflichen Erfolg ist als Studienabschlüsse, Intelligenzquotient, Leistungsnachweise oder irgendwelche anderen standardisierten Maßstäbe".

Wenn uns diese Bedeutung von Ästhetik als Kirche nicht motiviert, dann sollten wir wenigstens von ihrer Kraft für unsere Kinder motiviert werden. Wenn man die Ästhetik als Teil des Ethos der Kirche vernachlässigt, gibt man ihr Potenzial der Mittelmäßigkeit preis.

EINE WELT DER BILDER

Während man früher oftmals zwischen Sprache und Kunst getrennt hat, entwickelt sich die Kultur seit längerem in eine ganz andere Richtung: Worte sind in Bilder verwoben und Bilder in Bewegung. Die Bücher der zeitgenössischen Kultur sind Filme. Zeitungen und Zeitschriften werden durch Videos und *Reality TV* ersetzt.

1964 veröffentlichte Marshall McLuhan sein berühmtes Buch „Magische Kanäle". Darin macht er deutlich, dass Sprache und Ästhetik in unserer Zeit die eigentliche Quelle kultureller Kommunikation werden und bestimmen, wer wir sind und wie wir die Realität sehen. Es geht also auch für die Kirche um mehr als um die Frage, ob wir mit einem neuen Medium für die Botschaft eintreten; die Medien selbst haben die Form, wie wir Botschaften vermitteln, für immer verändert. Für die Kirchen und Gemeinden bedeutet dies, dass wir die Fähigkeit verlieren, uns unserem Umfeld mitzuteilen, wenn wir uns der Ästhetik nicht wieder zuwenden.

Die Bedeutung der Ästhetik wird in der Kultur-Architektur zunehmen, nicht abnehmen. Und dabei geht es nicht nur darum, dass Leiter die Kultur hoch schätzen, sie müssen ihre Macht beim Schaffen und Gestalten des Ethos verstehen und einsetzen.

Es ist faszinierend, wie viele Pastoren von gesunden und wachsenden Gemeinden in ihrem Leben auf die eine oder andere Weise mit den Künsten zu tun hatten. Dieser Trend nimmt zu, und das ist auch gut so. Die geistlichen Leiter der Zukunft werden eher künstlerisch als akademisch sein. Sie werden „Kultur-Architekten" sein, eine Mischung aus Ingenieuren und Kunsthandwerkern.

Wenn sich eine etablierte Gemeinschaft auf die Herausforderungen eines Übergangs in die Gegenwart und die Zukunft einlässt, kann man den Leiter der Gemeinde tatsächlich am besten als geistlichen Umweltschützer bezeichnen, er schützt seine Umwelt durch die geistlichen Impulse der Gemeinschaft. Die Hauptrolle des Leiters wird es dabei sein, das apostolische Ethos, das im Herzen der Kirche schlummert, zu wecken und zu nähren. In anderen Phasen wird die Berufung über diese Metapher noch hinausgehen, dann wird der Leiter als künstlerischer Eroberer Gottes Volk anleiten, das Reich der Finsternis einzunehmen. Ein solcher Leiter wird Menschen aus der Gefangenschaft zur Freiheit Christi führen, das Reich Gottes ausweiten und zugleich das Umfeld schaffen, in dem neue Geschichten und Lieder entstehen können.

In allen diesen Metaphern ist die Rolle des Pastors unausweichlich die eines geistlichen Leiters. Wenn Leitung Ethos schafft und gestaltet, dann schafft und gestaltet geistliche Leitung ein apostolisches Ethos in der Ortsgemeinde.

> „BEI DER ÜBERTRAGUNG VON MENSCHLICHER KULTUR VERSUCHT MAN IMMER WIEDER, EINE ORIGINALKOPIE ANZUFERTIGEN, UM DIE FERTIGKEITEN UND WERTE DER ELTERN AN DIE NÄCHSTE GENERATION WEITERZUGEBEN; ABER DER VERSUCH SCHEITERT, WEIL JEDE KULTURELLE ÜBERTRAGUNG MIT LERNEN VERBUNDEN IST, NICHT MIT DNA."
>
> *Gregory Bateson*

GEDANKENANSTÖSSE

1. Welche Metaphern beschreiben das Ethos unserer Gemeinschaft?
2. Ist unsere Gemeinde eher eine Menge von Menschen oder eine echte Gemeinschaft? Wie können wir die Gemeinschaft in unserer Gruppe vertiefen?
3. Lehren wir die Gemeindemitglieder oder setzen wir sie frei, aktiv zu werden? Ziehen oder schieben wir?
4. Welche konkreten Geschichten vom Wirken Gottes gibt es in unserer Gemeinde?
5. Was ist Ihre persönliche Geschichte? Wann haben Sie erlebt, dass Gott in Ihrem Leben am Wirken war? Wie oft erzählen Sie anderen Ihre Geschichte mit Gott?
6. Sind Sie ein künstlerischer Eroberer? Wie können Sie an dieser Rolle arbeiten?
7. Wie können wir anfangen, die Macht der Schönheit einzufangen, um die Kreativität Gottes widerzuspiegeln?
8. Haben wir einen Plan, mit dessen Hilfe wir das Potenzial von Kindern und Jugendlichen fördern können?

DRITTE BEWEGUNG
Der Kultur-Architekt

„Darum geht nun zu allen Völkern der Welt und macht die Menschen zu meinen Jüngern und Jüngerinnen! Tauft sie im Namen des Vaters und des Sohnes und des Heiligen Geistes, und lehrt sie, alles zu befolgen, was ich euch aufgetragen habe. Und das sollt ihr wissen: Ich bin immer bei euch, jeden Tag, bis zum Ende der Welt." Matthäus 28,19–20

Die Baka-Pygmäen haben einen der feindlichsten Lebensräume dieser Erde, sie sind Bewohner des Regenwaldes. Aber sie haben die Not zur Tugend gemacht: Ohne richtige Schulbildung und ohne geschriebene Sprache geben sie ihren Kindern Fähigkeiten und Kenntnisse weiter, die mit einem Doktortitel in Botanik leicht mithalten können. Diese Kinder lernen dabei nicht nur zu überleben, sondern sich in diesem Ökosystem auch zu entwickeln. Die Baka haben sich eine Kultur geschaffen, die die Geheimnisse des Baka-Lebens von Generation zu Generation weitergibt. Und bei den Geheimnissen des Regenwaldes geht es um Leben und Tod. Wir können von den Bakas lernen, dass manche überlebensnotwendigen Dinge am besten durch die Umwelt übermittelt werden. Genauso müssen wir die Erkenntnis, was es bedeutet, ein Jünger Jesu Christi zu sein, durch das Umfeld einer biblischen Gemeinschaft weitergeben, wenn wir uns auf eine zerbrochene Welt einlassen. In und durch diese Gemeinschaft zeigt Gott seine umgestaltende Kraft. Wie die Bakas muss die Kirche ihre Kinder lehren, wie man sich in einer gefährlichen Welt entfaltet und dabei von dieser Welt lernt!

„Jetzt macht er ihn den Mächten und Gewalten in der himmlischen Welt durch seine Gemeinde bekannt: An ihr und durch sie sollen sie seine Weisheit in ihrem ganzen Reichtum erkennen. So entspricht es Gottes ewigem Plan, den er durch Jesus Christus, unseren Herrn, ausgeführt hat."
Epheser 3,10–11

KAPITEL SECHS

Der Kultur-Architekt

Wir hatten als Älteste ein Treffen in meinem Büro und waren zu fünft; einschließlich des früheren Pastors, der die Gemeinde fünfundzwanzig Jahre geleitet hatte. Der Gemeinde ging es eigentlich gerade wirklich gut: Nach zehn Jahren des Stillstands und vier Jahren leichten Rückgangs hatte sie wieder angefangen zu wachsen. Die Taufen hatten sich in einem Jahr verdoppelt, und auch die Kollekten stiegen an. Man könnte meinen, ein Gespräch über meine Führungsqualitäten hätte eigentlich sehr erfreulich ablaufen müssen.

Stattdessen erinnere ich mich, wie Rick, Enrique und Robert ihre Enttäuschung über meine Art des Leitens zum Ausdruck brachten. Rick erwartete „irgendwie" mehr von jemandem, von dem er den Eindruck hatte, dass er die Gabe des Glaubens hat. Enrique hatte gehofft, meine Leitung wäre dominanter, und Robert empfand, dass ich mich nicht voll auf meine Rolle als leitender Pastor einließ. Ich wurde also letztlich mit dem Vorwurf konfrontiert, gar kein richtiger Leiter zu sein! Am Boden zerstört verließ ich das Treffen. Wie konnte das jemandem passieren, der vor kurzem in einem Doktorandenseminar einen Vortrag über Leiterschaft gehalten hatte?

Auf der Suche nach Trost erzählte ich meiner Frau später, was geschehen war. Wir fuhren an diesem Morgen gerade den *Beverly Boulevard* hinunter, und alles, was ich von ihr wollte, war, dass sie mich anlog und mir sagte, was für ein Leitungs-Held ich sei. Aber das tat sie leider überhaupt nicht. Sie ergriff jedoch die Gelegenheit beim Schopf, um ihrer eigenen Enttäuschung über mich Ausdruck zu verleihen. Offensichtlich war ich für sie nicht der Leiter, von dem sie dachte, dass sie ihn geheiratet hätte. Ich war so ärgerlich, dass ich den Wagen mitten auf der Straße anhielt. Ich saß da, verteidigte mich selbst und kannte doch die ganze Zeit die schmerzliche Wahrheit: Ich hatte Angst. Ich zögerte. Ich war bei meiner Leitung zu bedächtig und zu unsicher. Es war nicht so, dass ich nicht gewusst hätte, was zu tun ist; der eigentliche Grund für meine Zurückhaltung war: Ich kannte die Konsequenzen vorangehender Leitung – Leiterschaft hat ihren Preis. Ich dachte die ganze Zeit, ich könnte mich einfach hinter einem gewissen Maß an Erfolg verstecken. Ich leitete nicht; ich bastelte herum.

Habe ich eigentlich schon erwähnt, dass ich der Nachfolger eines Pastors bin, der fünfundzwanzig Jahre die Gemeinde geprägt hat? Dieser frühere Pastor hatte wirklich großartige Arbeit geleistet und eine sterbende Gemeinde in eine neue Zukunft geführt. Er war seit seinem vierundzwanzigsten Lebensjahr der Hauptgestalter der Gemeindekultur gewesen (jetzt war er fast 50). In vieler Hinsicht waren Pastor und Gemeinde miteinander aufgewachsen. Seine Persönlichkeit und das Ethos der Gemeinde waren nicht voneinander zu trennen.

Es gibt einen Grund, warum Pastoren, die langjährigen Pastoren folgen, oft unbeabsichtigt Übergangspastoren werden. Veränderung zu gestalten ist nicht einfach eine programmatische Angelegenheit, sondern ein sehr persönlicher Vorgang. Wenn man die Methoden einer Gemeinde ändert, trampelt man nämlich immer auch auf Erinnerungen herum. Oft entdeckt man erst, welche Kuh heilig ist, wenn man sie bewegt hat.

> **Wenn man die Methoden einer Gemeinde ändert, trampelt man immer auf Erinnerungen herum.**

Wir versuchten als Pastoren damals eine Übergangsperiode einzubauen, in der wir beide in der Mitte standen. Aber die Gemeinde in den Prozess der Veränderung zu führen war viel leichter, als uns selbst hineinzuführen.

Man kann eine solche Erfahrung mit einer Herzoperation an einem Patienten vergleichen, der bei vollem Bewusstsein ist. Wir nahmen damals nämlich beide das eigentliche Zentrum von Leiterschaft auf die leichte Schulter. Bei echter Leiterschaft geht es nicht um Bezeichnungen oder Titel; darüber waren wir schon hinaus. Es geht um Einfluss. Und der ist immer eine sehr persönliche Sache. Er kommt aus der Seele und verbindet und gestaltet das Ganze einer Gemeinschaft. Leiterschaft ist eine geistliche Kunstform. Es gibt vielleicht kein besseres Bild für einen Leiter als das eines Kultur-Architekten, eines Schöpfers und Gestalters von Kultur.

Heute bin ich dankbar, dass unsere Ältesten sich damals in meine Leiterschaft „eingemischt" haben. Ich bin dankbar, dass sie mich gezwungen haben, mich auf die eigentliche Dimension der Leitung einzulassen. Ich musste der Wahrheit ins Auge sehen: Gemeinden werden wie ihre Pastoren. Wenn Ihnen das, was Sie in Ihrer Gemeinde sehen, nicht gefällt, dann sind Sie der erste, der sich ändern muss!

DIE REVOLUTION DER ORGANISATION

„Gott ist nicht ein Gott des Chaos, sondern ein Gott der Ordnung." Dieser Satz war eines der theologischen Mantras der modernen Kirche. Daraus ist eine besondere Sicht der Leiterschaft entstanden: Leiter organisieren! Doch organisierende Leitung ist etwas völlig anderes als lenkende Leitung. Es ist wichtig anzuerkennen, dass es viele verschiedene Arten von Leiterschaft gibt. Der Begriff „Leiterschaft" kann (vor allem, wenn man verschiedene Organisationen und Berufe betrachtet) Verschiedenes bedeuten.

Oft ist das, was als Gemeindeleitung bezeichnet wird, mehr eine organisatorische Leitung. Dabei wird jemand, der eine komplexe Umgebung strukturieren und organisieren kann, mehr geschätzt, als jemand, der eine Umgebung schafft, in der alle eingespannt werden. Der positive Beitrag des organisatorischen Leiters besteht darin, dass er Stabilität und Kontinuität bringt. Gerade mittelgroße Gemeinden schätzen diese Form geistlicher Leiterschaft sehr. Erfolg wird an Voraussagbarkeit und Ordnung gemessen. Die Gefahr ist natürlich, dass man auf Dauer von einer Ordnung der Anbetung zu einer Anbetung der Ordnung übergeht!

In vieler Hinsicht ist die Rolle eines Pastors auch die eines geistlichen Managers geworden. Es gibt dabei allerdings einen entscheidenden Unterschied zwischen Managern, die Organisationen aufrechterhalten, und Leitern, die eine Gemeinschaft schaffen, indem sie eine Bewegung auslösen. Der erste Leiter bildet eine Körperschaft von Menschen; der zweite ein „Volk" mit einem Ziel.

Echte Leiter personifizieren die Werte und die Vision der Leute, die sie leiten. Sie nehmen die Vision der Bewegung nicht einfach an, sie verkörpern sie. Worauf sie sich konzentrieren, wen sie ermächtigen und was sie belohnen, das ist zentral für die Entwicklung ihrer jeweiligen kulturellen Bewegung. Manchmal suchen wir nach Hilfe bei großen säkularen Firmen, die von herausragenden Leitern geleitet werden. Aber dabei ignorieren wir allzu oft die Komponenten, die eigentlich dafür verantwortlich sind, dass man diesen Vorbildern nacheifert. Wir zergliedern ihre Fertigkeiten, Ausbildungsgänge, Kompetenzen und Gewohnheiten in der Hoffnung, das entscheidende Stück entnehmen zu können, das unser eigenes Leiterschaftspuzzle komplettieren kann. Doch für viele von uns, besonders im hauptamtlichen Dienst, ist das eigentliche Wesen von Leiterschaft so dermaßen offensichtlich, dass es gerade deshalb leicht verfehlt werden kann: Wahre Leiterschaft ist geistliche Leiterschaft!

SÄKULARE LEITERSCHAFT IST GEISTLICH

Phil Jackson hat ein Buch mit dem Titel *Sacred Hoops: Spiritual Lessons of a Hardwood Warrior* geschrieben. Darin erzählt er unter Verwendung lauter geistlicher Metaphern von seinen Erfahrungen als Coach von Michael Jordan und den *Chicago Bulls*. Howard Schultz hat seine *Starbucks*-Erfahrung in „Gib dein Herz hinein: die Erfolgsstory Starbucks" aufgeschrieben. Steven Jobs beschreibt seinen Aufbau von *Apple* als eine Mission Gottes und nennt seine Verkäufer Evangelisten! Alles, was Leiter einzigartig macht, ist geistlich. Vieles, was sie effektiv macht, ist erlernt, aber das Wesen wahrer Leiterschaft ist nicht greifbar. Obwohl es viele andere gibt, die eigentlich das Gleiche machen, ragen diese einzigartigen Leiter über die Übrigen hinaus. Ob in der Geschäftswelt, im Sport, in der Politik oder der Religion – die Fähigkeit, eine Erfolgskultur zu schaffen, wird in einer mystischen Sprache beschrieben.

> **Wahre Leiter sind nicht nur in der Lage, Einzelne zu beeinflussen, sondern ganze Umgebungen.**

Wir reden von „Charisma", wenn wir einen Einzelnen meinen, und von der „Chemie, die stimmt", wenn wir von einem Team sprechen. Wir wissen zwar nicht immer genau, was wir damit meinen, und diese Eigenschaften treten in vielen Formen und Stilen auf; aber eines spüren wir sofort: Wenn jemand sie nicht hat. Und alle anderen spüren es genauso. Wahre Leiter sind nicht nur in der Lage, Einzelne zu beeinflussen, sondern ganze Umgebungen. Sie gestalten gemeinschaftliche Werte und ihre Umwelt um.

Erfolgreiche Leiter können Menschen durch gemeinsame Überzeugungen und eine motivierende Vision zusammenbringen. Während diese Menschen zum Besten des Ganzen wirken, erleben sie persönliche Erfüllung und tiefe Befriedigung. Wenn man hört, mit welcher Leidenschaft die Mitarbeiter solcher Teams ihre Erfahrungen in ihren Organisationen beschreiben, bekommt man schnell den Eindruck, dass ihre Arbeit eine religiöse Komponente hat. Hervorragende Organisationen haben ein Ethos der Größe. Sie leisten nicht nur eine großartige Arbeit, sie arbeiten aus dem Bewusstsein der Größe heraus. Hochmotivierte Teams machen durchschnittliche Spieler besser und gute Spieler herausragend. Große Trainer schaffen und gestalten Ethos. Große Unternehmensleiter schaffen und formen Ethos. Große Präsidenten schaffen und prägen Ethos. Jeder von ihnen ist ein geistlicher Leiter, auch wenn er nicht als Christ denkt und handelt.

Wahre Leiterschaft beeinflusst die Seele der Organisation und den Geist der Mitarbeiter. Man weiß nicht, ob man lachen oder weinen soll, wenn man sieht, dass säkulare Leiter offenkundig immer geistlicher werden, während christliche Leiter leider immer säkularer (und fader) auftreten. Darum gilt: Wir müssen die unsichtbaren Aspekte von Leitung wieder zurückgewinnen. Wir müssen unsere Aufmerksamkeit auf das Schaffen und Gestalten eines Ethos konzentrieren und dann Strukturen fördern, die das Potenzial der Menschen am besten fördern. Letztlich ist Leiterschaft nichts anderes als geistliches Kulturschaffen. Und geistliche Leiter sind vor allem Kultur-Architekten.

DIE SCHULE DER KULTUR-ARCHITEKTUR

> Architekt (Subst.): *Eine Person, die entwirft, gründet oder etwas schafft; Erfinder, Autor, Erbauer, Schöpfer, Designer, Gründer, Entwickler, Genie, Planer, Kunsthandwerker.*

Die geistliche Leitung durch einen Kultur-Architekten ist sowohl eine Kunst als auch eine Wissenschaft. Darum muss ein Pastor zugleich Künstler und Ingenieur sein. Frank Lloyd Wrights Behauptung, dass Form und Funktion eins sind, wird nirgendwo offensichtlicher als in der Kirche. All das „Material", aus dem Gott seine Kirche baut, besteht und kommt aus dem Herzen seines Volkes. Die Kirche ist doch vor allem ein Gebilde aus menschlichen Talenten und Gaben, aus Intelligenz, Leidenschaft, Fähigkeiten, Disziplinen, Erfahrungen und Entscheidungen, die vom Heiligen Geist angeregt werden.

Und wenn es die eigentliche Funktion der Kirche ist, Leib Christi in der Welt zu sein, dann muss dem auch ihre Form entsprechen. Wenn Jesus selbst als Geist und Feuer in der Kirche wirkt, dann müssen wir auch beides sein: Wind und Licht. Er kommt zu uns sowohl als lebendiges Wasser, als auch als ewiger Fels; darum müssen wir beides sein: flüssig und fest. Wenn wahre Leiterschaft ihrem Wesen nach geistlich ist, dann ist das Dienen als Pastor die höchste Herausforderung zur Leiterschaft, nämlich als ein Diener Gottes zu leiten. Das Fundament der Gemeinde ist unsichtbar, weil es vom Heiligen Geist bestimmt und mit menschlichem Geist gegründet wird, aber die Folgen sind real und greifbar: Sowohl die Menschen, als auch die Kultur verwandeln sich.

DER KONSTRUKTEUR

> **Konstrukteur (Subst.):** *Jemand, der geschickt oder scharfsinnig ein Projekt entwickelt, entwirft, führt oder leitet.*
>
> **Ingenieurwesen. 1.** *Die Anwendung wissenschaftlicher und mathematischer Prinzipien zu praktischen Zwecken wie Entwurf, Anfertigung und Anwendung wirksamer und ökonomischer Strukturen, Prozesse und Systeme. 2. Geschicktes Manövrieren oder Lenken.*

Als Ingenieure entwerfen geistliche Leiter Strukturen, in denen sich das Ethos entwickeln kann. Wenn ein Teil der Kulturgestaltung die Erzeugung eines Momentum ist, also das Zusammenrufen von Menschen zu einer gemeinsamen Vision und zu einem Auftrag mit gemeinsamen Werten, dann ist es eine der bedeutenden Fertigkeiten eines Leiters, sich auf dieses Momentum zu konzentrieren. Und diese Aufgabe ist äußerst vielschichtig. Ein Mensch kann eine natürliche Gabe zum Auslösen eines Momentum haben, aber einen Mangel an Fertigkeiten, das, was es ausgelöst hat, zu vergrößern. An dieser Stelle wird deutlich, warum ein guter Leiter auch ein Ingenieur sein muss. Er braucht die Fähigkeit, wirksame Strukturen, Prozesse und Systeme zu entwerfen, um die Kraft des Momentums zu vergrößern.

> „ **Der Künstler im Kultur-Architekten entwirft das Ethos, der Ingenieur vergrößert und optimiert es.** ‟

Das ist übrigens der Bereich der Leiterschaft, der am konkretesten beschrieben werden kann. Während ein Architekt in vieler Hinsicht mehr auf die geistlichen Dimensionen seines Auftrags achtet, geht der Ingenieur mit dem greifbaren Material um. Ein Pastor aber muss in beiden Welten stehen. Er muss ein echter geistlicher Leiter sein und zugleich die konkreten Fertigkeiten der Leiterschaft haben.

Wenn wir Gemeindewachstums-Konferenzen besuchen und uns bemühen, neue Prozesse und Strategien für unsere Stadt zu entdecken, zeigt man uns meistens den Part des Ingenieurs. Das ist ohne Zweifel wichtig, vor allem dann, wenn man bereits ein Momentum in der Gemeinde hat, es kann aber äußerst verwirrend sein, wenn man hofft, dass dieses Aufgabenfeld der Leiterschaft selbst ein Momentum hervorruft. Im Grunde kann man es so zusammenfassen: Der Künstler im Kultur-Architekten entwirft das Ethos, der Ingenieur vergrößert und optimiert es.

Bei *Mosaic* ist der Part des Ingenieurs eine echte Herausforderung. Wir besitzen zum Beispiel nur ein relativ kleines Grundstück mit weniger als hundert Parkplätzen und feiern jede Woche schätzungsweise mit tausendfünfhundert Menschen Gottesdienst. Das führt dazu, dass wir sonntags inzwischen vier Gottesdienste in drei verschiedenen Gebäuden anbieten müssen. Der kreative Part des Ingenieurs ist in unserem Fall von den Herausforderungen der urbanen Welt mit ihren horrenden Quadratmeterpreisen geprägt. Das zeigte sich vor kurzem, als wir eine kleinere Veränderung beschlossen und unseren ersten Gottesdienst von 9.00 auf 9.30 Uhr verlegten. Unser 9-Uhr-Gottesdienst hatte irgendwie nie genug Momentum, um das Gebäude auch nur halbwegs zu füllen; aber siehe da: Nach der Verschiebung auf 9.30 Uhr wurde dieses Angebot plötzlich unser größter Gottesdienst. Wir hätten im Vorfeld nie geglaubt, dass eine Verschiebung von einer halben Stunde einen so dramatischen Unterschied bedeuten könnte.

Je komplexer eine Organisation wird, desto stärker kann die Auswirkung einer winzigen Veränderung sein. Eines der witzigsten Probleme, mit denen wir uns in letzter Zeit befassen mussten, war die Frage, wie es gelingt, dass unser talentiertes Tanzteam in allen vier Gottesdiensten auftreten kann. In unserem Gebäude im Osten von Los Angeles gibt es einen riesigen Bühnenbereich, der ein Paradies für Tänzer ist. Aber in unserem Abendgottesdienst, der in einem Nachtklub stattfindet, ist der Bühnenbereich einfach zu schmal.

Wir hatten schon fast aufgegeben und entschieden, diesen kreativen Part des Gottesdienstes im Nachtclub zu streichen, da fiel uns auf, dass ja eigentlich der ganze Raum ein riesiger Tanzboden ist; wir hatten ihn nur jedes Mal für unseren Gottesdienst mit Stühlen voll gestellt! Schließlich kam uns die Idee, einfach all die Stühle aus dem Weg zu räumen und das Team auf der Tanzfläche selbst tanzen zu lassen. Wenn wir nun in unseren dortigen Gottesdiensten eine Tanzdarbietung haben, steht jeder Gottesdienstbesucher zunächst einmal am Rand der Tanzfläche. Nach dem Tanz nimmt er seinen Stuhl und setzt sich für den Predigtteil hin. Manchmal blockieren uns Probleme einfach nur deshalb, weil wir die Lösungen nicht sehen können, die direkt vor uns liegen. Eine entscheidende Gabe eines leitenden Ingenieurs ist es darum, für jedes Problem eine Lösung zu finden.

> „Oftmals ist der Pastor wie ein Pinsel, mit dem Gott ein Meisterwerk malt."

EIN GEISTLICHER KUNSTHANDWERKER

KÜNSTLER (SUBST.): 1. Jemand, etwa ein Maler oder Bildhauer, der durch seine Vorstellungskraft und sein Talent Werke von ästhetischer Bedeutung schaffen kann, besonders in den schönen Künsten. 2. Jemand, dessen Werk außergewöhnliche Kreativität oder Kunstfertigkeit zeigt.

Der Künstler im geistlichen Leiter malt ein Bild von einer idealen Welt – seine Vorstellung davon, wie die neue Kultur aussehen sollte. Solche Leiter nutzen ganz unterschiedliche Begabungen, um ein solches Bild zu schaffen. Sie formen Metaphern durch Worte. Sie motivieren durch eine bezwingende Vision die Fantasie. Sie inspirieren Menschen dazu, an die Umsetzbarkeit des Ideals zu glauben.

Die Leinwand eines künstlerischen Pfarrers sind die Herzen der Menschen. Und für einen geistlichen Kunstkenner ist eine Gemeinde wie eine große Galerie, weil er überall umgestaltetes Leben sieht. Dass Gott Menschen verändern kann, ist an sich schon ein großes Wunder. Doch dass er durch einen geistlichen Kunsthandwerker wirkt, um eine gesamte Gemeinschaft umzugestalten, ist für mich noch beeindruckender. Oftmals ist der Pastor wie ein Pinsel, mit dem Gott ein Meisterwerk malt. Es ist die Rolle des Leiters, des geistlichen Kunsthandwerkers, die in den Studien und Abhandlungen über Leiterschaft am meisten vernachlässigt wird.

Die Metapher eines Kultur-Architekten umfasst diese künstlerische Dynamik, sie ist ein integraler Bestandteil der Leitungsaufgabe, keine zusätzliche Qualifikation. Ein Kultur-Architekt bewirkt eine kulturelle Umgestaltung – und zwar aus der Weisheit beider Disziplinen, Kunst und Handwerk. Seine Arbeit ist heilig, weil er daran arbeitet, das Haus Gottes zu bauen, aber er baut es eben nicht mit Backsteinen und Zement, sondern mit jedem Leben, das durch die Kraft des Heiligen Geistes mit der Gemeinschaft verbunden wird.

Die Leitung einer Gemeinde geht weit über die Organisation von Zahlen und Finanzen hinaus. Sie ist eine Kunst. Es war schließlich von Anfang an die Bestimmung der Kirche, die Schönheit Gottes widerzuspiegeln. Irgendwie erschafft Gott mit zerbrochenen und zerrissenen Menschen ein göttliches *Mosaic*. Der Pastor ist daher sowohl Prophet als auch Poet, einer, der die lebendigen Worte Gottes ausspricht und Briefe schreibt, die atmen und empfinden. In der Bibel heißt es, dass wir Gottes Werk sind, sein *poiema*. Mit jedem Leben, das durch Christus umgestaltet wird, wird ein neues Gedicht (engl. *poem*) geschrieben, von Gott und für Gott. Unsere persönlichen Geschichten des Glaubens sind darum nichts anderes als Dichterlesungen!

DESIGN IST WICHTIG

Man fühlt es immer, wenn man ein Gebäude betritt: Design ist wichtig. Gebäude mit hohen Decken erwecken zum Beispiel ein Gefühl der Größe und der Ehrfurcht. Die meisten Kathedralen zeigen das in machtvoller Weise. Ein Wohnzimmer mit einem Kamin, einem warmem Teppich oder Brücken auf dem Boden schafft dagegen ein Gefühl der Sicherheit und Ruhe. Fast-Food-Restaurants verstehen etwas von Design – darum ist bei ihnen jedes einzelne Schild orange! Sogar Farben beeinflussen uns und rufen bestimmte Reaktionen hervor. Zu lange hat die Kirche die Bedeutung von Raum, Form und Design unterschätzt. Und in diesem Zusammenhang hat sie auch die Bedeutung menschlicher Organisation und Sozialisation unterschätzt.

Unser erstes Gebäude war ganz als Gottesdienstraum konzipiert und hatte praktisch kein Foyer. Wir konnten dort den ganzen Tag über Gemeinschaft reden, aber wir spürten sie nicht, wenn wir hereinkamen. Es gab keinen Platz, an dem sich Menschen treffen konnten, um miteinander zu reden oder sich aneinander zu freuen. Wir vermittelten durch unseren Raum den Eindruck, dass das Wichtigste, was in der Kirche geschieht, von der Kanzel kommt. Wenn der Pastor aufgehört hatte zu reden, hatten die Menschen gar keine andere Wahl, als das Gebäude zu verlassen und nach Hause zu gehen. Darum fingen wir an, unsere Räumlichkeiten umzugestalten. Wir brachten Sofas, Sitzecken, Läufer, Cafétische und sogar eine echte Cafébar in unsere Gemeinde. Wir sorgten für Räume, in denen man Gemeinschaft pflegen und miteinander reden konnte. Wir wollten, dass man sich eher wie in einem Wohnzimmer als wie im Behandlungsraum eines Zahnarztes fühlte. Und Sie ahnen es wahrscheinlich: Die neue Gestaltung hatte eine unglaubliche Auswirkung darauf, wie die Leute sich in unserer Gemeinde fühlten.

> **Es ist schwer zu glauben, dass eine Bewegung, die von Visionären und Träumern geboren wurde, heute vor allem für ihre Traditionen und Rituale bekannt ist.**

Bei unserem neuesten Versammlungsort, dem wir den Namen *The Loft* gegeben haben, füllten wir den begrenzten Platz gleich mit Sitzsäcken und Futons. Die Menschen hatten daher sofort das Gefühl, dass alles warm und persönlich wirkte. Und das ist für unser Thema sehr wichtig: Jede Entscheidung, die sich auf das Miteinander von Menschen in großen Gruppen auswirkt, hat einen dramatischen Einfluss auf das Ethos der Gemeinschaft.

Ich habe einmal für einen Mann gearbeitet, der *sagte*, seine Tür stehe immer offen, aber sie *war* es nie. Manche Dinge sprechen lauter als Worte. Ein geistlicher Leiter ist ein Kultur-Architekt und das Design seiner Bauten kann gar nicht hoch genug eingeschätzt werden.

EINE BEWEGUNG VON VISIONÄREN UND TRÄUMERN

In Apostelgeschichte 2,17–18 lesen wir: „Wenn die letzte Zeit anbricht, sagt Gott, dann gieße ich über alle Menschen meinen Geist aus. Männer und Frauen in Israel werden dann zu Propheten. Junge Leute haben Visionen und die Alten prophetische Träume. Über alle, die mir dienen, Männer und Frauen, gieße ich zu jener Zeit meinen Geist aus und sie werden als Propheten reden."

Wenn man eine bestimmte Art von Bewegung haben will, wird man dazu – bewusst oder unbewusst – eine bestimmte Art von Menschen heranziehen. Das Seltsame ist nur: Wenn man die heutige Kirche ansieht, könnte man fast meinen, dass ihre Gründer Verwaltungsangestellte und Geschäftsführer oder bestenfalls Theologen und Lehrer waren. Doch wir lesen in der Bibel immer wieder, dass Gott sich vor allem Visionäre und Träumer aussucht. Gott verheißt sogar, dass seine Leute Visionäre und Träumer *werden*, wenn er seinen Geist über sie ausgießt. Sie werden dann nicht nur proklamieren, was Gott früher getan hat, sondern auch das, was er in der Geschichte der Menschheit zu tun beabsichtigt.

Wie würden unsere Gemeinden aussehen, wenn die Beschreibung dieses Bibeltextes Wirklichkeit würde? Wie würde sich unsere geistliche Leitung verändern, wenn wir uns selbst als Visionäre und Träumer verstünden? Die oben zitierte Prophetie Joels wurde von Petrus wiederholt, und er sagte sie zu jungen Männern, die unter der Last der Gefangenschaft geboren waren und nie die Freiheit kennen gelernt, sondern nur die Bedrückung durch die Römer erlebt hatten. Das war seine Zusage: Gott würde sie zu Visionären machen. Er versprach ihnen eine Freiheit, die sie nie zuvor gekannt hatten. Aber Gott würde auch alte Männer zu Träumern machen – alte Männer, die ihr Leben mit dem Warten auf den Messias zugebracht hatten; die glaubten, Gott würde sie befreien, und die bald in der Gefangenschaft Roms ihren letzten Atemzug aushauchen würden. Dies war Gottes Verheißung, das Versprechen, dass er seinen Heiligen Geist auf das Volk Gottes ausgießen will. Und die neuen Christen erlebten es – Söhne und Töchter, Männer und Frauen, alle wurden vom Geist Gottes berührt.

Es ist schwer zu glauben, dass eine Bewegung, die von Visionären und Träumern geboren wurde, heute vor allem für ihre Traditionen und Rituale bekannt ist. Wenn Sie auf Ihre eigene Gemeinde blicken und ehrlich einschätzen, was dort am Wichtigsten ist, würden Sie dann sagen, dass Ihre Gemeindemitglieder mehr Interesse haben, schöpferisch tätig zu werden, als die tradierten Werte zu pflegen? Die Kirche sollte ein Ort sein, an dem Träumer gefördert werden und Visionäre Beachtung finden. Das apostolische Ethos war schon immer eine Sache des Staunens und der kindlichen Neugier, ein Klima, in dem Ideen geschätzt werden und vom Geist inspirierte Fantasie freien Lauf hat. Gott hat eine Menge vor, und durch seine Kirche lässt er es geschehen.

Es ist eine wunderschöne Erfahrung, mit neuen Gläubigen zu sprechen, die noch nicht die Grenzen entdeckt haben, die die Kirche gesteckt hat. Ihre Fähigkeit, Gott zu vertrauen, ist so rein, dass sie ältere Christen manchmal erschreckt. Können Sie sich noch an die Zeit erinnern, in der auch Sie glaubten, dass Gott alles kann? Erinnern Sie sich noch daran, wie Sie glaubten, dass Elia ein ganz normaler Mensch wie Sie war und dass Gott Ihre Gebete auch beantworten würde, wenn Sie wie er beten würden?

Die Kirche des ersten Jahrhunderts baute auf den abenteuerlichen Reisen von Männern wie Paulus und Barnabas auf. Sie sollte nie ein Ort sein, an dem man sich vor einer sich rasant verändernden Zeit in Sicherheit fühlt. Die Kirche sollte die größte Revolution sein, die je auf der Erde ausgelöst wurde. Sie bewegt sich von Generation zu Generation durch die Träumer und Visionäre, die glauben, dass für Gott nichts unmöglich ist. Und wie Propheten ruft sie Gottes Volk auf, ihr Leben so zu leben, dass Gott wirklich Gott ist.

LEITUNG, DIE ETHOS ZUM KLINGEN BRINGT

Es ist schmerzlich, aber wichtig zu erkennen, dass unsere Gemeinschaften letzlich ein Spiegelbild unserer Leitung sind. Darum beunruhigt es mich, wenn Pastoren mir aufzählen, was ihnen an ihren Gemeinden alles nicht gefällt. Ich könnte das verstehen, wenn sie erst zwei Wochen oder vielleicht auch zwei Jahre dort wären. Aber ich höre das oft von Pastoren, die mehr als fünf Jahre in ihren Gemeinden tätig sind. Sie sind frustriert, dass die

Menschen nicht „evangelistisch" sind oder Risiken scheuen oder sonstwie nicht genug mitarbeiten. Es gibt offensichtlich kaum etwas, das einem Pastor schwerer fällt, als ehrlich in den Spiegel zu schauen.

Wenn Sie eine Gemeinde länger als fünf Jahre geleitet haben, spiegelt die Gemeinde ziemlich wahrscheinlich wider, wer Sie sind. Wenn Sie die Stellung des Leiters haben und das Ethos der Gemeinschaft nicht Ihre Kernwerte spiegelt, dann sind möglicherweise gar nicht Sie der Leiter, sondern jemand anderer. Wenn Sie wirklich der Leiter sind und Ihnen die Werte Ihrer Gemeinde nicht gefallen, dann ist der erste Ort, der Veränderung braucht, Ihr eigenes Leben.

Ethos steigt aus dem Leben Einzelner auf, und ob Sie es merken oder nicht, Sie haben das Ethos Ihrer Gemeinde von dem Augenblick an geformt, an dem Sie ihre erste Predigt gehalten oder eine erste wichtige Entscheidung getroffen haben. Wir werden im Folgenden sechs verschiedene Bereiche anschauen, in denen Sie als ein Leiter einen direkten Einfluss auf das Ethos Ihrer Gemeinde haben.

Charakter

> CHARAKTER (SUBST.): *1. Die Kombination von Qualitäten oder Wesenszügen, die eine Person, Gruppe oder Sache von einer anderen unterscheiden. 2. Ein unterscheidender Zug oder eine Eigenschaft eines Einzelnen, einer Gruppe oder einer Kategorie. 3. Moralische oder ethische Stärke. 4. Eine Beschreibung von Eigenschaften, Zügen oder Fähigkeiten einer Person. 5. Öffentliche Wertschätzung einer Person; Reputation.*

Die Personen, für die man arbeitet, können in der Regel in einem einzigen Kerngedanken oder einem zentralen Charakteristikum zusammenfassen, wer man ist. Man braucht nur aufmerksam hinzuhören, wie sie einen beschreiben. Sie können einen als freundlich und fürsorglich beschreiben, als visionär und mutig, freisetzend oder etwas anderes. Hoffentlich sind Sie dankbar für die Beschreibung, die Sie hören.

Wenn wir über Charakter nachdenken, kommen uns gewöhnlich Eigenschaften wie Integrität, Demut und Vertrauenswürdigkeit in den Sinn. Diese Eigenschaften sind offensichtlich alle für geistliche Leiterschaft entscheidend. Aber der Charakter, von dem ich spreche, ist mehr als das. Jeder Leiter hinterlässt eine unverwechselbare Spur, und sie hilft am besten zu beschreiben, was mit Charakter gemeint ist. Ein Charakter ist ein kennzeichnendes und bestimmendes Zeichen oder ein prägender Eindruck, der denen etwas vermittelt, die aufmerksam hinsehen.

Wir werden uns später in diesem Buch noch intensiver mit den Folgen des Charakters eines Leiters beschäftigen.

Geschichten

Alle Leiter drücken einer Kultur ein Erkennungszeichen auf. Oftmals geschieht das durch Geschichten. Die Menschen hören auf Ihre Geschichten. Wenn Ihre Geschichten nie persönlicher Natur sind, ist es für die Menschen schwer, einen persönlichen Glauben zu finden. Die Leute wollen wissen, wofür Sie sich engagieren. Sie wollen wissen, wie Sie Gott erfahren. Sie wollen wissen, was Sie ganz praktisch über Gott wissen, nicht nur, was Sie über ihn gelernt haben. Über welches Thema Sie auch predigen – die Geschichten, die Sie wählen, offenbaren, was wirklich in Ihrem Herzen ist.

Ich habe über die Jahre hinweg gemerkt, dass ich selbst in Predigten über den Zehnten gern Geschichten über Evangelisation erzähle. Ich liebe es, Geschichten über Menschen zu erzählen, denen ich begegne, und über die Gespräche, die wir über Gott führen. Es spielt für mich gar keine Rolle, was das eigentliche Thema ist. Diese Geschichten sind immer alltagsrelevant und fügen sich daher auch in fast jedes Thema ein. Ihre Geschichten vom Glauben, von Risiken, vom Versagen – alle diese Geschichten formen das Ethos der Gemeinde. Entliehene Geschichten haben dabei übrigens nicht die gleiche Wirkung. Geschichten vermitteln, was wirklich wichtig ist und welche Art von Erfahrungen andere in der Gemeinschaft anstreben sollten.

> **Geschichten vermitteln, was wirklich wichtig ist und welche Art von Erfahrungen andere in der Gemeinschaft anstreben sollten.**

Erfahrungen

An der theologischen Hochschule wurden wir angehalten, uns mit dem Mitteilen von eigenen Erfahrungen zurückzuhalten. Man hielt es für angemessener, historische Geschichten zu erzählen, Geschichten von Leitern aus alter Zeit, und allgemeine Beispiele, die nicht das eigene Leben einbeziehen. Es galt als unangemessen, das eigene Leben in die Botschaft einzubringen. Man solle sich auf Exegese und praktische Anwendungen konzentrieren. Ich bin heute dankbar, dass ich diesen Rat nie beherzigt habe. Er hätte mich in der Kultur, die sich gerade entwickelt, an einen Ort der Belanglosigkeit katapultiert.

Leiter formen Ethos, indem sie ihre Erfahrungen weitergeben. Die Menschen wollen von Ihren Erfahrungen hören, auch den schlechten. Sie wollen wissen, wann Sie versagt haben; sie wollen wissen, wann Sie enttäuscht worden sind; sie wollen wissen, durch was Sie sich hindurchgekämpft haben, und sie wollen von Ihrem Leben lernen. Echtes Ethos kann sich nicht ohne echte Kommunikation entwickeln.

Bestätigung

Leiter formen das Ethos ihrer Gemeinde auch durch das, was sie belohnen. Menschen sehnen sich danach, gesegnet zu werden. Ich weiß jedenfalls, dass ich mich immer danach gesehnt habe. Als Kind wollte ich immer meiner Mutter gefallen. Sie sollte nicht nur sagen, dass ich etwas gut gemacht habe, sondern dass ich ein toller Mensch bin. Als Vater weiß ich, dass das stimmt. Kinder lieben die Bestätigung ihrer Eltern und werden alles tun, um sie zu bekommen. Das ist etwas, aus dem wir nie herauswachsen. Wir wollen unser ganzes Leben lang hören, das jemand etwas Gutes über uns sagt.

Bob Buford, der Vorstandsvorsitzende von *Leadership Network*, fragte mich einmal, was meiner Meinung nach das Wichtigste sei, das *Leadership Network* für Pastoren tun könnte. Ich antwortete: „Gib ihnen Bestätigung." Pastoren hungern danach, von irgendwoher Gutes zu hören, aber sie wissen nicht, wo sie dieses Lob bekommen können. In gewisser Hinsicht brauchen wir alle Menschen, die uns Bestätigung geben. Das ist die „erwachsene" Version, gesegnet zu werden. Wir brauchen jemanden, der uns sagt, dass das, was wir tun, wichtig und richtig ist. Nachfolger Jesu Christi schauen auf geistliche Leiter und warten darauf, dass sie ihnen Anerkennung geben. Und Menschen sind unglaublich aufmerksam, wenn es darum geht, herauszufinden, was Pastoren tatsächlich honorieren.

Als junger Pastor ertappte ich mich dabei, dass ich ein Umfeld schuf, in dem eigentlich nur die, die etwas Falsches taten, von mir Bestätigung bekamen. Das waren nämlich die Menschen, für die ich immer am meisten Zeit hatte. Je mehr jemand sündigte, je mehr jemand Gott ungehorsam war, desto mehr Zeit nahm ich mir für ihn. Wenn jemand tat, was man von ihm erwartete, bekam er wenig von meiner Zeit. Ich belohnte tatsächlich Ungehorsam und Fehlverhalten mehr als Gehorsam und Dienstbereitschaft. Ich erkannte: Die Zeit, die ich jemandem widmete, zeigte an, was mir wichtig war.

Ich habe auch festgestellt, dass bestätigende Geschichten ungemein helfen, eine Kultur zu formen. Wenn ich Geschichten von Gemeindemitgliedern erzähle, die im Hintergrund unfassbaren Einsatz bringen, inspiriert das andere, ebenfalls zu dienen. Wenn ich aufopferndes Geben von Einzelnen feiere, regte es andere an, genauso aufopfernd zu geben. Die Macht des Segnens, von dem die Bibel spricht, ist etwas sehr Reales und Wichtiges. Zu geistlicher Leitung gehört es daher auch, die Dinge zu belohnen, die Christus belohnen würde, denen Gutes zu sagen, die Christus widerspiegeln, und jeden anzuregen, diesem Beispiel zu folgen.

Konflikte

Sie bauen auch durch die Konflikte, für die Sie sich entscheiden, Ethos auf. Sowohl die Konflikte, die Sie angehen, als auch die Konflikte, die Sie ignorieren, sind beim Formen eines Ethos wichtig. Manche Hügel sind es einfach nicht wert, dass man für sie alles einsetzt. Andere sind ein Schlüssel zum künftigen Ethos. Und auf diese strategischen Kämpfe kommt es beim Wahrnehmen von Leitung entscheidend an.

Ich selbst hasse Konflikte. Wenn ich wählen könnte, würde ich vor jedem Kampf davonlaufen. Aber ich kann auch nicht als Feigling leben. In meinen ersten drei Jahren in der *Church On Brady* hatte ich endlose Gelegenheiten, mir strategische Schlachtfelder auszusuchen. Manchmal verzichtete ich auf einen Konflikt, obwohl ich die dahinter stehende Frage für wichtig hielt, weil ich das Gefühl hatte, dass der Preis gegenüber dem Gewinn zu hoch sein würde. An anderen Stellen waren Fragen so entscheidend, dass ein Konflikt unausweichlich wurde. Hier zeigt sich, warum Weisheit ein so wichtiger Aspekt von Leitung ist.

> **Die Menschen merken durch die Dinge, für die Sie bereit sind zu sterben, was Ihnen wirklich am Herzen liegt.**

Ein Freund von mir, der aus der Nähe von Washington stammt, erzählte mir von einem Pastor, der eines Tages von seinem Diakon zur Rede gestellt wurde. Der Diakon machte klar, dass es in dieser Gemeinde keinen Platz für Katholiken oder Schwule gäbe. Es war ihm wichtig, dass der Pastor zu diesem Punkt Stellung nähme. Und der Pastor spürte schnell: Wenn er jetzt nicht reagierte, würde sich der Diakon später ein anderes Thema suchen, um mit ihm zu streiten. Schließlich hätte es sogar passieren können, dass der Pastor wegen irgendwelcher Stilfragen in Sachen Musik oder wegen unbedeutender Veränderungen gefeuert worden wäre.

Konflikte ermöglichen es, ein Wertesystem aufzubauen. Die Menschen merken durch die Dinge, für die Sie bereit sind zu sterben, was Ihnen wirklich am Herzen liegt. Wenn Sie nicht bereit sind, wegen einer Schlüsselfrage Ihre Stelle zu verlieren, sind Sie kein Leiter; dann sind Sie ein Gefolgsmann. Werte werden nicht durch Wiederholung von Worten aufgerichtet. Sie werden aufgebaut, wenn man sein Leben darauf baut.

Beim ersten Konflikt, den ich in der *Church On Brady* hatte, ging es um den Beginn eines Samstagabendgottesdienstes. Wir wollten einen Gottesdienst ins Leben rufen, der jüngere Menschen erreicht. Wir hatten so gut wie keine Mitglieder in den Zwanzigern mehr und bekamen den Eindruck, dass uns dieser Gottesdienst helfen könnte, uns mehr auf die postmoderne Kultur einzulassen. Zu meiner Überraschung entstand eine riesige Kontroverse darüber, ob es theologisch richtig sei, sich am Samstag zu treffen. Mir wurde gesagt, dass ich durch einen Gottesdienst am Samstagabend den heiligen Sonntag entweihen und das Sabbatgebot entwürdigen würde. Der Konflikt wuchs immer mehr, so dass wir eines Tages ein Leitertreffen bei mir zu Hause abhielten. Es war seltsam, erklären zu müssen, dass der eigentliche Sabbat ja am Samstag gefeiert wird und dass wir, wenn überhaupt, mit einem solchen Gottesdienst den Sabbat ehren würden. Aber das war natürlich gar nicht der Punkt, um den es ging. Wir mussten deutlich machen, dass es Gottes Wille ist, dass eine Gemeinde an jedem Tag der Woche für suchende Menschen Gelegenheiten schafft, an denen sie Jesus Christus entdecken können.

Ein anderer merkwürdiger Konflikt entstand wegen des Begrüßungszeremoniells in unserem Gottesdienst. Wie viele traditionelle Baptistengemeinden hatten wir damals jede Woche eine Begrüßungsphase mitten im Gottesdienst, in der die Mitglieder die Gäste begrüßten. Als ich mir das Ganze genauer ansah, stellte ich allerdings fest, dass die Gäste eigentlich nur als Hindernisse zwischen all den guten Freunden standen, die einander gern begrüßen wollten. Es fiel mir auf, wie verlegen die Gäste oft dasaßen, sich entschuldigten und Platz für die Mitglieder machten, die das gegenseitige Grüßen genossen. Darum beschloss ich, auf diese für Gäste eher abschreckende Begrüßung zu verzichten – und brach damit einen riesigen Streit vom Zaun. Mir wurde sogar vorgeworfen, ich würde die Gemeindekultur zerstören.

Zum Glück war dieser Konflikt eine großartige Gelegenheit, darüber zu reden, wie eigentlich die Gäste unsere Gottesdienste und die Gemeinschaft erlebten. Als unsere leitenden Mitarbeiter erkannten, dass sie tatsächlich vor allem einander begrüßten und die Neuen häufig ignorierten, schuf das eine neue Sensibilität gegenüber Fremden und Außenstehenden.

In den ersten drei Jahren habe ich in dieser Gemeinde Gespräche geführt, die ich für unvorstellbar halten würde, wenn ich sie nicht selbst erlebt hätte. Eines Tages kam beispielsweise ein Leiter mit seiner Frau, um sich mit einem anderen Ältesten und mir zu treffen. Sie beschwerten sich vehement, dass die Gemeinde zu evangelistisch geworden sei! Sie schätzten die tiefe biblische Lehre, für die unsere Gemeinde gesorgt hatte, hatten aber das Gefühl, dass das neue Wachstum schädlich für unseren starken Gemeinschaftssinn sei. Ich weiß noch, wie ich geantwortet habe, dass trotz der ungewissen Zukunft eines sicher sei: Wenn es ihnen jetzt schon nicht gefalle, wie evangelistisch wir sind, dann würde es ihnen im nächsten Jahr an diesem Ort gar nicht mehr gefallen. Sie entschieden sich, in eine andere Gemeinde zu gehen.

> Jede echte Bewegung hat eine gesunde Leitungskultur.

Alles Wertvolle hat seinen Preis, und das Ethos einer Gemeinschaft ist es allemal wert, dass man dafür kämpft. Ein Wertesystem aufzubauen, das Gott ehrt und die Ideale widerspiegelt, die ihm wichtig sind, ist das wichtigste Arbeitsfeld für geistliche Leiterschaft. Alle geistlichen Leiter müssen darum kämpferische Dichter sein, die sowohl mit Mut als auch durch Leiden leiten.

Fortschritt

Ein letzter wichtiger Baustein für die Gestaltung eines Ethos ist das Entdecken und Auswählen neuer Leiter. Ich glaube, dass die oftmals gepflegte Auswahl von Leitern nach Studienabschlüssen und Lebensläufen die Entwicklung eines apostolischen Ethos in der Kirche nachteilig beeinflusst hat. Die Kirche stellt fast ausschließlich Leute von außen ein. Sogar Megagemeinden tendieren dazu. Irgendwie scheint jede Gemeinde eine Leitungskrise zu haben, ganz gleich, ob sie nun zweihundert oder zwanzigtausend Mitglieder hat. Es ist für mich unerklärlich, dass man in einer Gemeinde mit zehntausend Mitgliedern von Nachwuchsleitern nicht förmlich überschüttet wird; und doch neigen selbst solche Gemeinden dazu, bewährte Leiter aus anderen Gemeinden einzustellen. Wir scheinen besser im Aufbauen wachsender Gemeinden als im Ausbilden von Leitern zu sein.

Die Ausbildung interner Leiter ist beim Schaffen und Formen eines Ethos von entscheidender Bedeutung, gerade dann, wenn man ein Momentum erzeugen will, wie es die Kirche des ersten Jahrhunderts hatte. Das ist übrigens ganz leicht zu erklären: Wenn eine Gemeinde ihre Leiter normalerweise aus ihren Mitgliedern wählt, dann überlegen alle regelmäßig, wer denn wohl die nächste Person sein könnte. Das gibt jedem einzelnen ein Gefühl der Inspiration und Hoffnung, dass er oder sie ausgewählt und aufgebaut werden könnte. Wenn eine Gemeinde immer Leute von außen einstellt, wird den Gemeindemitgliedern niemals richtig klar, wie man eigentlich zum Leiter heranreift. Jemand, der an Leitung interessiert ist, kann dann eigentlich nur zu dem Schluss kommen, dass er die Gemeinde verlassen muss, um ein Leiter zu werden.

In einer Organisation müssen Leiter von außen eingeflogen werden; in einer Bewegung kommen Leiter von innen. Jede echte Bewegung hat eine gesunde Leitungskultur. Sie schätzt das Entdecken, Entwickeln und Bevollmächtigen von neuen Leitern. Vor allem deshalb, weil Erfahrung viel wichtiger ist als noch so schöne Zertifikate. Bei Leiterschaft geht es nicht darum, wie viel Ausbildung jemand bekommen hat, sondern wie viel er tatsächlich im Umfeld eines Dienstes geleistet hat. In vielen Gemeinden können die Mitglieder nur eine Rolle anstreben: die von guten Gefolgsleuten. In der Kirche des ersten Jahrhunderts gab es aber gar keine anderen Gemeinden, von denen man Leiter hätte nehmen können. Jeder musste aus der Gemeinde selbst kommen.

> „DIE QUALITÄT EINES LEITERS ZEIGT SICH IN DEN MASSSTÄBEN, DIE ER SICH SELBST SETZT."
>
> *Ray Kroc, Gründer von McDonald's*

GEDANKENANSTÖSSE

1. Verwalten und organisieren wir nur oder bringen wir etwas in Bewegung?
2. Fördern unsere Strukturen gesunde Prozesse oder sind sie bürokratisch?
3. Ist Ihre Leiterschaft eher spirituell oder säkular? Leiten Sie nach biblischen Gesichtspunkten oder nach Geschäftsprinzipien?
4. Sind Sie eher ein Architekt, ein Ingenieur oder ein Künstler? Wie können Sie in allen drei Bereichen wachsen?
5. Inwiefern spiegelt das Ethos Ihrer Gemeinde wider, was Ihnen als leitendem Mitarbeiter am Herzen liegt?
6. Welche Dienste stehen in unserer Gemeinde nicht zur Diskussion und Disposition?
7. Wer sind die zukünftigen Leiter in Ihrer Gemeinde, und was sollten Sie tun, um sie auf ihre geistliche Leiterschaft vorzubereiten?

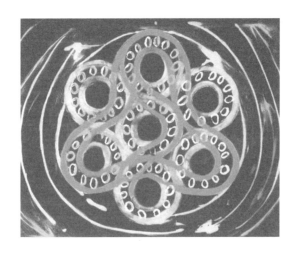

KAPITEL SIEBEN

Theorie geistlichen Designs

Meistens ist es doch so: Schon, wenn man einen Raum betritt, fühlt man sich entweder wohl oder irgendwie fremd. In der Regel entscheidet darüber die Gestaltung. Dabei baut jedes Design – gleichgültig, wie kompliziert oder außergewöhnlich eine Form auch ist und unabhängig davon, wie sehr die Pläne das Werk eines Genies sind – letztlich auf die gleichen drei Dinge auf: Kreise, Dreiecke und Quadrate. Wir sollten einfach einmal in Ehrfurcht wahrnehmen, dass außerordentliche Kunstwerke die gleiche Ausgangsbasis haben wie die gewöhnlichsten und nichtssagendsten Formen.

Bei jeder gestalterischen Innovation, Schönheit und Kreativität geht es im Grunde nur darum, was man mit Linien, Kurven und Ecken macht. Nun könnte man kritisch auf die Vorgaben – Kreis, Dreieck und Quadrat – schauen und den Eindruck bekommen, die Begrenzungen seien erdrückend: Was kann man schon groß kreieren, wenn man nur diese drei Bausteine hat? Doch ein echter Künstler sieht in der immer neuen Zusammensetzung und Zuordnung von Linien, Kurven und Ecken unendliche Möglichkeiten. Das gilt auch für einen Kultur-Architekten.

Auch ein Pastor hat eigentlich nur drei Mittel zur Verfügung, um ein apostolisches Ethos zu formen. Eine Person ohne Leitungsgabe sieht darin nur Kreise, Dreiecke und Quadrate, für einen Leiter sind sie eine Quelle, um außerordentliche Kreativität, Schönheit und Innovation anzuregen. Alles, was einem Maler zur Verfügung steht, sind die Farben Blau, Gelb und Rot. Alles andere, all die Schönheit, die er damit entdeckt und gestaltet, ist das Ergebnis von Vorstellungsvermögen und Können. Im Fall des geistlichen Leiters sind diese drei Komponenten Glaube, Hoffnung und Liebe. Wenn wir uns klarmachen, dass es die Hauptaufgabe eines Leiters ist, ein Ethos zu schaffen, dann verwundert es auch nicht, dass die drei „Hauptfarben" eines Leiters geistlicher Natur sind.

In seinem 1. Brief an die Korinther schreibt Paulus: „Auch wenn alles einmal aufhört – Glaube, Hoffnung und Liebe nicht. Diese drei werden immer bleiben; doch die Liebe ist die größte unter ihnen." (1. Korinther 13,13). Diese Sätze hören wir oft bei Dichterlesungen, Hochzeiten oder anderen zeremoniellen Anlässen. Dass sie schön sind, erschließt sich schnell, doch ihre eigentliche Bedeutung übersehen wir oft.

Erst in den letzten Jahren hat die Kirche die Bedeutung der geistlichen Gaben wiedererweckt. Eine der großen Erneuerungen der letzten vierzig Jahre war eine Bewegung weg von Programmen und Methoden hin zur Betonung geistlicher Gaben. Und das Leben der Menschen, die sich darum bemüht haben, ihre geistlichen Gaben zu entdecken und zu gebrauchen, ist pulsierender und erfüllender geworden. Sicher sind programmorientierte und gabenorientierte Gemeinden grundverschiedene Dinge, doch Paulus hebt hervor, dass einige Dinge noch wesentlich wichtiger sind als geistliche Gaben: Glaube, Hoffnung und Liebe.

Wenn geistliche Gaben für ein gesundes Gemeindeleben und einen vollmächtigen Dienst von so entscheidender Bedeutung sind, wie viel vollmächtiger wäre dann eine Gemeinde, in der Glaube, Hoffnung und Liebe die Oberhand gewännen? Es stellt sich also die Frage: Wie bekommen wir Zugang zu der Macht von Glaube, Hoffnung und Liebe?

DER TREIBSTOFF EINER BEWEGUNG

In 1. Thessalonicher 1,4–10 beschreibt Paulus die Gemeinde von Thessalonich folgendermaßen: „Gott liebt euch, Brüder und Schwestern, und wir wissen, dass er euch dazu erwählt hat, ihm zu gehören. Denn als wir euch die Gute Nachricht verkündeten, geschah das nicht nur mit Worten, sondern auch mit Taten, in denen sich die Macht Gottes zeigte, mit dem Beistand des Heiligen Geistes und mit voller Überzeugung. Ihr wisst ja, wie wir unter euch gelebt und gewirkt haben, um euch die Rettung zu bringen. Ihr aber seid unserem Vorbild gefolgt und damit dem Vorbild unseres Herrn. Obwohl ihr schwere Anfeindungen ertragen musstet, habt ihr die Botschaft mit der Freude angenommen, die nur der Geist Gottes schenkt. So seid ihr ein Vorbild für alle Glaubenden in Mazedonien und Achaia geworden. Und nicht nur dorthin ist die Botschaft des Herrn von euch aus gelangt; es hat sich auch überall sonst herumgesprochen, dass ihr euch Gott zugewandt habt. Wir brauchen niemand etwas davon zu erzählen. Wo wir auch hinkommen, sprechen sie davon, was für ein segensreiches Wirken wir unter euch entfalten konnten. Überall erzählen sie, wie ihr euch von den Götzen abgewandt habt, um dem wahren und lebendigen Gott zu dienen – und wie ihr nun vom Himmel her seinen Sohn erwartet, den er vom Tod auferweckt hat: Jesus, der uns vor dem bevorstehenden Gericht rettet."

Die Gemeinde in Thessalonich war ein Vorbild für alle Gläubigen in der Region geworden. In vielerlei Hinsicht haben wir hier das erste Gemeinde-Modell, das weiterempfohlen wird. Der Glaube der Thessalonicher war überall bekannt geworden, und ihr Wachstum und ihr Einfluss auf die Stadt gingen nicht auf Zuzug zurück, sondern auf radikale Bekehrungen. Paulus beschreibt den Einfluss der Gemeinde sehr klar, wenn er sagt: „Wo wir auch hinkommen, sprechen sie davon, was für ein segensreiches Wirken wir unter euch entfalten konnten. Überall erzählen sie, wie ihr euch von den Götzen abgewandt habt, um dem wahren und lebendigen Gott zu dienen."

Wie viele unserer eigenen Gemeinden sehnen sich danach, mit solchen Worten beschrieben werden zu können? Als Modellgemeinde für die ganze Region! Eine Gemeinde, deren Glaube an Gott überall bekannt ist! Eine Gemeinde, deren Anhängerschaft ein Ergebnis davon ist, dass viele sich von den Götzen zu dem wahren und lebendigen Gott bekehrt haben!

Wenn diese Kirche heute existierte, würde in jeder christlichen Zeitschrift über sie geschrieben und in jeder christlichen Fernsehstation davon berichtet. Es würde dort monatliche Konferenzen über Gemeindewachstum und Mitarbeiterkonzepte geben. Und seien wir ehrlich: Wünschten wir uns nicht, Paulus wäre näher auf die Methoden der Gemeinde von Thessalonich eingegangen? Wäre es nicht großartig gewesen, wenn der 2. Thessalonicherbrief ein Handbuch wäre, das uns sagte, wie man dieses besondere Modell reproduzieren könnte? Paulus sagt uns überhaupt nichts über die Struktur, die Methoden, das System oder die Programme der Gemeinde, aber er sagt uns eine Menge über ihr Wesen.

In 1. Thessalonicher 1,2–3 schreibt Paulus: „Wir danken Gott immerzu für euch alle, wenn wir in unseren Gebeten an euch denken. Vor unserem

Gott und Vater erinnern wir uns stets voll Dank daran, was als Frucht eurer Gemeinschaft mit Jesus Christus, unserem Herrn, bei euch herangereift ist: wie bewährt euer Glaube ist, wie aufopfernd eure Liebe und wie unerschütterlich eure Hoffnung." Hier gibt uns Paulus einen Einblick in die Herzen der Christen von Thessalonich. Sie bauten eine Gemeinde, in der das Feuer von Glaube, Liebe und Hoffnung brannte. Die Mitglieder der Gemeinde können am besten beschrieben werden als Menschen, die durch ihren Glauben gewirkt haben, deren Mitarbeit von der Liebe motiviert und deren Ausdauer von der Hoffnung auf Jesus Christus inspiriert war.

Könnte es sein, dass wir damit die entscheidenden Grundlagen für die Erweckung eines apostolischen Ethos vor uns haben? Könnte es sein, dass das Geheimnis der Kirche des ersten Jahrhunderts in der Kirche selbst liegt, während wir verzweifelt nach Innovationen und neuen Strategien suchen, um uns wirksam auf die Welt einzulassen?

In *Mosaic* sind wir zu der Überzeugung gelangt, dass der Schlüssel zur Erweckung eines apostolischen Ethos in der Kraft dieser drei geistlichen Wesenszüge liegt. Wir sind uns dessen so sicher, dass wir die Mission unserer Gemeinde darum aufgebaut haben: im Glauben zu leben, an der Liebe erkannt zu werden und eine Stimme der Hoffnung zu sein. Wie arbeitet nun ein Pastor als Kultur-Architekt mit diesen drei Bestandteilen, um ein apostolisches Ethos zu schaffen und zu formen?

IM GLAUBEN LEBEN

„Ich weiß, dass ich nichts weiß"

Larry Clement konfrontierte mich eines Tages mit einem Vorwurf. Ich konnte ihm ansehen, dass er mich für einen guten Leiter hielt. Aber er war unsicher, ob die Richtung, die wir ansteuerten, stimmte. Er blickte mich an und sagte: „Versprich mir, dass dein Weg wirklich Gottes Willen entspricht, und ich folge dir überallhin." Wir fingen dann an, über sein Anliegen zu sprechen. Denn im Grunde wollte er ja nur eines: dass ich ihm sagte, Gott habe persönlich zu mir gesprochen, Wort für Wort, und mich in diese besondere Richtung gewiesen. Er wollte, dass ich eine prophetische Rolle annehmen und laut rufen sollte: „So spricht der Herr!"

Ich sah Larry an und sagte ihm, dass ich einige Dinge sicher wisse und einige Dinge sicher nicht. Ich wusste in diesem Moment genau, was Gott in der Geschichte getan hatte; ich wusste, dass das, was wir taten, mit dem Willen Gottes übereinstimmte, und ich wusste ohne Frage, dass es Dinge gibt, zu denen Gott uns so eindeutig ruft, dass wir ihn nicht immer wieder fragen müssen. Aber wusste ich, dass meine spezielle Strategie mit Sicherheit funktionieren würde? Wusste ich, ob mein Weg garantiert erfolgreich war? Nein, ich wusste es nicht.

Was Larry von mir wollte, war etwas, das uns Gott nicht oft gibt. Ich zeigte Larry eine der ungewöhnlicheren Stellen in der Bibel. In 1. Samuel 14 wird darüber berichtet, dass Israel sich im Krieg mit den Philistern befand. Saul und seine Armee von sechshundert Mann ruhten unter einem Granatapfelbaum. An diesem Tag gab es nur zwei Schwerter unter all den Kriegern, und die hatten Saul und Jonathan. Am Tag des Kampfes hatte also nicht ein einziger Soldat ein Schwert oder einen Speer in seinen Händen. Die Situation schien völlig vertrackt. Es war also nicht unvernünftig von Saul, dass er einen Kampf mit den Philistern mied. Aber mitten in der Nacht weckte Jonathan seinen Waffenträger und sagte: „Komm, wir gehen zu dem Posten dort drüben, zu diesen Unbeschnittenen!" Saul schlief währenddessen.

> Könnte es sein, dass wir die entscheidenden Grundlagen zur Erweckung eines apostolischen Ethos vor uns haben? Könnte es sein, dass das Geheimnis der Kirche des ersten Jahrhunderts in der Kirche selbst liegt, während wir nach Innovationen und neuen Strategien suchen, um uns wirksam auf die Welt einzulassen?

Also stahlen sich die beiden still aus dem Lager. Sie mussten einen tückischen Übergang überqueren, um den Vorposten der Philister zu erreichen. Jonathan sah seinen Waffenträger an und sagte: „Vielleicht hilft uns der Herr; denn für ihn ist es nicht schwer, den Sieg zu schenken, ganz gleich, ob nun viele oder wenige kämpfen" (1. Samuel 14,6). Sein Waffenträger antwortete „Nur zu, tu, was du vorhast! Ich bin dabei, du kannst dich auf mich verlassen" (1. Samuel 14,7).

Meist lesen wir die Bibel, um Trost, Zusicherung und Gewissheit zu bekommen, selten, weil wir uns Mut erhoffen, zumindest nicht im eigentlichen Sinn des Wortes. Wir sind zwar bereit, uns auf einen Kampf einzulassen, aber nur, wenn wir glauben, dass Gott uns den Sieg versprochen hat. Wir haben uns selbst irgendwie eingeredet, dass Gott einen Vertrag mit uns unterzeichnet hätte, in dem er verspricht, dass wir nie versagen. Außerdem steht da, dass wir nie leiden, nie Enttäuschungen erleben oder gar Unannehmlichkeiten auf der Reise haben werden. Was Jonathan ohne jeden Zweifel wusste, war, dass Gott nichts daran hindern konnte, jemanden zu retten, weder viele noch wenige. Aber er war ehrlich, als er diesen jungen Waffenträger ansah und sagte: „Vielleicht hilft uns der Herr."

Was er damit sagen wollte, war dies: „Ich weiß, was Gott tut. Er gibt die Philister in die Hände Israels. Er hat uns befohlen, uns auf den Kampf einzulassen. Ich habe auch keinen Zweifel, dass Gott mächtig genug ist, uns den Sieg zu geben. So wollen wir uns dem Herzen Gottes anschließen und uns in seinen Willen hineinbegeben. Vielleicht hilft uns der Herr."

Die Betonung liegt auf dem „Vielleicht", auf dem „Ich hoffe". Das Ziel war definitiv richtig, ob Gott genau diesen Weg segnen würde, lag in seiner Hand.

Nachdem ich den Abschnitt vorgelesen hatte, schaute ich Larry an und sagte ihm, dass ich überhaupt keinen Zweifel daran hätte, dass Gott uns aufruft, unsere Stadt zu erreichen. Es ist absolut klar, dass Jesus auf die Erde kam, um die Verlorenen zu retten. Darum gibt es auch keinen Zweifel, dass Gott unsere Gemeinde dazu ruft, uns ihm anzuschließen und das Evangelium zu den Völkern zu bringen. Die Entscheidungen, die vor uns lagen, würden uns in die Richtung bringen, in die Gottes Geist sich bewegte. Was ich also wusste, war, dass Gott Gefallen an unserem Handeln haben würde, und ich dachte, vielleicht würde er uns sogar helfen, erfolgreich zu sein.

Gehorche einfach!

Was bedeutet es wirklich, im Glauben zu leben? Es bedeutet, Gottes Weisungen gehorsam zu sein. Glaube beginnt mit Gottes Reden und wird Wirklichkeit, wenn wir darauf reagieren. Aus irgendeinem Grund denken wir heute, dass der Glaube jede Zweideutigkeit *wegnimmt*, dabei ruft er uns auf, *in ihr zu leben*. Wie oben schon erwähnt, haben wir in den Gemeinden Glauben immer lieber als Substantiv betrachtet als als Verb. Die Kirche neigt dazu, mehr *im Glauben* zu leben, als im Glauben zu *leben*. Unser Ziel ist es heute, sicherzustellen, dass der Glaube lehrmäßig richtig ist und dass die Menschen eine wachsende Bibelkenntnis haben, statt in einer dynamischen, lebendigen Beziehung mit Gott zu leben, durch die wir lernen, seine Stimme zu hören und darauf zu antworten.

> **Der Ausgangspunkt eines Lebens im Glauben ist die Erkenntnis, dass Gott schon so viel von seinem Willen offenbart hat, dass wir auch dann genug umzusetzen hätten, wenn wir kein weiteres Wort von ihm zu hören bekäme**

Der Ausgangspunkt eines Lebens im Glauben ist die Erkenntnis, dass Gott schon so viel von seinem Willen offenbart hat, dass wir auch dann genug umzusetzen hätten, wenn wir kein weiteres Wort von ihm zu hören bekämen. Über manche Dinge braucht man einfach nicht mehr zu beten. Wenn Gott doch schon so klar gesprochen und seinem Volk seinen Willen offenbart hat, wird das Gebet manchmal eher ein Weg des Widerstands gegen den Willen Gottes, als ein Weg, auf ihn einzugehen.

Eine Kirche beginnt im Glauben zu leben, wenn ihre Mitglieder die Dinge, die Gott klar gesagt hat, auch wirklich tun und nicht ewig darüber verhandeln. Eine Kirche braucht nicht zu beten, ob sie beten soll. Sie braucht nicht um Klarheit zu beten, ob sie dienen soll. Sie braucht nicht zu beten, ob sie die Gute Nachricht weitergeben soll. Die Liste ließe sich endlos fortsetzen. Der Wille Gottes ist nicht so unklar und verborgen, wie wir gerne behaupten. Oftmals wollen wir von Gott gar keinen Auftrag, der unseren Glauben erfordert, sondern eine Garantie, die in Wirklichkeit gar keinen Glauben nötig hätte.

Larry hat mich inspiriert, vor alle unsere leitenden Mitarbeiter zu treten und ihnen reinen Wein einzuschenken, dass die Reise, zu der ich sie eingeladen hatte, keine Erfolgsgarantie einschloss. Ich musste ihnen sagen, dass wir vielleicht sogar inmitten unserer Bemühungen Versagen erleben könnten; dass es keine Verheißung in der Bibel gibt, dass irgendeine Ortsgemeinde alles verwirklichen wird, was Gott auf dem Herzen hat; und dass es Gottes größtes Ziel mit uns sein könnte, im Vorangehen auf die Nase zu fallen. Aber können wir uns vorstellen, dass sogar unser Tod ein Akt des Glaubens wäre, wenn die Richtung unserer Körper den Weg zu Gottes Zukunft weist?

Wenn der Erfolg ausbleibt

Unser Glaube ist durch Bequemlichkeit verdorben worden. Irgendwie glauben wir, dass Gott mehr an unserer Behaglichkeit und unserem Wohlstand interessiert sei als an seiner Geschichte mit der Menschheit.

Ich musste selbst sehr schmerzvoll lernen, dass mein eigenes Versagen Gott die Gelegenheit bieten kann, Wunder zu vollbringen. 1985 war ich Pastor in einer kleinen Gemeinde in Süd-Dallas. An Anfang bestand diese Gemeinde gerade einmal aus einer Hand voll Leute, die sich in einem Doppelhaus trafen. Es dauerte eine Weile, aber nach ungefähr einem Jahr konnten wir in ein eigenes Haus umziehen. Wir wurden von einer halben Hausgemeinde zu einer richtigen Hausgemeinde! Gott segnete unsere Arbeit, und wir erlebten, dass immer mehr Einzelne und Familien zum Glauben an Jesus Christus kamen. Obwohl wir immer noch klein waren, spürten wir, dass wir in neutestamentlichen Zeiten lebten.

Eines Tages sahen wir, dass in der Stadt ein Grundstück zum Verkauf angeboten wurde. Obwohl unsere Gemeinde immer noch weniger als fünfzig Erwachsene zählte, von denen viele von Sozialhilfe lebten, fingen wir an, über den Kauf dieses Grundstücks zu reden und zu beten. Es schien zwar seltsam, dass ein Grundstück, das so nahe an der Innenstadt von Dallas liegt, nicht erschlossen war, während ringsherum alles bebaut war, ich machte mir jedoch nicht die Mühe, darüber nachzudenken, warum dies Grundstück noch brachlag.

Ich ging also zur örtlichen Vereinigung der Kirchen und fragte den Direktor für Mission, ob sie eine finanzielle Unterstützung in Betracht ziehen könnten. Offen gesagt: Zuerst kam kaum eine Reaktion. Süd-Dallas war kein Zielgebiet für neues Wachstum. Die Viertel waren arm und gefährlich; außerdem galten sie als Durchgangs-Wohngebiete. Diese Situation war entstanden, weil alle Weißen weggezogen waren. In meiner dringenden Bitte an den Direktor erwähnte ich sogar, dass es ja ohnehin ziemlich unwahrscheinlich sei, dass wir Erfolg hätten, und dass wir im Fall eines Zahlungsverzugs das Grundstück ja wieder verkaufen könnten. In meinen Augen schloss das einiges von dem Risiko auf seiner Seite aus.

Schließlich konnten wir das Land tatsächlich kaufen. Eine großzügige Gemeinde in Nord-Dallas unterstützte uns, und das ermöglichte es der Vereinigung, sich mit uns zusammenzutun. Wir bekamen sogar das gesamte Geld im Voraus. Nach dem Kauf blieb das Land allerdings noch einige Zeit unbebaut, weil wir erst eine sichere finanzielle Grundlage in unserer Gemeinde aufbauen wollten. Aber alle warteten sehnsüchtig auf den Tag, an dem wir tatsächlich ein Gebäude errichten würden. Ein Gebäude, in dem wir regelmäßige Angebote für das Wohngebiet unterbringen konnten. Und dann endlich war es so weit.

Wir begannen als erstes damit, die Baugenehmigungen einzuholen. Und da passierte auf dem Weg zur Erfüllung unserer Träume etwas Schreckliches: Die Stadt Dallas hatte das Grundstück als „unbebaubar" deklariert, weil sich darauf früher eine Müllkippe befunden hatte. Es war also faktisch wertlos. Wir hatten ein verseuchtes Grundstück gekauft. Wir ließen zwar noch einige Proben entnehmen, doch das Ergebnis war eindeutig: Soweit ich es verstand, bohrten sie über einen halben Meter tief und fanden nichts als Müll. Das Grundstück war tatsächlich unbebaubar. Das war natürlich auch der Grund, warum es trotz guter Lage nicht erschlossen war.

> **Es gibt keinen wirklich guten Weg, wie man sich vor die Leute stellen kann, zu deren Leitung Gott einen berufen hat, um ihnen zu sagen, dass man versagt hat.**

Ich kann mit Worten gar nicht beschreiben, wie groß meine Verzweiflung war. Ich hatte die Gemeinde ja veranlasst, diese Müllhalde zu kaufen. Ich wusste damals noch nicht genau, wie konfessionelle Organisationen arbeiten, vermutete aber, dass ich mit Schimpf und Schande aus dem Bund der *Southern Baptists* rausgeworfen werden würde. Ich war beschämt und gedemütigt und fragte mich, warum Gott das zugelassen hatte. Mein Ruf war ruiniert – und mit ihm meine eigene Selbstachtung.

Ohne Zweifel war ich das Ganze mit guten Absichten angegangen, ich wollte Gottes Auftrag in diesem Wohngebiet erfüllen. Und ich war fest davon überzeugt gewesen, dass dieses Grundstück dazu beitragen würde.

In solchen Augenblicken ist es nicht leicht zu erklären, warum Gott so etwas zulässt. Und es gibt leider auch keinen wirklich guten Weg, wie man sich vor die Leute stellen kann, zu deren Leitung Gott einen berufen hat, um ihnen zu sagen, dass man versagt hat. Alles, was ich tun konnte, war, die Gemeinde zu bitten, mit mir zu beten und zu glauben, dass Gott trotz allem mit uns ist und dass er sogar die größten menschlichen Fehler gebrauchen kann, um Wunder zu vollbringen.

Glaube kann ein Haufen Abfall sein

So beteten wir Monat für Monat, und je länger wir beteten, desto dümmer schien unser Anliegen zu sein. Wir fingen an, Gott zu bitten, dass er das Müllgelände in ein „Füllgelände" verwandelte, in ein Grundstück, das mit seinem Volk gefüllt würde, und dass er ein Wunder vollbrächte, das es leichter machte, diese Zeit durchzustehen. Ich erfand affige Slogans wie „Unser Müllgelände ist Gottes Füllgelände" und „Abfall ist kein Zufall". Es gab eine Gemeinde unten am Highway, die *Church on the Rock*, „Gemeinde auf dem Fels", hieß; also dachte ich, es klänge vielleicht erbaulich, wenn wir uns die „Gemeinde auf der Kippe" nennen würden. Das alles half zwar ein bisschen, aber die Situation blieb letztlich unverändert.

Da erhielten wir Besuch von einem Pastor, seiner Frau und einigen seiner jungen Mitarbeiter aus einem Ort außerhalb von Dallas, die uns bei einem Missionsprojekt helfen wollten. Wir saßen alle um einen kleinen Tisch in dem Haus herum, in dem sich die *Cornerstone*-Gemeinde damals traf. Und natürlich dauerte es nicht lange, bis die schrecklichste aller Fragen wieder gestellt wurde: „Was wollt ihr denn nun mit dem Müllgelände machen?" Wir waren offenbar berüchtigt. Weit und breit kannte man unsere Tragödie. Wir hatten zwar nicht den gleichen Ruf wie die Thessalonicher, waren aber bestimmt genauso bekannt.

In unserem Team saß auch eine Frau aus unserer Gemeinde, die Delores Rube hieß. Sie hatte in dem Wohngebiet gearbeitet, seit sie erwachsen ist. Und bevor ich antworten konnte, bevor ich wieder mal zu einer müden Erklärung ansetzen konnte, sagte Delores etwas, das für mich alles änderte. Sie sah den Fragesteller an und sagte: „Die Sache ist in guten Händen. Wir haben gebetet und Gott gebeten, dass er den Dreck in fruchtbare Erde verwandelt."

In diesem Augenblick hatte ich etwas, das ich nur als göttliche Gänsehaut beschreiben kann. Es schien, als ob Gott ihre Worte bestätigte und mir sagte, dass er bei dieser Geschichte noch lange nicht am Ende war. Ich ging also wieder zu der kirchlichen Vereinigung und bat sie, eine weitere Bodenprobe zu finanzieren. Ihre Reaktion kann man nur als äußerst feindselig beschreiben. Ich verstand natürlich, warum; aber aus welchem Grund auch immer, sie kamen meiner Bitte nach. Und diesmal fanden sie Erde – nur Erde, sonst nichts.

Ich weiß, was Sie denken: *Das kann nicht sein! Solche Dinge passieren heutzutage nicht mehr. Man muss mindestens nach Afrika gehen, damit Gott durch* Southern Baptists *noch Wunder vollbringt.* Ich habe selbst endlos lange darüber nachgedacht. Wie konnte das passieren? Ist die Probe vielleicht einem anderen Stück Land entnommen worden? Oder könnte es sein, dass Gott tatsächlich ein Wunder vollbracht und das Müllgelände in gutes Land verwandelt hat? Wie dem auch sei, wir bekamen eine Baugenehmigung.

Als der feine Makler, der mir das Grundstück verkauft hatte, hörte, dass das Grundstück jetzt bebaut werden durfte, bot er mir eine Summe an, die dreimal so hoch war wie die, die wir selbst gezahlt hatten. Ich weiß eigentlich nur eines: dass die früheren Besitzer nicht auf dem Grundstück bauen durften, wir aber konnten es. Ich habe es schriftlich, dass das Grundstück wertlos und unbrauchbar sei. Ich habe keine Ahnung, was unter der Oberfläche des Grundstücks geschehen ist. Ich kann nur erzählen, was ich erlebt habe: Gott hat mein Versagen genommen und ein Wunder vollbracht.

Glaube im Wachsen

Heute betet *Cornerstone* Gott auf diesem Grundstück in einem Gottesdienstraum an, den wir mit eigenen Händen aufgebaut haben. Unnötig zu sagen, dass wir nach dieser Erfahrung nicht mehr die Gleichen waren. Wenn man Glauben lebt, reicht einem das Substantiv „Glauben" nicht mehr.

Ein apostolischer Leiter lässt sein eigenes Glaubensleben in eine Kultur glaubensvollen Lebens einfließen. Und er hört damit nie auf, weil es nie reicht, im Glauben von gestern zu leben. Wir sind immer gefordert, in Bewegung zu einem frischen Glauben zu sein.

> **Wenn Gott uns aufruft, im Glauben zu leben, dann erwartet er mit jedem Wunder mehr Glauben.**

Das erinnerte mich daran, wie Gott Mose befahl, sich ans Ufer des Wassers zu stellen, und ihm klare Anweisungen gab, festzustehen, seinen Stab zu heben, seine Hand über das Meer auszustrecken und das Wasser zu teilen. Sie wissen, was dann geschah: Das Wasser teilte sich und Israel zog in die Freiheit.

Bei Josua war es anders. Als Josua am Ufer des Jordans stand, sagte Gott ihm nicht, dass er seinen Stab heben sollte. Er wies Josua an, etwas ganz anderes zu tun. Gott sagte ihm: „Wählt zwölf Männer aus, von jedem Stamm einen! Die Bundeslade des Herrn, dem die ganze Erde gehört, wird vorangehen und euch einen Weg durch den Jordan bahnen. Sobald die Priester, die sie tragen, ihre Füße ins Jordanwasser setzen, wird kein Wasser mehr nachfließen. Der Fluss wird sich weiter oben anstauen wie vor einem Damm. Daran sollt ihr erkennen, dass ihr einen lebendigen Gott habt. Er wird sein Versprechen halten und die Völker des Landes vor euch vertreiben: die Kanaaniter, Hetiter, Hiwiter, Perisiter, Girgaschiter, Amoriter und Jebusiter" (Josua 3,10–13).

In der ersten Situation sagte Gott dem Volk Israel, es möge mutig stehen bleiben und darauf warten, was er tat. In der zweiten Situation musste das Volk ins Wasser treten, und erst als ausgewählte Menschen ihren Fuß in den Jordan gestellt hatten, hörte das Wasser auf, flussabwärts zu fließen. Es scheint: Wenn Gott uns aufruft, im Glauben zu leben, dann erwartet er mit jedem Wunder mehr Glauben. Ich nehme an, das erste Mal brauchte es schon Glauben, um den Stab zu heben und darauf zu warten, dass sich das Wasser teilte. Das zweite Mal mussten die Menschen sich auf das Wasser einlassen und sich die Füße im wahrsten Sinne des Wortes nass machen.

Was gestern Glauben erforderte, ist heute schon eine schöne Erinnerung. Erst wenn wir im Glauben leben, gestatten wir Gott, uns in ganz neue Erfahrungen hineinzunehmen, wer er ist und wie er wirkt. Die Kirche kann nicht vom Glauben der Vergangenheit leben. Die Kirche ist berufen, ein lebendiger Ausdruck von Glauben zu sein. Wenn eine Gemeinde im Glauben lebt, beweisen ihre Mitglieder, dass man Gott vertrauen kann. Glaube ist das Dreieck des Kulturarchitekten. Seine Ecken machen scharfe Wendungen und extreme Richtungsänderungen und haben zackige Ränder.

AN DER LIEBE ERKANNT WERDEN

Liebe hört niemals auf

Stefanie Sakuma war erst neun Jahre alt, als sie im Sterben lag. Sie hatte eine seltene und heftige Krankheit, über die die Medizin noch kaum etwas herausgefunden hatte. Die Ärzte wussten damals weder, was diese Krankheit verursacht, noch wie sie übertragen wird. Das einzige, was sie mit Sicherheit wussten, war, dass diese Krankheit im fortgeschrittenen Stadium zum Tod führt. Stefanie litt an einer schweren Form der Bluterkrankheit und war durch eine Bluttransfusion mit dem HIV-Virus infiziert worden. Das war im Jahr 1983, und der Begriff AIDS wurde gerade erst Teil unseres Vokabulars. Alle waren damals unsicher, ob AIDS nicht vielleicht durch Tröpfcheninfektion übertragen werden könnte, wodurch eine riesige Angst vor Ansteckung entstand. Die Gemeinde in Los Angeles, deren Pastor ich später wurde, musste also eine Entscheidung treffen. Sie musste entscheiden, ob sie der Vorgehensweise vieler Gemeinden in Amerika folgen und Menschen, die mit AIDS infiziert waren, bitten sollte, die Gemeinde zu verlassen, oder ob sie die Familie Sukuma einladen sollte, trotz des vermeintlichen Ansteckungsrisikos zu bleiben.

Unter der Leitung des früheren Pastors und der Ältesten entschied die Gemeinde, dass sie lieber zusammenleben und zusammen sterben wollten. Mittlerweile ist Stefanie Sakuma gestorben, eine großartige Dichterin mit tiefer geistlicher Einsicht und Liebe zu Gott. Ihr Leben inspirierte später ein Buch, das nicht nur in den Vereinigten Staaten, sondern auch in Japan erfolgreich verkauft wurde. Ihre Familie aber zeigte uns während des Krankheitsverlaufs beispielhaft, was Liebe ist.

Als ich Janice Sakuma, ihre Mutter, einlud, in unser Leitungsteam zu kommen, geschah das nicht einfach nur wegen ihren Leitungsbegabungen, sondern auch wegen der Art und Weise, wie sie und ihr Mann Steve die Liebe verkörperten, die wir als eine Gemeinde ausdrücken wollten. Wir sind dazu berufen, dass man uns an der Liebe zueinander erkennt.

Kennzeichen Liebe

Liebe ist für die meisten Menschen erst einmal ein romantisches Wort. Über die Liebe wurden wahrscheinlich mehr Lieder geschrieben als über jedes andere Thema der Welt. Ohne Liebe gäbe es sicher keine Filmindustrie. Es gibt sogar das Genre „Liebesroman", weil sich die Menschen so verzweifelt nach Liebe sehnen. Und doch – so viel wir auch darüber schreiben, reden und versuchen, unser Leben darauf aufzubauen: Liebe ist in Wirklichkeit eine seltene Sache. Das meiste, was wir als Liebe bezeichnen, fällt unter ganz andere Kategorien: von Gernhaben bis Lust, von Leidenschaft bis Besessenheit. Wir sind so überflutet von Imitationen der Liebe, dass wir blind geworden sind für das, was Liebe eigentlich meint.

Letztendlich zeigt sich Liebe im Opfer. Jesus sagte uns, dass die Welt durch unsere Liebe zueinander erkennen wird, dass wir seine Jünger sind (Johannes 13,35). Er hat damit den Grund für eine ganze Bewegung gelegt. Die Liebe ist so zentral für das Herz Gottes und das Ethos der neutestamentlichen Gemeinde, dass wir ohne sie keinen Anspruch darauf haben, uns Jünger Jesu Christi zu nennen.

In Johannes 15,13 erklärt Jesus, was Liebe praktisch bedeutet. Er sagt: „Niemand liebt mehr als einer, der sein Leben für seine Freunde opfert." Natürlich sprach Jesus von seinem eigenen Tod, indem er erklärte, dass sein Opfer der tiefste Ausdruck für Liebe in der Geschichte der Menschheit werden würde.

Die Liebe ist so zentral für das Herz Gottes und das Ethos der neutestamentlichen Gemeinde, dass wir ohne sie keinen Anspruch darauf haben, uns Jünger Jesu Christi zu nennen.

Die Kirche entstand aus einer Tat der Liebe. Es sollte uns daher nicht überraschen, dass die Kirche sich nur dann auf Gott zubewegt, wenn sie von Liebe angetrieben wird. In einer Welt der Fälschungen ist echte Liebe unglaublich anziehend. Sie ragt heraus. Sie ist unverkennbar. Sie hebt sich ab.

Ich muss zugeben, dass ich in den ersten zehn Jahren meines Christenlebens weit mehr vom Glauben angezogen wurde als von der Liebe. Wenn mein Leben eine Bibel wäre, hätte es gesagt: „Ihr werdet an eurem Glauben erkannt werden, und Liebe ist auch wichtig." Ich wollte am Glauben erkannt werden.

Das brachte mich in einige ziemlich extreme Situationen. Ich stellte mich vor lauter Glauben in die Mitte von Maschinengewehren, jamaikanischen Drogendealern und eine Welt voller Prostituierter, Zuhälter und Strichjungen. Mein Leben aus Glauben hat mich auf die Straßen von New Orleans in die Mitte des Mardi Gras getragen; es hat mich an die Straßenecken gebracht, um das Evangelium zu predigen; und es hat mich sogar mehrmals mit dem Tod konfrontiert. Doch mitten auf dieser Reise hat Jesus etwas in mir verändert. Er wollte zwar, dass ich im Glauben lebte, doch der einzige Weg, auf dem ich ihn wirklich kennen lernen konnte, war der, dass man mich auch an der Liebe erkannte.

Wer sein Leben verliert, wird es gewinnen

Es ist unmöglich, Gott nahe zu kommen und nicht von seiner Liebe überwältigt zu werden. Und wenn man erkennt, dass der praktische Ausdruck von Liebe Dienstbereitschaft ist, fängt diese Erfahrung an, alle Bereiche des Zwischenmenschlichen zu verändern. Das ist wirklich eine der erstaunlichen Tatsachen an Gott: Er liebt es, für andere dazusein.

Als Jesus anfing, seinen Jüngern die Füße zu waschen, war das für Gott nichts Außergewöhnliches, es liegt in seinem Wesen begründet. Jesus war und ist ein Diener. Er will nur eines: zeigen, wie Gott ist. Es klingt für manche Menschen fast gotteslästerlich, wenn man sagt, Gott sei ein Diener, aber das liegt nur daran, dass unser Wertesystem so verzerrt ist. Wir fühlen uns wohl, wenn wir Gott die Eigenschaften zuschreiben, die wir gern hätten. Wenn wir Gott als allmächtig beschreiben, macht ihn das zu dem, was wir gern wären. Auch Gott als allwissend zu bezeichnen, bestärkt etwas, das wir schätzen. Wenn wir Gott als allgegenwärtig beschreiben, ist das nicht nur tröstlich, es bestätigt auch, wie sehr Menschen Kontrolle lieben. Wir wollen, dass Gott allmächtig und allwissend ist und alles unter Kontrolle hat. Darum ist es auch nicht schwer, uns davon zu überzeugen, dass dies die Eigenschaften Gottes sein sollten. Aber zu sagen, dass Gott ein Diener ist, scheint völlig außerhalb unserer Sicht davon zu sein, wie Gott wirkt.

Wenn *wir* allmächtig, allwissend und allgegenwärtig wären, wer von uns würde sich dann Nächstenliebe und Hingabe als tiefsten Ausdruck dieses ganzen Potenzials aussuchen? Ist das nicht gerade der entscheidende Punkt: Wenn man Gott wäre, würde man sich doch dienen lassen! Das wäre bei uns so, aber bei Jesus ist es anders.

Liebe ist nicht wasserscheu

Ich erinnere mich an einen Sonntagmorgen, an dem es draußen in Strömen goss. Da es in den frühen Achtziger Jahren war, trug ich – gemäß meiner damaligen Einstellung – im Gottesdienst immer einen Anzug. Und weil ich meinen Sonntagsanzug nicht ruinieren wollte, beschloss ich, erst einmal nicht rauszugehen. Also blieb ich beim Podium stehen und tat so, als hätte ich etwas Wichtiges zu tun, während alle anderen zu ihrem Wagen rannten, um dem Regen zu entgehen. Ich wusste, dass es niemand wagen würde, mich zu belästigen, wenn ich meine konzentrierte Predigermiene aufsetzte; mit einer Ausnahme: meiner Frau. Sie scheint einfach nicht zu verstehen, dass sie mich nicht stören darf, wenn ich vorgebe, etwas Wichtiges zu tun.

Sie kam ohne jede Scheu mit drei oder vier Kindern auf mich zu, die nach Hause gefahren werden mussten, und erklärte mir, sie habe entschieden, dass wir das erledigen. Das irritierte mich, und ich versuchte ihr zu erklären, dass ich im Augenblick auf keinen Fall wegkönne. Kurz darauf gingen wir durch den strömenden Regen zum Auto, und ich fuhr die Kinder nach Hause.

Meine Scheibenwischer kämpften mit dem Regen und konnten gar nicht genug Sicht für mich schaffen, als dass ich die Straße vor mir hätte sehen können. Das Wasser schob sich vor meinen Reifen in Wellen zur Seite, und die Straßen waren überflutet. Und während wir so fuhren, schrie Kim plötzlich: „Hast du den Mann gesehen? Hast du den Mann da gesehen?"

> **Was ich am Sonntag gesagt hatte, war nicht annähernd so wichtig wie das, was ich getan hatte.«**

Ich versuchte, auf der Straße zu bleiben, und antwortete: „Was meinst du mit ‚Siehst du den Mann'? Ich kann nicht einmal die Straße sehen. Wovon sprichst du eigentlich?" Sie bestand darauf, dass da ein Mann mitten auf der Straße gestanden hätte, der Hilfe brauchte: „Wir müssen zurückfahren und ihm helfen."

Scheinheilig sagte ich, dass wir ganz dringend diese Kinder nach Hause bringen müssten. Als sie nicht klein beigab, erklärte ich mich bereit, zuerst die Kinder nach Hause zu bringen und dann diesem Mann, wenn er immer noch da wäre, zu helfen.

Auf dem Rückweg hielt ich wirklich nach dem Mann Ausschau, aber ich sah niemanden. Der Regen strömte immer noch vom Himmel, und das Fahren war keine leichte Sache. Ganz plötzlich fing Kim wieder an: „Hast du den Mann gesehen? Da ist er."

Ich sagte: „Schatz, bist du sicher, dass da jemand war? Ich habe niemanden gesehen."

Aber sie blieb hartnäckig, und so wendeten wir – und genau vor mir stand ein Obdachloser mit einem kaputten Einkaufswagen, der umgefallen war, sodass alle seine Habseligkeiten im Wasser schwammen. Kim war damals im achten Monat schwanger. Also sah sie mich treuherzig an und sagte: „Liebling, wir müssen ihm helfen." Eines wusste ich sofort: Sie meinte nicht sich und das Baby. „Wir" bedeutete in diesem Fall „Du".

Also zog ich mein Jackett aus, lief in den strömenden Regen hinaus, stand in der Pfütze mitten auf der Straße und merkte, dass der Mann so vollständig die Orientierung verloren hatte, dass er ständig Dinge in seinen kaputten Wagen steckte, bis der wieder umkippte. So baute ich erst einmal den Wagen wieder zusammen und half ihm dann, all die Sachen aufzusammeln, die im Wasser herumschwammen. Ich stellte fest, dass es vor allem Müll war, Dinge, die ich sonst nicht einmal anfassen würde, aber es war offensichtlich das Wertvollste, das er besaß.

Als wir alles wieder aufgefischt hatten, was weggeschwommen war, und es in seinem Wagen verstaut hatten, erlebte ich ein deutliches Zeichen, dass es wirklich einen Gott gibt. In diesem Augenblick hörte der Regen auf und die Sonne kam heraus. Es war, als ob Gott über mich lachte und sagte: „Du wolltest also trocken bleiben, was?"

Ich beschloss, dass dieser Mann sich sofort bekehren müsste, wenn ich schon all diese Mühsal durchstanden hatte. Ich erzählte ihm vom Glauben, aber er hatte überhaupt kein Interesse daran. Er sagte mir sogar, er wolle Jesus Christus nicht kennen lernen, aber wenn wir irgendwelchen Abfall bei der Kirche hätten, würde er gern vorbeikommen und ihn abholen. Das machte die ganze Erfahrung für mich noch ein bisschen schwerer.

Als ich wieder im Auto saß und nach Hause fuhr, fing Kim plötzlich an zu weinen. Ich dachte bei mir: „Was ist denn jetzt schon wieder los? Zuerst war ich nicht bereit, etwas Richtiges tun, und jetzt weint sie wahrscheinlich, weil ich es mit der falschen Einstellung gemacht habe."

Ich schaute sie an und sagte: „Was ist los, Liebling?" Sie antwortete: „Das war die beste Predigt, die du je gehalten hast." Irgendwie wusste ich im tiefsten Inneren, dass das stimmte. Alles, was ich an diesem Sonntag gesagt hatte, war nicht annähernd so wichtig gewesen wie das, was ich soeben getan hatte.

Jesus sagte, man würde uns an der Liebe erkennen, aber der größte Ausdruck von Liebe ist es, wenn wir unser Leben für jemand anderen einsetzen. Seine Botschaft ist also ein Aufruf zur Dienstbereitschaft.

Eine ganze Menge Liebe

Jedes Mal, wenn wir an der Liebe erkannt werden, ist Gottes Ansehen wiederhergestellt. Manchmal ist unsere Gemeinde so sehr mit Fragen der Wahrheit beschäftigt, dass wir vergessen, dass wir aufgerufen sind, die Wahrheit Gottes in Liebe auszudrücken. Gottes Wahrheit darf nie von der Liebe abgerückt werden. Es kommt nicht einfach darauf an, die Wahrheit zu sagen; wir müssen sicherstellen, dass wir wirklich von Liebe zu dem Menschen motiviert sind, mit dem wir sprechen.

So ist es auch mit dem Glauben. Glaube darf nie von der Liebe gelöst werden. Paulus sagt, das Einzige, was zählt, ist Glaube, der sich in Liebe ausdrückt. Er erinnert uns daran, dass wir zur Freiheit berufen sind, aber wir sollen unsere Freiheit nicht dazu gebrauchen, unserer alten Natur nachzugeben. Stattdessen sollen wir einander in Liebe dienen. Das ist eine ziemlich starke Aussage. Das einzige, was zählt, ist Dienen und Liebe. Wenn die Liebe in den Herzen von Gottes Volk aufbricht, wird es selbst zu einem Diener einer zerbrochenen Welt.

> **Liebe bringt Hingabe hervor, eine Hingabe, die Opfer als Vorrecht ansieht.**

Das apostolische Ethos ist ganz von Liebe durchdrungen. Es erwächst aus dem großen Gebot, Gott zu lieben von ganzem Herzen, ganzer Seele und aller Kraft – und unseren Nächsten wie uns selbst. Es ist eine Kultur, die aus der Liebe zu Gott als dem Schöpfer geboren wird und sich in einer unbegreiflichen Liebe zu allen Menschen äußert.

Als Jesus gefragt wurde, was das größte Gebot sei, wollten die Leute im Grunde wissen, was Gott am allerwichtigsten ist. Seine Antwort könnte in einem Wort zusammengefasst werden: Liebesbeziehungen. Alles, was eine Gemeinde ausmacht, sind Beziehungen. Ohne Beziehungen hört die Kirche auf zu existieren. Die Beziehung zu Gott und die Beziehungen zu anderen: Das ist es, worum es in der Gemeinde geht.

Einmal, als Kim und Mariah mit dem Auto unterwegs waren, drehte sich Kim zu unserer Tochter um und sagte: „Mariah, ich liebe jede Faser an dir." Und Mariah antwortete: „Ach, Mami, ich liebe dich lieber ganz!"

Genau das geschieht bei einem apostolischen Ethos: Gottes Liebe macht uns ganz, vereinigt uns, macht uns zu einem Herzen und einer Seele, heilt uns, nimmt die zerrissenen Bruchstücke unserer Seele und schafft in uns etwas Neues.

Das Handtuch umbinden

Als Leitungsteam beten wir dafür, dass Gott uns als Gemeinde wirklich das Herz eines Dieners schenkt und wir erleben, dass man uns an der Liebe erkennt.

Ich erhielt vor einiger Zeit einen Anruf aus Asien, in dem ich von einer Notlage erfuhr, die mit einer Konferenz zu tun hatte, die in Kürze stattfinden sollte. Fünfhundert ausländische Missionare, die in China und der Mongolei arbeiteten, hatten ein jährliches Treffen in Thailand geplant, aber die Hilfseinrichtungen, die das Treffen organisieren wollten, hatten abgesagt. Das Zustandekommen der Konferenz hing jetzt von den Freiwilligenteams ab, die aus den Vereinigten Staaten kommen sollten.

Die Leiter hatten mich gebeten, auf der Konferenz zu sprechen und diese Menschen zu ermutigen, die fast das ganze Jahr ohne Gemeinschaft mit Christen verbringen, und ich war davon ausgegangen, dass ich nur ein kleines Lobpreisteam mitbringen musste. Aber das Gespräch weitete die Anfrage plötzlich in dramatischer Weise aus. Als ich nachhakte, was sie denn bräuchten, sagte die Person am anderen Ende: „Alles: Vorschulmitarbeiter, Kindermitarbeiter, Teenager- und Jugendmitarbeiter, Anbetungsteams, Schauspielteams, Tanzteams und jede mögliche seelsorgerliche oder administrative Hilfe." Alles, was wir zu bieten hatten, wurde gebraucht.

Als wir die Liste durchgingen, schien es, dass mindestens vierzig Leute erforderlich waren, um all diese Aufgaben zu erfüllen. Das bedeutete, dass vierzig von unseren erwachsenen Mitgliedern zwei Wochen Urlaub nehmen und jeder über Tausend Dollar beitragen mussten, um Windeln zu wechseln und nonstop in Thailand zu arbeiten.

Ich wünschte, ich könnte sagen, dass ich es meiner harten Arbeit verdanke, dass ich nach endlosen Bemühungen vierzig Leute auf die Beine gebracht und diese großartige Sache geschaukelt habe. Aber es war gar nicht schwer. Nach nur einigen Telefonaten und einer Woche Vorbereitungszeit waren mehr als vierzig Leute bereit, sich frei zu nehmen, Geld zu organisieren und hinzufliegen, um den Missionaren zu helfen.

Liebe bringt Hingabe hervor, eine Hingabe, die Opfer als Vorrecht ansieht. Es sind die Diener, denen der Meister die Arbeit anvertraut, die erledigt werden muss. Wenn man uns an der Liebe erkennt, dann erkennt man uns an dem Tuch, das wir um unsere Hüften gebunden haben. Apostolische Leiter sind dienende Leiter. Sie leiten nicht nur, indem sie Gott dienen, sondern auch, indem sie anderen dienen.

EINE STIMME DER HOFFNUNG SEIN

Hoffnung in einer verzweifelten Welt

Sie war acht Jahre alt, als ihre Eltern sie einfach in einem Haus in Asheville, North Carolina, zurückließen und wegfuhren. Ohne Nahrung und Aufsicht aßen sie und ihre Brüder und Schwestern nichts als Rüben und Ketchup. Nach ein paar Tagen fand eine ältere Schwester die sechs Kinder unbeaufsichtigt vor und schaltete das Jugendamt ein. Die Geschwister, die alt genug waren, wurden sich selbst überlassen. Die übrigen der insgesamt zehn Brüder und Schwestern wurden an Pflegefamilien und Adoptionsgesellschaften verteilt. Auch das Mädchen, von dem ich erzählen will, verbrachte seine Kindheit als Waisenkind und Mündel des Staates.

Die Pflegefamilie, in der sie untergebracht wurde, wohnte nur einen Steinwurf von einer kleinen Kirche in den Bergen von North Carolina entfernt. Das Mädchen, das nun neun Jahre alt war, ging jede Woche zur Kirche, obwohl seine Pflegefamilie eigentlich überhaupt nicht religiös war. Mit vierzehn Jahren sagte die Teenagerin Gott, sie wolle etwas tun und irgendwohin in die Welt gehen. Sie träumte davon, vielleicht als Missionarin in Afrika zu arbeiten. Während viele ihrer Brüder und Schwestern dem Weg der Eltern folgten und sich einem Leben mit Alkohol, Drogen  und wechselnden Partnern zuwandten, wählte sie einen anderen Weg. Sie beendete ihre Schule, ging auf ein College, bekam Auszeichnungen für ihre Arbeiten, setzte ihre Ausbildung fort und machte einen Masterabschluss in Theologie. Und heute ist sie meine Frau. Die Geschichte von Kim erinnert mich immer wieder daran, dass das Evangelium seinem Wesen nach eine Botschaft der Hoffnung ist.

Wenn das Evangelium in unseren Herzen geboren wird, bekommen wir ein Bild davon, wer wir in Christus werden können und was Gott durch unser Leben tun möchte. Das Evangelium hat die Macht, ein Waisenkind zu einer Freundin der Vaterlosen zu machen; es kann diejenigen, die zerbrochenen Herzens sind, die Ausgestoßenen und Einsamen, zu Werkzeugen des Friedens, der Vergebung und der Heilung machen.

Während wir wissen, dass eine Welt ohne Christus eine Welt ohne Hoffnung ist, scheinen wir zu vergessen, dass eine von Christus erfüllte Welt eine mit Hoffnung erfüllte Welt ist. Irgendwie haben wir den Auftrag verloren, den Gott uns gegeben hat, in einer verzweifelten Welt zu stehen und Hoffnung anzubieten.

Die gute Nachricht weitergeben

Das Evangelium ist eine gute Nachricht. Wir wissen das. Wir lehren es auch, aber oft kommunizieren wir es nicht als *gute* Nachricht. Wenn wir vom Evangelium von Jesus Christus reden, scheinen wir uns irgendwie in der Botschaft von Sünde und Tod festzufahren. Kein Wunder, dass so viele Menschen den Eindruck haben, dass die Kirche nichts als schlechte Nachrichten zu erzählen hat. Wir scheinen uns manchmal sogar daran zu weiden, einer ungläubigen Welt zu verstehen zu geben, dass sie gottlos und verdammt ist.

Das Evangelium von Jesus soll eine gute Nachricht sein. Jesus selbst sagt: „Ich bin nicht gekommen, um die Welt zu richten, sondern der Welt Leben zu geben." Jesus, der einzige, der den ersten Stein werfen könnte, akzeptiert keine Verurteilung. Wie kommt es, dass *wir* nur allzu bereit sind, die Menschheit zu verurteilen? Um die Auswirkungen der Hoffnung in ihrem ganzen Ausmaß zu verstehen, muss die Menschheit natürlich auch die momentane Realität des menschlichen Daseins verstehen. Aber ich habe das Gefühl, dass unsere Botschaft allzu oft negativ geprägt ist, und zwar nicht von der Unfähigkeit anderer, sie zu verstehen, sondern von unserer eigenen Leidenschaft, den Menschen ihre Trennung von Gott allzu plakativ vorzuführen.

> **Jesus, der einzige, der den ersten Stein werfen könnte, akzeptiert keine Verurteilung. Wie kommt es, dass wir nur allzu bereit sind, die Menschheit zu verurteilen?**

Was würde passieren, wenn Menschen die Botschaft von Christus wirklich als Botschaft der Hoffnung und nicht als Botschaft des Gerichtes hören würden? Oft höre ich, dass Christen als heuchlerisch und selbstgerecht gelten. Wie kann eine Botschaft der Hoffnung dazu führen, dass wir so wahrgenommen werden? Könnte es sein, dass die Menschen uns Heuchler nennen, weil sie das Gefühl haben, dass wir mehr über ihre als über unsere eigene Sündhaftigkeit reden? Könnte es sein, dass die Empfänger unserer Botschaft irgendwie das Gefühl haben, dass wir eher als Richter über ihnen stehen wollen statt als Diener unter ihnen?

Die Botschaft von Christus und die Notwendigkeit einer radikalen Umkehr sind nicht voneinander zu trennen, aber die Bibel äußert sich klar darüber, wie wir uns den Menschen gegenüber verhalten sollten. Paulus erinnert uns daran, dass es die Güte Gottes ist, die uns zur Umkehr bringt. Wir sollen die Wahrheit in Liebe weitergeben. Wenn die Wahrheit von der Liebe gelöst wird, verkünden wir nicht mehr die Botschaft Gottes. Das Evangelium ist eine gute Nachricht. Es ist eine Botschaft der Hoffnung. Dass wir das Evangelium wirksam und wahrhaftig vermitteln, merken wir daran, dass zerbrochene, sündige und verzweifelte Menschen es als gute Nachricht annehmen.

Wir dürfen nie vergessen, dass die Menschen, die Jesus immer wieder angegriffen hat, gerade die waren, die als besonders religiös bezeichnet wurden. Sünder dagegen scheinen mit ihm recht leicht warm geworden zu sein. Oft wenden wir unsere prophetischen Gaben falsch an. Statt der Gemeinde die Botschaft der Umkehr und der Veränderung zu predigen, richten wir sie nach draußen an das Publikum, das eigentlich hören muss, dass Gott ihnen Vergebung und Heilung anbietet.

Vergebung bringt uns vorwärts

Ein vierundvierzigjähriger Japaner besuchte einmal unsere Gemeinde, weil seine Frau mit einem Mitglied von *Mosaic* verwandt ist. Sie hatten sich im Lauf ihres Lebens zwar schon mit Buddhismus und der Sikhreligion der Inder befasst, aber noch nie ernsthaft über die Botschaft von Jesus Christus nachgedacht. Ich bat seinen Schwager nach unserem Gottesdienst, zu ihm zu gehen und ihn einfach mal zu fragen, was er denn nun von Jesus Christus halte. Der Schwager kam zurück, um mir mitzuteilen, dass der Japaner nicht wirklich offen für dieses Thema sei. Ich arbeitete mich trotzdem zu ihm durch, und wir sprachen über seine geistliche Suche. Er fing damit an, dass er mir sagte, er habe an diesem Wochenende das ganze Neue Testament durchgelesen. Manchmal entgeht mir das Offensichtliche, denn ich dachte erst einmal, dass das ein Zeichen für geistliche Offenheit sei.

Er erzählte mir weiter, dass er alles, was er gelesen hatte, als wahr und glaubhaft empfinde. Er fügte hinzu, dass ihm auch meine Predigt glaubwürdig erscheine. Darum fragte ich ihn, was denn eigentlich noch zwischen ihm und

Gott stehe. Und er antwortete mit einem einzigen Wort: „Verzweiflung." Damit erwischte er mich kalt. Ich habe schon viele Gründe gehört, warum Menschen nicht zu Christus kommen. Aber ich habe nie jemand so klar artikulieren gehört, was tief im Herzen von Menschen lauert, die von Gott getrennt sind.

Ich fragte: „Was genau meinen Sie mit ‚Verzweiflung'?" Er erklärte mir: „Wenn das alles wahr ist, was ich gelesen habe, dann habe ich die letzten vierzig Jahre meines Lebens verschwendet." Auf einmal verstand ich. Das hier war ein Mann, dessen Hintergrund ein religiöses Weltbild ist, in dem man die Probleme seines Lebens dadurch repariert, dass man stirbt, wiedergeboren wird und es im nächsten Leben besser macht. Als ich ihm erklärte, dass die Zeit, die vor ihm liegt, wichtiger sei als die Zeit, die er verloren hat, sah er mich an und sagte: „Meinen Sie wirklich, dass es noch nicht zu spät ist?" Als er verstand, dass Jesus Christus ihn nach all den Jahren, die er als Verschwendung empfunden hatte, erlösen und ihm ein neues Leben schenken will, bekehrte er sich. Das Evangelium ist seinem Wesen nach eine Botschaft der Hoffnung für eine Welt voller Verzweiflung.

Eine meiner Lieblingsgeschichten aus dem Leben Jesu steht im 8. Kapitel des Johannes-Evangeliums. Dort wird berichtet, dass die religiösen Führer eine Ehebrecherin steinigen und ihm dabei eine Falle stellen wollten. Ich bin immer wieder beeindruckt, wie geschickt Jesus mit solchen Situationen umging, selbst dann, wenn andere ihn zu einer Gemeinheit zwingen wollten. Wenn es je eine Gelegenheit gab, den Zorn Gottes auf eine sündige Frau zu lenken, dann genau in dieser Situation. Und doch sagt Jesus bei der Begegnung mit eben dieser Frau, die beim Ehebruch ertappt und vor seine Füße geworfen worden war, die berühmten Worte: „Wer von euch noch nie eine Sünde begangen hat, soll den ersten Stein auf sie werfen!" (Johannes 8,7). Als nichts geschah, fragte er die Frau: „Frau, wo sind sie geblieben? Ist keiner mehr da, um dich zu verurteilen?", und sie antwortete: „Keiner, Herr." Jesus offenbarte das Herz Gottes, als er ihr sagte, dass er sie auch nicht verurteile. Er befahl ihr einfach, zu gehen und nicht mehr zu sündigen. Das ist ein wichtiges Vorbild für die Kirche.

> **Das Evangelium ist seinem Wesen nach eine Botschaft der Hoffnung für eine Welt voller Verzweiflung.**

Wir sind Gottes Stimme der Hoffnung. Diejenigen, die nichts anderes als Verurteilung und Scham kennen gelernt haben, können einen neuen Anfang in Christus finden. Das sollte eines der Erkennungszeichen einer neutestamentlichen Gemeinschaft sein. Doch sogar noch über die Stimme der Hoffnung für die Einzelnen hinaus sollte die Kirche ein Ort der Inspiration für die Zukunft sein. Wir sollen eine Stimme der Hoffnung sein, weil wir Menschen der Hoffnung sind. Ein Nachfolger Jesu Christi hat keine Entschuldigung für Pessimismus.

Eine optimistische Zukunft

Gott spricht mit Jeremia und erinnert ihn daran, dass er Pläne für eine großartige Zukunft für uns hat, Pläne voller Hoffnung, die gut für uns sind und uns nicht zerstören. Die natürliche Folge der Verbindung mit Gott ist Vertrauen im Blick auf die Zukunft. Wenn das eine biblische Gemeinschaft durchdringt, gewinnen Optimismus und Begeisterung die Oberhand in der Gemeinde. Die Kirche Jesu Christi schaut immer nach vorn. Sie glaubt immer an die Verheißung für morgen und wird nie von der Schwierigkeit oder auch dem Versagen der Gegenwart überwältigt.

Ein Kultur-Architekt arbeitet mit den drei Hauptmerkmalen der Kirche – Glaube, Liebe und Hoffnung – und entfaltet sie durch sein eigenes Leben und indem er Gottes Volk aufruft und anleitet, in diesen Realitäten zu leben. Wenn die Kirche im Glauben lebt, an der Liebe erkannt wird und eine Stimme der Hoffnung ist, erfährt sie, welche Kraft ein apostolisches Ethos hat. Je intensiver diese Mischung von Glaube, Hoffnung und Liebe gelebt wird, desto stärker kann das Momentum der Gemeinde die Kultur verändern. Die Menschen suchen nach etwas, das es wert ist, daran zu glauben, dazuzugehören und mitzuarbeiten. Im Kontext eines apostolischen Ethos werden diese innersten Sehnsüchte des menschlichen Herzens wachgerufen und finden dann auch ihre Erfüllung.

Glaube, Liebe und Hoffnung sind aber keine Fundamente oder Säulen, sondern sprudelnde Quellen. Sie versorgen die Kirche mit den wichtigsten Bestandteilen eines apostolischen Ethos. Je tiefer die Kirche diese Brunnen gräbt, desto reicher und widerstandsfähiger wird sie.

Ich kann nicht oft genug betonen, dass keine noch so gute Strategie echte Ausdauer schafft. Unsere Vorgehensweisen, Methoden oder Strukturen entscheiden nicht darüber, ob die Kirche unaufhaltsam wächst oder erschüttert wird. Wenn eine Gemeinde „erfolgreich" ist, dann nicht wegen der Aktionen, die sie begonnen hat, sondern weil sie eine wirklich geistliche Seele entwickelt, die sich im Ethos der Gemeinschaft ausdrückt.

Glaube, Hoffnung und Liebe bauen in der Kirche das auf, was nötig ist, um nicht nur die vor ihr liegenden Herausforderungen zu bestehen, sondern auch gegen die Anschläge und Anziehungskräfte des Bösen, die sicher da sind, gewappnet zu sein. Wirksam ist nicht die Gemeinde, die versucht, jedes Versagen auszuschließen, sondern diejenige, die die Fähigkeit entwickelt, mitten durch das Versagen voranzugehen. Das Geheimnis besteht darin, dass es einige Gemeinden gibt, die einfach nicht aufzuhalten sind. Es spielt keine Rolle, wie oft sie versagen. Es gibt kein Problem, das so groß ist, dass sie es nicht überwinden könnten.

Hoffnung gibt niemals auf

Viktor Frankl hat in der Logotherapie ein bahnbrechendes Werk veröffentlicht, das uns eine kleine Ahnung davon gibt, was ein starker Geist bewirken kann. In seinem Buch „Der Mensch vor der Frage nach dem Sinn" beschreibt er eine Einsicht, die er während seiner Zeit in deutschen Konzentrationslagern bekam. Die Folter und die Gewalt, die die jüdischen Gefangenen dort erlebten, sollten sie nämlich nicht nur töten, sondern sie auch dazu bringen, ihr Leben voller Verzweiflung zu beenden. Frankl entdeckte, dass es immer wieder Gefangene gab, die eine ungewöhnliche Widerstandskraft besaßen und die unerklärliche Fähigkeit, unter einer Belastung standzuhalten, unter der viele andere zusammenbrachen. Und es schien eine Sache zu geben, die diese Menschen verband: Sie alle hatten noch etwas zu tun, etwas, das noch unvollendet geblieben war. Die Verbindung zu einer zukünftigen Verantwortung schien ihnen irgendwie die Kraft zu geben, die sie brauchten, um die gegenwärtige Feindschaft auszuhalten. In gewisser Hinsicht ermöglichte ihnen ihr Traum, die Alpträume zu überleben.

> **Ich bin absolut überzeugt: Wo ein apostolisches Ethos vorherrscht, werden die Menschen optimistisch; wo es fehlt, führt die Verzweiflung zum Pessimismus.**

Martin Seligman hat sich in jüngster Zeit aus einer anderen Perspektive und in einem anderen Zusammenhang mit dem gleichen Phänomen beschäftigt. Seine Forschung konzentrierte sich darauf, warum einige Menschen versagen und aufgeben, während andere das Versagen nicht nur ertragen, sondern es sogar als Sprungbrett zum Erfolg gebrauchen. Er beschäftigt sich zwar in seinen Forschungen vor allem mit Pessimismus und Hilflosigkeit, aber seine Ergebnisse weisen auf eine Kraft hin, auf die er auch im Titel seines Buches „Pessimisten küsst man nicht" anspielt. Seligman macht deutlich, dass es drei Möglichkeiten gibt, mit Versagen umzugehen – und alle drei hängen damit zusammen, wie wir unser Versagen einordnen und es uns selbst erklären.

Ein Ansatz geht davon aus, dass Versagen einfach ganz normal und überall anzutreffen ist, ein anderer schreibt sich das Versagen persönlich zu, und der dritte sieht Versagen vor allem als unausweichliches Verhängnis. Diese drei Wahrnehmungen beschreiben den Kontext, in dem Seligman dann erläutert, warum jemand am Ende zu Pessimismus oder zu Optimismus neigt.

Diese Erklärungsmodelle sind aber letztlich nichts anderes eine psychologische Beschreibung der Abwesenheit, beziehungsweise der Macht von Glaube, Liebe und Hoffnung. Ich bin absolut überzeugt: Wo ein apostolisches Ethos vorherrscht, werden die Menschen optimistisch; wo es fehlt, führt die Verzweiflung zum Pessimismus.

Glaube, Hoffnung und Liebe sind darum viel mehr als nur schöne poetische Worte. Sie sind mehr als ein geistlich abstrakter oder religiöser Jargon. Glaube, Hoffnung und Liebe sind der Kraftstoff, der die Kirche des ersten Jahrhunderts antrieb. Sie sind der eigentliche Kern des apostolischen Ethos. Sie sind die Verheißung, dass niemand und nichts die Kirche Jesu Christi aufhalten kann und dass auch die Hölle sie nicht überwinden wird.

> „SAG MIR ETWAS, UND ICH WERDE ES VERGESSEN! ZEIG MIR ETWAS, UND ICH WERDE ES VIELLEICHT BEHALTEN! LASS ES MICH TUN, UND ICH WERDE ES VERSTEHEN!"
>
> Chinesisches Sprichwort

GEDANKENANSTÖSSE

1. Wie kann man den Entschluss, im Glauben zu leben, an der Liebe erkannt zu werden und eine Stimme der Hoffnung zu sein, in die Tat umsetzen?
2. Um welche Bereiche, in denen Gott die Kirche klar zum Handeln aufgerufen hat, müssen wir uns in unserer Gemeinde noch kümmern?
3. Auf welche Weise zeigen wir den Menschen außerhalb der Gemeinde Gottes Liebe?
4. Wohin können gerade wir eine Stimme der Hoffnung tragen?
5. Welche Bemühungen könnten wir unternehmen, die das Herz Gottes so widerspiegeln, dass sogar Misserfolg ein Erfolg wäre?
6. Wann werden wir das tun?

KAPITEL ACHT

Elemente der Seele

Ich wiederhole noch einmal meinen Kerngedanken: Wenn das Schaffen und Gestalten eines Ethos die Hauptaufgabe eines Leiters ist, wird der Pastor zu einem geistlichen Umweltschützer. Jesus trägt uns auf, die Gute Nachricht zu allen Völkern zu bringen und sie dabei zu unterstützen, seine Jünger zu werden. Zu diesem Prozess gehört auch, dass seine Jünger öffentlich von Jesus erzählen, dass sie taufen, und dass sie die Menschen lehren, alles zu halten, was er ihnen aufgetragen hat. Wir haben das zu lange eher als einen strategischen und nicht als einen umweltschützenden Prozess verstanden.

Diese Metapher ist sowohl kulturell stimmig als auch biblisch begründet. Paulus sagt zu Timotheus: Wenn jemand die Kirche leiten soll, also das Haus Gottes, dann muss er erst einmal sein eigenes Haus gut leiten. Das Wort, das im griechischen Original an dieser Stelle steht, heißt *oikos,* und es bezieht sich auf die gesamte Sphäre menschlicher Beziehungen. Und manchmal vergessen wir, dass *oikos* auch der Wortstamm für das ist, was heute als Ökologie bekannt geworden ist. Ein gesundes Ökosystem meint vom Wortsinn her erst einmal ein gesundes Familiensystem.

Paulus sagt: Wenn man die Umwelt zu Hause vernachlässigt, wie kann man dann gut für die Umwelt im Haus Gottes sorgen? Paulus erwähnt dieses Kriterium inmitten anderer Maßstäbe für geistliche Leiter und weist darauf hin, dass alle diese Maßstäbe dasselbe Bild beschreiben. Mit anderen Worten: Geistliche Leitung ist die Fähigkeit, eine gesunde Gemeinschaft aufzubauen und wachsen zu lassen.

Wenn man selbst Kinder hat, dann weiß man, dass das keine leichte Aufgabe ist. Es ist eine unglaubliche Herausforderung und Anstrengung, sein Leben in andere Menschen zu investieren, besonders in der Phase zwischen der Geburt und dem Erwachsenwerden – und wenn man über das einfache Betonen von Regeln hinauszugehen möchte, um tragende Überzeugungen und Werte zu vermitteln. Das Ziel besteht darin, Charakter zu formen und einen wirklich gesunden Menschen großzuziehen.

Ein apostolisches Ethos bricht immer im Kontext menschlicher Beziehungen auf, man kann es nicht davon losgelöst betrachten. Eine dynamische Bewegung, die zu persönlichen und historischen Veränderungen führt, basiert auf gesunden Beziehungen zwischen Menschen. Und diese Beziehungen wiederum beginnen mit einer gesunden Beziehung zu Gott.

Den biblischen Ursprung des apostolischen Ethos finden wir sicher im Doppelgebot der Liebe, der Missionsbefehl aber erklärt das Ziel. Der geistliche Umweltschützer richtet sein Augenmerk dabei auf fünf Elemente der Seele, fünf Lebensfelder oder Beziehungsebenen, die für unsere geistliche Gesundheit ausschlaggebend sind. Bei *Mosaic* haben wir für diese Elemente fünf klassische Bilder gewählt.

EIN AUFTRAG, DER IN BEWEGUNG SETZT

Das erste Element ist der Wind. Das apostolische Ethos wird von einem Ziel angetrieben. Gott geht es um etwas. Er sitzt nicht tatenlos im Himmel

und sieht sich die Menschheitsgeschichte an. Gott ist der Atem der Geschichte. Er bewegt sich mit Macht und zielorientiert. Diejenigen, die mit Gott gehen, sind also Kinder des Windes. Jesus eröffnet seine Mission auf Erden, indem er uns einlädt, ihm zu folgen. Das erfordert Bewegung. Dann verspricht er, uns zu Menschenfischern zu machen. Er verspricht nicht Heilung, Gemeinschaft, Freundschaft, Sicherheit, Pflege oder irgendeinen persönlichen Nutzen für uns. Er verspricht uns ein Lebensziel, das Gottes würdig ist.

Die Gemeinde Jesu Christi steht unter diesem Auftrag: Sie hat eine Mission, ja sie ist „on a mission". Jeder Jünger ist ein Missionar. Wir sind die Herausgerufenen. Wenn Gottes Geist kommt, werden wir Zeugen. Wenn keine Bewegung da ist, müssen wir uns ernsthaft fragen: Wo ist der Geist des Herrn?

> Jesus verspricht nicht Heilung, Gemeinschaft, Freundschaft, Sicherheit, Pflege oder irgendeinen persönlichen Nutzen. Er verspricht uns ein Lebensziel, das Gottes würdig ist.

Die Metapher des Windes ist unumgänglich, wenn wir die Elemente eines apostolischen Ethos verstehen wollen. Vom Geist, der über der Oberfläche der Erde schwebt, über den Geist, der wie ein gewaltiger Wind die Gemeinde erfüllt, bis zum Geist, der das Buch Gottes abschließt, mit dem Ruf zu kommen – wo der Geist ist, da ist Bewegung.

Eine Gemeinschaft mit einem Auftrag

Es gibt eine große theologische Debatte darüber, was es bedeutet, ein Apostel zu sein. Einige debattieren sogar darüber, wer genau die Apostel gewesen sind. Aber ob es nun elf Apostel gab oder zwölf oder vierzehn (vielleicht sogar fünfzehn) oder möglicherweise eine noch viel größere Zahl, die wir nicht kennen, eines wissen wir sicher: Die Gemeinde des ersten Jahrhunderts war eine apostolische Gemeinschaft.

Apostel sein bedeutet wörtlich: ein Ausgesandter sein. Von der Etymologie her umfasst diese Definition jeden Gläubigen, von dem wir im Neuen Testament lesen. Der Auftrag Jesu an die Gemeinde schließt also jeden ein: „Ihr werdet meine Zeugen sein." Die frühe Kirche scheint diese Beschreibung auch so umfassend verstanden zu haben. Sie bezog sich auf alle Menschen, die den Ruf Gottes hörten und seinem Sohn folgten.

Der Wind erinnert uns daran, dass bei einem apostolischen Ethos ein Lebensfeld dem Missionsbefehl entspringt; auf den Punkt gebracht heißt das: Gott schafft eine Auftrags-Gemeinschaft. Er baut ein Volk, das gemeinsam Gottes Auftrag erfüllt. Er verbindet eine Gemeinschaft von Menschen, die miteinander eine Mission leben. Es ist wichtig, sich bewusst zu machen, dass im Hebräischen des Alten Testaments und im Griechischen des Neuen Testaments die Worte *ruach* und *pneuma* beide von Geist, Wind und Atem sprechen. „Geist" umfasst das Wesen Gottes selbst; „Wind" drückt die Bewegung des Ehrfurcht gebietenden Gottes aus, der in der Menschheitsgeschichte wirkt; und „Atem" spricht von der Verheißung einer innigen Gemeinschaft und einer gelingenden Kommunikation Gottes mit denen, die seine Stimme hören und ihm folgen.

Das Flüstern des Windes

Ein geistlicher Auftrag setzt eine Offenbarung voraus. Als Jesus mit Nikodemus über das Wunder der Wiedergeburt sprach, wies er ihn darauf hin, dass der Wind hin und her über die ganze Erde bläst. Woher er kommt und wohin er geht, weiß keiner. Aber später wird uns gesagt, dass wir als Christinnen und Christen den Geist Gottes geschenkt bekommen. Für eine ungläubige Welt existiert der Atem Gottes gar nicht. Obwohl Menschen die Blätter über den Rasen tanzen und die Bäume sich in Anbetung beugen sehen, ist der eigentliche Wind unsichtbar. Wenn wir mit Gott verbunden sind, bewegt sich unser Geist vom Tod zum Leben. Wir werden in unserem innersten Wesen lebendige Geister.

Wenn der Geist Gottes sich wie der Wind bewegt, flüstert seine Stimme zu unserem Geist, und wir hören seinen Ruf. Für einige von uns wird das wie die Erfahrung Samuels sein, der die Stimme Gottes mehrfach hörte, ohne sie wirklich zu erkennen. Samuel brauchte jemanden, der ihm sagte, was er tun musste. In seinem Fall war das Eli. Der erklärte ihm, was er antworten solle, wenn er die Stimme wieder hörte: „Sage: ‚Sprich, Herr, dein Diener hört.'"

Das Element des Windes ist mehr als die Entschlossenheit zu evangelisieren. In diesem Bereich geht es um die intensive geistliche Sensibilität für den Impuls und die Führung des Heiligen Geistes, darum, *mit* ihm zu gehen, wenn er vorangeht.

Wo der Wind weht

Vor einigen Jahren überredete mich meine Frau, mit ihr in die seltsame Show „Der Preis ist heiß" zu gehen. Ich bin nun wirklich kein großer Fan dieser Sendung, aber ich bin ein großer Fan meiner Frau, also ging ich mit. Wir standen endlos lang in einer Schlange, um an Eintrittskarten zu kommen – und dann standen wir nochmals an, um in die Show selbst zu kommen. Das Ganze dauerte ewig. Wenn ich dreißig Minuten in einer Schlange stehen muss, werde ich schon sehr ungeduldig, aber hier ging es um fast fünf Stunden.

Als wir schon einige Stunden damit zugebracht hatten, saßen wir schließlich neben einer Familie aus der ehemaligen Sowjetunion. In einer

> **Die Welt sieht anders aus, wenn man sich selbst als ein Kind des Windes versteht. Wenn man sein Segel gehisst hat, erkennt man, wie der Wind Gottes einen an Orte bläst, die man sich nie erträumt hat – gerade im richtigen Augenblick, um jemanden zu treffen, der seine Gute Nachricht braucht.**

solchen Schicksalsgemeinschaft fällt es ja schwer, nicht miteinander zu reden, darum fingen wir ein Gespräch an. Die Frau erklärte mir, dass ihre Reise für sie eine wunderbare Gelegenheit sei, von Usbekistan nach Los Angeles zu kommen. Als wir dann auf das Thema „Religion" zu sprechen kamen, erzählte ich ihr auch von der rettenden Gnade Jesu Christi.

Und die Frau? Sie stellte die Frage, die so viele haben: „Wie kann ich an einen Gott glauben, der nur zu den Menschen in Amerika kommt und nicht zu den Menschen auf der ganzen Welt? Was ist mit den Menschen in Indien oder China, die nie von ihm gehört haben?" Ich sah sie an und fragte, ob sie denn persönlich das Gefühl habe, dass Gott sie mehr liebe als die Menschen in Indien, um die sie besorgt sei, und sie sagte: „Nein, das ist ja gerade der Punkt."

Dann fasste ich zusammen, was ich in diesem Augenblick wirklich genauso empfand: Gott hatte mich von El Salvador über Miami und die ganze Ostküste nach Los Angeles gebracht, damit ich dort in der Show „Der Preis ist heiß" sitze, die ich nicht einmal gut finde. Und da treffe ich sie, eine Frau aus der früheren Sowjetunion, die in einer kleinen Stadt in einer Republik wohnt, deren Namen ich nicht einmal aussprechen kann. Wenn Gott sie von einem Teil der Welt und mich von einem anderen Teil der Welt zur selben Zeit an denselben Ort bringen kann, damit sie erfährt, dass Jesus Christus für sie gestorben ist, könnte das doch ein Zeichen sein, dass Gott kreativ und mächtig genug ist, jedem Menschen Leben zu bringen, der sich danach sehnt? Plötzlich, in dieser Sitzreihe von „Der Preis ist heiß", beschloss diese Frau, Jesus zu folgen.

Die Welt sieht anders aus, wenn man sich selbst als ein Kind des Windes versteht. Wenn man sein Segel gehisst hat, erkennt man, wie der Wind Gottes einen an Orte bläst, die man sich nie erträumt hat – gerade im richtigen Augenblick, um jemanden zu treffen, der seine Gute Nachricht braucht. Das apostolische Ethos bietet ein Lebensfeld, eine Daseinsebene, in der alle aus Gottes Volk vom Wind geführt werden. Wenn auch nicht alle Apostel sind, dann sind wir doch zumindest in einer gemeinsamen apostolischen Mission unterwegs. Bei *Mosaic* sagen wir das so: Mission ist der Grund für die Existenz der Kirche.

EINE GEMEINSCHAFT WIE WASSER

Das zweite Element ist das Wasser. Das apostolische Ethos wird von Nähe angetrieben. Jesus betete, dass wir als seine Nachfolger eins seien, wie er und der Vater eins sind. Er sagte seinen Nachfolgern, dass die Welt erkennen würde, dass wir seine Jünger sind, wenn unser Umgang miteinander von Liebe gekennzeichnet ist.

Die frühe Kirche war „ein Herz und eine Seele" und teilte alles miteinander. Jakobus geht sogar so weit zu sagen, dass wir einander unsere Sünden bekennen sollen. Aber wir haben den Gedanken des persönlichen Glaubens im Lauf der Zeit immer mehr mit individualistischem Glauben verwechselt, oftmals um den Preis der Gemeinschaft. Für uns ist die Gemeinschaft Christi bestenfalls ein Angebot unter vielen, aber bisweilen eher eine Störung auf unserer geistlichen Reise. Die Bibel ist da sehr deutlich: Wir sind in Christus hineingetauft und mit seinem Leib verbunden. Jeder Gläubige geht durch das Wasser und wird ein Teil des Stromes des Lebens. Allein steht man nur in einer Pfütze. Zusammen werden wir eine Oase, zu der die kommen und trinken können, die nach wahrer Liebe und Annahme suchen. Wasser ist daher eine großartige Metapher für Gemeinschaft.

Jesu Ruf an uns, Menschenfischer zu werden, macht uns zu einer Auftragsgemeinschaft. Wir haben also den biblischen Auftrag, eine Gemeinschaft zu sein. Wo der Auftrag Jesu gelebt wird, da entsteht Gemeinschaft. Es gibt kein Ziel ohne Gemeinschaft und keine Gemeinschaft ohne Ziel – beides gehört zusammen.

Das „Wassergrab"

In den meisten Kirchen und Gemeinden gibt es nur wenige Orte, an denen sich die Wege von Menschen wirklich kreuzen und an denen man in einer Gemeinschaft kultureller, altersmäßiger und ökonomischer Vielfalt gemeinsame Erfahrungen teilt. Wir müssen aufpassen, dass wir nicht wesentliche gemeinsame, geistliche Erfahrungen verpassen.

Eine Erfahrung, die uns alle verbindet, ist das „Wassergrab" der Taufe. Andere Theologen mögen wahrscheinlich andere Gedanken und Traditionen im Blick auf die Taufe lieber, aber aus meiner Sicht ist das Bild des Untertauchens, des Sterbens und Neuwerdens, das bedeutungsvollste. Durch die Taufe werden wir von Gott durchdrungen, in Gottes Gegenwart eingehüllt und vom Tod zum Leben gebracht. Das Wassergrab ist ein vollkommener Ausdruck dieser Wirklichkeit. Es hat einen persönlichen und einen gemeinschaftlichen Aspekt. Es erklärt, dass wir persönlich Vergebung und neues Leben brauchen, und es verbindet uns zur Gemeinschaft des Glaubens.

Das wurde für mich auf dramatische Weise sichtbar, als mir Ron Friesen die Geschichte seiner Mutter Ruth erzählte. Ruth wurde nämlich von ihrem Großvater im Fluss Krishna in Südindien getauft. Dabei versammelten sich viele Gemeindeglieder im Wasser um sie herum, klatschten mit den Händen und erzeugten so einen lauten Rhythmus, der ihre Tauferfahrung begleitete. Als Ron mir das beschrieb, dachte ich zuerst: „Klatschen ist ja wirklich ein merkwürdiger Zusatz zur christlichen Taufe. Da muss ich doch noch mal in meine Bibel gucken." Aber dann erklärte er mir, dass das Wasser des Krishna voller Krokodile sei. Die lauten Klatschgeräusche waren der Versuch der Gemeinschaft, die Krokodile von den neuen Gläubigen fernzuhalten! Und Ruth selbst sagte: „Wir waren nicht sicher, ob die Krokodile gerade unter Wasser, an der Oberfläche oder halb über Wasser waren. Wir dachten nur eins: Die Krokodile sollten uns nicht unter Wasser ziehen, bevor mein Großvater es tat!" Im Grunde haben die Gemeindeglieder ihr Leben riskiert, damit die neuen Gläubigen öffentlich ihren Glauben bezeugen konnten.

Bei der Taufe geht es nicht nur darum, in Christus hineingetauft zu werden, sondern auch in den Leib Christi. Wasser ist unsere Metapher für das Leben spendende Wesen, das im Zusammenhang echter biblischer Gemeinschaft geschaffen wird.

Fließende Gnade

Johannes erinnert uns daran, dass wir nichts anderes sind als Lügner, wenn wir sagen, dass wir Gott lieben – und lieben unseren Bruder beziehungsweise unsere Schwester nicht. Jesus ruft uns nicht auf, Gott zu *lieben* und unseren Nächsten zu *tolerieren*. Oft denken wir, es sei schon ein Wunder, wenn wir Gott lieben können. Dabei ist eine solche Liebe das Intelligenteste, das ein Mensch machen kann. Gott zu lieben ist kein Wunder. Gott ist absolut liebenswert, atemberaubend und Ehrfurcht gebietend in seiner Pracht. Wenn wir Gott nicht lieben, stimmt etwas nicht mit unserem Herzen. Gott zu lieben ist die natürlichste Sache der Welt. Die Liebe zu den *Menschen* ist ein Wunder.

Menschen sind unglaublich selbstsüchtig. Wir sind in unserem Kern außergewöhnlich selbstbezogen und selbstgefällig. Wir können reizbar sein, ungeduldig oder leicht eingeschnappt und verbittert – und die Nichtchristen sind bestimmt nicht besser. Einander zu lieben ist das eigentliche Wunder. Wenn man Gott kennen lernt, entdeckt man, dass er vollkommen ist. Wenn man in eine christliche Gemeinschaft kommt, entdeckt man, dass sein Volk es nicht ist.

> **Wenn man Gott kennen lernt, entdeckt man, dass er vollkommen ist. Wenn man in eine christliche Gemeinschaft kommt, entdeckt man, dass sein Volk es nicht ist.**

Es macht mich immer nervös, wenn Menschen neu in unsere Gemeinde kommen und mir irgendwann mit begeistertem Blick sagen, dass sie *Mosaic* total lieben und endlich die vollkommene Gemeinde gefunden haben. In meinem Herzen frage ich mich dann, was wohl passiert, wenn sie uns besser kennen lernen und ein Bild davon bekommen, wie wir wirklich sind. Wir sind so weit von der vollkommenen Gemeinde entfernt, dass ich jedes Mal die Verpflichtung verspüre, diese Gedanken so schnell wie möglich zu vertreiben.

Die christliche Gemeinschaft ist kein Ort ohne Krisen oder Herausforderungen. In mancher Hinsicht sind wir alle Heuchler – aber auf dem besten Weg zur Veränderung. Wir üben alle noch. Manchmal ringen wir mit Gott; manchmal arbeiten wir mit ihm zusammen. Darum ist biblische Gemeinschaft ein so außerordentliches Geschenk. Es geht nicht darum, perfekt zu sein oder Menschen zu lieben, die leicht zu lieben sind; es geht darum, Menschen durch die Liebe Gottes zu lieben. Es geht darum, dass Sie geliebt werden, auch wenn Sie alles kaputt machen; dass Sie geliebt werden, auch wenn Sie es gar nicht verdienen; dass Sie von anderen geliebt werden, die Sie nur zu gut kennen – ja sogar, wenn Sie es schwer finden, sich selbst zu lieben.

Wenn man anfängt, Menschen durch ihre Unvollkommenheiten und Enttäuschungen hindurch zu lieben, dann beginnt man zu erkennen, dass es um mehr geht als um Sympathie. Nur die Liebe Gottes knüpft ein Band, das so stark ist, dass nicht einmal der größte Verrat die Beziehung beenden oder alle Hoffnung zerstören kann. Das apostolische Ethos bietet eine Beziehungsebene, die stärker ist als irgendein einzelnes Wunder. Wer auf der Suche nach Gottes Liebe ist, findet sie durch die Liebe von Gottes Volk. Die Gemeinde ist eine Oase der fließenden Gnade, wo Vergebung ungehindert strömen soll.

Orte der Liebe

Eine Metapher, die oft gebraucht wird, um die Suche der Menschheit nach Gott zu beschreiben, ist, dass wir alle auf einer Reise zu einem Gipfel sind. Jeder wählt seinen eigenen Pfad, aber alle Pfade enden letztlich am selben

Ziel. Diese Metapher ist jedoch falsch. Sie schildert Gott als einen alten weisen Mann, der auf der Spitze eines großen Berges sitzt und darauf wartet, dass wir durch unsere persönliche Leistung eine Audienz bekommen. Stattdessen lehrt uns die Bibel, dass es Gott ist, der die Initiative ergriffen hat. Aus lauter Liebe ist Gott nicht nur vom Berg, sondern von seinem Thron im Himmel herabgestiegen, um unter uns zu leben und uns einen Weg zu eröffnen, wie wir lieben können. Seine Liebe sandte Christus in die Welt. Liebe bewegt Gott.

Eine bessere Metapher für unsere Suche nach Gott ist die, dass wir alle auf einer Wanderung in der Wüste sind, sterbend vor Durst und auf der Suche nach Wasser. Plötzlich sprudelt aus dem hart gewordenen Boden eine Quelle lebendigen Wassers hervor, die die Gegenwart Gottes zeigt. Jesus sagte, wenn wir ihn bitten, schafft er in uns eine Quelle von Wasser, die zu ewigem Leben wird, ein Strom, dessen Wasser nie aufhört zu fließen.

Der Leib Christi ist die Oase Gottes. Gott schafft Orte der Liebe durch die und in der Gemeinde. Zugleich stellt uns die Liebe mitten unter die, die Gott brauchen. Aus theologischer Perspektive ergibt das viel mehr Sinn als das Bild vom Gipfel. Gott ist beziehungsorientiert. Gott drückt sich selbst in drei Personen aus: Vater, Sohn und Heiliger Geist. Gott erlebt in sich selbst vollkommene Gemeinschaft. Gott existiert nicht außerhalb von Gemeinschaft; Gott ist das Wesen von Gemeinschaft. Der Vater verherrlicht den Sohn; der Sohn verherrlicht den Vater; der Geist verherrlicht sie beide. In der Gottheit selbst ist eine fast verwirrende Demut. In Gottes Trinität ist alles enthalten, was für gesunde Gemeinschaft und echte Nähe nötig ist. Gott ist beziehungsorientiert. Es sollte uns nicht überraschen, dass wir Gott außerhalb von Gemeinschaften nicht richtig erfahren können. Bei *Mosaic* sagen wir es so: **Liebe ist der Kontext aller Mission.**

EINE GEWACHSENE VERBINDUNG

Das dritte Element eines apostolischen Ethos ist Holz. Wir sind alle Teil von Gottes Ökosystem. Dieses Ökosystem zeichnet sich dadurch aus, das es geistlich und auf Beziehung angelegt ist. Jesus erklärte, dass er der Weinstock sei und wir die Reben. Ohne den Weinstock sind die Zweige nur totes Holz. So sind wir zuerst und vor allem von Christus und seinem Geist abhängig. Während wir alleine nur absterbende Zweige sind, sind wir zusammen der Weinberg Gottes.

Diese Beziehung ist immer noch zutiefst personenbezogen. Jeder Einzelne passt mit seinen einzigartigen Gaben und Talenten an den Weinstock. Hier gibt es keine Fließband-Arbeit, weil sich die Organisation der Gemeinde um die einzigartige Begabung jedes Einzelnen und die dynamische Beziehung zu den anderen aufbaut.

Hingegebene Mitarbeit ist der Schlüssel zur Verbundenheit. Mit anderen zusammen für andere da zu sein, ist der sicherste Weg, die eigenen Bedürfnisse zu stillen. Dienen durch das eigene Eingepfropftsein ist der sicherste Weg, Erfüllung zu finden und seinem göttlichen Auftrag gerecht zu werden. Eine organische Gemeinschaft bewegt sich mit dem Leben des Geistes. Der Geist wohnt nicht in Strukturen, Programmen oder Methoden. Er wohnt in Menschen.

Das biblische Du

Holz ist unser Bild für Verbindung. Wenn wir die Bibel lesen, lesen wir sie zu oft aus einer sehr individualistischen westlichen Perspektive. Wir sehen sie durch die moderne Welt, durch das „Ich".

> **Jesus warnt uns, dass wir getrennt von ihm nichts tun können, und verheißt uns, dass wir viel Frucht bringen, wenn wir in ihm bleiben.**

Hier ist ein Schnelltest, mit dem Sie feststellen können, ob Sie Gottes Wort auch durch diese Brille lesen. Wenn Sie die Bibel lesen, beziehen Sie dann alle Stellen, in denen es „Du" heißt, auf sich selbst als erste Person Singular? Ist das, was Gott Ihnen als Einzelnem sagt, das Erste, worauf Sie in der Schrift achten? Oder erkennen Sie, dass die Bibel nicht in erster Linie an ein „Du", sondern an ein „Ihr" geschrieben wurde? Nicht an Sie im Besonderen, sondern an uns alle als Gottes Volk? Beim Auslegen der Bibel ist es am besten, sie nicht in erster Linie auf meine eigene individualisierte geistliche Reise anzuwenden, sondern auf unser Leben mit anderen Menschen, in der Beziehung zum Leib Christi und in der Beziehung zur ganzen Menschheit. Diese Erkenntnis ist wichtig, wenn wir das dritte Element wirksam entfalten wollen.

Geistliche Reife existiert nicht außerhalb gesunder Beziehungen. Darum ist auch ein pulsierender geistlicher Dienst das Ergebnis einer dynamischen gegenseitigen Abhängigkeit von anderen Gläubigen. Wenn Jesus der Weinstock ist, dann sollten wir auch sehen, wie bedeutend unser „Zusammengefügtsein" in der Gemeinschaft der Zweige ist. In dem Zusammenhang, von dem Jesus sprach, ist die Rolle der Reben äußerst wichtig zur Erfüllung von Gottes Auftrag in der Welt.

Wir sind der Weinberg Gottes, in dem der Vater seinen neuen Wein herstellt. Jesus warnt uns, dass wir getrennt von ihm nichts tun können, und verheißt uns, dass wir viel Frucht bringen, wenn wir in ihm bleiben. Wir sind lebendiges Holz, miteinander verbunden im Dienst. Unsere Zweige werden zusammengefügt, wenn wir bereit sind, an seinem Reich mitzuarbeiten und diese Dienstbereitschaft für uns die Folge von Gottes überfließender Liebe in unseren Herzen wird. Wir werden dann auch bald entdecken, dass Gottes Liebe uns in den Dienst an einer zerbrochen Welt stellt.

Auf den Geist kommt es an

Beim Element Holz geht es in der Praxis darum, wie Mitarbeit gestaltet und organisiert wird. Die modernen Gemeinden haben oft Programme, Strukturen und sogar Rollen und Stellen etabliert – meist, bevor man überhaupt weiß, wer die Menschen sind, die diese Stellen ausfüllen werden. Ehrenamtliche zu finden gleicht dann dem Füllen von vorbereiteten Fächern.

Wenn man von Beziehungen ausgeht, ist das radikal anders. Man berücksichtigt dann, dass der Geist Gottes nicht in Programmen, sondern in Menschen wohnt. Strategien sind nicht annähernd so wichtig wie Begabungen, und es müssen diese einzigartigen Begabungen der Menschen sein, die ein Mitarbeiterprogramm bestimmen.

Wenn wir bei *Mosaic* neue Mitglieder aufnehmen, sagen wir ihnen, dass wir uns freuen, wenn sie unsere Gemeinschaft durch ihre Gaben verändern. Wir haben uns verpflichtet, die Leute nicht zu dem zu klonen, was wir bereits sind – jeder, der in unsere Gemeinde kommt, ist eine Verheißung von Gott, dass er mit uns noch nicht fertig ist. Wenn wir die Gaben, Talente und Einzigartigkeit jedes Einzelnen respektieren wollen, müssen wir zur Veränderung bereit sein. Und wenn der Beitrag einer neuen Person anerkannt und respektiert wird, wird sie uns verändern.

Will man jemanden beauftragen, dann muss man genau wissen, woher die Kraft dieser Person kommt und was ihre Stärken sind. Gott bevollmächtigt uns schließlich auf ganz unterschiedliche Weise. Er gibt uns verschiedene Leidenschaften, Gaben und Talente. Oft haben wir die geistliche Kraft, die Gott in Einzelne gelegt hat, verhindert, indem wir die Menschen gezwungen haben, sich unseren Gemeinden anzupassen.

Darum ist echte Verbundenheit ein Geburtsort für motivierte Mitarbeit. Wenn Menschen miteinander eine Gemeinschaft bilden und sich mit anderen zusammentun, die die gleiche Leidenschaft und Begabung haben, dann kommt es zu einem Synergieeffekt. Leiter bekommen es manchmal mit der Angst zu tun, wenn Menschen ihre Hilfe oder Führung nicht zu brauchen scheinen. Aber wenn man Menschen hilft, das zu tun, wozu Gott sie berufen hat, ist das so, als lege man Feuer an eine Zündschnur. Ein Leiter kann den Prozess beginnen, aber Menschen brauchen ihn danach oft nicht mehr. Der Lohn ist trotzdem fast immer größer als das Risiko.

Eine Gemeinschaft, die wirklich verstanden hat, dass Gott ein dienender Gott ist, kennt keine Grenzen, wenn es um Opferbereitschaft geht. Und wenn sein Volk tut, wozu Gott es geschaffen hat, dann sind seinem Wirken keine Grenzen gesetzt. Die Gemeinde des ersten Jahrhunderts hatte ein dynamisches Organisationsprinzip. Schon lange bevor die „Transformers" beliebte Kinderspielzeuge wurden, praktizierten die Menschen der neutestamentlichen Gemeinde das Konzept, ihre Formen den Gegebenheiten anzupassen, um ihren Auftrag zu erfüllen.

1988 stellten wir ein Gemeindegründungsteam für ein Wohngebiet in Ost-Dallas zusammen. Das war übrigens das erste und einzige Mal, dass ich je versucht habe, eine spanisch sprechende Gemeinde zu gründen. Wie oben erwähnt, nannten wir die Kirche *El Pueblo de Dios*. In einer Zeitung in Dallas hatte es vorher einen Artikel über einen Lehrer gegeben, der in dieser Gegend von seinem Schüler angegriffen worden war, und das motivierte uns dazu, ein Team zu bilden und eine Gemeinde mitten in diesem Krisengebiet aufzubauen. Wir versuchten alle unsere Vorstellungen aufzugeben, wie eine Kirche aussehen müsste, und bauten unsere Strukturen um die kulturellen Eigenheiten einer vorherrschend spanisch-sprechenden, mexikanischen Gemeinschaft.

Wir boten Gebetstreffen an und verteilten Informationen an Familien, die für das Evangelium offen waren. Wir feierten unsere Gottesdienste sonntagabends und brachten dafür den Familien am Sonntagmorgen etwas zum Frühstück, weil wir wussten, dass sie dann zu Hause waren. Wir kamen zu dem Schluss, dass der beste Zugang zu den lateinamerikanischen Männern, die wir ja vor allem erreichen wollten, die Gründung einer Fußballmannschaft wäre. Also gründeten wir eine.

> **Kurz gesagt: Es kommt auf den Geist an. Was Gottes Geist tut, das muss auch die Kirche tun.**

Doch wir stellten bald fest, dass sich die Spiele andauernd mit unseren Gottesdiensten überschnitten. Also verschoben wir einfach die Gottesdienstzeit, damit jeder zum Fußballspiel gehen konnte. Zugegeben: Wenn man eine kleine Gruppe ist, kann man manchmal dynamischere Entscheidungen treffen, aber dieser Präzedenzfall fasziniert mich noch heute. Die Gemeinde war nicht für ihre Organisatoren da, sondern für die Menschen, die wir erreichen wollten. Wir waren die Kirche, und die Kirche war für die Welt da.

Es ist wichtig zu erkennen, dass es auf die Anliegen des Geistes ankommt, und das Werk des Geistes gewinnt im Dienst Gestalt. Kurz gesagt: Es kommt auf den Geist an. Was Gottes Geist tut, das muss auch die Kirche tun. Und wenn Gottes Geist wirkt, bekommt sein Wirken durch den Dienst der Kirche Jesu Christi Hände und Füße.

Wurzeln schlagen

Wenn es nicht zu den kulturellen Gepflogenheiten gehört, das Gemeindemitglieder zum Gottesdienst kommen, wird jemand, der *nur* zum Gottesdienst kommt, aber nicht selbst mitarbeitet, innerhalb eines Jahres wieder aussteigen. Man kann unterschiedlichste Untersuchungen und Studien über die Aufnahme neuer Mitglieder und neuer Christen in die Gemeinde heranziehen, sie kommen alle zum gleichen Ergebnis: Wenn Menschen anfangen mitzuarbeiten, dann bleiben sie. Wenn eine Person sich einfach nur *bedienen* lässt, ist es höchst unwahrscheinlich, dass sie das langfristig machen wird.

Aus irgendeinem Grund hängt unsere Verwurzelung mit unserer Mitarbeit zusammen. Wenn wir anderen in einer Gemeinschaft dienen, bekommen wir eine echte Verbindung untereinander. Es ist alles andere als unwichtig zu spüren, dass man gebraucht wird. Und das Selbstbewusstsein wächst auch, wenn man seinen eigenen Fingerabdruck auf der Arbeit sieht, die gemacht wurde. Einen Beitrag zu leisten heißt, etwas von sich selbst zu geben. Wenn man etwas von sich selbst gibt, ist man ein Teil von etwas geworden, das größer ist als man selbst. Ein Beziehungsfeld setzt enormen Einfallsreichtum und viel Erfindergeist frei.

Vor einigen Jahren brauchten wir jemanden, der die Verantwortung für den „Gäste-Empfangsbereich" übernimmt. Offen gesagt war das immer nur ein kleiner Tisch mit einem dezenten Schild gewesen, an dem unsere Gäste Fragen stellen und ihre Antwortkarten abgeben konnten. Wir baten eine Frau namens Catrisha Seward, diesen Bereich zu organisieren und zu besetzen und gaben ihr einen groben Umriss der Aufgabe: „Es liegt in deiner Verantwortung, dafür zu sorgen, dass die Gäste sich willkommen fühlen."

Ehe wir uns versahen, hatte sie nicht nur den Empfangsbereich und das gesamte Foyer umgestaltet, sondern auch den Gottesdienstraum. Innerhalb weniger Wochen veränderte sich der Saal von einem Raum voller Stapelstühle, die als Bankreihen dienten, zu einem Raum mit Sofas, Sitzecken, Cafétischen, Läufern und Brücken. Das Ambiente unseres Auditoriums änderte sich radikal und in vieler Hinsicht wurde die ganze Kultur unserer Gemeinde dauerhaft verwandelt.

Catrisha war in der Lage, ein Team zum Dienst für unsere Gäste heranzuziehen, weil sie in einer gesunden Umgebung lebte, in der sie wusste, dass sie träumen, experimentieren und kreativ sein durfte. Ihr Team wandelte unseren gesamten Gottesdienstraum um: Der Gast hatte jetzt den Eindruck, dass das Gebäude ein Empfangszentrum ist. Wenn Menschen in einem Bereich dienen, in dem sie Leidenschaft und Begabung haben, wird man von ihrem Einfallsreichtum überrascht sein.

Das dienende Herz Gottes

Vor zwei Jahren stellte ein Mitglied unseres Stabs ein kleines Team zusammen, das nach Ensenada in Mexiko fahren und dort die Möglichkeiten für missionarische Projekte sondieren wollte. Das Team kam zurück und erzählte uns von der gewaltigen Not in Ensenada und den Chancen, dort zu helfen. Ich setzte mich dann mit unseren Ältesten zusammen, weil ich mit ihnen über einige Veränderungen in unseren Mitarbeiterstatuten sprechen wollte. Bislang hatten wir immer nur Menschen mit ins Ausland genommen, die in Leitungsaufgaben standen. Ich schlug vor, dass wir nach Mexiko nicht nur Gläubige, sondern auch Nichtchristen mitnehmen sollten. Der Gedanke war, dass Menschen in einem apostolischen Umfeld zu Jesus gezogen würden. In gewissem Sinne wurden sie mit der Hoffnung in die Mission eingeladen, dass sie auf dem Weg selbst zu Jesus fänden.

> **Wenn wir anderen dienen, spiegeln wir das Bild Gottes wider, und unsere Herzen beginnen, im Takt mit dem Herzen Gottes zu schlagen.**

Über hundertsechzig Menschen meldeten sich für das Ensenada-Projekt; einer davon ein Kunststudent namens Carlos. Carlos studiert am Kunstzentrum in Pasadena und konzentriert sich auf den Entwurf von Autos. Er sagte damals selbst, dass er vom Christentum und den Christen überhaupt nichts halte, und nur mitkomme, weil seine Freundin Jenn ihn gebeten hatte. In unserem Team konnte er seine Vorurteile dann immer mehr abbauen, und sein Herz begann, sich Gott gegenüber zu öffnen. Nach einem anstrengenden, aber äußerst intensiven Wochenende in Ensenada entschied er sich, Christ zu werden.

Dienstbereitschaft hat etwas Mystisches, weil Gott selbst ein Diener ist. Wenn wir anderen dienen, spiegeln wir das Bild Gottes wider, und unsere Herzen beginnen, im Takt mit dem Herzen Gottes zu schlagen. Wir können nie Gott ähnlicher sein, als wenn wir selbstlos dienen.

Einzigartigkeit zum Maßstab erheben

Wenn man *Mosaic* an einem Sonntag besuchen will, kann man unter vier Gottesdiensten an drei verschiedenen Orten wählen. Und wenn man jede Umgebung einmal besucht, wie es viele unserer Gäste machen, stellt man fest, dass jeder Gottesdienst einzigartig ist. Es gibt bei uns keine Fließband-Gottesdienste. Jede Gottesdiensterfahrung ist so einzigartig wie die Menschen, die den Gottesdienst gestalten: von den Präsentationen über die Tanzeinlagen bis hin zum Anbetungsstil; von Sofas im Gottesdienstraum über Stapelstühle in einem Nachtclub bis hin zu Sitzsäcken in einem Loft im zweiten Stock. Man kann die Einzigartigkeit jedes Einzelnen sehen und spüren, der an der Entwicklung dieser jeweiligen Gottesdiensterfahrung beteiligt ist.

Ich erinnere mich noch, wie mir einmal ein älterer leitender Mitarbeiter die Vorzüge der *Southern Baptists* klarmachen wollte. Er hatte die für ihn beruhigende Beobachtung gemacht, dass man getrost quer durch Amerika fahren und in eine Kirche der *Southern Baptists* gehen konnte: Überall erwartete einen dasselbe Programm. Er stellte das als etwas Positives hin, ohne zu merken, dass eine neue Kultur aufkommt, in der solche Normierungen etwas Negatives sind.

Als ich durchs Land reise, erkannte ich, dass seine Beobachtung stimmte. Es schien so, als ob in jeder Gemeinde das Klavier am genau gleichen Ort stand – und die Orgel immer direkt gegenüber. Die Kanzeln waren nicht nur an der gleichen Stelle, sie sahen auch fast alle gleich aus. Die Bänke, die Architektur und der Teppich waren fast überall gleich, und die Gebäude unterschieden sich nur in der Größe. Und dann war da der Gottesdienstablauf – immer ordentlich, immer voraussagbar, immer gleich. Die gleichen Lieder, die gleiche Liturgie. Hier wurde die Standardisierung zum Maßstab gemacht.

Ein altes Sprichwort lautet: „Wenn etwas nicht kaputt ist, repariere es auch nicht." Ich meine, wir müssten eigentlich eine andere Frage stellen: „Wenn etwas nicht passt, sollten wir es dann nicht verändern?" Das Werk des Heiligen Geistes schafft keine Vereinheitlichung. Es setzt das göttliche Potenzial in jedem Menschen frei. Strukturen sind gut, aber sie dürfen nie unser Gott werden. Gott gestaltet immer um und neu. Die Wahrheit des Evangeliums ändert sich nie. Das Wort Gottes, so werden wir erinnert, bleibt ewig. Aber wie es angewendet und ausgearbeitet wird, das steht zur Disposition. Bei *Mosaic* sagen wir es so: Die Struktur muss dem Geist immer untergeordnet sein.

EINE GEMEINSCHAFT, DIE VOM FEUER VERZEHRT WIRD

Das vierte Element, das wir zur Beschreibung des apostolischen Ethos gebrauchen, ist das Feuer. Das apostolische Ethos wird schließlich von der Menschwerdung bestimmt. Gott zeigt sich! Er kommt zu uns – als einer von uns. Gott ist anders, nicht weil er belanglos wäre, sondern weil er das Allerbeste unserer Kultur verkörpert. Und hier können wir für die Kirche von Gott lernen. Wir müssen alltagsrelevant werden. Unser Gottesdienst muss eine immer neue Begegnung des Ewigen mit dem Heute werden. Wir neigen dazu, den Altar selbst so sehr zu lieben, dass wir uns weigern, Feuer daran zu legen. Doch Gott kommt in den Flammen, und er ist ein verzehrendes Feuer.

Feuer ist und bleibt ein unumkehrbarer Prozess. Wenn Gott zu den Menschen kommt, dann beginnt etwas Unaufhaltsames. Dabei gilt: Jede Generation muss ihren eigenen Altar bauen und das Feuer darauf entzünden. Wenn man irgendwann nur noch das Holz anbetet, entgeht einem das Feuer. Es ist vielleicht die größte Tragödie unserer Zeit, dass wir unsere Bänke behalten, aber unsere Kinder verloren haben. Unsere Herzen müssen eine Leidenschaft für die Dinge entwickeln, die das Herz Gottes entflammen. Werfen Sie alles, was Sie haben, in Gottes Feuer und Sie werden trotzdem alles bekommen, was Sie brauchen.

> **Unsere Herzen müssen eine Leidenschaft für die Dinge entwickeln, die das Herz Gottes entflammen.**

Feuer ist unsere Metapher für die Gemeinschaft mit Gott. Es erinnert uns daran, dass Gott in seinem Wesen eine heilige Gegenwart bringt, ein verzehrendes Feuer. Mose erkannte das zuerst, als er den Dornbusch brennen und doch nicht verbrennen sah. Als er darauf zuging, wurde ihm gesagt, er solle seine Schuhe ausziehen, weil er auf heiligem Grund stehe. Er war in die Gegenwart Gottes getreten.

Kaminfeuer, Feuerwerk und Feuer vom Himmel

Manchmal vergessen wir, dass Gott ein mächtiges Feuer ist. Wir verwechseln ihn mit einem Kaminfeuerchen oder einem Feuerwerk. Wir neigen dazu, von Gott als einem Kaminfeuer zu denken, wenn wir ihn zu unserem Kumpel machen, als ob er unseresgleichen wäre. Manchmal machen wir Gott zu unserem Copiloten, der uns bitte auf unserem Weg helfen soll, während wir das Steuer in der Hand behalten wollen. Das ist das Feuer, das uns aufwärmt und uns ein behagliches Gefühl gibt, während wir zugleich in sicherem Abstand von ihm bleiben. Das Kaminfeuer ist eingefasst und kontrolliert. Das göttliche Feuer dagegen brennt ganz anders.

Manchmal behandeln wir Gott auch wie ein Feuerwerk: Wir machen bei oberflächlichen Gottesdiensten oder Lobpreisevents ekstatische Erfahrungen, die uns kurz hochheben, dann aber wieder auf den Boden zurückfallen lassen. So ein Feuerwerk fackeln wir auch ab, wenn wir Gott am Sonntag preisen und ihn am Montag im Stich lassen. Das Kaminfeuer und das Feuerwerk schaffen immer nur eine Illusion des Feuers.

Gottes Handeln hat mit lebensveränderndem Feuer zu tun. Als Gott sprach: „Es werde Licht!", da brachte er Feuer in die Welt. Wir neigen heute dazu, diesen Uranfang umzuschreiben, als ob Gott einen Lichtschalter angeknipst oder großartige fluoreszierende Lichter am Himmel angebracht hätte. Als Gott das Licht ins Dasein rief, schuf er ein gefährliches und hell leuchtendes Feuer, das die ganze Welt veränderte. Darum sollten wir nicht überrascht sein, dass Mose Gott nicht nur in einem brennenden Busch angetroffen hat, sondern dass Gott Israel auch durch eine Wolkensäule am Tag und eine Feuersäule bei Nacht aus Ägypten geführt hat. Gott sandte als Antwort auf Elias Gebet Feuer vom Himmel. Und als Schadrach, Meschach und Abed-Nego ins Feuer geworfen wurden, war Gott schon da und wartete auf sie.

Dass Gottes Kraft ein Feuer ist, wurde durch Johannes den Täufer ins Neue Testament übertragen, und zwar in seiner Prophetie, dass er mit Wasser taufe, nach ihm aber einer komme, der im Geist mit Feuer tauft. Dann erscheint das göttliche Feuer über der Gemeinde des ersten Jahrhunderts, als Feuerzungen auf sie niederfielen. Und Paulus verheißt, dass wir alle im Feuer geprüft werden und dass alles, was Holz, Heu und Stoppeln ist, verbrennen wird. Nur Erz, Silber und Gold werden bleiben.

Eine Kultur der Begegnung

Ein apostolisches Ethos wird immer von einer nicht zu verleugnenden Erfahrung mit dem lebendigen Gott angetrieben. Wenn Gott Feuer vom Himmel sendet, dann stiftet er Gemeinschaft und schafft eine Kultur der Begegnung. In einer solchen Umgebung wird jeder Einzelne mit der Realität Gottes konfrontiert; nicht nur durch das gesprochene Wort, sondern durch die Gegenwart Gottes, die diesen Worten Nachdruck verleiht. Es ist eine Kultur, in der sogar Distanzierte dem Heiligen und Ewigen begegnen. Das ist es, was Paulus in seinem 1. Brief an die Korinther im Hinblick auf einen Ungläubigen in ihrer Mitte beschreibt: „Er wird sich niederwerfen, wird Gott anbeten und bekennen: ‚Wahrhaftig, Gott ist mitten unter euch!'" (1. Korinther 14,25). Gleichzeitig ermuntert Gott sein Volk, der sie umgebenden Kultur zu begegnen, für die Gegenwart relevant zu werden und in dieser besonderen Kultur ein echter Ausdruck des Mensch gewordenen Christus zu werden.

Eine Kultur der Begegnung mit der Welt kann sich ganz vielfältig ausdrücken. Manchmal ist es eine prophetische Stimme, die zu den Abgründen der Welt spricht und sie auf einen höheren Weg ruft. Gleichzeitig kann eine Kultur der Begegnung bedeuten, dass ich feststelle, wie gut ich mit den Formen der säkularen Kultur in der Kunst und der Musik das Wesen Gottes zum Ausdruck bringen kann. Eine Kultur der Begegnung zu gestalten, das bedeutet, relevant und umgestaltend zugleich zu sein; auf der Höhe der Zeit zu bleiben und gleichzeitig für diese Zeit zur Herausforderung zu werden.

Nicht zu leugnende Gegenwart

Vor ungefähr fünf Jahren gab die *Los Angeles Times* eine Reportage in Auftrag. Sie wollten herausfinden, warum Kirchen wachsen. Dafür flogen sie extra eine Reporterin aus der Hauptstadt ein, Barbara Bradley, die fünf Gemeinden aus der Gegend von Los Angeles untersuchen sollte – eine davon war *Mosaic*. Barbara Bradley rief mich also eines Nachmittags an und sagte, sie habe nach ihren Recherchen nur noch eine Frage. Die Frage lautete: „Ist Gott in Ihrer Gemeinde anwesend?"

Ich sagte ihr, sie solle vorbeikommen und es selbst nachprüfen. Ich dachte, es würde ihr helfen, wenn sie miterlebte, wie wir Gottesdienst feiern. Sie kam dann zu einem unserer Samstagabend-Gottesdienste. Anschließend ging ich zu ihr und fragte sie, was sie denn nun denke. Sie sagte: „Es könnte sein, dass Gott anwesend war." Als sie an diesem Abend wegging, war ich am Boden zerstört. Ich dachte: „Was für eine Blamage! Wir werden in dem Artikel die Gemeinde sein, in der Gott ‚vielleicht da gewesen sein könnte'." Ich konnte die ironischen Schlagzeilen der *L.A. Times* schon sehen.

> **Die Menschwerdung Jesu Christi ist Gottes nicht zu leugnender Beweis, dass kulturelle Relevanz keine bloße Möglichkeit ist.**

Ein paar Tage später rief sie mich an und gab zu, dass sie an diesem Abend nicht ganz ehrlich zu mir gewesen sei. Als ich sie gefragt hatte, was sie über die Anwesenheit Gottes denke, da fand sie es aus journalistischer und professioneller Sicht unangemessen, ehrlich über ihre Gefühle zu sprechen – sie hatte sehr wohl gespürt, dass Gott da ist.

Hier war eine Intellektuelle, die Gott vorher nicht kannte, die erstklassige Zeugnisse der juristischen Fakultät von Yale besitzt und angetreten war, um zu beweisen, dass Kirchen nur durch cleveres Marketing und großartige Gebäude wachsen. Und diese Frau erkannte nun, dass sie irgendwie Gott begegnet war. Sie hat mir später offenbart, dass sie angefangen hatte zu zittern, als sie an diesem Abend auf dem Parkplatz saß und ihre Unterlagen zusammensammelte. Als sie sah, wie ihre Hände zitterten, wusste sie, dass sie in die Gegenwart Gottes eingetreten war.

Es war für mich traumhaft schön, dass Barbara drei Wochen später, als sie ihre Untersuchungen zum Abschluss gebracht hatte, in meinem Büro niederkniete und ihr Leben Jesus Christus anvertraute. Jetzt, fünf Jahre später, spricht Barbara Bradley regelmäßig im öffentlichen nationalen Rundfunk und ist eine entschiedene Christin.

Es ist kein Zufall, dass Paulus in 1. Korinther 14 fünfmal von einem Ungläubigen mitten in der Gemeinde spricht. Sogar in der Gemeinde, die für viele die esoterischste Gemeinde im Neuen Testament ist, waren offensichtlich immer wieder Ungläubige anwesend. Es wundert mich, dass wir tatsächlich denken, dass echter Gottesdienst einen Ungläubigen nicht überzeugen könnte. Die Macht unserer Gemeinschaft kann nicht an *unserer* Erfahrung allein gemessen werden. Sie muss auch an der Erfahrung derer gemessen werden, die nicht an Gott glauben.

Jesus betrat diese Welt und das Umfeld der Menschen, zu denen er kam. Jesus war nicht kulturlos. Er war ein Jude. Seine Hautfarbe, die Form seines Gesichtes, seine Augen und seine Nase, ja sogar sein Geruch entsprachen denen der Menschen seiner Zeit. Er ist unser überzeugendster Beweis, dass wir relevant sein können, ohne mit der Kultur Kompromisse zu schließen. Die Menschwerdung Jesu Christi ist Gottes nicht zu leugnender Beweis, dass kulturelle Relevanz keine bloße Möglichkeit ist. Bei *Mosaic* ist es unser Maßstab für den Gottesdienst: wir wollen eine Gemeinschaft sein, die eine Kultur der Begegnung lebt und die die Begegnung mit der Kultur sucht.

EIN VERWANDELTER CHARAKTER

Das letzte Element zur Beschreibung einer apostolischen Umwelt ist Erde. Ein apostolisches Ethos wird durch Umgestaltung vorangetrieben. In der Bibel heißt es, dass Gott den Menschen nach seinem Bild erschaffen hat. Aber auf Grund unserer Rebellion sind wir zu Boden gefallen und wie eine zerbrechliche Vase zerschmettert. Zu lange haben wir ernsthaft geglaubt, dass wir eine neue Heiligkeit dadurch erreichen, dass wir getrennt von der

Welt oder sogar sündlos leben. Unser ganzes Streben nach Heiligkeit war darauf ausgerichtet, wiederzugewinnen, was verloren gegangen ist. Im Paradies war die Menschheit sowohl gut als auch sündlos. Warum haben wir die Rückkehr zum Nullpunkt als *das* wichtigste Ergebnis des Kreuzes definiert? Dieses Ziel greift in Gottes Erlösungswerk viel zu kurz. Gott hatte wirklich große Ziele für Adam und Eva, als er sie in den Garten setzte. Allein die Benennung der Tiere gibt einen kleinen Einblick in das Potenzial, das Gott in die Menschheit hineingelegt hat.

„Erde" ist eine natürliche Metapher für das, was wir „Charakter" nennen. Die Umwandlung unseres Charakters bedeutet mehr, als ein guter Boden zu werden und viel Frucht zu bringen. Wie die Erde wurden wir erschaffen, um neues Leben hervorzubringen. In einer apostolischen Umwelt verändern sich die Menschen nicht nur, sie werden auch besser. Um zu begreifen, was es bedeutet, dass sie „besser" werden, müssen wir die Bibel als Ganzes zu Rate ziehen.

Wenn wir uns in Gemeinden auf die Entwicklung des Charakters konzentrieren, betonen wir gewöhnlich die Beseitigung der Sünde. Die Bedeutung von Heiligkeit wird dann mit Dingen definiert, die wir *nicht* tun, statt mit Dingen, die wir tun. Diese Einstellung kann man nachvollziehen – und sie ist oftmals auch gerechtfertigt: Sicher ist es ein bedeutender Aspekt unserer geistlichen Lebensreise, alte Gewohnheiten abzulegen. In der frühen Phase eines solchen Prozesses scheint sich das Gespräch zwischen Gott und uns vorwiegend um ganz konkrete Aspekte unseres Lebensstils zu drehen. Gleich am Anfang lernen wir, dass wir zumindest anfangen sollten, nach den Maßstäben der Zehn Gebote zu leben. Für einen jungen Christen ist es außerordentlich prägend, wenn man sich entscheidet, Mord, Ehebruch, Lüge und Stehlen zu vermeiden. Genauso macht es natürlich auch Sinn, dass man aufhört, falsche Götter anzubeten und dafür den wahren und lebendigen Gott feiert.

Das Problem ist, dass wir dazu neigen, solche Veränderungen schon als die entscheidenden Schritte für eine geistliche Umgestaltung zu sehen. Als ginge es Gott ausschließlich darum, unser Sündigen zu beenden. Doch alle von uns, die schon länger mit Christus unterwegs sind, wissen, dass es um wesentlich mehr geht. Wir wissen, dass es jenseits der Habsucht darum geht, großzügig zu werden; jenseits der

> **Wenn unsere Herzen gute Erde sind, gibt es eine große Ernte.**

Lüge darum, die Wahrheit zu sagen; jenseits des Stolzes darum, demütig zu werden; und jenseits der Verleumdung darum, andere zu ermutigen und zu fördern. Es ist nicht genug, Dinge „abzulegen". Wir müssen auch Neues

„anziehen". Wir werden alle ermutigt, wenn wir die Früchte des Geistes im Leben der Nachfolger Christi hervorkommen sehen, Früchte, die das Werk Gottes im menschlichen Herzen neu bestätigen.

Aufstehen nach dem Fall

Aber es geht noch weiter: Charakterverwandlung ist mehr als das Ablegen der Sünde und das Hervorbringen vielfältiger Früchte des Geistes durch die Entwicklung unserer Tugenden. Gott hat in jeden Menschen ein göttliches Potenzial hineingelegt – und das hätte er gerne zurück. In seinem Kern bezeichnet das Wort „Charakter" ja genau solche einzigartigen Kennzeichen.

Das gilt auch für den persönlichen Charakter. Jeder Mensch ist einzigartig von Gott gezeichnet oder geformt. Unsere Theologie der Charakterumwandlung muss daher um die Wiederbeanspruchung des Potenzials jedes einzelnen Menschen erweitert werden. Gott wünscht sich, dass wir das, was er in uns hineingelegt hat, wieder in sein Reich investieren. Und das ist für ihn keine Nebensache. Wir betrachten die Entwicklung des menschlichen Potenzials meist unter ziemlich „gottlosen" und humanistischen Kriterien. Manchmal sehen wir es einfach als ein Anhängsel persönlicher Heiligkeit an. Und doch beschreibt Jesus das menschliche Herz als Erde.

Im Gleichnis vom Sämann sagt Jesus, dass der gute Boden das Herz derer darstellt, die Gottes Botschaft aufnehmen und eine große Ernte hervorbringen; dreißig-, sechzig- oder sogar hundertmal so viel, wie gesät worden war. Wenn unsere Herzen gute Erde sind, gibt es eine große Ernte. Eine gesunde Umwelt fördert also nicht nur Abscheu gegenüber der Sünde und eine Vorliebe für Tugend, sie entwickelt vor allem das Potenzial, das in der Erde des menschlichen Herzens schlummert.

In einem anderen Gleichnis spricht Jesus von Menschen, denen Silberstücke anvertraut werden: einem fünf Pfund, einem zwei und einem eines. Der Herr ging für eine gewisse Zeit weg und kam dann wieder, um zu sehen, was seine Diener mit dem gemacht hatten, was ihnen anvertraut worden war. Der mit den fünf Pfund hatte sie zu zehn vermehrt; der mit den zweien zu fünf; aber der mit dem einen Pfund erklärte, dass er es versteckt habe, weil er glaubte, dass sein Herr ein böser und unfairer Mann sei. Der Herr bezeichnete diesen Diener, der mit dem anvertrauten Gut nichts getan hatte, nicht nur einfach als unklug, untermotiviert oder schwach begabt, sondern als schlecht und böse.

Eine neue Renaissance

Wir predigen engagiert gegen die Sünde, aber haben wir jemals darauf hingewiesen, wie schrecklich es ist, wenn menschliches Potenzial verloren geht? Haben wir je auf ein Menschenleben geblickt und gefühlt, dass unser Herz bricht – nicht wegen der begangenen Sünden, sondern wegen des ungenutzt brachliegenden Potenzials?

Eine apostolische Umwelt sieht in der Charakterentwicklung eine Verpflichtung zur vollen Entfaltung jedes Menschen. Sie betrachtet jeden Menschen als einen Schatz Gottes. Zu lange haben sich unsere Gespräche zum Thema „Gottesebenbildlichkeit" nur darum gedreht, wie wir sie beschmutzt haben. Wir haben bei unseren Diskussionen die Frage vernachlässigt, was es bedeutet, wie Christus neu geschaffen zu werden. Wir wurden nicht nur geschaffen, um Gottes Größe und Schönheit zu verkünden, sondern sie auch widerzuspiegeln. Institutionen werten leider menschliches Potenzial allzu leicht ab und verringern den Anteil der Einzelnen. Ein apostolisches Ethos erkennt, fördert und entwickelt diese Fähigkeiten, weil wir alle Verwalter der Gaben sind, die Gott uns gegeben hat.

Das Meinungsforschungsinstitut *Gallup* kam auf Grund seiner Studien über Begabungen zu dem Ergebnis, dass die einzigartigen Fähigkeiten eines Menschen schon im Alter von zwei Jahren erkannt werden können. Vielleicht ist der Unterschied zwischen guten und großartigen Eltern der, dass gute Eltern Charakter formen, während großartige Eltern Potenzial durch Charakterumgestaltung freisetzen. Wenn das wahr ist – und ich bin überzeugt, dass dem so ist –, dann haben wir alle die Gelegenheit, auf unsere eigene Art und Weise „Wunderkinder" zu werden und zu fördern.

Ein Wunderkind ist ein Mensch, der sein einzigartiges Talent in einem außergewöhnlich frühen Alter entwickelt. Wenn die Kirche gute Erde fördert, haben ihre Kinder die beste Gelegenheit, das zu erleben. Und an manchen Orten entdeckt man das ja auch heute: Einige der größten zeitgenössischen Sänger sind in der Kirche aufgewachsen. Die Kirche war der Ort, an dem ihre Gaben gepflegt und gefördert wurden. Es gab eine Zeit, in der alle großen Kunstwerke, die große Musik, die große Architektur und die große Literatur, im Umfeld der Kirche geboren wurden. Und wie ich oben schon erwähnt habe: Auch die Denker der Aufklärung und der Wissenschaft bekamen ihre Grundlagen in der Kirche vermittelt. Es sollte uns nicht überraschen, dass die, die nach Gottes Bild geschaffen wurden, auch kreative Wesen sind. Gott selbst ist der große Schöpfer. Daraus folgt ganz einfach: Je näher wir Gott kommen, desto mehr erkennen wir unser unerschlossenes Potenzial und die in uns brachliegende Kreativität.

„Stell dir nur einmal vor!"

Viele Menschen halten sich nicht für kreativ, weil sie nicht zeichnen oder singen können. Dennoch hat jeder Mensch das wichtigste Werkzeug bekommen, das man zur Kreativität braucht: das menschliche Vorstellungsvermögen. Es gibt keinen Menschen auf diesem Planeten, der keine Phantasie besitzt. Sie sind vielleicht nicht sehr einfallsreich oder Ihre Assoziationen sind durch Ihre Vorstellung begrenzt, aber Sie haben Vorstellungskraft.

Das Vorstellungsvermögen ist Gottes Gabe der Kreativität an die Menschen. Es ist ein Weg, durch den man das Ideal sehen und an Orte gehen kann, an denen man noch nie gewesen ist, und in Erfahrungen eintreten kann, von denen man nicht einmal zu träumen gewagt hat. In seiner Vorstellung hat man unbegrenzte Schätze, unbegrenztes Aufnahmevermögen und einen unbegrenzten Einfluss. In mancher Hinsicht sind wir in unserer Fantasie Gott am ähnlichsten. Unglücklicherweise wird das Material für unsere Vorstellungen zuerst durch unsere Herzen gefiltert. Wenn unsere Herzen von Gott getrennt sind, können solche übermenschlichen Vorstellungen gewaltiges Verderben anrichten. Aber wenn unsere Herzen mit Gott verbunden sind, kann unser Vorstellungsvermögen zum Geburtsort der Träume Gottes für unser Leben werden.

> **Wenn unsere Herzen mit Gott verbunden sind, kann unsere Vorstellungskraft zum Geburtsort der Träume Gottes für unser Leben werden.**

Darum lädt Gott uns ein: „Rufe mich an, und ich will dir Dinge zeigen, die du dir niemals erträumen oder vorstellen konntest." Ich bin überzeugt, dass unser Vorstellungsvermögen das Spielfeld Gottes ist, ein Ort, an dem Gott uns begegnet und uns eine Zukunft zeigt.

Welche Träume hat Gott in Ihr Herz gelegt? Haben Sie ihm erlaubt, Sie in Ihrer Fantasie an Orte zu bringen, an denen er mit Ihnen Geschichte machen möchte? Wenn Gott träumt, nimmt Wirklichkeit Gestalt an. Wenn wir von Gott träumen, werden wir umgestaltet und selbst zu Vermittlern der Umgestaltung. Ein apostolisches Ethos ist ein Ausbruch von Kreativität. Es wird die Urquelle des Idealen und Vorstellbaren.

Die Kirche kann der Ort werden, an dem die großen Künstler unserer Zeit ihre ersten Pinselstriche üben und die großen Musiker ihre ersten Noten singen. Die Gemeinde kann der Ort werden, an dem die großen Denker, Gelehrten und Schriftsteller ihre Theorien und Geschichten erproben. Die Kirche kann das Umfeld werden, in dem die künftigen Dichter, Filmemacher, Tänzer und Mediziner in Gemeinschaft aufwachsen und lernen, dass ihre Talente und Gaben von Gott kommen.

Die künftigen Leiter dieser Welt werden von irgendwoher kommen. Wäre es nicht sinnvoll, dass sie in der Kirche gelernt haben, ihre Gaben zu entfalten? Wo sollte in einer Welt voller Verzweiflung, die in die Finsternis gezogen wird und die dem Existenzialismus und dem Nihilismus das Feld räumt – wo sollte in dieser Welt die Schönheit herkommen, die uns Menschen nach Höherem streben lässt, wenn nicht von der Kirche? Bei *Mosaic* sind wir zu der Überzeugung gelangt: Kreativität ist die natürliche Folge von Spiritualität.

„MAN KANN NICHT ZWEIMAL IN DENSELBEN FLUSS STEIGEN."

Heraklit

GEDANKENANSTÖSSE

1. Warum sollte hingegebene Mitarbeit der wesentliche Schlüssel zu einem verbindenden Ethos sein?
2. Wenn „geistliche Reife nicht außerhalb gesunder Beziehungen existieren kann", wie würden Sie dann die Gesundheit und Reife Ihrer Gemeinschaft beurteilen?
3. In der natürlichen Welt erneuern Bäume ihren Wuchs immer wieder, um Wachstum zu schaffen und zu unterstützen. Wie könnte dieses Bild auf die Organisationsstrukturen Ihrer Gemeinschaft angewendet werden?
4. Was entzündet das Herz Gottes? Wie können Sie für dieselbe Sache brennen?
5. Wie können Sie Ihre falschen Vorstellungen über Gott ablegen?
6. Inwiefern sind Sie relevant für eine Kultur, die Gott noch nicht kennt? Wie könnten Sie Ihre kulturelle Relevanz noch steigern?
7. Gestalten Sie in Ihrer Fantasie miteinander eine ideale Gemeindeumwelt. Wie würde sie aussehen? Wie würde sie sich anfühlen? Was würde sich weiterentwickeln?
8. Glauben Sie, dass Kreativität die natürliche Folge von Spiritualität ist? Wie zeigt sich das in Ihrer Gemeinde?

IN BEWEGUNG BLEIBEN
Re-Formation

„Macht euch bereit! Sorgt dafür, dass ihr rein seid, wie der Herr es von seinem Volk verlangt. Denn morgen wird der Herr ein Wunder für euch tun."
Josua 3,5b

Auf die Plätze! Fertig! Auf die Plätze! Fertig!
LOS!

Wir hatten uns an der Startlinie aufgestellt, und das helle Flutlicht steigerte das surreale Empfinden des Augenblicks noch um einiges. Mein Herz klopfte bis zum Hals. Ich war bereit. Ich war voll konzentriert. Das war mein Augenblick. Auf die Plätze! Fertig! Der Startschuss fiel. Die Läufer neben mir schossen los wie menschliche Blitze. Ich aber lag flach auf meinem Gesicht, und der kalte harte Boden brachte mich in die Realität zurück. Ich hatte vergessen, meinen Startblock zu überprüfen. Die Kraft meines Einsatzes hatte tatsächlich die Nägel aus dem Boden gerissen. Ich verlor das Rennen und lernte eine Lektion, die ich nie vergessen werde: Sichere deinen Startblock, bevor du LOSläufst!

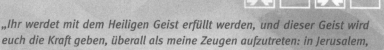

„Ihr werdet mit dem Heiligen Geist erfüllt werden, und dieser Geist wird euch die Kraft geben, überall als meine Zeugen aufzutreten: in Jerusalem, in ganz Judäa und Samarien und bis ans äußerste Ende der Erde."
Apostelgeschichte 1,8

KAPITEL NEUN

Re-Formation

Ich bin an einem Ort gewesen, an dem Pastoren ihre Stellen verloren haben; einem Ort, an dem der Missbrauch und der Schmerz so schlimm wurden, dass sich die Leiter in professionelle psychiatrischer Behandlung begeben mussten. An diesem Ort sind die Ehen von Pastoren zerbrochen, wurde die Gesundheit ihrer Kinder geopfert und kamen sie in Situationen, in denen sie fast ihren Glauben verloren. An diesem Ort ist die Verfolgung geistlicher Leiter so intensiv, dass es schon ein Wunder ist, wenn sie überhaupt überleben. Dieser Ort ist nicht in irgendeinem fremden Land; nicht in der Diaspora und nicht im Einflussbereich eines unterdrückenden Herrschers. Dieser höchst gefährliche Ort ist überall da, wo ein Leiter versucht, eine Gemeinschaft von einer Institution in eine Bewegung zu verwandeln.

Die Umgestaltung einer Kultur ist ein unglaublich zerbrechliches und explosives Unterfangen. Zahllose Pastoren können Geschichten erzählen, wie sie bei einer Gemeindewachstums-Konferenz erstmals davon erfahren haben, was Gott durch ihre Gemeinde tun könnte. Sie kamen entmutigt und gehen entschlossen. Sie sind mit Vision, Begeisterung und Hoffnung erfüllt. Sie haben gelernt, wie sie ihren Gemeinden am Besten dabei helfen, aufzublühen und ihre Rolle als Botschafter Christi zurückzugewinnen. Es widerspricht jeglicher Logik, dass geistliche Leiter, die mit so viel Gutem in ihren Herzen in ihre Heimatgemeinden zurückkehren, so viel Schmerz ernten.

Wenn solche Leiter sich entschließen, ihre Gemeinde durch den alles entscheidenden kulturellen Übergang zu führen, reichen die Anschuldigungen von Seiten ihrer Gegner von „Zerstörung des Ansehens" bis hin zu „Theologischem Liberalismus". Während die Beschuldigungen variieren, ist der zentrale Punkt doch der gleiche: Der Pastor hat sich verändert, Sie haben sich verändert – und das, nach Ansicht Ihrer Gegner, nicht zum Besseren. Doch während dieser ganzen Zeit gibt Ihnen die Vision, die Sie empfangen haben, einen neuen Blick dafür, was Gemeinde sein kann, und ein neues Gespür der Verantwortung, wohin Sie die Menschen führen sollen, die Gott Ihnen anvertraut hat.

Die Wahrheit ist: Sie *haben* sich tatsächlich verändert. Und oft ist es das, was die Menschen am meisten verwirrt. Gemeinden berufen nämlich selten Pastoren, die völlig anders sind als sie. Meist sind die Pastoren eine kompatible Entsprechung zu den Gemeinden, von denen sie berufen werden. Gemeinden stellen sich bei Einstellungen selten die Frage: „Wer kann uns am Besten verändern?" Der Auftrag, den die Pastorenberufungskommission bekommt, dreht sich in der Regel weniger um einen prophetischen, als um einen Hirtendienst. Je länger wir einer Gemeinde dienen und viele Dinge so lassen, wie sie sind, desto mehr bestätigen wir den Status quo, für dessen Erhalt wir ja auch berufen wurden. Wir tun dies nicht in erster Linie durch unsere Worte, sondern durch unsere Taten.

Ob es durch eine persönliche Retraite ist, eine Konferenz oder ein Seminar – wenn wir zu einem neuen Grad der Leiterschaft motiviert heimkommen, sollten wir nicht überrascht sein, wenn wir anfänglich Widerstand erleben. Es passiert zwar schnell, dass wir den Mut verlieren, wenn wir erkennen, dass Gottes Volk auf neue Einsichten und Inspiration vom Heiligen Geist nicht mit großer Begeisterung reagiert. Aber wenn es schon *uns* als geistliche Leiter Zeit und Erfahrung gekostet hat, einen neuen Blick dafür zu bekommen, wozu Gott die Gemeinde berufen hat, sollten wir auch erwarten, dass *unsere Gemeindemitglieder* damit zu kämpfen haben. Wir müssen erkennen, dass der Bereich, in dem wir Leitung re-formieren müssen, in erster Linie in unserer Fähigkeit liegt, Gottes Volk in Übereinstimmung mit Gottes Auftrag voranzuführen.

ZURÜCK ZUM ANFANG

Vor Jahren stieß ich auf Joel Arthur Barkers Artikel über *Paradigms: The Business of Discovering the Future*. Er erklärt darin, dass ein bedeutender Aspekt menschlicher Veränderung in der Fähigkeit liegt, von einem Paradigma zu einem anderen überzugehen. Wenn ein neues Paradigma aufkommt, kann das Lernen innerhalb des früheren Paradigmas belanglos und sogar schädlich für den Erfolg im neuen Paradigma werden. Er führt aus, dass die entscheidende Regel sowohl zum Überleben als auch zur Entfaltung im neuen Paradigma „Zurück zum Anfang" lautet; wenn das Paradigma wechselt, muss man wieder beim Ausgangspunkt beginnen.

In den vergangenen zehn Jahren habe ich oft über Barkers Beobachtung nachgedacht und mich gefragt, wie das Zurückgehen zum Ausgangspunkt für einen Nachfolger Jesu Christi aussieht. Gilt dies Prinzip auch für den geistlichen oder, noch genauer, für den gemeindlichen Kontext? Wenn man aufmerksam auf die Worte Jesu hört, entdeckt man bald, dass die Antwort ein klares „Ja" sein muss. Wenn wir einen Prozess der kulturellen Neugestaltung und geistlichen Re-Formation beginnen, ist es entscheidend, dass wir mit der Entfaltung des Auftrags der Kirche anfangen. Für uns bedeutet das Zurückgehen zum Ausgangspunkt: Wir müssen uns wieder neu auf die Bibel einlassen und uns zugleich von allen unseren vorgefassten Meinungen über Methoden lösen.

> **Für uns bedeutet das Zurückgehen zum Ausgangspunkt: Wir müssen uns wieder neu auf die Bibel einlassen und uns zugleich von allen unseren vorgefassten Meinungen über Methoden lösen.**

Jesus warf den religiösen Führern seiner Zeit vor, dass sie das Wort Gottes verlassen und menschliche Traditionen an seine Stelle gesetzt hätten. Er sagte ihnen damit, dass sie so viele Schichten zu dem, was Gott sagt, hinzugefügt hatten, dass ihre Praxis kein gültiger Ausdruck des Wortes Gottes mehr war. Jesus rief sie zurück zum Anfang.

Dabei sind zwei Punkte ganz wichtig. Erstens: Für einen Christen bedeutet das Zurückgehen zum Anfang niemals, dass er in einem Vakuum leben muss. Es bedeutet nie, dass man die Wahrheit ablehnt oder ohne festes Fundament zu einer höheren Ebene wechseln müsste. Das ist die Sorge vieler gewesen, die die Erneuerung der Ortsgemeinde beobachtet haben. Sie befürchten, dass die Kirche ihre Wurzeln verlieren würde. Und wir müssen da vorsichtig sein. Die Wahrheit ist, dass tatsächlich *nicht* alle Innovationen gut sind. Und die Kulturrelevanz verliert ihre Bedeutung, wenn man gar nichts mehr hat, was man den Menschen in ihrer Sprache sagen kann. Die Brücke der Gemeinde muss mit beiden Ufern verbunden sein, mit Gottes Wahrheit und mit der heutigen Kultur.

Aber für die von uns, die Nachfolger Jesu Christi sind, heißt zurückgehen zum Ausgangspunkt, dass wir alle unsere Annahmen zur Seite legen und *der Bibel* erlauben, neu zu uns zu sprechen. Mit anderen Worten: Wir müssen rückwärts gehen, bevor wir wieder vorwärts gehen. Wir müssen uns mit dem „Warum" unserer Theologie beschäftigen und uns selbst die Frage stellen: „Warum tun wir eigentlich, was wir tun?" Wir müssen uns fragen, ob der Weg, den wir eingeschlagen haben, im gegenwärtigen Kontext wirklich der beste und angemessenste ist.

DIE KIRCHE NEU DEFINIEREN

Wenn wir unsere Methoden und Praktiken auswerten, neigen wir dazu, vor allem zwischen Gut und Böse zu unterscheiden. Wir hören auf, die Dinge zu tun, die nicht funktioniert haben, und machen mit dem weiter, was scheinbar richtig ist – aber wir prüfen selten, ob das Gute auch wirklich das Beste ist. Die Schwierigkeit beim Zurückgehen zum Anfang und beim Prozess der Veränderung einer Gemeinde ist, dass die Dinge, die geändert werden müssen, oftmals gar nicht mit falschen Entscheidungen oder Handlungen zu tun haben. Meist geht es darum, dass die scheinbar guten Dinge überholt sind.

Es ist leicht, mit prophetischer Stimme zu sprechen, wenn man die Kirche herausruft, weil ihre Handlungen eindeutig unbiblisch sind. Es ist jedoch wesentlich komplexer, prophetisch über Methoden zu sprechen, die tatsächlich einmal funktioniert haben und offensichtlich im Guten verwurzelt waren, aber im Laufe der Zeit den Bezug zu dem verloren haben, was sie einmal bewirken sollten.

Ab einem gewissen Punkt kann die Bewahrung von bestimmten Traditionen, Methoden oder Stilen über bloße Vorlieben hinausgehen und sogar die Gestalt von Sünde annehmen. Das geschieht, wenn wir eine Gewohnheit über ein Prinzip stellen. Erst wenn der prophetische Leiter den Auftrag Gottes erklärt, zeigt sich, wofür das Herz von Gottes Volk tatsächlich schlägt.

Viele, die den prophetischen Ruf hören, umzukehren und Gottes Auftrag für die Kirche wieder aufzunehmen, werden zu neuen Höhen des Gehorsams und Glaubens inspiriert. Sie vertreten die Auffassung, dass es wichtig sei, jedes Programm und jeden Arbeitsbereich der Gemeinde am biblischen Auftrag zu überprüfen, dass wir alle Völker zu Jesus führen sollen; dies ist ihrer Ansicht nach für die Gesundheit und Erneuerung der Kirche notwendig. Andere dagegen sagen, das sei nicht wahr. Für sie stehen der Auftrag Gottes an die Kirche und die Bewahrung ihrer Traditionen in direktem Konflikt miteinander. Für sie ist der überlieferte Ausdruck von Religion weit wichtiger als das Erwecken oder Annehmen einer apostolischen Bewegung. Jede Leitung, die versucht, ein neues Ethos zu erwecken, wird für sie zu einer Bedrohung, und ihr Widerstand nimmt noch zu, wenn die Gemeinde sich dann tatsächlich auf den Auftrag Gottes zubewegt.

Der prophetische Leiter muss den Ruf zur Veränderung im Wesen der Kirche verwurzeln. Das betrifft sowohl die Menschen, deren Herzen neu entzündet werden, weil sich die Gemeinde wieder auf Gottes Wort ausrichtet, als auch diejenigen, deren Herzen ihm gegenüber verhärtet sind. Eine wirksame Neuausrichtung geschieht, wenn man sich selbst in die Bibel hineinbegibt. Wenn man das *Warum* nicht von der Bibel her verteidigen kann, ist man noch nicht bereit, einen Veränderungsprozess zu leiten. Man muss eine klare Theologie der Veränderung entwickeln, eine Theologie, die Übergang und Umgestaltung erfordert. Bevor man Gottes Volk auf einen neuen Weg des Lebens und Handelns rufen kann, muss man ihm klar den Sinn und das Ziel dieses so schmerzlichen Prozesses vor Augen stellen.

> **Der prophetische Leiter muss den Ruf zur Veränderung im Wesen der Kirche verwurzeln.**

KRIEGSVERLETZUNGEN

Wir müssen sicherstellen, dass wir nicht so sehr mit Konzepten und Erneuerungsideen bewaffnet sind, dass unsere Inspiration nur aus der Hoffnung auf wirksamere Methoden kommt. Eine Botschaft, die nur aus Zweckmäßigkeit und Pragmatismus geboren ist, entzündet kein Feuer in den Herzen von Gottes Volk. Die Menschen müssen erkennen, dass der Auftrag Gottes in *Ihrem* Herzen brennt, dass sie nicht nur Gott am Herzen liegen, sondern auch ebenso echt *Ihnen*. Die Menschen, die Sie zu leiten hoffen, müssen sehen, dass Ihr Leben um die Herzensanliegen, die Sie vertreten, neu gestaltet wurde.

Ich erinnere mich noch an eine Zeit, als die Dinge bei *Mosaic* nicht so gut liefen. Menschen, die wir liebten und für die wir sorgten, hatten wegen des schmerzlichen Übergangsprozesses beschlossen, die Gemeinde zu verlassen. Dreimal musste ich beobachten, wie die Gemeinde von ungefähr fünfhundert Besuchern auf über neunhundert wuchs und dann wieder abnahm. Das dritte Mal schien am schmerzhaftesten zu sein. Ich fragte mich, ob ich die Energie hätte, dieser Herausforderung noch einmal zu begegnen. Ich konnte die Worte des Psalmdichters nur allzu gut nachvollziehen, der beschreibt, wie es sich anfühlt, wenn sogar die besten Freunde von einem abrücken.

Ich bin ein Mensch, der viel aushalten kann, aber ich erinnere mich an einen Tag, an dem ich ans Ende meiner Kräfte kam. Ich sagte meiner Frau, dass ich diese Herausforderungen nicht noch einmal würde durchstehen können. Doch dann kam ein Anruf, der die ganze Welt für mich veränderte. Einer der Ältesten rief mich zu Hause an und sagte mir, dass sich die anderen Ältesten gerade ohne mich getroffen hätten. „O ja", dachte ich zuerst, „jetzt ist alles aus." Doch was er dann sagte, erfüllte mein Herz mit neuer Kraft. Er sagte: „Erwin, wir haben als Älteste miteinander gesprochen, und ich rufe in ihrem Auftrag an. Du sollst wissen, dass wir zu dir halten, selbst wenn nur noch drei Familien bei uns bleiben – weil wir überzeugt davon sind, dass die Richtung stimmt, in die du uns führst."

Als ich nach dem Anruf darüber nachdachte, wie das wohl aussehen würde, wenn unsere Gemeinde nur noch aus drei Familien bestünde, konnte ich die Ältesten und ihre Familien und Kim und mich und unsere Kinder fast schon sehen, wie wir am Sonntag zu einem Mini-Gottesdienst zusammenkamen. Doch ich wurde daran erinnert, dass es nicht wichtig ist, ob alles richtig *läuft*, sondern ob das, was man *tut*, richtig ist. Wenn man Gottes Volk auf dem Weg Gottes führen will, muss man sich auf einen geistlichen Kampf gefasst machen. Wenn Ihre Motivation die Anerkennung anderer Menschen ist oder der Wunsch, dass man Sie in dieser Welt für erfolgreich hält, dann ist so eine Reise nichts für Sie. Aber wenn Sie sterben könnten für das Wissen, dass Sie Ihr Leben dem Auftrag Gottes verschrieben haben, dann können Sie ruhig den nächsten Schritt im Prozess geistlicher Re-Formation gehen.

DAS OFFENSICHTLICHE SEHEN

Wenn man seiner Gemeinde den Auftrag und das Ziel dargelegt hat, muss man auch ehrlich die Probleme präsentieren. Es gibt keine echten Leitungsprozesse ohne Probleme. Dabei ist eines ganz wichtig: Bevor man sich fragen muss, wie Probleme zu lösen sind, sollte man überlegen, wie man Probleme vermeiden kann. Eine prophetische Leitung sieht Probleme immer auch als Wegweiser auf der Reise zu geistlicher Gesundheit.

Nach meiner Beobachtung gibt es vor allem drei Arten von gemeindlichen Problemen. Zuerst einmal die Probleme, die für jeden offensichtlich sind, wobei das nicht bedeutet, dass ein Problem tatsächlich angesprochen wird. In einer ungesunden Gemeinschaft sind solche Konflikte das, was wir als „Familiengeheimnisse" kennen. Jeder weiß, was los ist und dass ein Problem besteht, aber keiner hat den Mut, es laut anzusprechen. In vielen Fällen scheuen sich die Leute sogar zuzugeben, dass etwas nicht stimmt. Wenn jemand auf das Problem anspielt, wird wahrscheinlich eine so unmittelbare Leugnung des Problems erfolgen, dass das Gespräch abgeschlossen ist.

Ich habe festgestellt, dass der bloße Mut, ein Problem in der Öffentlichkeit anzusprechen, als ein gewaltiger Akt der Leitung wahrgenommen wird. Aber manchmal ist das Aussprechen der Wahrheit in Liebe so schwierig und schmerzlich, dass die Hilfe, die daraus erwachsen würde, vermieden wird.

> **Manchmal ist das Aussprechen der Wahrheit in Liebe so schwierig und schmerzlich, dass die Hilfe, die daraus erwachsen würde, vermieden wird.**

Gemeinden, deren Mitgliederzahl auf fünfzig gesunken ist, sitzen in Auditorien, die fünfhundert Personen fassen, doch niemand steht auf und sagt, was auf der Hand liegt: „Unsere Gemeinde stirbt." Das Durchschnittsalter der Gemeinde liegt zwischen fünfzig und achtzig, doch niemand steht auf und stellt das Offensichtliche fest: „Wir haben unsere Kinder verloren." Eine kaukasische Gemeinde sitzt inmitten einer afroamerikanischen Siedlung, und wieder traut sich niemand zu sagen: „Wir spiegeln nicht die Menschen wider, die um uns herum leben." Und wenn solche Probleme doch jemals öffentlich beim Namen genannt wurden, dann schmoren sie bald irgendwo in der Schublade. Andere, oberflächlichere Fragen bekommen irgendwie den Vorrang, und die Größe des Problems oder seine Bedeutung scheint aus dem Blick geraten zu sein.

Wenn die Leitung Probleme anspricht, die für jeden offensichtlich sind, geht es nicht zuerst darum, neue Einsichten zu bekommen, sondern die Glaubwürdigkeit zu untermauern. Wir vermeiden es manchmal, über gemeindliche Fragen zu sprechen, um Konflikte zu vermeiden oder die Harmonie aufrechtzuerhalten. Doch was dabei verloren geht, ist die Glaubwürdigkeit. Wenn die Leitung ein überzeugendes Bild von der Zukunft malen und Menschen zu einer neuen Vision ihres Lebens und der Gemeinde inspirieren möchte, vertraut man ihr nur dann, wenn Sie sich auch aktiv auf die gegenwärtige Realität einlässt.

Wenn man Probleme ignoriert, gibt man die Wahrheit preis. Wenn man Probleme ignoriert, vermittelt man außerdem einen Mangel an Vertrauen, dass Gott die Hindernisse überwinden kann, die sein Volk geschwächt oder sogar gelähmt haben. Die klaren Probleme zu erkennen hat nichts mit Pessimismus oder Negativität zu tun. Es ist kein Richten oder Verurteilen. Man tritt damit gegen den Goliath auf, der in diesem Augenblick vor Gottes Volk steht; und man redet mit Vertrauen über die Zukunft, die nach Goliaths Niederlage offen steht. Das Erkennen der klaren Probleme ist der Anfangspunkt des geistlichen Kampfes der Leitung. Es gibt dem geistlichen Leiter die Gelegenheit, Gottes Volk zum Gebet zu rufen und die Verheißungen Gottes für sich in Anspruch zu nehmen.

DSCHUNGELKRIEG

Die zweite Kategorie umfasst die *getarnten Probleme*, Probleme, die tatsächlich nicht gleich sichtbar sind und darum umso schneller aufgedeckt werden müssen. Aber: Auch wenn die Feststellung offensichtlicher Schwächen ein Akt mutiger Leitung ist, das Aufdecken von Problemen, die unter der Oberfläche geblieben sind, ist noch um einiges gefährlicher. Bei klaren Problemen geht es nämlich meist um den augenblicklichen Zustand der Gemeinde in ihrer Beziehung zur Mission Christi. Getarnte Probleme sind dagegen oft im menschlichen Herzen verborgen. Bei getarnten Problemen geht es gewöhnlich um zentrale Werte und menschliche Motivation.

> Wenn die eigentlichen Fragen und Kernprobleme nicht erkannt werden, verschwendet eine Gemeinde unter Umständen viel Zeit und Energie darauf, die falschen Fragen anzusprechen.

Getarnte Probleme können zum Beispiel dann auftreten, wenn anderen Schuld zugewiesen wird. Es ist erstaunlich, wie sehr eine Ortsgemeinde ihrer Umwelt die Schuld an den Kämpfen in der Gemeinde zuweisen kann. Wir sind zwar sicher, dass Gott größer ist als alle Mächte der Welt, schreiben aber den Niedergang der Gemeinde trotzdem der Finsternis draußen oder der Gleichgültigkeit der Welt zu. Wir neigen zu schnell dazu, die Schuld am Niedergang der Kirche dem Desinteresse der Kirchenfernen anzukreiden.

Eine der Kernaufgaben geistlicher Leitung ist so einfach wie das Zusammenbringen von Ursache und Wirkung: Wir müssen dem Volk Gottes helfen zu erkennen, dass es eine klare, geistliche Verbindung zwischen unseren Prioritäten, Werten und Herzensmotiven und der Wirksamkeit der Kirche in der Welt gibt. Wenn die eigentlichen Fragen und Kernprobleme nicht erkannt werden, verschwendet eine Gemeinde unter Umständen viel Zeit und Energie darauf, die falschen Fragen anzusprechen.

Ein Beispiel: Als eine Gemeinde im Süden Kaliforniens erkannte, dass ihre Mitgliederzahlen deutlich sanken, führte sie drastische Veränderungen durch. Sie nahm das „Baptisten" aus ihrem Namen und wandelte sich von einer *First Baptist Church* zu einer *Community Church*. Sie ging von alten Glaubensliedern zu zeitgemäßer Musik über und änderte den Predigtstil von Lehre zu praktischer Lebensunterweisung. Aber trotz all dieser Veränderungen erholte sie sich nicht.

In das Wohngebiet um diese Gemeinde herum waren vorwiegend ethnische Minderheiten und Unterprivilegierte gezogen. Die Muttersprache von Zehntausenden von Menschen, die unmittelbar im Umfeld der Gemeinde wohnten, war nicht einmal Englisch. Diese Gemeinde nahm weiter ab und hat praktisch aufgehört zu existieren. Die Gemeinde veränderte zwar ihren Stil, ging aber nie wirklich die Fragen an, was sie eigentlich am Wachsen hinderte. Die Änderungen, die sie vollzog, spiegelte die Bevölkerung eines Vorortes wider, der von Babyboomern bewohnt wird. Das einzige Problem war, dass diese Veränderungen überhaupt keinen Bezug zu dem eigentlichen Problem hatten. Eine Gemeinde, die in dieser Region arbeiten wollte, müsste erfolgreich die derzeitige Bevölkerung des Wohngebietes erreichen – und die hat nichts mehr mit der alten Gemeinde zu tun.

ZUM PROBLEM WERDEN

Die dritte Kategorie von Problemen klingt vielleicht paradox, sie ist aber wichtig. Ich meine die Fähigkeit der Leiter, Probleme zu schaffen. Große Leiter schaffen große Probleme. Und wenn man nicht bereit ist, Probleme zu schaffen, ist man auch nicht bereit zu leiten. Leiter schaffen Probleme, weil sie Erwartungen verändern. Viele Gemeinden, die über Jahre stagnierten, würden von sich selbst nicht sagen, dass sie irgendwelche echten Probleme hätten. Erst wenn ein Leiter sie aus dem Status quo herausruft, erkennen sie überhaupt, dass Stillstand ein Problem ist.

> Ich garantiere Ihnen, dass die einzigen Probleme, die Sie lösen, die sind, auf die Sie sich wirklich einlassen. Sie können sich aber auf Probleme nur einlassen, wenn Sie sie wahrnehmen.

Wenn eine Gemeinde eine gewisse finanzielle Stabilität und ein bestimmtes zahlenmäßiges Wachstum erreicht hat, nimmt man gewöhnlich an, dass sie gesund und lebendig sei. Man könnte auch denken, dass in einem solchen Umfeld Visionen begeistert angenommen würden, aber das ist nicht immer der Fall. Wenn eine Vision überhaupt umschrieben werden kann, dann als Einladung, die gegenwärtige Situation zu übertreffen. Man könnte also sagen: Wenn ein Leiter eine Vision weitergibt, fängt er an, Probleme zu schaffen. Unabhängig davon, wie gesund oder lebendig eine Gemeinde ist – wenn die Menschen anfangen, größere Höhen anzustreben, als die gegenwärtig erlebten, werden Probleme geschaffen. Und bevor ein Leiter seine Vision zu einem bestimmten Arbeitsbereich verkündet, hat es auf diesem Gebiet vielleicht überhaupt kein Problem gegeben. Erst wenn die Maßstäbe angehoben werden, kommt es zu einer Krise.

Leiter erzeugen Probleme aber nicht nur dadurch, dass sie Erwartungen verändern, sondern auch dadurch, dass sie ein größeres Bewusstsein von Dringlichkeit schaffen. Manchmal dreht sich eine Krise ja nicht nur darum, was eine Gemeinde anstrebt, sondern auch, wie schnell oder wie langsam sie vorangehen möchte. Wenn man meint, man habe auch bei noch so hochgesteckten und edlen Zielen irgendwie doch alle Zeit der Welt, dann spürt man vielleicht überhaupt nichts von einer Krise oder einem Problem.

Wenn Leiter in einen höheren Gang schalten, fordern sie von der Gemeinde Reaktionen heraus. Darum ist Dringlichkeit offensichtlich eine gewaltige Quelle für eine Krise. Das haben wir auch bei *Mosaic* erlebt: Als die Zielgruppe unserer Gemeinde in erster Linie das örtliche Wohngebiet war, hatten wir, was die Zufahrtswege zu unserem Gottesdienstzentrum anging, überhaupt kein Problem. Als wir aber anfingen, die Verantwortung für ganz Los Angeles ernst zu nehmen, schaffte unsere Vision plötzlich einen Haufen logistischer und soziologischer Probleme. Ich garantiere Ihnen, dass die einzigen Probleme, die Sie lösen, die sind, auf die Sie sich wirklich einlassen. Sie können sich aber auf Probleme nur einlassen, wenn Sie sie wahrnehmen.

DAS PROBLEM MIT DER VISION

Wenn eine Gemeinde zu wenig Probleme hat, kann das daran liegen, dass ihre Vision zu klein ist. Wenn man offen die Frage anspricht, wie man mit dem Evangelium von Jesus Christus und einem Budget von tausend Dollar zehn- oder hunderttausend Menschen erreicht oder sogar Millionen, dann fängt man an, sich auf ganz neuen Ebenen mit Problemen herumzuschlagen. Unsere Strukturen sind normalerweise für die Vision geeignet, die sie verfolgen; aber wenn die Vision wächst, werden die meisten bisher sinnvollen Strukturen ungeeignet. Ein Prozess, mit dessen Hilfe wir bisher hervorragend Entscheidungen fällen konnten, funktioniert vielleicht nur dann, wenn man minimale Veränderungen anstrebt und die Dringlichkeit des Ganzen nicht so hoch ist; aber wenn die Dimensionen wachsen, verwandeln sich unsere alten Prozesse plötzlich in eine schwerfällige Bürokratie, die unfähig ist, auf die vor uns liegenden Herausforderungen zu reagieren.

Als wir beschlossen, die ganze Stadt Los Angeles erreichen zu wollen, baten wir Gott, uns unsere Mission zu offenbaren. In diesem Prozess waren wir gezwungen, auf jeder Ebene neu zu denken. Die offensichtlichen Probleme ließen sich leicht ansprechen: Wir besaßen ein relativ kleines Grundstück und hatten weniger als hundert Parkplätze. Getarnte Probleme gab es sicher viele, aber eines ragte deutlich heraus. Wir mussten unsere emotionale Bindung an das alte Gebäude überwinden. Es schien äußerlich so, als bestünde unser Hauptproblem darin, im Umfeld unserer Gebäude passende Grundstücke zu kaufen. Wir hatten den Eindruck, dass wir auf jeden Fall zuerst die richtige Anzahl von Parkplätzen für die Menschen schaffen sollten, die wir erreichen wollten. Aber die eigentliche Herausforderung war die ganze Zeit die Sehnsucht, das Bewährte nicht zu verlieren. Die Frage war nicht, ob wir genügend Parkplätze finden würden, sondern: Sind wir bereit, die Sicherheit unseres jetzigen Gebäudes zu verlassen?

Ein Problem, das wir uns selbst schafften, entstand dabei durch die Art und Weise, wie wir auf die klaren und die verdeckten Probleme reagierten: die Entfernungen. Ich fahre heute jeden Sonntag etwa hundert Kilometer, um vier Gottesdienste an drei verschiedenen Orten zu leiten. Das ist eine Lösung für ein Problem, das vor fünf Jahren noch gar nicht bestand.

PROPHETISCHES FLÜSTERN

Nachdem wir uns nun intensiv mit dem Auftrag des Gottesvolkes in der Geschichte der Menschheit beschäftigt und die verschiedenen Probleme vorgestellt haben, die dabei zu bewältigen sind, müssen wir noch einen dritten Bereich betrachten, der für den Prozess der Veränderung entscheidend ist: das Erkennen und Zurüsten von Schlüsselpersonen, den Männern und Frauen, die die Veränderung mittragen müssen. Bei diesem Schritt sollten wir noch einmal bedenken, dass die entscheidende Frage bei einem Momentum nicht der Aufbau von Strukturen oder die Anwendung von Methoden ist, sondern die Umgestaltung einer Gemeinschaftskultur. Die Auswahl eines kompetenten Teams für einen solchen Übergang ist oftmals entscheidend für das Gelingen oder Misslingen eines Veränderungsprozesses. Die Menschen, nach denen man sucht, sind Männer und Frauen, die geistliche Flexibilität und Elastizität mitbringen und ein apostolisches Ethos widerspiegeln.

> Zu oft beginnen Pastoren einen radikalen Veränderungsprozess, ohne die geistlichen Schlüsselpersonen gefunden zu haben, die man für einen solchen Übergang benötigt.

Für diese Rolle braucht man viele Fähigkeiten: Man muss in der Lage sein, die Probleme zu verstehen, die Richtung anzunehmen und andere emotional durch einen Übergang zu führen. Dass der Heilige Geist am Werk ist, merkt man oft daran, dass im Veränderungsprozess plötzlich geistliche Leiter auftauchen. Zu oft beginnen Pastoren einen radikalen Veränderungsprozess, ohne die geistlichen Schlüsselpersonen gefunden zu haben, die man für einen solchen Übergang benötigt.

In unserem gegenwärtigen Umfeld sind viele Pastoren kaum mehr als willkommene Gäste. Sie sind, was Soziologen „die akzeptierten Außenseiter" nennen. Ein Pastor mag seine Gemeinde noch so sehr lieben und ein tiefes Bewusstsein einer Berufung für diese Menschen haben, seine Amtsstellung verleiht ihm die Rolle eines Rufers in der Wüste. Wenn man eine Gemeinde, die schon ein bestehendes Ethos hat, in eine neue Zukunft leiten will, dann ist es besonders wichtig, Menschen aus ihrer eigenen Mitte heraus zu berufen – Menschen, die die prophetische Stimme hören und darauf antworten, indem sie diese Berufung Gottes annehmen.

Ohne Frage ist unsere Gemeinde im Übergangsprozess durch unsere Ältesten und die ehrenamtlichen Leiter aufgeblüht. Wenn der Erfolg der Veränderungen allein von meinen Fähigkeiten abhängig gewesen wäre, hätten wir zweifellos versagt. Wenn die Stimme des geistlichen Leiters ein Echo des Herzens Gottes ist, findet sie einen Widerhall in den Herzen derer, die bereits auf der Suche nach Gott sind.

Der Schlüssel zu einem kulturellen Übergang besteht nicht darin, etwas Fremdes in eine neue Kultur zu bringen, sondern aus dieser Kultur heraus die Dinge hervorzurufen, die bereits wahr und richtig sind. Tief im Herzen jeder Gemeinde schlägt das Herz Gottes. Eine Ortsgemeinde kann gar nicht existieren, wenn das Herz Gottes nicht deutlich in ihr schlägt. Wenn eine Gemeinde den Herzschlag Gottes verliert, hört sie auf, eine echte Gemeinde zu sein. Und wenn der Leiter sich darum bemüht, ein apostolisches Ethos zu erwecken, sollte er nicht überrascht sein, wenn plötzlich Männer und Frauen aufstehen, um die Berufung Gottes anzunehmen.

VERPASSEN SIE DEN STARTSCHUSS NICHT!

Der vierte Schritt beim Prozess eines gesunden Veränderungsprozesses besteht darin, nun die richtigen Methoden zu klären. Wenn die ersten drei Schritte erfolgreich gegangen wurden, dann sollte die Frage, über die in der Gemeinde gegrübelt wird, *Wie* lauten und nicht mehr *Warum*.

> **Wenn wir vom Strategischen zum Taktischen übergehen, kann das Potenzial des Volkes Gottes am Besten freigesetzt werden.**

Viele Leiter begehen den Fehler, mit dem *Was* zu beginnen statt mit dem *Warum* und erleben dann, dass dieses *Was* vorschnell abgelehnt wird. Manchmal passiert uns das, weil wir über das *Warum* so lange nachgedacht haben, dass wir der Meinung sind, es sei für jeden offensichtlich. Und dann beginnen wir das Gespräch mit dem, was zu geschehen hat, statt mit der Klärung der geistlichen Ausgangslage. Wenn erst einmal das *Warum* klar verstanden und angenommen ist, wird auch das *Was* gut aufgenommen. Das *Was* ist der strategische Aspekt der Leitung; die Antwort auf das *Warum*.

Die erste Predigt von Petrus sprach aus dem Herzen Gottes zu den Herzen der Menschen, und die Zuhörer antworteten darauf mit der Frage „Was sollen wir tun?". Wir müssen Gottes Volk an den Punkt führen, an dem ihm das *Warum* so wichtig ist, dass es auch fragt: „Was sollen wir denn tun?" Es ist ein wichtiger Teil der Leiterschaft, die Mitglieder einer Gemeinde zu diesem *Was* zu führen, aber auch das *Was* erfordert intensive Leitung, die wir etwas genauer betrachten sollten. Wenn wir vom Strategischen zum

Taktischen übergehen, kann das Potenzial des Volkes Gottes am besten freigesetzt werden. Wenn die alles beherrschende Frage das *Wie* wird, kann die Kreativität anfangen zu fließen.

Wenn eine Gemeinde jedoch immer noch nach dem *Warum* fragt, muss man zum ersten Schritt zurückgehen. Wenn die Frage weiterhin *Warum* ist, zeigt das, dass die Gemeinde den Auftrag Gottes noch nicht angenommen hat. Das *Warum* befasst sich mit dem Auftrag, mit dem Sinn und dem Wesen der Veränderung. Das *Wie* befasst sich mit der Umsetzung. Wenn man nicht richtig zugehört hat, dann drehen sich fast alle Fragen um das *Warum:* „Warum sollen wir uns denn verändern? Warum können wir denn die Orgel nicht behalten? Warum hat der Pastor sich für eine andere Bibelübersetzung entschieden? Warum sollen wir denn dazu übergehen, zwei Gottesdienste anzubieten?"

Wenn der Konflikt sich immer noch um den Auftrag der Kirche dreht, werden sich auch die meisten Sitzungen und Gemeindeversammlungen auf das *Warum* konzentrieren. Bei jedem Versuch, zum *Wie* weiterzugehen, gibt es entweder einen gewitzten Strategen, der die Entscheidung vertagt und schließlich zu Fall bringt, oder die Gemeinde besteht darauf, dass Ausschüsse und Unterausschüsse gebildet werden, die entscheiden, ob etwas getan werden soll oder nicht: „Wir sind nicht gegen die Idee, wir meinen nur, dass wir vorsichtig sein müssen." Merkwürdigerweise interessiert es dabei kaum jemanden, wie lang das Verfahren wohl dauert; im Grunde debattiert man ja immer noch darüber, ob der Prozess der Veränderung überhaupt beginnen soll. Bei einem gesunden apostolischen Ethos ist das *Warum* dagegen schnell abgehakt und auch geklärt. Die Gemeindemitglieder, die dahinter stehen, dass ihre Gemeinschaft im Kern eine Bewegung ist, merken, dass diese Entwicklung Folgen haben muss.

DIE KREATIVE HERAUSFORDERUNG

Eine wahrhaft apostolische Kirche ist in der Lage, sofort aktiv zu werden, da über das *Warum* nicht mehr diskutiert werden muss. Man konzentriert die Energie nun auf das *Wie*. Und genau da fängt der kreative Prozess an. Wenn wir unseren Auftrag kennen und angenommen haben, können wir klare Absichten formulieren, die wiederum zur Konzentration der Kräfte führen. Wenn man sein Lebensziel klar definiert hat, entsteht eine ungewöhnliche Freiheit; wenn man erst einmal geklärt hat, welches Ziel die Gemeinde verfolgt, kann man sie ohne Angst erneuern und kreativ sein.

Wenn ein Leiter noch dabei ist, den Auftrag und den Zweck seiner Gemeinde zu begreifen, sollte er seine Finger aus dem kreativen Prozess

„herauslassen". Zu oft verwechseln wir eine Berufung zur Leitung mit einem Monopol in der kreativen Umsetzung. So, wie es Gemeinden gibt, die nicht bereit sind, echter geistlicher Leitung zu folgen, tun sich auch einige Pastoren schwer damit, Gottes Volk etwas anzuvertrauen und es zu bevollmächtigen. Wenn es um die kreative Umsetzung des Dienstes geht, vertreten viele Pastoren die Ansicht, dass das *Wie* immer von Hauptamtlichen kommen muss. Aber wir sollten uns als Verwalter einer Gemeinschaft von Träumern verstehen, und vielleicht ist unsere wichtigste Aufgabe die, eine großartige Idee zu erkennen, wenn man sie uns unterbreitet.

Damit Kreativität aufblühen kann, muss sie gefördert und bestärkt werden, damit die Menschen merken, dass ihre Ideen wirklich geschätzt werden. Man kann eine Umgebung schaffen, in der die besten Ideen dadurch entstehen, dass man Fragen erlaubt und Pläne bestätigt, die nicht die eigenen sind. Am wichtigsten ist es vielleicht, die kreativen Menschen in der Gemeinde in den Prozess mit einzubeziehen, bevor man sich selbst zu stark einbringt.

GEISTLICHE UNTERNEHMER BEVOLLMÄCHTIGEN

Wenn man miteinander den Prozess des Träumens durchlaufen hat, geht es weiter in die Phase, in der Pilotprojekte gefördert werden. Oft fürchten wir uns vor neuen Ideen oder Methoden, weil wir Angst haben, dass die Veränderungen misslingen oder wir völlig versagen werden. Wenn Sie den Menschen deutlich machen können, dass sich die geistlichen Werte nicht ändern werden, und zugleich herausstellen, was sich strategisch ändern muss, werden Sie leichter Zustimmung und Unterstützung erhalten.

> **Wenn man Versagen als das anerkennt, was es ist, gewinnt man Vertrauen.**

Pilotprojekte können kulturelle Katalysatoren der Veränderung werden. Eine institutionalisierte Kirche tut sich oft schwer zu glauben, dass die Kirche eine Bewegung sein kann. Durch Pilotprojekte kann der Gemeinde Schritt für Schritt eine apostolische Umwelt vorgestellt werden. Projekte, die auf der Annahme beruhen, dass die Kirche dazu da ist, einen Einfluss auf die Gesellschaft auszuüben, können die Quelle für neugefundenes Zutrauen werden. Viele von uns müssen etwas erst sehen, bevor sie es glauben können. Darum helfen Pilotprojekte vor allem den Personen, die erst sehen und dann glauben.

Durch solche geistlichen Pionier-Unternehmungen kann man anfangen, die Gemeinde in ein apostolisches Ethos hineinzuführen. Und dabei kann sogar Versagen Glaubwürdigkeit aufbauen. Wenn ein bestimmtes Projekt misslingt und man das Versagen zugibt, ohne die Hoffnung zu verlieren, dann bewirkt das Zweierlei: Es zeigt den Menschen, dass man mehr dem Auftrag als einem bestimmten Projekt verpflichtet ist. Und es zeigt, dass man Integrität besitzt, auch wenn man mit Fehlschlägen und Erfolg konfrontiert wird. Wenn man Versagen als das anerkennt, was es ist, gewinnt man Vertrauen.

In vielen Situationen ist es vor allem die Angst vor dem Versagen, die die Gemeinde davon abhält, große Dinge für Gott zu tun. Man hat ihnen beigebracht, dass Versagen gleichbedeutend ist mit Sünde. Darum versuchen sie lieber erst gar nichts, bevor sie es riskieren zu versagen. Wenn man Versagen mit Demut und Hoffnung begegnet, lehrt man andere, wie man etwas wagt. Wenn man die bestätigt, die große Dinge für Gott riskieren, und deutlich macht, dass sie erfolgreich sind, auch wenn ihr Unternehmen gescheitert ist, dann hat man etwas weitaus Wichtigeres erlangt, als ein Projekt oder eine Strategie je erreichen könnte. Es ist nicht so sehr das Experiment, das höchsten Wert besitzt, sondern die mutige Präsentation von spirituellem Unternehmergeist.

BRINGEN SIE IHRE GEMEINDE AUF DIE REISE

Der letzte Schritt beim Aufbau einer Kultur der Veränderung ist die Integration des Prozesses in alle Bereiche der Gemeindearbeit. Unternehmergeist und die Selbstverständlichkeit von Innovationen müssen ins Zentrum der apostolischen Gemeinschaft gestellt werden. Die Kirche muss von allen als ein Katalysator der Veränderung verstanden werden, und jeder gemeindliche Prozess muss aus dieser Perspektive betrachtet werden. Im frühen Stadium des Prozesses ist es wichtig, sicherzustellen, dass man nicht alles ändert und dass man die, denen man den Prozess präsentiert, an all die Dinge erinnert, die sich nicht ändern. Jetzt kommt es darauf an, den Menschen deutlich zu machen, dass es um *Veränderung* geht, nicht nur um *Veränderungen*.

Und da jede Veränderung auch Verluste mit sich bringt, ist es erneut wichtig, dass der Leiter die Gemeinde durch den Veränderungsprozess führt.

Dabei geht es nicht so sehr darum, der *Befürworter* der Veränderung zu sein, sondern ein *Vorbild*. Wenn das Volk Gottes sieht, dass seine geistlichen Leiter um anderer willen Opfer bringen, und dass sie die ersten sind, die um des Evangeliums willen zu Veränderungen bereit sind, werden sie den Weg eher mitgehen. Das ultimative Ziel des Veränderungsprozesses ist nicht die Umsetzung einer einzigen Veränderungsphase, egal, wie wichtig diese ist. Das ultimative Ziel besteht darin, das Volk Gottes durch eine Reise zu führen, die sie von einem Übergang in eine echte und dauerhafte Kultur der Umgestaltung führt.

> „DIE SCHWIERIGE FRAGE ZU STELLEN IST LEICHT."
>
> — *W. H. Auden*

GEDANKENANSTÖSSE

1. Welche Veränderungen haben wir in unserer Gemeinde erfolgreich geschafft? Wie haben wir das gemacht? Welche Ergebnisse brachten diese Veränderungen?
2. Halten wir an „heiligen Kühen" fest, von denen Gott will, dass wir sie opfern?
3. Warum tun wir das, was wir tun? Warum machen wir es so, wie wir es machen? Sollten wir etwas völlig anders oder auf eine frische, neue Art machen?
4. Haben wir eine Theologie der Veränderung? Welche Aussagen der Bibel bilden das Fundament für unsere Theologie?
5. Welchen Preis müssen Sie eventuell für die Leitung der Veränderung zahlen?
6. Erkennen Sie „klare Probleme" in Ihrer Gemeinde? Haben Sie je wegen eines unterschwelligen Problems bei einem Veränderungsprozess versagt?
7. Welche Probleme sind es wert, aufgeworfen zu werden, um den Status quo zu verändern?
8. Welches Pilotprojekt könnten wir als ein geistliches Unternehmen starten?

NACHWORT

Ein radikaler Mindeststandard

„Da war eine kleine Stadt mit nur wenigen Einwohnern. Ein mächtiger König rückte gegen sie an, schloss sie ein und ging mit Belagerungstürmen gegen ihre Mauern vor. In dieser Stadt lebte ein armer, aber sehr kluger Mann. Mit seiner Klugheit hätte er die Stadt retten können; doch niemand dachte an ihn. Und dann behauptet man: ‚Wissen ist besser als Macht.' Zugegeben, aber wenn einer arm ist, hält man ihn nicht für klug; darum hört keiner auf seine Worte." Prediger 9,14–16

Was kann ein einzelner Mensch wirklich bewegen? Letztlich sind wir doch alle nur Menschen! Aus diesem Grund schauen wir gern auf Übermenschen, die uns inspirieren sollen. Ihnen sind durch menschliche Schwäche und Begrenztheit scheinbar keine Grenzen gesetzt. Wenn wir nur so sein könnten wie sie! Dann könnten wir wirklich etwas in der Welt verändern. Dann würden wir die Welt zu einem schöneren Ort machen. Wenn wir nur ein wenig übermenschlich sein könnten. Dann könnten sogar wir die Stadt befreien!

Oder

Vielleicht haben wir unser Leistungsvermögen unterschätzt. Vielleicht bedeutet es doch etwas, dass wir nach dem Bild des Schöpfergottes erschaffen wurden. Könnte ein Mensch mit Gottes Weisheit wirklich aufstehen und eine ganze Stadt befreien? Und was bewegt die, die er befreien könnte, dazu, ihn zu verachten? Gibt es eine Verschwörung der Mittelmäßigkeit? Kommen uns Edelmut und Heroismus doch eher ungelegen? Wir leben lieber an Orten, an denen Apathie normal und der Durchschnitt das erwünschte Ziel ist. Seltsam: Gelegentlich weigern sich einige, das zu akzeptieren. Sie stehen aus den Trümmern der Dekadenz und der Konformität auf und zeigen uns durch die Kraft Gottes einen neuen Weg. Sie versetzen uns durch einen Schock in die Wirklichkeit. Sie zwingen uns, Verantwortung zu übernehmen. Sie fördern und fordern uns, über eine neue Art des Menschseins nachzudenken.

„Gott in seiner Macht hat uns alles geschenkt, was wir zu einem Leben in wahrer Frömmigkeit brauchen. Er hat es dadurch getan, dass er uns Jesus Christus erkennen ließ, ihn, der uns in seiner Herrlichkeit und Kraft berufen hat." 2. Petrus 1,3

KAPITEL ZEHN

Ein radikaler Mindeststandard

Am 20. August 1978 ging ich in der *First Baptist Church* in Orlando, Florida, nach vorn und vertraute mein Leben Jesus Christus an. Ich weiß noch genau, dass ich dort stand und zu Jim Henry aufschaute. Jim war der Pastor der Gemeinde. Er hielt seine Bibel in der Hand und fragte mich: „Bekennst du, dass Jesus dein Herr ist und willst du seinem Wort gehorchen?"

Ich muss zugeben, dass ich in diesem Augenblick eigentlich überhaupt keine Ahnung hatte, was in der Bibel steht – außer dem, was ich aus Jims Predigten gelernt hatte. Er hätte also genauso gut eine Ausgabe von „Krieg und Frieden" hochhalten können. Oder ein in Leder gebundenes Exemplar von „Winnie Puh". Aber ich dachte: Wenn dieser Glauben mit Jesus zu tun hat und von diesen Menschen, zu denen ich Vertrauen gefasst habe, bestätigt wird, dann ist er bestimmt auch gut für mich. Von dem, was es eigentlich bedeutete, Christ zu sein, hatte ich überhaupt keine Ahnung. Und bald entdeckte ich, dass ich ein entsetzlich falsches Bild von dem, was ich an diesem Sonntagabend in Gang gesetzt hatte, mit mir herumtrug.

Als ich Orlando verließ und ins College zurückkehrte, stieß ich erst einmal auf eine völlig andere Ausprägung des Christentums und lernte dabei, dass es notwendig ist, Jesus nicht nur als Retter anzunehmen, sondern ihn auch als Herrn anzuerkennen. Das begriff ich unter anderem dadurch, dass ich Menschen aufmerksam zuhörte, die von sich behaupteten, Christen zu sein, aber ein ausgesprochen weltliches Leben führten. Man erklärte mir dann an anderer Stelle, dass diese Menschen Jesus zwar als Retter, aber nicht als Herrn angenommen hatten.

Ein anderes vermeintliches Missverständnis war, dass jeder Christ berufen sei, das Evangelium zu verkündigen. Ich erinnere mich noch daran, wie ich einmal um das Erntedankfest herum vom College nach Hause kam und mit einem Haufen junger Männer in einem Zimmer saß. Ich dachte laut darüber nach, wie großartig es wäre, wenn wir alle einmal über die ganze Welt verstreut wären und den Menschen von Jesus erzählen würden. Die anderen im Raum versuchten dann, mir klarzumachen, dass sie sich eigentlich überhaupt nicht berufen fühlten, „das Evangelium zu predigen". Sie erklärten mir, dass man dazu eine „einzigartige" Berufung brauche.

So hatte ich nach kurzer Zeit entdeckt, dass es mindestens drei Berufungen gibt: eine Berufung zur Annahme Jesu als Retter, eine zur Herrschaft Christi und eine zum Dienst. Schließlich wurde ja auch die dritte Erfahrung durch eine ganz einfache Beobachtung bestärkt: Es gab alle Arten von Christen, die gar nicht daran dachten, in der Gemeinde mitzuarbeiten. An den meisten Orten schien der Pastor überhaupt der einzige zu sein, der arbeitet; manchmal auch seine Frau, aber nicht immer. „Dienst" war das, was Pastoren in ihren Gemeinden taten. Wenn man zum Dienst berufen war, dann war es eine Lebensaufgabe, sich um die Christen in der Gemeinde zu kümmern und sie zu fördern.

Später entdeckte ich, dass es sogar noch eine höhere Ebene der Berufung gibt. Bei einer Missionskonferenz lud der Redner die Menschen ein, ihr Leben für die Mission hinzugeben. Ich war damals immer noch ein junger Christ und durch die Aufforderung irgendwie verwirrt. Ich fragte die Frau neben mir, worum es bei dieser speziellen Berufung denn gehe. Sie entgegnete: „Wenn man spürt, dass Gott einen in die Mission beruft, das Evangelium von Jesus in die Welt zu bringen, dann soll man jetzt nach vorn kommen." Ich ging mal wieder nach vorn.

Das war meine dritte Berufung. Ich ging nach vorn, um gerettet zu werden, ich ging nach vorn, um auf einen Ruf zum vollzeitlichen Dienst zu antworten, und jetzt ging ich nach vorn, um zum Missionar berufen zu werden. Aber dann entdeckte ich, dass es ja mindestens zwei Ebenen von „Berufung zum Missionar" gab. Die eine war es, als Heimatmissionar, die andere als Auslandsmissionar zu arbeiten.

So hatte ich jetzt – warten Sie mal – fünf Ebenen von Berufungen entdeckt: eine Berufung zur Errettung, eine unter die Herrschaft von Jesus, eine zum Dienst, eine zur Heimatmission und eine zur Auslandsmission. Diese fünf Ebenen der Berufung berücksichtigten allerdings noch nicht mein Gespräch mit jemandem aus der „Kirche des Gottes der Prophetie", in dem mir gesagt wurde, dass ich auch noch geheiligt werden müsste – und da war da ja auch noch meine Teilnahme an der charismatischen Gemeinschaft, wo mir erklärt wurde, dass ich eine zweite Taufe, nämlich die des Geistes, bräuchte.

WIE OFT MUSS ER RUFEN?

Warum gibt es in unserer heutigen christlichen Gemeinschaft so viele Ebenen christlicher Berufung? Und wo finden wir die eigentlich in der Bibel? Ich habe ja den Verdacht, dass diese Nuancen der „Berufung" weniger mit Theologie zu tun haben als vielmehr mit dem Zustand der Kirche.

Paulus ging davon aus, dass es nur *eine* Berufung gab. Er schrieb an Timotheus: „Bekenne dich also offen und ohne Scheu zur Botschaft von unserem Herrn! Schäme dich nicht meinetwegen, weil ich für ihn im Gefängnis sitze, sondern sei bereit, mit mir für die Gute Nachricht zu leiden. Gott gibt dir die Kraft dazu. Er hat uns gerettet und uns dazu berufen, ihm ganz als sein Eigentum zu gehören – nicht wegen unserer guten Taten, sondern aus seinem eigenen freien Entschluss. Ihm gehören wir aus reiner Gnade, wie er sie uns durch Jesus Christus geschenkt hat schon vor aller Zeit" (2. Timotheus 1,8–9).

Die Bibel scheint den Prozess der Berufung zu vereinfachen. Es gibt nur eine: das Leben Jesus zu Füßen zu legen und zu tun, worum er bittet. Es ist eine Berufung, die bedeutet: „Christus ist mein Leben, und Sterben ist mein Gewinn" (Philipper 1,21). Es ist eine Berufung, die erklärt: „Weil ich mit Christus am Kreuz gestorben bin, lebe in Wirklichkeit nicht mehr ich, sondern Christus lebt in mir. Das Leben, das ich jetzt noch in diesem vergänglichen Körper lebe, lebe ich im Vertrauen auf den Sohn Gottes, der mir seine Liebe erwiesen und sein Leben für mich gegeben hat" (Galater 2,19–20). Es ist die Berufung, die uns herausfordert, uns selbst zu einem lebendigen Opfer hinzugeben, das heilig ist und Gott gefällt, damit wir seinen Willen erkennen und tun.

> **Es gibt nur eine Berufung: das Leben Jesus zu Füßen zu legen und zu tun, worum er bittet.**

Eine ehrliche Auswertung der dramatischen Zahlen von Berufungen, die die Kirche geschaffen hat, würde offenbaren, dass wir außergewöhnliche Wege gefunden haben, die überwältigende Menge von Leben in der Kirche zu beschreiben, in dem Christus nicht wirklich präsent ist. Wenn wir die erste Berufung richtig verstehen würden, wären dann die anderen überhaupt nötig?

Jesus sagte: „Folge mir und ich will dich zum Menschenfischer machen." Er sagte nicht: „Glaube an mich, damit du in den Himmel kommst." Er hat sogar außergewöhnliche Maßstäbe angelegt. Er hat gesagt: „Verleugne dich selbst, nimm dein Kreuz auf dich und folge mir nach." Er weitete das noch aus mit den Worten: „Wenn jemand nicht seinen Vater und seine Mutter, seinen Bruder und seine Schwester, seine Frau und Kinder und sogar sein eigenes Leben hasst, kann er nicht mein Jünger sein." Er machte deutlich, dass wir nicht seine Jünger sein können, wenn wir uns nicht selbst verleugnen. Er sagte, dass unsere Antwort auf seine Berufung das Ende unseres Eigenlebens ist. Wenn wir versuchen, unser Leben zu retten, werden wir es verlieren. Aber wenn wir unser Leben um seinetwillen verlieren, werden wir das wahre Leben finden.

DER WAHRE STANDARD

Was wir jetzt als die höchste Ebene der Berufung in der christlichen Gemeinde betrachten, war für Jesus erst der Anfang. Jesus meinte die gesamte Kirche, als er seinen Jüngern den Auftrag gab: „Darum geht nun zu allen Völkern der Welt und macht die Menschen zu meinen Jüngern und Jüngerinnen! Tauft sie im Namen des Vaters und des Sohnes und des Heiligen Geistes, und lehrt sie, alles zu befolgen, was ich euch aufgetragen habe" (Matthäus 28,19–20a). Es war die ganze Kirche, zu der Jesus sagte: „Aber ihr werdet mit dem Heiligen Geist erfüllt werden, und dieser Geist wird euch die Kraft geben, überall als meine Zeugen aufzutreten: in Jerusalem, in ganz Judäa und Samarien und bis ans äußerste Ende der Erde" (Apostelgeschichte 1,8).

Als wir eine Theologie entwickelten, die sich der Apathie, dem Desinteresse, den Kompromissen und sogar der Rebellion anpasste, haben wir das Herzstück der Bewegung verloren, für die Jesus gestorben ist. Wir haben den Fehler begangen, diejenigen zu Heiligen zu machen, die einfach ein normales Christenleben gelebt haben. Es kann darum keinen wichtigeren Bestandteil für das apostolische Ethos geben als den Aufbau eines radikalen Mindeststandards. Die Türhüter unserer Kultur sind nicht die Helden oder Vorzeigechristen, sondern die gewöhnlichen Menschen. Diejenigen, die das Ideal repräsentieren, inspirieren manchmal tatsächlich Massen, ihren Werten und Tugenden nachzujagen; aber es ist die ganz normale Person in jeder Gesellschaft, die die Standards setzt, die erforderlich sind, um ein Teil der Gruppe zu bleiben. Es ist nicht der außergewöhnliche Standard, sondern der minimale Standard, der die entscheidenden Maßstäbe zur Gestaltung einer Kultur setzt. Um ein apostolisches Ethos freizusetzen, ist es wichtig, ein radikales Minimum aufzubauen. Es kommt darauf an, Menschen zu einem radikalen Mindeststandard zu rufen.

Man verwechselt das Minimum einfach zu leicht mit dem Außerordentlichen. Wir tun das ständig. Wenn jemand einer in ihn gesetzten Erwartung nicht entspricht, fühlen wir uns zu einer neuen Auswertung gezwungen. Und dann gilt: Entweder müssen sich unsere Maßstäbe ändern oder unsere Handlungen. Und weil wir alle zu oft unter dem Standard leben, entspricht es der menschlichen Natur, die Maßstäbe bei Bedarf als unzumutbar zu definieren und neue Maßstäbe zu errichten, denen unser Verhalten bereits entspricht. Wir legen die Stange so lange tiefer, bis sie eigentlich gar nicht mehr als Herausforderung wahrgenommen wird.

BODENBEWOHNER

Sehen Sie sich zum Beispiel die Zehn Gebote an. Jahrelang habe ich gehört, Gott übertreibe und sei unfair. Man müsse Gott als Paragraphenreiter ansehen und sich klarmachen, dass er unfaire Erwartungen habe und durch die Zehn Gebote deutlich machte, dass wir eben nicht auf seiner Ebene leben. Die Zehn Gebote werden sogar von denen, die sie achten, oftmals eher als kulturelles Ideal angesehen, denn als echte Handlungsanweisung. Dieser Eindruck wird ja durch die Schrift scheinbar noch verstärkt, weil sie deutlich macht, dass uns die Zehn Gebote verurteilen. Wenn wir unser Leben an den Zehn Geboten messen, erkennen wir deutlich, dass wir alle Sünder und nicht würdig sind, Gemeinschaft mit Gott zu haben. Es sieht dann so aus, als beschrieben die Gebote einfach den Graben zwischen den besten Versuchen des Menschen und Gottes göttlicher Erwartung. Nichts könnte weiter von der Wahrheit entfernt sein als diese Vorstellung.

Die Zehn Gebote sind keine Maßstäbe des Himmels, keine Maßstäbe, nach denen nur Engel leben. Sie sind auch nicht Gottes Versuch, uns über das Menschliche hinaus in ein geistliches Dasein zu ziehen. Die Zehn Gebote sind einfach der niedrigstmögliche Standard menschlichen Lebens. Denken Sie einmal darüber nach, was sie von uns fordern. Vielleicht könnte es uns helfen, wenn wir sie in eine alltägliche Sprache übertragen. Hier sind sie: „Hey, könnt ihr nicht aufhören, einander zu töten? O ja, und außerdem, könnt ihr aufhören, euch gegenseitig zu bestehlen? Und es wäre wirklich sehr hilfreich, wenn ihr euch auch nicht gegenseitig anlügen würdet. Und noch ein Gedanke: Könnt ihr nicht eure eigenen Partner behalten, statt einem anderen den Mann oder die Frau wegzunehmen?"

> **Die Zehn Gebote sind der niedrigstmögliche Standard menschlichen Lebens.**

Diese Gebote sind also übertrieben, ja? Kann man ernsthaft von jemandem erwarten, dass er danach lebt? Nur Gott brächte das fertig, oder?

Warum begreifen wir es einfach nicht? Alles, was unterhalb dieser Maßstäbe liegt, ist die Entscheidung, wie ein Tier zu leben, wie ein Barbar. Die Zehn Gebote rufen uns gar nicht zu einem außergewöhnlich geistlichen Leben; sie rufen uns auf, einander nicht zu entmenschlichen. Das Gesetz umreißt den Mindeststandard für Menschlichkeit. Der Grund, warum das Gesetz uns verurteilt, ist nicht unsere Unfähigkeit, nach einem außerordentlichen Maßstab zu leben. Es stimmt: Wir könnten die Prüfung nicht einmal mit „Ausreichend" bestehen. Aber das ist keine Entschuldigung. Als Gott Mose die Zehn Gebote gab, hat er sich sein Volk bereitet. Gott gab den Menschen die Zehn Gebote zur Gestaltung eines Ethos, das, wenn sie es befolgten, zur Förderung und Erhebung des menschlichen Geistes führt.

DIE GNADE, MEHR ZU SEIN

Kann man sich ein Land vorstellen, in dem so einfache Dinge wie das Ehren der Eltern tatsächlich geschehen? Ein Land, in dem die Menschen in ihren geschäftlichen Angelegenheiten ehrlich und aufrichtig sind? Ein Land, in dem man sein Eigentum draußen liegen lassen kann, weil niemand etwas wegnimmt? In dem man seine Frau bei einem Freund lassen kann, ohne dass er versucht, sie zu verführen? Kann man sich eine Gesellschaft vorstellen, in der niemand verleumdet wird, in der es keinen Klatsch oder falsche Anschuldigungen gibt? Und jetzt haben wir uns noch nicht einmal die ersten vier Gebote angeschaut.

Gott hat uns eine Gebrauchsanweisung für eine gut funktionierende Gesellschaft gegeben. Diese Anweisung ist kein Idealbild, sondern eine Beschreibung des Minimums. Das Gleiche gilt für die Kirche. Gott ruft sich ein neues Volk zusammen. Und auch ihm gibt er eine Grundlage, aus der heraus seine Kultur ihr Ethos beziehen sollte. Man könnte diese Grundlage in einem Wort mit „Gnade" zusammenfassen. Bei Gnade geht es um die Großzügigkeit Gottes, um sein Werk in den Herzen derer, die sich ihm zuwenden. Doch oft wird Gnade missverstanden oder unter Wert verkauft. Gnade wurde verstanden als die Freiheit, unterhalb des Gesetzes zu leben, statt als Fähigkeit, über das Gesetz hinaus zu wachsen.

Wir veranstalten bei *Mosaic* regelmäßig Seminare für neue Mitglieder. Diese Seminare finden bei uns zu Hause statt und sind die letzte Einheit, die wir machen, bevor Menschen in unsere Gemeinschaft aufgenommen werden. Während bei uns ohnehin von jedem erwartet wird, dass er an einem fünfwöchigen Seminar teilnimmt, das sich mit seinem persönlichen Leben als Christ beschäftigt, geht es in diesem eintägigen Seminar um das Leben der Gemeinde und besonders um das Ethos von *Mosaic*.

Ich saß dabei einmal mit jemandem am Kamin, der schon länger darüber nachdachte, Mitglied von *Mosaic* zu werden. Er fragte mich, ob *Mosaic* eher eine Gemeinde des Gesetzes oder der Gnade sei. Es war ziemlich offensichtlich, dass er mir eine Falle stellen wollte. Darum dachte ich, ich sollte mich einfach mal darauf einlassen. Ich sagte: „Natürlich sind wir eine Gemeinde der Gnade." „Hab ich mir gedacht", erwiderte er. „Ich hatte befürchtet, dass ihr eine dieser gesetzlichen Gemeinden seid, die ihren Menschen zum Beispiel sagen, sie müssten den Zehnten geben."

„O nein", sagte ich. „Wir sind eine Gemeinde der Gnade. Im Gesetz wird uns gesagt: ‚Du sollst nicht töten!' Die Gnade sagt, dass man nicht einmal im Herzen hassen muss; man kann seinen Feind sogar lieben. Das Gesetz sagt: ‚Du sollst nicht ehebrechen!', aber die Gnade sagt, dass man nicht einmal Lust zur Frau eines anderen im Herzen haben muss. Das Gesetz sagt: ‚Gib zehn Prozent', aber die Gnade führt uns immer über das Gesetz hinaus. Man kann auch freiwillig zwanzig, dreißig oder vierzig Prozent geben. Wir werden nie jemanden aufhalten, aus der Gnade zu leben." Er sah mich an und sagte: „Oh" – welch eine tiefgründige, theologische Antwort.

DIE HELDEN WAREN EINFACH TREU

Ist es nicht interessant, dass wir die Gnade oftmals für etwas Geringeres halten als das Gesetz? Als Paulus über Großzügigkeit und Geben sprach, hätte er sich niemals vorstellen können, dass ein Christ weniger geben würde als ein Anhänger anderer Religionen. Paulus war früher Pharisäer gewesen, und zehn Prozent entsprachen dem Gesetz. Es wäre für ihn also unvorstellbar gewesen, dass ein Christ, der weniger als den Zehnten gibt, jemals als großzügig bezeichnet werden würde.

> **Jesus lebte das Leben, für das wir erschaffen wurden.**

Jesus sagte: „Ich bin nicht gekommen, um das Gesetz und die Weisungen der Propheten außer Kraft zu setzen, sondern um sie zu erfüllen und ihnen volle Geltung zu verschaffen." Jesus lebte ein völlig menschliches Leben, kein außerordentlich göttliches. Er war ganz Mensch und ganz Gott. Aber es ist gerade sein ganz menschlicher Teil, der einem den Atem nehmen sollte. Zu oft schreiben wir das Leben und die Taten Jesu seinem göttlichen Anteil zu, wo wir sie doch als Ausdruck seiner vollkommen menschlichen Seite sehen müssten.

Jesus lebte das Leben, für das wir erschaffen wurden. Als die Menschen gegen Gott gesündigt haben, sind sie aus der Gnade gefallen. Sie fingen an, unterhalb des Gesetzes zu leben. Sie konnten nicht einmal nach den Maßstäben leben, die der normale Menschenverstand vorschreibt; und natürlich noch viel weniger wurden sie ihrem Geburtsrecht auf ein übernatürliches Leben gerecht.

Bevor wir das radikale Minimum der Kirche des ersten Jahrhunderts deutlich sehen können, müssen wir die Brillengläser austauschen, mit denen wir unsere Realität betrachten. Wir haben die Apostelgeschichte als außerordentliche Taten Gottes verstanden, die er durch außerordentliche Menschen getan hat. Wir haben den Text innerlich umgeschrieben und sehen heute darin das Bild von ungewöhnlichen Glaubenshelden – dabei erzählt der Text einfach nur das Leben treuer Nachfolger. Die Namen, die uns die Apostelgeschichte nennt, wie Petrus, Johannes, Jakobus, Andreas, Philippus, Thomas, Paulus und Barnabas, markieren für uns fälschlicherweise die langvergangenen Höhepunkte der Geschichte. Wir lesen von ihren Erlebnissen und ordnen sie unbewusst in die Kategorie des Außerordentlichen und Ungewöhnlichen ein, wenn wir von der apostolischen Ära sprechen.

DEN GANZEN WEG ZURÜCK

Die Geschichte der Kirche der Gegenwart scheint nach der Urgemeinde irgendwie aufgehört zu haben und ihre Wurzeln nicht mehr bei Pfingsten finden zu können. Das wird an vielen kleinen Dingen deutlich, selbst bei solchen, die sich als postmoderner Ausdruck des Glaubens verstehen.

Ich erinnere mich, dass ich einmal in einem Seminar über postmodernes Christentum saß. Dabei verstand ich zum ersten Mal, dass wir trotz einer gemeinsamen Sprache völlig unterschiedliche Bezugsrahmen in Kirche und Welt haben. Trotzdem sprachen sich viele junge Leiter dafür aus, zur vormodernen Zeit und zur mittelalterlichen Kirche zurückzukehren, um bewusst eine Gegenwelt zu bewahren. Im ganzen Land haben neue Ausdrucksformen des Glaubens versucht, moderne Rahmenbedingungen zugunsten einer eifrigen Verpflichtung zur Kirche von vor tausend Jahren aufzugeben. Sie scheinen weniger daran interessiert zu sein, dann gleich zweitausend Jahre zurückzugehen. Doch eines weiß ich genau: Der Schlüssel zum Wiedergewinnen eines alten Glaubens liegt nicht in der Einforderung der Ikonen und Rituale des vormodernen, mittelalterlichen westlichen Christentums. Wir müssen noch weiter zurückgehen – wir müssen zu den Ursprüngen der Kirche zurückkehren und den elementaren Glauben der ersten Jünger wiederentdecken.

Die Jünger Jesu waren keine außergewöhnlichen Menschen. Ihre Handlungen brachten sogar alles durcheinander, was man über sie wusste. Sie waren meist unwissende und ungebildete Männer. Ihr geistlicher Stammbaum war alles andere als reinrassig. Sie waren eine Gruppe von Fischern, Zöllnern und Menschen am Rand der Gesellschaft. Doch gerade mit solchen Männern hat Gott seine Revolution des Glaubens, der Liebe und der Hoffnung begonnen.

In der Apostelgeschichte gab es offensichtlich nur eine einzige Möglichkeit das zu beschreiben, was geschah; nämlich durch Verwendung des Wortes „alle". Schlagen Sie einmal in Ihrer eigenen Bibel nach und markieren Sie jede Bibelstelle, an der dieses Wort auftaucht. Die Apostelgeschichte berichtet, dass *alle* 3.000 nach der Predigt des Petrus getauft wurden. Sie sagt uns, dass *alle* Gläubigen beständig zusammenkamen und alles miteinander teilten, was sie hatten. Sie berichtet, dass *alle* Gläubigen ein Herz und eine Seele waren und dass sie ihr Eigentum nicht als ihren Besitz ansahen. Sie teilten alles miteinander, was sie hatten. Es war eine Bewegung von *allen*, nicht der Kult einer Elite.

ZUM DIENST QUALIFIZIERT

Die Kraft der neutestamentlichen Gemeinde zeigte sich in dem, was im Leben normaler Menschen geschah; nicht bei außergewöhnlichen Helden. Sogar ein unrühmlicher Augenblick in Apostelgeschichte 6 macht das deutlich: Da gab es ein Problem, das sowohl auf logistische, als auch auf kulturelle Meinungsverschiedenheiten zurückzuführen ist. Die frühe Gemeinde setzte sich nämlich aus hebräischen und hellenistischen Christen zusammen, also Menschen, die hebräisch, und solchen, die griechisch sprachen.

Der eigentliche Konflikt entbrannte an der Frage, wie die Gemeinde Nahrung an die Witwen verteilen sollte, die sich der Bewegung angeschlossen hatten.

> **Können wir an dieser Stelle vielleicht nachlesen, wie das normale Christenleben zur Zeit der Apostelgeschichte ausgesehen hat, anstatt es als besondere Taten geistlicher Superstars zu betrachten?**

Die Apostel wurden von der administrativen Verantwortung dieser Aufgabe völlig überwältigt. Dafür waren sie nicht qualifiziert. Viele sprachen sich darum dafür aus, dass sie ihre Zeit lieber zum Predigen und Lehren des Wortes Gottes nutzen sollten, als für die Verwaltung eines Nahrungsmittelverteilungsprogramms. Nach langer Diskussion kamen sie zu dem Schluss: „Darum, liebe Brüder, wählt aus eurer Mitte sieben Männer aus, die einen guten Ruf haben und vom Geist Gottes und von Weisheit erfüllt sind. Ihnen wollen wir diese Aufgabe übertragen. Wir selbst werden uns auch weiterhin mit ganzer Kraft dem Gebet und der Verkündigung der Botschaft Gottes widmen."

Der Abschnitt macht deutlich, dass alle dies für eine gute Idee hielten, und sie wählten prompt sieben Männer aus, die diese Aufgabe übernehmen sollten, darunter Stephanus, „einen Mann voll Glaubens und Heiligen

Geistes", und Philippus. Einige Traditionen gründen ihre Theologie im Hinblick auf die Berufung von Diakonen auf diese Erfahrung aus der Apostelgeschichte. Sie entnehmen diesem Abschnitt dann auch gleich die Kriterien für „geistliche Leitung" und die Berufung zu einem besonderen Dienst; als müsse man für bestimmte Aufgaben speziell berufen werden. Aber davon redet die Geschichte gar nicht. Wir sehen hier, wie leicht wir biblische Vorgaben unseren Interessen anpassen. Die Geschichte wurde wesentlich umgestaltet, um in unser Paradigma, wie Christentum vermeintlich zu funktionieren hat, zu passen.

Die Einsetzung der sieben Männer ist kein Bild für pastorale Leitung, sondern für das, was wir Ehrenamt nennen. Die Apostel suchten Helfer, die ein Herz zum Dienen hatten und bei denen man darauf vertrauen konnte, dass sie ehrlich und fair waren. Aber bald entdecken wir, dass Stephanus so machtvoll predigte, dass er der erste christliche Märtyrer wurde. Philippus engagierte sich so dynamisch in der Evangelisationsarbeit, dass er den ersten Äthiopier zu Christus brachte. Diese Begegnung begründete die am längsten bestehenden christlichen Gemeinden der Weltgeschichte.

Im Gegensatz zu unserem heutigen Verständnis wurde Philippus nie beauftragt, in einen „Verkündigungsdienst" zu gehen. In Apostelgeschichte 8,4–5 wird sogar beschrieben: „Die nun zerstreut worden waren, zogen umher und predigten das Wort. Philippus aber kam hinab in die Hauptstadt Samariens und predigte ihnen von Christus."

Es geschah durch die Verfolgung und Zerstreuung von gewöhnlichen Gläubigen, dass diese Menschen, die wir als gewöhnliche Christen bezeichnen würden, außergewöhnliche Erfahrungen mit Gott machten. Könnte es sein, dass der Mindeststandard einer treuen Gemeinde Jesu Christi mit „voll Glaubens und Heiligen Geistes" beschrieben werden könnte? Können wir an dieser Stelle vielleicht wirklich nachlesen, wie das normale Christenleben zur Zeit der Apostelgeschichte ausgesehen hat, anstatt es als besondere Taten geistlicher Superstars zu betrachten?

HOCHSPRUNG ODER KRIECHEN?

Ich bin davon überzeugt, dass in der Apostelgeschichte der radikale Minimalstandard einer apostolischen Bewegung entfaltet wird. Nur so lässt sich erklären, warum Jesus seine Mannschaft scheinbar völlig unabhängig von Ausbildungen und Qualifikationen zusammenruft. Warum sollte er eine Hand voll gewöhnlicher Menschen beauftragen, den ganzen Planeten auf den Kopf zu stellen? Eine Gruppe von elf Menschen, die durch den Verlust von Judas bereits ein bisschen zermürbt waren, damit zu beauftragen, seine Zeugen zu sein, nicht nur in Jerusalem, nicht nur in Judäa und nicht nur in Samaria, sondern bis an die Enden der Erde, wäre ein böswilliger Akt, wenn er ihnen nicht die Kraft gegeben hätte, den Auftrag auch auszuführen.

Eine Mission, die so weitreichend ist wie diese, hat keinen Platz für Zuschauer und Mitläufer. Sie erfordert den aufopfernden Einsatz jedes einzelnen Anhängers. Aber jetzt sagen moderne Statistiken, dass heutzutage nur ungefähr ein Prozent aller Christen je einen anderen zum Glauben an Jesus Christus geführt haben. Was wäre in der Kirche des ersten Jahrhunderts geschehen, wenn unsere Realität die Realität dieser Grünschnäbel-Bewegung gewesen wäre?

Das Vertreten eines radikalen Mindeststandards ist kein Ruf zu Gesetzlichkeit. Es ist auch kein Versuch, ein unerträgliches Joch auf das Leben von Gläubigen zu legen, die durch Glauben und Gnade mit Gott verbunden sind. Es ist ein Schrei nach Befreiung. Es ist eine Erklärung, dass die Freiheit, für die Jesus gestorben ist, noch in den Herzen von vielen zu erleben ist, die ihn als Herrn bekennen. Wie Israel, das nichts als Gefangenschaft und Sklaverei kannte, müssen auch wir wieder neu lernen, was es bedeutet, wirklich frei zu sein.

Das ist möglicherweise genau die Tragödie, die die Kirche in Gefangenschaft hält: Wir haben den Menschen immer wieder gesagt, dass Jesus gekommen ist, um sie von der Strafe der Hölle zu retten, dass es das Ziel des christlichen Glaubens sei, in den Himmel zu kommen, und dass die grundlegende Verheißung der Gnade die Gewissheit unserer Errettung sei. Wir haben ihnen diese Dinge schon so oft erzählt, dass wir es vernachlässigt haben, die Kinder Gottes in die größten Erfahrungen ihrer Freiheit zu führen. Durch unsere Unterlassung haben wir sie dazu bestimmt, in der Gefangenschaft der Mittelmäßigkeit zu bleiben.

RICHTIG MISSVERSTANDEN

Manchmal können Missverständnisse in Wirklichkeit ja Erkenntnisse sein. Durch die Menschen, die mich ins Reich Gottes hineingeliebt haben, hatte ich gewaltige Vorurteile über die Christenheit aufgebaut. Ich dachte, jeder Nachfolger Jesu Christi stelle sich aufopferungsvoll denen zur Verfügung, die ohne Christus verloren sind. Jeder Christ, den ich träfe, wäre so. Sie alle dienten auf diese Weise. Ich konnte zu keinem anderen Schluss kommen. Ich dachte, jeder Nachfolger Christi gäbe voller Freude das Evangelium in seinen ganz alltäglichen Beziehungen weiter. Es war ein aufrichtiges Missverständnis.

Es kam mir so vor, als würde jeder Christ, den ich kannte, immer wieder und ständig mit mir über Jesus sprechen. Ich hatte das Missverständnis, dass jeder Christ seine Berufung auslebte, die Welt zu verändern. Und ich vertrat die Auffassung, dass ein Beruf das Umfeld eines Dienstes und ein Hilfsmittel sei, anderen zu dienen. Ich hatte die irrige Annahme, dass sich das Leben jedes Gläubigen um die Person Jesu Christi und das Wirken des Heiligen Geistes drehte. Doch zu meiner Verteidigung muss ich sagen: Wie hätte ich damals zu einem anderen Schluss kommen können? Meine Erfahrung bewies mir doch, dass eine solche Einstellung Realität sein kann.

> „Ich hatte die irrige Annahme, dass sich das Leben jedes Gläubigen um die Person Jesu Christi und das Wirken des Heiligen Geistes dreht."

Zu meinem Bedauern habe ich im Laufe der Jahre festgestellt, dass all diese Wahrnehmungen Missverständnisse waren – einfach dadurch, dass ich immer mehr Menschen kennen lernte, die in den Gemeinden völlig anders lebten. Aber noch einmal: Missverständnisse können manchmal Erkenntnisse sein. Was ich nicht wusste, hat mein Leben verändert. Und was ich missverstanden hatte, half mir zu erkennen, was Gott in mir und durch mich tun konnte.

ZUFÄLLIGES ZEUGNIS

Jemand namens Gary gab mir ganz am Anfang meines Christenlebens einen Stapel kleiner Kärtchen und sagte mir, dass ich anfangen sollte, Bibelverse auswendig zu lernen. Ich dachte damals, dass das jeder Christ tut, und darum diskutierte ich nicht weiter darüber. In der ersten Woche lernte ich lauter Sätze aus dem Römerbrief und sagte sie am Freitagabend stolz auf. An diesem Tag, einem 25. August, wurde ich gleich eingeladen, mit einer Gruppe in eine Jugendstrafanstalt zu gehen, ein Gefängnis für Menschen unter achtzehn Jahren. Ich hatte eigentlich überhaupt keine Lust, ins Gefängnis zu gehen, bis sie mir sagten, dass es im Anschluss ein Footballspiel gebe. Das klang nach einer guten Kombination: Gefängnis und Unterhaltung. So bekam ich meine erste christliche Verabredung.

Ich werde nie vergessen, wie fremdartig diese Erfahrung war. All die Christen saßen auf der einen Seite des Raumes, die Gefangenen auf der anderen. Eine christliche Rockband war da und unterhielt die Insassen in der Hoffnung, dass wir Übrigen eine Gelegenheit bekämen, mit den Leuten über Jesus zu reden. Wir waren schon alle zusammengezuckt, als die ersten Insassen hereinkamen: harte Gesichter, Bürstenschnitt, lauter unglaublich männliche Typen – dabei waren das die Frauen! Als wir uns dann mit den

Jugendlichen zusammensetzen und ihnen von der Guten Nachricht erzählen sollten, wollte erst niemand hingehen.

Da ich in mancher Hinsicht zu dieser Zeit noch wesentlich mehr mit den Herzen der Insassen als mit den Herzen der Christen gemein hatte, setzte ich mich an einen Tisch und saß drei Insassen gegenüber. Ich sagte: „Hey, ich bin erst seit ein paar Tagen Christ. Ich würde euch zu gern sagen, was Jesus mir bedeutet." Zu meiner Überraschung sagte einer von ihnen: „Wir sind ganz Ohr."

Als er kurz darauf seinen Platz an dem Tisch verließ, ging ich zu ihm rüber und fragte ihn, ob er wirklich etwas über Jesus hören wollte. Er sagte ja. Ich nahm meine funkelnagelneue in Leder gebundene Bibel und suchte verzweifelt nach dem Römer-Brief. Ich hatte ja so schön die Bibelverse mit den Kärtchen auswendig gelernt und stellte jetzt fest, dass ich keine Ahnung hatte, wo der Römer-Brief eigentlich steht.

Der Junge sah mich an und erklärte mir, dass er ohnehin weder lesen noch schreiben könne. Ohne eine weitere Sekunde zu verschwenden, tat ich so, als hätte ich den Römer-Brief gefunden und zitierte die Verse, die ich im Lauf der Woche am besten behalten hatte. Ich weiß, ich habe ihm etwas vorgetäuscht; doch als ich ihm diese Verse mitteilte, durchbohrten sie sein Herz, und er vertraute Jesus an dem Tag sein Leben an.

EINIGE DINGE KOMMEN GANZ NATÜRLICH

Bis zu diesem Punkt hatte ich in meinem Leben erst ein Gebet um Errettung gehört, und das war mein eigenes. Ich hatte erst einen Menschen gesehen, der jemanden zum Glauben an Jesus Christus geführt hat, und das war der Mann, der mich zu Christus führte. Obwohl man meine begrenzte Kenntnis nur als Ignoranz beschreiben konnte, tat ich, wovon ich dachte, es sei für jeden Christen ganz normal. Ich half einem anderen, Gott zu finden.

Ich verließ das Gefängnis an diesem Abend mit dem Wunsch, ich könnte bleiben. Ich sah, dass da Hunderte von Insassen waren, deren Herz vielleicht offen war für Jesus. Das Missverständnis war jetzt eine Erkenntnis geworden. Es war ja überhaupt nichts Einzigartiges oder Besonderes an mir. Ich war nur ein weiterer Nachfolger Christi, der irgendwie in diese Revolution des Glaubens, der

Liebe und der Hoffnung hineingerissen worden war. Ich hatte das Königreich mit der Vorstellung betreten, dass jeder Gläubige nach einem radikalen Mindeststandard lebt und sich für die Ausbreitung des Reiches Gottes zuständig fühlt. Der Maßstab war nichts Außergewöhnliches, sondern ganz normales Christenleben. Die Stimme Gottes zu hören, von Gottes Geist geleitet zu werden, Gottes Zeuge unter den Völkern zu sein und zu sehen, wie Gottes Kraft die Herzen der Menschen verändert – das ist unsere eine Berufung.

> „Ich hatte das Königreich mit der Vorstellung betreten, dass jeder Gläubige nach einem radikalen Mindeststandard lebt und sich für die Ausbreitung des Reiches Gottes zuständig fühlt."

Rückblickend stelle ich fest, dass dieses Missverständnis mein Verständnis von einem Christenleben durchdrungen hat. Ich lernte, mein Leben in die Schrift einzutauchen und zu erwarten, dass Gott durch sie spricht. Ich lernte, dass Gott mit einer persönlichen, vertrauten Stimme durch seinen Geist zu mir spricht und dass ich das Christenleben nicht ohne Sensibilität für seine Stimme leben kann. Ich lernte, dass das Gebet die Kraftquelle des geistlichen Lebens ist und dass Gott unsere Gebete hört und sie beantwortet. Ich lernte, dass die Geschichten, die das Leben von Menschen wie Elia einfangen, uns nicht dazu inspirieren sollten, Elia zu bewundern, sondern wie Elia zu werden, der eine enge Verbindung zu Gott hatte. Und alles, was ich lernte, lernte ich durch das, was ich sah und erlebte und durch die Gemeinschaft von Gläubigen, in der ich zum Glauben gekommen bin.

DAS LEBEN IST KEINE ETAPPE

Die oben skizzierte Etappentheorie von Jüngerschaft lernte ich zum Glück nicht kennen. Ich meine damit die Sichtweise, die eine geistliche Reise als eine Reihe von Bauklötzen oder Lego-Steinen betrachtet. Man baut in einen Menschen zu einem Zeitpunkt jeweils einen Aspekt ein, und wenn jemand lange genug Jesus nachfolgt, dann werden schließlich alle Elemente geistlicher Reife vorhanden sein.

Mit der Etappentheorie kommt man erst ganz allmählich zu einer echten Jüngerschaft. Auf der ersten Etappe der Jüngerschaft geht es scheinbar darum, Glaubensinhalte zu vermitteln. Und so fangen wir an, unsere Jünger zu belehren und sicherzustellen, dass sie eine richtige Theologie haben, von der Christologie bis zur Eschatologie, je nach Tradition der jeweiligen Gemeinde.

Erst wenn ein theologisches Fundament gelegt ist, erwarten wir, dass die Frucht des Dienstes hervorkommt. Für die meisten drückt sich dies in regelmäßigem Gemeindebesuch aus. Wenn ein Christ also 1. eine gesunde theologische Perspektive hat und 2. ein regelmäßiger Besucher des Gemeindelebens ist, geht man in den meisten Gemeinden davon aus, dass er für die höchsten Ebenen der Leitung qualifiziert ist. Auf diese zwei grundlegenden Verbindlichkeiten von gesunder Lehre und regelmäßigem Besuch bauen wir dann eine weitere Stufe der Verbindlichkeit: Beteiligung und Mitarbeit in der Gemeinde.

Tragischerweise werden durch ein solches Denken die natürlichen Grundlagen geistlicher Lebensgestaltung als Ausdruck außergewöhnlicher christlicher Reife angesehen: Manche entwickeln sich zu einer einzigartig reifen Stufe des Glaubens weiter und werden tatsächlich evangelistisch tätig! Manche zeigen eine ungewöhnliche Reife im Gebet. Andere scheinen zu außergewöhnlichen Opfern bereit und fangen an, den Zehnten zu geben; wieder andere bekommen eine wundersame missionarische Neigung, die sich in ihrer Bereitschaft zeigt, ihre Wurzeln zu verlassen und überallhin zu gehen, um das Evangelium zu verbreiten. Das Stufendenken im Blick auf die Jüngerschaft geht von der Annahme aus, dass der Kern aus rechter Lehre besteht und dass während der Reise dann die verschiedenen Komponenten des geistlichen Lebens hinzufügt werden.

Das ist im Wesentlichen eine organisatorische Konstruktion von Jüngerschaft. Unglücklicherweise finden wir jedoch im Neuen Testament ein völlig anderes Bild von Jüngerschaft, bei dem es nicht um die Entwicklung von geistlicher Selbst-Organisation geht, sondern um das Schaffen eines Organismus. Jesus sagte Nikodemus nicht, dass er schrittweise neu aufgebaut werden müsse; er sagte ihm, dass er von neuem geboren werden müsse. Die beste biblische Metapher für den Jüngerschaftsprozess ist, dass junge Christen neue Babys sind und nicht neue Gebäude. Menschen in die Nachfolge zu führen heißt nicht, dass ein zweites, drittes und viertes Stockwerk hinzugefügt wird, sondern das zu fördern, was bereits da ist, und dem Menschen zu erlauben, natürlich zu wachsen. Viele von uns sehen Jüngerschaft so, als ob wir mit einigen fehlenden Komponenten auf die Welt gebracht worden wären. Neugeborene Babys unterscheiden sich aber lediglich in ihren Proportionen von ihrer erwachsenen Gestalt, mit ihren großen Köpfen, sehr kleinen Körpern und winzigen Fingern und Zehen. Doch sie haben bereits alles, was sie jemals brauchen werden.

DIE DNS ENTSCHLÜSSELN

Die Etappentheorie hat hier eine völlig falsche Wahrnehmung gefördert; im Grunde geht man sinnbildlich davon aus, dass Babys nur mit ihren Köpfen geboren werden, dass sich aber vielleicht nach sechs Monaten auch ihre Nacken und Körper entwickeln. Zwei Jahre später bekommen sie eventuell Arme und Beine, und im Alter von fünf Jahren kommen dann auch die niedlichen Fingerchen und Zehen heraus. Wir wissen aber alle, dass es nicht so funktioniert. In Wirklichkeit liegt alles, was ein gesunder Erwachsener braucht, um wirksam in dieser Welt zu leben, bereits in seiner DNS vor.

Bevor ein Mensch seinen ersten Atemzug tut, ist er als Mensch bereits einzigartig. Ein gesunder Erwachsener hat normalerweise zwei Arme, zwei Beine, zehn Finger, zehn Zehen, zwei Augen, zwei Ohren, eine Nase – nicht, weil sie allmählich hervorgekommen wären, sondern weil all diese Bestandteile schon von Anfang an da waren und auf dem Weg zum Erwachsenwerden gefördert wurden. Das Gleiche gilt für die geistliche Reise. Was werden soll, ist alles in der geistlichen DNS enthalten. Es ist von Anfang an da. Alles, was im Geistlichen den Armen und Beinen, Herz, wichtigen Organen und dem Gehirn entspricht, ist da; es muss nur gefördert, entwickelt und optimiert werden.

> **Jesus sagte Nikodemus nicht, dass er schrittweise neu aufgebaut werden müsse; er sagte ihm, dass er von neuem geboren werden müsse.**

Die Fähigkeit, einen radikalen Mindeststandard auszuleben, ist in jedem wahren Nachfolger Jesu Christi vorhanden. Könnte man mit zwanzig Jahren noch nicht laufen, würden die Beine aus Mangel an Betätigung verkümmern. Wenn man sein ganzes Leben damit verbringen würde, von jemand gefüttert zu werden, bliebe die Geschicklichkeit der Hände unentwickelt; die Fähigkeit, die Hände zu gebrauchen, ob zur Arbeit oder zur Kunst, wäre schmerzlich eingeschränkt. Doch die Fähigkeit und das Potenzial wären immer noch da. Die Tatsache, dass jemand nicht lesen kann, heißt noch lange nicht, dass er nicht die Fähigkeit hat, es zu lernen. Der gegenwärtige Zustand eines Menschen ist kein Hinweis auf sein Potenzial, sondern auf seinen Entwicklungsstand. Der radikale Mindeststandard, den unsere „Helden" aus der Apostelgeschichte angestrebt haben, ist nicht als drückendes Joch auf unseren Schultern gedacht, sondern dazu, uns zu inspirieren. Dazu, dass wir endlich erkennen, wer wir sein könnten, wenn wir Gott erlauben würden, sein Potenzial in uns freizusetzen.

Ich bin davon überzeugt, dass die Ortsgemeinde ein Ort sein kann, an dem jeder Gläubige die Fülle des Lebens erfährt, für die Jesus gestorben ist, und in der jeder Gläubige Heilung und Umgestaltung erleben kann. Sie kann ein Ort sein, an dem jeder Gläubige so beten kann, dass sich die Geschichte verändert, und an dem jeder Gläubige seine Egozentrik überwinden und eine Quelle unglaublicher Großzügigkeit werden kann. Die Kirche kann ein Ort werden, an dem Beziehungen für jeden Gläubigen ein zentraler Lebenswert werden, indem er Einsamen hilft, Annahme zu finden, und denen, die Christus noch nicht persönlich kennen, bedingungslose Liebe zusagt.

STRAPAZIERFÄHIGE UMGESTALTUNG

Das Wunderbare beim Leiten einer neutestamentlichen Gemeinschaft ist, dass der Leiter im Idealfall nicht nur die außerordentlich Begabten und Talentierten zum Dienst beruft. Stattdessen liegt das Geheimnis im Schaffen eines Umfelds, in dem jeder Einzelne seine einzigartigen Gaben und Talente entwickeln kann. In einer apostolischen Gemeinde geht es nicht darum, Legenden zu pflegen, die von heroischen Taten berichten, sondern den Glauben ganz selbstverständlich im Alltag zu leben. Vielleicht sind die Bilder, die uns die Evangelien vermitteln, kleine Einblicke in die Zukunft des Volkes Gottes.

Die Samariterin, die Jesus am Brunnen traf und ihm eine Frage stellte, führte die ganze Stadt Sychar zu Jesus, indem sie sagte: „Da ist einer, der mir alles gesagt hat, was ich getan habe. Kommt mit und seht ihn euch an! Ist er vielleicht der versprochene Retter?" (Johannes 4,29). Der besessene Gerasener war so gefährlich, dass nicht einmal Ketten ihn davon abhalten konnten, nackt und obdachlos auf einem Friedhof herumzulaufen. Doch er wurde durch Jesus nicht nur von seinen Dämonen befreit, sondern auch beauftragt, zu seinen Leuten zurückzukehren. Er bettelte darum, mit Jesus gehen zu dürfen, doch dieser verweigerte ihm dieses Vorrecht und sandte ihn stattdessen zurück, damit er bei den Menschen, die ihn in seiner schlimmsten Zeit erlebt hatten, davon erzählen konnte, was Gott für ihn getan hatte.

> **In einer apostolischen Gemeinde geht es nicht darum, Legenden zu pflegen, die von heroischen Taten berichten, sondern den Glauben ganz selbstverständlich im Alltag zu leben.**

In der heutigen Zeit würde man uns am liebsten sagen, dass dieses Verhalten Jesu nicht richtig war. Moderne Jüngerschaft würde sagen, dass ein Babychrist niemals zurückgelassen werden darf, um in einer rauen Welt für sich selbst zu sorgen, sondern dass er zuerst geschützt werden muss und dass er erst dann, wenn er eine höhere Stufe der Reife erreicht hat, ausgesendet werden kann. Doch Jesus wies den ehemals Besessenen an, zu seiner Familie und in seine Stadt zurückzukehren, um ihnen von all dem Wunderbaren zu berichten, das Gott für ihn getan hatte. Also tat er es. Als Jesus zurückkehrte, warteten die Massen auf ihn – alles eine Folge des Lebens eines Mannes, der noch nicht viel wusste und ungelehrt war.

AUSBILDUNG IN DER PRAXIS

Manchmal behaupten wir, dass die Jünger erst einmal eine dreijährige Ausbildung erhielten, bevor ihnen die Kirche anvertraut wurde. Wir scheinen dabei zu vergessen, dass Jesus seine Jünger schon ganz zu Beginn seines öffentlichen Dienstes beauftragt hatte, ihn zu vertreten und den Menschen in seinem Namen zu dienen.

Lukas berichtet in seinem Evangelium, dass Jesus eines Tages seine zwölf Apostel zusammenrief und ihnen Kraft und Vollmacht gab, Dämonen auszutreiben und alle Krankheiten zu heilen. Dann sandte er sie aus, allen Menschen zu sagen, dass Gott seine Herrschaft bei ihnen aufrichten will. Er wies sie an, nichts mitzunehmen, keinen Wanderstab, keine Reisetasche, kein Essen, kein Geld, nicht einmal ein zweites Hemd. Er sagte ihnen, wie sie vorgehen sollten, warnte sie, dass sie wahrscheinlich Ablehnung erfahren würden, und sandte sie in die Dörfer, um die gute Nachricht zu predigen und die Kranken zu heilen.

Wenn die drei Jahre des öffentlichen Dienstes Jesu seine Jünger tatsächlich vorbereiten sollten, dann bestand seine Methode der Vorbereitung vor allem darin, sie in die Welt auszusenden und ins kalte Wasser springen zu lassen. Die Jünger erlebten nie eine Isolation von den Realitäten der Welt um sie her. Sie wurden im Kontext des wirklichen Lebens ausgebildet, und es wurde von Anfang an erwartet, dass sie aktiv daran „arbeiteten", Menschenfischer zu werden.

Es gab Zeiten, da schienen die Erwartungen Jesu unvernünftig. Die fünftausend Menschen, die kamen, um Jesus reden zu hören, wurden irgendwann hungrig. Da schaute Jesus auf die hungrigen Menschen, wandte sich an Philippus und beauftragte ihn, die Menge zu speisen. Jesus wusste bereits, wie er der Not dieser Menschen begegnen würde. Doch er war entschlossen, seine Jünger durch eine Erfahrung auf eine neue Stufe des Glaubens zu bringen, aus der eine veränderte Lebensweise folgen würde. Jesu Tadel, dass seine Jünger zu wenig Glauben hatten, trifft auch auf unser Leben und unsere Gemeinden zu. Er beschreibt einen niedrigsten Standard für alle Gläubigen, wenn er sagt: „Wer im Glauben mit mir verbunden bleibt, wird die gleichen Taten vollbringen, die ich tue. Ja, er wird noch größere Taten vollbringen, denn ich gehe zum Vater."

> **Jesus begann, einen radikalen Mindeststandard aufzustellen, der seine Kirche noch lange nach seiner Himmelfahrt durchdringen sollte.**

Jesus begann, einen radikalen Mindeststandard aufzustellen, der seine Kirche noch lange nach seiner Himmelfahrt durchdringen sollte. Wir müssen unsere eigenen vorgefassten Meinungen und Vorstellungen davon überprüfen, was es heißt, Christ zu sein. Eine objektive Einschätzung des christlichen Glaubens, wie er in der ganzen Welt verstanden wird, zeigt, dass er zu einer weiteren Weltreligion geworden ist. Christentum *als eine Religion* ist nicht besser als Islam oder Buddhismus oder Hinduismus oder irgendeine andere von Menschen geschaffene Religion. Es ist nicht das Christentum, das Leben oder die Geschichte verändert. Es ist *die Bewegung*, die Jesus durch seinen Tod und seine Auferstehung begonnen hat.

Bei *Mosaic* waren wir gezwungen, ganz neu zu überdenken, was es eigentlich bedeutet, ein Gemeindeglied zu sein. Ich habe mich mit dem Wort „Mitgliedschaft" noch nie wohl gefühlt, weil ich dabei immer daran denken muss, dass ich einmal Mitglied in einem Fitnessclub war. Ich trat mit einer unglaublichen Begeisterung bei, um meine jugendliche Figur zurückzugewinnen. Ich wusste, ich würde Gewicht verlieren, Muskeln aufbauen und die Hügellandschaft meines Bauches in ein Waschbrett verwandeln. Ich war sogar bereit, einen unverhältnismäßig hohen Preis an diesen Fitnessclub zu zahlen, der mir helfen sollte, diese unrealistischen Bestrebungen meines Lebens zu erreichen.

Im ersten Monat lief es wirklich gut. Ich war drei- oder viermal in der Woche da, genoss es, richtig ins Schwitzen zu kommen, spielte ein wenig Squash und fühlte mich toll, wenn ich mir meine Fortschritte so ansah. Im nächsten Monat lief es nicht mehr ganz so gut. Ich schaffte es nur noch ein-

oder zweimal in der Woche, in den Fitnessclub zu gehen, blieb aber bei meinen Übungen – in der Annahme, dass ich immer noch großartige Fortschritte machte. Im dritten Monat war ich nur noch einmal pro Woche da, um die Kosten für den Mehrjahresvertrag zu rechtfertigen, den ich unterschrieben hatte. Bald versuchte ich, das Fitnesscenter zu ignorieren, wenn ich daran vorbeifuhr; ich empfand nämlich ein stechendes Schuldgefühl.

Sechs Monate später war ich ein richtiges Durchschnittsmitglied dieses Elite-Fitnessclubs geworden. Mit anderen Worten: Ich ging nie mehr hin. Ich hatte gehört, dass dieser Fitnessclubs Hunderte, wenn nicht gar Tausende von Mitgliedern hatte, obwohl er nur für einen Bruchteil von ihnen Trainingsmöglichkeiten anbot. Er konnte es sich leisten, ständig neue Mitglieder aufzunehmen, da die Besucher, die sich einmal begeistert eingetragen hatten, ihre Leidenschaft, Fett zu verbrennen, schnell wieder verloren hatten und nicht mehr kamen.

Für viele unterscheidet sich eine Gemeindemitgliedschaft nicht so sehr von der Mitgliedschaft in einem Fitnessclub. Sie sind ein Teil von etwas, an dem sie nicht teilnehmen. Ein anderes Problem, dass ich mit dem Wort „Mitgliedschaft" habe ist, dass es oft mit Exklusivität in Verbindung gebracht wird. Viele kämpfen mit Gemeinden, die Mitgliedslisten führen, weil das den Eindruck von Exklusivität und Entfremdung von den Menschen erweckt, die „draußen" sind.

In der Bibel versteht man jedoch unter Mitgliedschaft etwas völlig anderes. Paulus beschreibt die Kirche als den Leib Christi, und wir alle sind Glieder dieses Leibes, Glieder im gleichen Sinn, wie Arme und Beine Glieder des menschlichen Körpers sind. Zerstückelt zu werden heißt, von dem Körper abgeschnitten zu sein, der Leben bringt. Ich kann mir vorstellen, wie unvorstellbar es für Paulus wäre, wenn ein Christ kein Glied des Leibes wäre. Aber die Zeit verdirbt die Sprache, und das Wort „Mitglied" hat in unserem heutigen Sprachgebrauch eine andere Bedeutung bekommen als in der Zeit, in der Paulus es verwendete.

ZERSTÜCKELTE KÖRPER

Innerhalb der Kirche gibt es vielfältige Ebenen oder Arten von Mitgliedschaft. Eine der seltsamsten ist „passive" Mitgliedschaft. Ich beschäftigte mich einmal mit einer Gemeinde, die innerhalb von sechzehn Jahren von zehntausend auf sechsundzwanzigtausend Mitglieder angewachsen war – trotzdem blieb der Gottesdienstbesuch unverändert. Es kamen lauter Karteileichen dazu, die sich gerne mit der Mitgliedschaft brüsten wollten, aber an einem echten Engagement kein Interesse hatten.

In den frühen Achtzigern habe ich einmal eine Vortragsreise nach Kalifornien gemacht und dort im ganzen Staat vor Gemeinden gesprochen. Ich war dabei immer wieder überrascht, wenn ich sah, dass eine Gemeinde über tausend Mitglieder hatte, aber nur hundert oder zweihundert real existierende Menschen anwesend waren. In vielen Gemeinden wird man solche Menschen, die als passiv eingestuft werden, nur dann sehen, wenn die Gemeinde im Aufruhr ist. Es scheint, dass die passiven Mitglieder plötzlich aktiv werden und auftauchen, wenn es eine Gelegenheit gibt, gegen die Richtung zu stimmen, die die geistliche Leitung eingeschlagen hat. Viele Gemeinden haben das Konzept der Mitgliedschaft vollständig zu den Akten gelegt; oft als Reaktion darauf, dass es eine derart verfälschte und verwässerte Bedeutung bekommen hat.

Wir entschieden uns bei *Mosaic* für eine andere Richtung. Wir beschlossen, dass wir alles, was wir für jemanden tun können, unabhängig von seiner Mitgliedschaft tun. Wenn man sich bei *Mosaic* näher mit der Bibel beschäftigen will, muss man kein Mitglied sein. Wenn man Seelsorge sucht, muss man kein Mitglied sein. Wenn man den Wunsch hat, geliebt, angenommen und umsorgt oder ermutigt zu werden, muss man sicher kein Mitglied sein. Wir haben entschieden, dass wir für jeden alles tun wollen, was wir tun können, unabhängig von der Mitgliedschaft. Es gibt wirklich nur einen Grund, Mitglied bei *Mosaic* zu werden. Davon erzähle ich jetzt.

DIE VORTEILE DER MITGLIEDSCHAFT

Vor einigen Jahren kamen drei Leiter einer presbyterianischen Kirche zu Besuch in unsere Gemeinde. Sie stellten mir eine Frage, die mir ziemlich seltsam vorkam: „Welche Vorteile hat die Mitgliedschaft bei ‚Mosaic'?" Da man mich noch nie etwas Derartiges gefragt hatte, war ich doch ein wenig überrascht. Plötzlich hatte ich das Gefühl, wir wären so etwas wie *American Express*.

Diese Frage bewegte mich trotzdem weiter, auch dann noch, als ich zu einem unserer Leitertreffen kam. Ich fragte das Pastorenteam, was genau die Vorteile und der Nutzen der Mitgliedschaft bei *Mosaic* seien. Einer antwortete: „Den Mitgliedern wird Verantwortung anvertraut." Als wir unseren Prozess aufschlüsselten, stellten wir fest, dass Mitgliedschaft der Zugang zum verantwortlichen Dienst war. Wir fingen an, über die Ironie dieser Entdeckung zu lachen. Der einzige Vorteil der Mitgliedschaft war das Vorrecht zu dienen.

Heute beschreiben wir genau, was es bedeutet, ein Mitglied bei *Mosaic* zu sein. Mitglied bei *Mosaic* zu werden, ist die Erklärung, dass man von einem Konsumenten zu einem Investor wird; dass man sich nicht einfach der Gemeinde Christi anschließt, sondern dem Ziel Christi. Die Motivation zur Mitgliedschaft ist nicht das, was man bekommen, sondern das, was man geben kann. Und auf einer noch existentielleren Ebene ist Mitgliedschaft eine Einladung zu echter Nähe.

> **Die Motivation zur Mitgliedschaft ist nicht das, was man bekommen, sondern das, was man geben kann.**

Wenn Menschen Mitglieder werden, sagen sie damit, dass sie ihr Leben der geistlichen Autorität dieser Gemeinde unterstellen und es akzeptieren, wirklich Rechenschaft über ihre geistliche Reise abzulegen. Was einmal unser Standard für Leiter war, ist jetzt unser Standard für einfache Mitgliedschaft. Wir haben einen radikalen Mindeststandard aufgerichtet.

Menschen, die in *Mosaic* zum Glauben kommen, haben erfreulicherweise nie ein Problem mit diesem Standard. Die größte Spannung und Schwierigkeit kommt von denen, die es vorher gewohnt waren, Mitglieder von Gemeinden zu sein, die keine Erwartungen an ihr Leben stellten.

Wir haben den Standard für eine Mitgliedschaft in vier grundlegende Bereiche aufgeteilt. Der erste ist der Wille, ein heiliges Leben zu führen und zugleich anzuerkennen, dass jeder Mensch unvollkommen ist und dass es sehr wahrscheinlich ist, dass wir früher oder später versagen werden. Diese Verpflichtung erfordert, dass wir ehrlich darüber sind, wo wir stehen, dass wir Reinigung suchen, wenn wir sündigen, und dass wir dem Leib Christi zutrauen, dass er uns wieder zur Gemeinschaft ermächtigt.

Die zweite Verpflichtung besteht darin, aktiv am Dienst teilzunehmen. Damit ist gemeint, dass man aus der Zuschauerrolle heraustritt und mit auf das Spielfeld kommt. Unter „Beteiligung" wird auf einer Mindeststufe verstanden, ein treuer Anbeter beim gemeinsamen Feiern des Gottesdienstes zu sein, aktiv in einer Kleingruppe mitzumachen, die sich der Lebensumgestaltung verschrieben hat, und einen eigenen Platz zum Dienen zu finden, in dem die Gaben und Talente eingesetzt werden.

> **Es ist erstaunlich, wie viel Menschen erreichen können, wenn man ihnen einfach nur Vertrauen schenkt und sie einlädt, Gott das Beste ihres Lebens zu geben.**

Der dritte Bereich der Verpflichtung ist der Zehnte. Wir bitten jeden, der sich dazu berufen fühlt, ein Teil von *Mosaic* zu werden, ein großzügiger Geber zu sein. Unter „Großzügigkeit" verstehen wir, zehn Prozent des Einkommens oder mehr zu geben.

Und schließlich besteht der vierte Bereich der Verpflichtung für alle Mitglieder darin, einen evangelistischen Lebensstil zu führen. Menschen verpflichten sich, ihre Gaben und einzigartigen Persönlichkeiten zu gebrauchen, um tiefer gehende Beziehungen zu denen aufzubauen, die Christus noch nicht kennen, und ihnen durch echte Liebe zu helfen, zum Glauben zu kommen.

Also bitten wir von vornherein alle Mitglieder, ihre Leidenschaften, ihren Dienst, ihre Mittel und ihre Beziehungen für die Sache des Reiches Gottes einzusetzen.

Wenn ich Leitern anderer Gemeinden von diesen vier Verpflichtungen erzähle, werde ich oft gefragt, ob wir die Menschen überwachen, um uns ihrer Treue zu versichern. Die Antwort ist natürlich: „Nein". Wir haben riesiges Vertrauen in die Integrität unserer Mitglieder und in das Wirken des Heiligen Geistes in ihrem Leben. Wir bitten einfach um eine aufrichtige Verpflichtung, Gott zu erlauben, in ihnen und durch sie zu wirken. Es ist erstaunlich, wie viel Menschen erreichen können, wenn man ihnen einfach nur Vertrauen schenkt und sie einlädt, Gott das Beste ihres Lebens zu geben.

DIE SCHÖNHEIT DER HEILIGKEIT

Ich möchte gern noch eine Erfahrung schildern: Mike hatte sein Studium abgebrochen, Beatrix, seine Freundin, die mit ihm zusammenlebte, war noch Studentin an der Kunsthochschule. Sie wohnten seit etwa einem Jahr zusammen und hatten während dieser Zeit eine Reihe von Erfahrungen gemacht, die dazu führten, dass *Mosaic* ein Teil ihres Lebens wurde. Durch ein junges Paar in unserer Gemeinde, das jetzt in Indonesien arbeitet, um Muslime für Christus zu erreichen, wurde Beatrix zu unserem Samstagabend-Gottesdienst eingeladen. Sie fing an, die Ansprüche Christi an ihr Leben zu untersuchen.

Bislang hatte sie sich nicht ernsthaft für die Werte der Bibel interessiert, doch jetzt war sie aufrichtig auf der Suche nach Gott. Ein Autounfall, bei dem sie und Mike fast ums Leben gekommen wären, hatte dazu geführt, dass sie ihr Leben hinterfragte und nach Antworten suchte. Kurze Zeit bekehrte sie sich und fing dann auch an, sich intensiv mit ihrer Beziehung zu Mike zu beschäftigen. Mike erzählte später, dass er wusste, dass Beatrix ihn liebte, darum fragte er sich, was das wohl für ein Mann sei, der sich irgendwie zwischen sie gedrängt hatte. Er fing auch an, *Mosaic* zu besuchen, und kurz, nachdem Beatrix zum Glauben an Jesus Christus kam, passierte Mike das Gleiche.

Einige Menschen bei *Mosaic* machten sich viele Gedanken darüber, dass Beatrix und Mike getauft wurden, während sie noch zusammenlebten. Ich glaube, dass wir oft einfach zu wenig Vertrauen in die Kraft des Heiligen Geistes haben. Noch bevor ich mit ihnen über die Bedeutung der Taufe sprechen konnte, die das öffentliche Bekenntnis zu Christus und das Wahren seiner Ehre und der Integrität seines Namens einschließt, kamen sie zu mir und erklärten, dass sie zwar noch zusammenlebten, aber aufgehört hatten, miteinander zu schlafen.

> **Genau darum geht es auf der praktischen Ebene beim christlichen Glauben: seine Leidenschaften für Gott zu investieren.**

Zuerst hatten die beiden das Gefühl, dass das wohl ausreiche, denn sie wussten ja, dass ihre Beziehung rein platonisch war. Aber nach weiteren Gesprächen entschieden sie, dass ihre ungläubigen Freunde niemals glauben würden, dass sie zusammenlebten, ohne Tisch *und Bett* zu teilen. So kamen sie zu dem Schluss, dass einer von ihnen ausziehen sollte und sie ehelos leben wollten, bis sie verheiratet wären. Sie hätten sich nie vorstellen können, wie kompliziert ihr Leben dadurch werden würde.

Mikes Familie hatte keinen Platz für Gott in ihrem Leben und hatte ihn zu einem erfolgreichen Atheisten erzogen. Die Nachricht, dass er zum Glauben gekommen war, erfreute daher die Eltern nicht, im Gegenteil, sie machte ihnen große Sorge. Mikes Wunsch, ein überzeugender Zeuge Jesu Christi zu sein und den Segen seiner Eltern zu bekommen, bevor er Beatrix heiratete, führte dazu, dass die beiden über vier Jahre lang verlobt waren! Die Zustimmung von Mikes Eltern zur Heirat war an eine Bedingung geknüpft: Er musste an die Uni zurückkehren und seinen Abschluss machen, bevor sie ihre Zustimmung gaben. Aber da er nur wenig finanzielle Unterstützung bekam, war er ganz auf sich selbst gestellt.

Während also Beatrix ihren Abschluss an der Kunsthochschule machte, in der Hoffnung, Kostümdesignerin zu werden, fing Mike noch einmal von vorne an. Er wollte sowohl für seine Eltern eine lebendige Bestätigung dafür sein, dass Jesus Christus lebt als auch eine Beziehung zu Beatrix wiederaufbauen, die von gegenseitigem Respekt geprägt war.

Vier Jahre blieben Mike und Beatrix standhaft. Sie blieben nicht nur abstinent, sondern sie entschieden auch, sich während dieser Zeit weder zu küssen, noch Händchen zu halten. In dieser Zeit stellte Mike das Vertrauen seiner Eltern durch seine Disziplin und seine Leistungen wieder her. Während er früher als junger Mann einmal falsche Unterlagen über seine akademischen Leistungen an der Uni verschickt hatte, um sein Versagen zu vertuschen, strebte er jetzt erfolgreich eine medizinische Laufbahn an. Wer hätte sich vorstellen können, dass seine Verpflichtung, ein Leben zur Ehre Gottes zu führen, zu einem Universitätsabschluss mit „magna cum laude" führen würde? Zur gleichen Zeit wurde Beatrix noch vor ihrem fünfundzwanzigsten Geburtstag eine erfolgreiche Designerin für eine größere nationale Einzelhändlerin.

Heute, mit 26, haben Mike und Beatrix bei *Mosaic* die höchste Stufe von Laienleiterschaft inne, die es neben dem Ältestendienst gibt. Ihre Verpflichtung zu einem radikalen Mindeststandard persönlicher Integrität und Heiligkeit hat ihnen die gewaltige persönliche Befriedigung beruflichen Erfolgs ermöglicht. Mike wurde gerade zu einem Vorstellungsgespräch bei *John Hopkins* und der *Harvard Medical School* eingeladen und ist bereits an der *USC Medical School* in Los Angeles angenommen. Aber was noch wichtiger ist: Die beiden haben den Respekt derer gewonnen, die sie tagaus, tagein erleben und ihren Weg mit Gott beobachtet haben. Und genau darum geht es auf der praktischen Ebene beim christlichen Glauben: seine Leidenschaften für Gott zu investieren.

DIENER DES MEISTERS

Meine Frau sah sich vor einiger Zeit die Berichterstattung über die Krise in Ruanda an. Zwei rivalisierende Stämme, die Hutus und die Tutsi, befanden sich im Krieg miteinander, und die dort angerichtete Verwüstung war nahezu unvorstellbar. Reporter sprachen von der verzweifelten Not zahlloser Säuglinge und Kinder, die ohne Nahrung, Wasser und Unterkunft waren. Als dann der schreckliche Zustand der Kinder gezeigt und darüber informiert wurde, wie Außenstehende ihnen helfen könnten, war sie Feuer und Flamme: Man suchte nach Menschen, die kommen und sich ein wenig um die Kinder kümmern könnten. Ersatzeltern, auch kurzzeitig, wurden verzweifelt gebraucht.

> **Wenn ein Mensch seinen Dienst aus Liebe zu Gott und den Menschen tut, hat das eine anziehende Wirkung auf sein Umfeld.**

Bei einem Frauentreffen in unserer Gemeinde wurde der Aufruf weitergegeben, unbezahlten Urlaub zu nehmen und nach Afrika zu gehen, um in dieser Krise zu helfen. Viele in unserer Gemeinde reagierten spontan. Wir nahmen Kontakt mit den Vereinten Nationen auf, aber es wurde uns gesagt, dass überhaupt nur medizinisches Personal die Erlaubnis bekäme, in das Krisengebiet zu reisen.

Vier Krankenschwestern unserer Gemeinde entschieden sich, einen Weg zu finden, wie wir trotzdem helfen könnten. Mit der finanziellen Unterstützung spontaner Spender aus der Gemeinde konnten diese vier Frauen nach Zaire reisen und während der Krise hindurch dort arbeiten. Es war der Anfang eines medizinischen Einsatzes, der zu diesem Zeitpunkt noch nicht abzusehen war. Eine dieser Krankenschwestern, Susan Yamamoto, wurde später für ein Zwei-Personen-Team eingestellt, das von einem Pfleger geleitet wurde, Matt Shriver, und den Unterprivilegierten in Ensenada, Mexiko, helfen wollte. Auch wenn die Mitarbeiter nur wenig medizinisch ausgebildetes Personal zur Verfügung hatten, riefen sie einen medizinischen Dienst in einer Gemeinde ins Leben. Es war erstaunlich zu sehen, was zwei Menschen mit so wenigen Ressourcen und in so kurzer Zeit erreichen konnten, die eine Leidenschaft für Gott hatten.

Susan Yamamoto würde nie sagen, dass sie eine Leiterin oder ein Mensch mit großem Einfluss sei. Sie erklärte mir sogar einmal, dass sie nie einen Platz finden würde, an dem sie dienen könnte, und dass sie nie das Gefühl habe, einen wichtigen Beitrag für das Reich Gottes zu leisten. Innerhalb von achtzehn Monaten brachte ihr provisorischer medizinischer Dienst ein medizinisches Team von hundertfünfzehn Menschen nach Ensenada, um dort in den verarmten Wohngebieten zu helfen. Dieser Dienst konnte nicht nur Menschen aus der Gemeinde rekrutieren, die ein starkes

Interesse an der Linderung menschlicher Leiden hatten, sondern er erzeugte eine solche Begeisterung, dass andere Ärzte anfingen, in unsere Gemeinde zu kommen. Auch ungläubige Ärzte gaben aufopferungsvoll etwas von ihrer Zeit und Kraft, um den Armen zusammen mit den christlichen Ärzten zu dienen.

Wenn ein Mensch seinen Dienst aus Liebe zu Gott und den Menschen tut, hat das eine anziehende Wirkung auf sein Umfeld. Heute ist der medizinische Dienst einer der wichtigsten Wege, auf denen *Mosaic* dient, sowohl außerhalb der Grenzen der USA als auch in Los Angeles.

EINE REVOLUTION DER GROSSZÜGIGKEIT

Als ich noch nicht allzu lange bei *Mosaic* war, standen wir vor großen finanziellen Schwierigkeiten. Außer einer Million Dollar Schulden hatten wir ein Defizit von nahezu hunderttausend Dollar, und nur wenig mehr als tausend Dollar auf der Bank. Unser jährliches Budget war auf zweihundertachtzigtausend Dollar angesetzt. Da wir bei relativ geringen Einnahmen eine hohe Schuldentilgung hatten, waren die Löhne für die Mitarbeiter außerordentlich niedrig und die Budgets betrugen für manche Arbeitsbereiche nur ein paar hundert Dollar im Jahr.

Gemeindeleiter schienen zu dieser Zeit überall zu sagen: Wenn die Gemeinde jünger wird, sinkt auch die Bereitschaft zum Geben. Je älter die Gemeindeglieder sind, desto opferbereiter geben sie.

Wenn die Menschen hören, dass unser gemeindliches Durchschnittsalter um fast dreißig Jahre gesunken ist, werde ich im ganzen Land immer als erstes gefragt, wie sich das auf unsere finanziellen Verhältnisse ausgewirkt hat. Es ist dann sehr erfreulich, wenn ich erzählen kann, dass das gesunkene Durchschnittsalter in Wirklichkeit die finanziellen Verhältnisse positiv beeinflusst hat. Wir haben in den vergangenen Jahren die Erfahrung gemacht, dass unsere finanziellen Einnahmen allen Gegebenheiten und aller Logik trotzen.

Das durchschnittliche Alter der Besucher bewegt sich bei uns in den unteren Zwanzigern. Einige Gemeindemitglieder, die erst Anfang dreißig waren, fingen an, sich alt vorzukommen und beschwerten sich über die plötzliche Jugendbewegung! Aber zugleich konnten wir in dieser Krisenzeit ein Defizit von über fünfzigtausend Dollar auffangen, über unser geplantes Budget hinausgehen und das Jahr mit fast neunhunderttausend Dollar abschließen. In der Zwischenzeit haben wir über eine Viertel Million Dollar über das normale Budget hinaus für Übersee-Unternehmungen mobilisiert und in drei Jahren fast siebenhunderttausend Dollar für ein mögliches

Grundstück angespart, das wir vielleicht eines Tages irgendwo in Los Angeles finden werden. Unsere Erfahrung zeigt, dass eine Gemeinde, die jünger wird, nicht auch zwangsläufig ärmer werden muss, und dass Menschen unter vierzig eine unfassbare Großzügigkeit an den Tag legen können.

Wenn Fremde uns fragen, worin wir uns bezüglich des Geldes von anderen Gemeinden unterscheiden, antworten wir einfach, dass Christen gern geben. Ich denke oft, dass wir Knickerigkeit durch Unterlassung lehren. Wir haben so viel Angst davor, über Geld zu sprechen und die Fragen des Gebens anzureißen, dass wir die Menschen gelehrt haben, sie könnten tief geistlich sein, ohne großzügig zu sein. In vieler Hinsicht haben wir vermittelt, dass unser Umgang mit Geld nichts mit unserem geistlichen Leben zu tun hat.

Jede Woche, wenn wir bei *Mosaic* vor unseren Gästen stehen, machen wir die klassische Ansage: „Wenn Sie Gast sind, fühlen Sie sich bitte nicht verpflichtet, heute etwas zu geben." Aber alle sechs Wochen, wenn wir neue Mitglieder vorstellen, erklären wir ihnen, dass diese Ansage für sie nicht mehr gilt. Der Grund, warum wir unsere Gäste bitten können, nichts zu geben, ist, dass wir offen und ohne uns zu schämen die eigentlich unvernünftige Entscheidung treffen, allein durch die Christen in der Gemeinde Geld für das Anliegen Christi zusammenzubekommen. Wir glauben, dass der Gebrauch des Geldes eine tief geistliche Frage ist. Wie man gibt, ist ein ehrlicher Spiegel dessen, wie man zu Gott steht.

> **Wenn Menschen selbstsüchtig mit ihrem Geld umgehen, wird man nie wirkliche Opfer von ihnen bekommen.**

Paulus bezeichnete die Korinther als großzügig in ihrer Armut. Jesus sprach ohne Berührungsängste über die Bedeutung unseres Verhältnisses zu materiellem Besitz. Man kann es wohl nicht klarer als Jesus ausdrücken, dass wir nicht Gott und das Geld gleichzeitig lieben können. Wir müssen uns entscheiden, woran wir unser Herz hängen.

MEHR ALS GELD

Wenn man Gläubige zum Mindeststandard des Zehnten ruft und sie einlädt, zu entdecken, wie viel Freude Großzügigkeit bereiten kann, dann ist das kein Aufruf zu Gesetzlichkeit, sondern eine Einladung zur Freiheit. Sie können sich gar nicht vorstellen, wie ermutigt wir waren, als Gläubige von unserer Gemeinde ausgesandt wurden, um in Ländern wie China, der Türkei und Indien zu dienen, und Tausende und Abertausende von Dollar für den Auftrag Christi bei *Mosaic* beisteuerten. *Mosaic* ist fest entschlossen, Gottes Berufung zu erfüllen, nicht nur in der Welt, sondern besonders in Los Angeles.

Ich kann ehrlich sagen, dass die *Mosaic*-Gemeinschaft ganz vernarrt ist ins Geben. Ihre Großzügigkeit scheint keine Grenzen zu kennen, doch diese Freigebigkeit kommt nicht unerwartet und geht weit über das Geld allein hinaus. Das Opfer an Zeit und Kraft, an einzigartigen Fertigkeiten und Talenten strömt aus einem Geist der Großzügigkeit heraus. Wenn Menschen selbstsüchtig mit ihrem Geld umgehen, wird man nie wirkliche Opfer von ihnen bekommen.

Für mich ist sogar der Prozess, wie dieses Buch entstand, ein Beispiel dafür. Seit zehn Jahren kämpfe ich mit dem Wunsch, die Dinge, die Gott uns gezeigt hat, einer größeren christlichen Gemeinschaft mitzuteilen, und zugleich mit den Hindernissen, die das unmöglich zu machen scheinen. Das größte Hindernis war natürlich ich selbst. Ein Teil meiner Arbeitsweise und meines Stils der Vorbereitung und Vermittlung besteht darin, dass ich im Wesentlichen alles im Kopf vorbereite. Ich tippe mit der unglaublichen Geschwindigkeit von ungefähr einem Wort pro Minute. Man kann sich vorstellen, wie schwer und überwältigend der Prozess des Schreibens für einen Menschen mit einer solchen Schwäche ist.

Seit zwei Jahren kenne ich Holly Rapp. Sie besucht regelmäßig unseren Gottesdienst, der in einem Nachtclub stattfindet. Schon bald bekam ich in unseren Gesprächen mit, dass sie als Chefsekretärin bei Sidney Sheldon arbeitet. Für alle, die sich nicht daran erinnern können, Sidney Sheldon war der Schöpfer der Serien, „Die Patty Duke Show", „Bezaubernde Jeannie" und „Hart, aber herzlich". Er hat über zweihundert Fernsehdrehbücher geschrieben, fünfundzwanzig Filme, sechs Broadway-Inszenierungen und siebzehn Romane, die über dreihundert Millionen Mal verkauft wurden.

> **Wenn wir Angst haben, dass das Minimum ein unvernünftiges Maximum ist, setzen wir dem Geist Christi Grenzen, in den Herzen derer zu wirken, die wirklich das Verlangen haben, von ihm gebraucht zu werden.**

In meinem Hinterkopf dachte ich immer wieder bei mir selbst: „Wenn ich nur Holly Rapp hätte, dann könnte ich das mit dem Buch vielleicht endlich durchziehen." Aber Holly Rapp arbeitete für Sidney Sheldon, und wie man vielleicht schon festgestellt hat, findet man keines meiner Bücher bei „Hugendubel" oder „Weltbild". Wie groß waren da wohl die Chancen, dass jemand, der auf dieser Ebene in der literarischen Welt arbeitet, käme und mir helfen würde, mein erstes Buch zu verfassen – mit der geringen Wahrscheinlichkeit, dass es tatsächlich jemand kaufen und lesen würde? Doch jetzt, wo Sie diese Worte lesen, sind sie ein Beweis dafür, dass Großzügigkeit über das hinausgeht, was jemand finanziell gibt.

Holly begann als freiwillige Mitarbeiterin in unserer Gemeinde, viele meiner Predigten ab- und umzuschreiben (sie bestand darauf, dass diese Dinge in ein Buch gehören). Unsere Gespräche führten schließlich dazu, dass ich sie fragte, wann sie Sidney verlassen würde, um für mich zu arbeiten. Natürlich vergaß ich zu erwähnen, dass ich ihr nicht das außergewöhnliche Gehalt zahlen konnte, das sie bei ihm bekam. Tatsächlich konnte ich ihr überhaupt kein Gehalt anbieten. Warum sollte jemand, der bis zu zweihundertvierzig Wörter pro Minute tippt, ohne Gehalt jemand anderem dienen und keinen persönlichen Gewinn erwarten? Weil Großzügigkeit ein echter Ausdruck des Herzens Gottes ist; sie ist Teil von Gottes radikalem Mindeststandard. Und genau das tat Holly.

Wenn wir Angst haben, dass das Minimum ein unvernünftiges Maximum ist, setzen wir dem Geist Christi Grenzen, in den Herzen derer zu wirken, die wirklich das Verlangen haben, von ihm gebraucht zu werden. Ich bin überzeugt, dass in jedem Gläubigen ein großzügiges Herz darauf wartet, geboren zu werden. Und Großzügigkeit kann nie ohne Opfer ausgedrückt werden. Jeder Buchstabe in diesem Buch, jedes Wort, jeder Satz, der Wahrheit vermittelt, jedes Kapitel, jeder Absatz und jede nur denkbare Hilfe, die dieses Buch für Sie sein kann, sind nur durch die opferbereite Großzügigkeit von jemandem realisiert worden, den Sie wahrscheinlich nie treffen werden.

UNSERE BEZIEHUNGEN

Unser radikaler Mindeststandard gilt auch für unsere Beziehungen. Wir haben – denke ich – nur damit begonnen, die Oberfläche des unbegrenzten geistlichen Potenzials anzukratzen, das in einer Gemeinschaft des Glaubens, der Hoffnung und der Liebe lebt. Ich kann es gar nicht abwarten, zu sehen, was die Zukunft bereithält, wenn ihr Potenzial freigesetzt wird.

Ein Beispiel dafür ist Marge. Es kam mir so vor, als träfe ich jede Woche bei *Mosaic* einen neuen Gast, der von Marge mitgebracht wurde. Diese Menschen wurden nicht nur zum ersten Mal mit Christus, sondern auch mit evangelikalem Christentum konfrontiert – und das durch diese außerordentlich freundliche Person. Man könnte sie als eine Evangelistin mit weit geöffneten Augen beschreiben, die ständig nach jemandem Ausschau hält, der für das Evangelium offen ist. Sie ist eine echte Fachfrau im Einladen – ein gewinnender und anziehender Mensch, in ihrem ganzen Wesen und in ihrer Persönlichkeit.

> **Wenn Evangelisation nicht einer Elite vorbehalten ist, dann liegt es in der Verantwortung jedes Einzelnen, Beziehungen für das Reich Gottes zu knüpfen.**

Was an Marge so erstaunlich ist, ist, dass sie nicht nur erst seit Kurzem Christ ist und schon als Evangelistin in Erscheinung tritt, sondern auch zu den wenigen älteren Erwachsenen gehört, die durch unsere Gemeinde zum Glauben an Christus geführt wurde. Marge erinnert mich immer daran, dass die Leidenschaft, ein Herz für die Verlorenen zu haben, nicht auf junge Menschen begrenzt ist.

Meine kleine Tochter Mariah schreibt gern Musik. Als sie sieben war, verfasste sie ihr erstes Lied. Ich war vom Text sehr beeindruckt: „Gott, ich will dich sehen; Gott, ich will dich kennen; ich hoffe, ich kann mehr Menschen helfen, dich zu kennen." Mit sieben drückte sie den Herzenswunsch aus, dass ihr Leben dazu beitragen würde, die zu verändern, die Christus noch nicht kennen.

In einem Aktionszeitraum von dreizehn Monaten, der letztes Jahr zu Ende ging, haben aus einer Gemeinde von achthundert Menschen über vierhundert die Grenzen der Vereinigten Staaten verlassen, um in einem missionarischen Einsatz zu dienen. In den letzten drei Jahren wurde im Durchschnitt ein Erwachsener pro Monat von unserer Gemeinde ausgesandt, um in einem für Missionare verschlossenen Land in seinem Beruf zu arbeiten. Ein Zehntel unserer Gemeinde lebt jetzt im Ausland, vor allem in Ländern, in denen das Verkündigen des Evangeliums verboten ist.

Eine kürzlich durchgeführte *Gallup*-Studie über unser Gemeindeleben hat gezeigt, dass ungefähr 85 Prozent unserer Besucher aktiv am Leben Ungläubiger beteiligt sind und das Ziel verfolgen, sie zum Glauben zu führen. Und wenn ich sagen würde, dass das ein Ergebnis eines besonderen Evangelisationsprogramms gewesen sei, das wir durchgeführt haben, könnte ich mir vorstellen, dass der Leitfaden für dieses Programm einem bald aus den Regalen aller Buchläden entgegenspringen würde. Aber Evangelisation ist kein Programm in der Organisationsstrategie von *Mosaic*. Unsere Ausbildung auf diesem Gebiet ist nicht einmal systematisch und vielleicht sogar unzureichend.

Aber Folgendes ist geschehen: Einzelne Gläubige haben verstanden, dass es ein Teil von Gottes radikalem Mindeststandard für das Christenleben ist, sich in das Leben von Menschen zu investieren, die noch ohne Christus sind. Der Gedanke, dass man ein reifer Christ werden könnte, ohne ein Herz für die zu haben, die verloren gehen könnten, ist unvorstellbar. In unserem Umfeld gibt es keinen Maßstab für christliche Reife ohne einen evangelistischen Lebensstil.

Menschen haben verschiedene Gaben; einige haben eine einzigartige Fähigkeit, Scharen zum Glauben zu führen, und das mit, wie es scheint, minimalem Aufwand. Einige sind so einzigartig begabt, dass sie jedes Mal, wenn sie in ein Flugzeug steigen, mit einer Gemeinde herauskommen, weil während des Fluges jeder zum Glauben gekommen ist.

Andere bauen eine einzelne Freundschaft auf. Ihre Stärke liegt nicht darin, dass sie Massen bewegen. Sie sind auch keine sozialen Schmetterlinge oder Bienen, die ohne Mühe von einer Blume zur anderen fliegen können. Doch ihre Beziehungen sind christushingegeben, und sie bauen jeweils zu einem Menschen eine Beziehung auf, die tief in das Leben dessen reicht, der Christus noch nicht kennt. Manchmal dauert es Jahre, bis sie die Frucht ihrer Mühe sehen, aber es gibt Frucht. Sie sind in einer ungläubigen Welt ebenso treu wie die, deren Gaben offensichtlicher sind. Wir müssen als Christen nicht wie jemand anderer werden, dessen Gaben blühen und uns alle inspirieren, sondern treu sein in der Liebe zu einer verlorenen und zerbrochenen Menschheit. Und wir sollten unser Leben für die öffnen, die bereit sind, eine bedeutungsvolle Beziehung zu einem Nachfolger Gottes aufzubauen.

Unsere letzte Verpflichtung ist daher das Investieren in Beziehungen. Sie ist die Erfüllung des großen Gebotes, Gott mit ganzem Herzen, ganzer Seele und aller Kraft zu lieben, und unseren Nächsten wie uns selbst. Gott achtet darauf, wie wir mit anderen umgehen. Wie wir für andere sorgen und ihnen dienen, daran zeigt sich unsere Liebe.

Bei *Mosaic* hört man selten das Wort „Evangelisation", dafür umso häufiger das Wort Beziehungen. Wenn Evangelisation nicht einer Elite vorbehalten ist, dann liegt es in der Verantwortung jedes Einzelnen, Beziehungen für das Reich Gottes zu knüpfen. Paulus schreibt an Philemon: „Und meine Bitte an Gott ist: Der Glaube, an dem du Anteil hast, möge sich bei dir dahin auswirken, dass du all das Gute erkennst, das unter uns im Blick auf Christus und zu seiner Ehre zu tun ist" (Philemon 6). Wenn wir nur eine Elite zum Dienst der Evangelisation rufen, berauben wir den Rest des Volkes Gottes der Fülle Christi in ihrem Leben. Nur wenn die Menschen ihren Glauben aktiv weitergeben, können sie all das Gute, das sie in Christus haben, völlig verstehen und erleben. Und wenn sie dann in dieser Fülle leben, werden sie wiederum gedrängt, ihren Glauben aktiv weiterzugeben.

EINE NEUE MENSCHHEIT

Caleb Bryant hat schon seinen ersten Geburtstag hinter sich, muss aber noch lernen, selbstständig zu essen und zu trinken. Wegen eines Geburtsfehlers war er lange Zeit unfähig, so zu essen, wie es die meisten Babys während der ersten Tage und Wochen tun. Bislang musste er mit Hilfe einer Magensonde ernährt werden. Seine Eltern, Eric und Debbie, haben in dieser anstrengenden Zeit ein überraschendes Phänomen in der menschlichen Entwicklung entdeckt: Alle gesunden Säuglinge werden mit dem Instinkt geboren, zu saugen und zu schlucken; wenn sie aber in den ersten drei Monaten nicht anfangen zu essen, verschwindet dieser Reflex wieder. Und wenn das passiert, müssen sie Essen und Trinken ganz neu lernen, so wie man auch Laufen und Sprechen lernt. Der Instinkt ist nicht mehr da.

Wenn wir zum Glauben an Jesus Christus kommen, ist es ähnlich: Wir werden wiedergeboren. Unsere Herzen werden durch den Geist Gottes erneuert. Wir sind neue Geschöpfe, die in einer neuen Art und Weise leben. Wir trinken und ernähren uns instinktiv von Gott und versuchen wie selbstverständlich, sein Reich aufzubauen. Im Buch Hesekiel wird Gott mit der Aussage zitiert, dass unsere neuen Herzen sich danach sehnen, der Stimme Gottes zu gehorchen.

Wenn wir jedoch zu lange damit warten, beginnt das geistliche Verlangen zu schwinden. Jüngerschaft wird vom Instinkt zur Verpflichtung. Und dann müssen wir die Leidenschaft des Glaubens neu erlernen. Manchmal können uns Frischbekehrte dabei helfen. Denn wenn wir die Energie sehen, die in das Herz eines Menschen gelegt ist, der ganz neu Gott gehört, breitet sich das Feuer auch bei uns schnell wieder aus und die verschwundenen Reflexe werden erneuert. Wenn wir den Wind eines frischen Nachfolgers Christi einfangen, straffen sich auch unsere Segel, und die Geschwindigkeit nimmt zu. Wenn wir es dem Heiligen Geist erlauben, unsere Herzen weich zu machen und uns mit neuer Leidenschaft zu erfüllen, wird auch unsere erste Liebe neu entzündet. Und wenn wir uns an unsere erste Liebe klammern, führt das zu einem radikalen Mindeststandard.

So kann Ihre Gemeinde zu einer Kraft werden, die niemand aufhalten kann.

> „VERSUCHE NICHT, IN DIE FUSSSTAPFEN DER MÄNNER FRÜHERER ZEITEN ZU TRETEN; SUCHE DAS, WAS SIE GESUCHT HABEN."
>
> *Bashô*

GEDANKENANSTÖSSE

1. Haben Sie und andere in Ihrer Gemeinde Ihre persönliche Berufung ernst genommen und angefangen zu tun, was Jesus sagt?
2. Wie vermitteln Sie Ihrer Gemeinde, dass der Missionsbefehl jedem gilt?
3. Wie rufen Sie sich gegenseitig zu einem radikalen Mindeststandard auf? Wie baut Ihre Gemeinde diesen radikalen Mindeststandard auf?
4. Wie drückt Ihre Gemeinde aus, dass Sie von „allen" abhängig sind statt von einer Elite?
5. Gibt es in Ihrer Gemeinde eine Art „Etappentheorie" von Jüngerschaft? Erklären Sie, wie Ihre Theorie aussieht.
6. Wie können Sie durch alles, was Sie tun, einen ganzheitlichen Weg zur Jüngerschaft fördern?
7. Wie müssten sich Ihr Mitgliedschaftsprofil und die Qualitätsmerkmale einer Mitgliedschaft ändern?
8. Wie sehr sind die Menschen in Ihrer Gemeinde bereit, ihre Leidenschaft, ihre Arbeitskraft, ihr Geld und ihre Beziehungen einzubringen?

⇢ Gemeinde für neue Generationen.

Dan Kimball:
Emerging Church – Die postmoderne Kirche
Paperback, groß, 272 Seiten
ISBN 3-86591-042-4 (Gerth Medien)
ISBN 3-928093-71-1 (C&P)

Am Beginn eines neuen Zeitalters fühlt sich eine immer größer werdende Gruppe von Menschen von der Kirche nicht mehr angesprochen. Wie sollte ein Gottesdienst aussehen, damit er Menschen erreicht, die postmodern denken und fühlen?

Dieses Buch geht über die bloße Theorie hinaus. Dan Kimball führt einen neuen Begriff ein – „Vintage Christianity" (Retro-Spiritualität) – und füllt ihn mit Leben. Diese Retro-Spiritualität spricht die neue Generation der Postmoderne an, die geistlich offen ist, aber kein Interesse an „Kirche" hat.

Jedem Pastor, Leiter und interessierten Christen bietet Dan Kimball hier einen fesselnden und leicht verständlichen Einblick in die aktuellen Veränderungen der Gesellschaft.
Er beschreibt die neue Art von Gemeinde, die in unserer Mitte entsteht.

Mit Kommentaren von Rick Warren, Fabian Vogt, Prof. Dr. Michael Herbst und anderen.